21世纪日语系列教材

潘钧　潘金生——编著

日本古代文言文选

北京大学出版社
PEKING UNIVERSITY PRESS

图书在版编目(CIP)数据

日本古代文言文选 / 潘钧，潘金生 编著 .—北京：北京大学出版社，2018.7
（21 世纪日语系列教材）
ISBN 978-7-301-29615-8

Ⅰ . ①日… Ⅱ . ①潘… ②潘… Ⅲ . ①日语 – 阅读教学 – 高等学校 – 教材 ②日本文学 – 作品综合集 – 古代　Ⅳ . ① H369.4：Ⅰ

中国版本图书馆 CIP 数据核字 (2018) 第 110376 号

书　　名	日本古代文言文选 RIBEN GUDAI WENYANWEN XUAN
著作责任者	潘　钧　潘金生 编著
责任编辑	兰　婷
标准书号	ISBN 978-7-301-29615-8
出版发行	北京大学出版社
地　　址	北京市海淀区成府路 205 号　100871
网　　址	http://www.pup.cn　新浪微博：@ 北京大学出版社
电子邮箱	编辑部 pupwaiwen@pup.cn　总编室 zpup@pup.cn
电　　话	邮购部 010-62752015　发行部 010-62750672　编辑部 010-62759634
印刷者	北京虎彩文化传播有限公司
经销者	新华书店 787 毫米 ×1092 毫米　16 开本　18.5 印张　350 千字 2018 年 7 月第 1 版　2024 年 10 月第 2 次印刷
定　　价	55.00 元

未经许可，不得以任何方式复制或抄袭本书之部分或全部内容。
版权所有，侵权必究
举报电话：010-62752024　电子邮箱：fd@pup.cn
图书如有印装质量问题，请与出版部联系，电话：010-62756370

前　言

　　文言语法是日语专业学习的基础科目之一。为了更加深入了解日本语言文学乃至历史思想文化的源流和发展脉络，从文言语法学习着手是必不可少的路径之一。而为了掌握好文言语法，必须多读作品，在作品及语境中把握语法和文言文的精髓。此前，国内已出版了不少注释读物，但还难以完全满足学习者的需要，一是注释过于简单，二是多用日语注释，三是对语法层面的关注较少，读起来让人有隔靴搔痒之感，不利于学习者对文言语法的深入准确的理解和掌握。

　　有鉴于此，本书立足为日语文言初学者服务之目的，精选出各个时期有代表性的文言作品，加以详注，并配上译文。原则是：（1）尽量照顾名篇名段；（2）适当收入日本汉文、变体汉文；（3）用中文详注，重在辅助理解；（4）从学习文言语法的立场出发，较之内容，更注重揭示文言语法的特点和难点。

　　为了帮助读者更加全面了解掌握古代文言语法知识，我们还编写了10篇便于读者自学查阅的扩展阅读文章，内容包括文言语法的难点与对策、文言的体裁与文体、现代日语中的文言残留等；另做了四个附录，分别是"日语中的文言残留""主要文言作品年表""国内文言教材一览""文言用言的活用表"；此外，还做了所选作品的全语词索引。

　　另，本书所收录的文言作品截止到近世，故称之为"古代文言文选"，以别于近代明治以后的文言文。关于后者，可参看马斌、潘金生编《日本近代文言文选》（商务印书馆，1993年）。

编著者

体　例

　　1.本书选注古文所用汉字字体皆为现代日语汉字字体，即新字体。如"营（營）""昼（晝）"字等。

　　2.本书所用语法术语基本沿用了日本版古文读解注释书的术语。如"完了助动词"等。

　　3.本书所选古文有不少存在多个版本，互有差异。本书不做历史语言或版本方面的研究，故忽略这些差异，以理解文本内容为主。

　　4.潘金生所注7部17篇（参看后记）作品，因所做选注的时间前后跨度较大，除有明显错误处做了修改之外，其他未动。虽然跨篇看有不统一之处，但同一篇内注释行文的整体风格及术语使用基本做到了统一连贯。

　　5.注释中采用若干省略标记。例如，（动·四）中的"动"指动词，中黑点"·"后的部分指活用类型，"四"即指四段（活用动词）。同理，采用（动·上一）、（动·下一）、（动·上二）、（动·下二）。此外，（动·カ变）、（动·サ变）、（动·ナ变）、（动·ラ变）则分别指四种变格活用类型，即カ变、サ变、ナ变和ラ变活用动词。（形·ク）、（形·シク）分别指"ク活用"和"シク活用"形容词。（形动·ナリ）、（形动·タリ）分别指"ナリ活用"和"タリ活用"形容动词。

　　6.所附"索引"为文言作品中的全语词索引。（1）为便于初学者学习掌握文言活用规律，有的活用词虽然没有出现辞典形（原形，即终止形），也作为条目收入索引，但不标页码。（2）所用省略标记，除以上所示外，还有"断定（＝断定助动词）""否定（＝否定助动词）""传闻推定（＝传闻推定助动词）""完了（＝完了助动词）""过去（＝过去助动词）""推量（＝推量助动词）""否定推量（＝否定推量助动词）""现在推量（＝现在推量助动词）""过去推量（＝过去推量助动词）""希望（＝希望助动词）""被动（＝被动助动词）""尊敬（＝尊敬助动词）""自发（＝自发助动词）""可能（＝可能助动词）""使役（＝使役助动词）""复合（＝复合助动词）""补助（＝补助动词）""尊敬补助（＝尊敬补助动词）""连体（＝连体词）""系助（＝系助词）""接助（＝接续助词）""副助（＝副助词）""终助（＝终助词）""复助（＝复合助词）""接头（＝接头词）""接尾（＝接尾词）"等。

目 录

古事记
　【原文】
　　海幸山幸 ··· 3
　　海宮訪問 ··· 4
　　火照命の服従 ·· 7
　【译文】
　　海幸和山幸 ·· 12
　　访问海神宫 ·· 12
　　火照命臣服 ·· 13

风土记
　【原文】
　　常陸国風土記 ··· 16
　　肥前国風土記 ··· 18
　　豊後国風土記 ··· 19
　【译文】
　　常陆国风土记 ··· 21
　　肥前国风土记 ··· 22
　　丰后国风土记 ··· 22

万叶集
　【原文】
　　天皇、香具山に登りて望国したまふ時の御製歌 ············· 25
　　額田王の歌 ·· 26
　　『日本挽歌』の反歌一首 ·· 26
　【译文】
　　天皇登香具山远望国土时所作御制歌 ···························· 27
　　額田王之歌 ·· 27
　　《日本挽歌》反歌一首 ··· 27

竹取物语
【原文】
  年こゆるまで音もせず ………………………… 30
  ふじの山 ………………………………………… 31
【译文】
  杳无音信 ………………………………………… 34
  富士云烟 ………………………………………… 34

伊势物语
【原文】
  東下り …………………………………………… 38
  小野の雪 ………………………………………… 43
【译文】
  下关东 …………………………………………… 46
  小野的雪 ………………………………………… 47

土佐日记
【原文】
  門出 ……………………………………………… 50
  青海原ふりさけみれば ………………………… 51
【译文】
  动身 ……………………………………………… 53
  眺海原 …………………………………………… 53

枕草子
【原文】
  くらげの骨 ……………………………………… 57
  少し春ある心地こそすれ ……………………… 58
【译文】
  水母骨 …………………………………………… 61
  微感有春意 ……………………………………… 61

源氏物语
【原文】
  桐壷の更衣の寵遇 ……………………………… 65
  楊貴妃のためし ………………………………… 67
  若宮の誕生 ……………………………………… 69

目 录

【译文】
　　桐壶更衣得宠···70
　　杨贵妃的先例···70
　　小皇子的诞生···71

今昔物语集
【原文】
　　羅城門の上層に登りて死人を見し盗人の語··74
【译文】
　　某盗贼登罗城门门楼见一死人的故事··77
【原文】
　　信濃守藤原陳忠、御坂より落ち入りし語···78
【译文】
　　信浓国长官藤原陈忠坠入御坂岭的故事···87

吾妻镜
【原文】
　　承久の乱··90
【译文】
　　承久之乱··95

方丈记
【原文】
　　第一節··97
　　第十二節·· 100
【译文】
　　川流不息（第一节）··· 102
　　月影西斜（第十二节）··· 103

宇治拾遗物语
【原文】
　　鼻長き僧のこと·· 105
【译文】
　　长鼻僧的故事··· 111
【原文】
　　信濃の国の聖の事·· 112
【译文】
　　信浓国某高僧的故事··· 118

平家物语
【原文】
　　足摺 122
【译文】
　　顿足捶胸、呼天哭地 129

徒然草
【原文】
　　第五十一段 133
　　第九十二段 135
　　第一百零九段 136
　　第一百八十五段 138
【译文】
　　水车（第五十一段） 139
　　射箭（第九十二段） 139
　　爬树（第一百零九段） 140
　　骑马（第一百八十五段） 140

奥州小路
【原文】
　　月日は百代の過客（序） 142
【译文】
　　岁月如百代过客（序） 145

日本外史
【原文】
　　争ふ所は米塩に在らず 148
　　桶狭間の戦い 149
【译文】
　　所争不在米盐 150
　　桶狭间之战 150

扩展阅读

古今日语有何不同 153
文言语法的难点与对策 160
古代日语语法的变迁 170

目 录

文言的体裁与文体 …………………………………………………… 176
汉文训读及对后世的影响 …………………………………………… 183
文言的"音便"及相关问题 …………………………………………… 193
无处不在的"あり"及其融合作用 …………………………………… 200
系助词"や""か"的沉浮消长与演变 ………………………………… 208
表强调的系助词"ぞ""なむ""こそ"之异同 ……………………… 217
现代日语中的文言残留 ……………………………………………… 221

附录一　日语中的文言残留 ………………………………………… 230
附录二　主要文言作品年表 ………………………………………… 231
附录三　国内文言教材一览 ………………………………………… 235
附录四　文言用言的活用表 ………………………………………… 237

索引 …………………………………………………………………… 241

后记 …………………………………………………………………… 286

古事记

【作家及作品简介】

  日本自"大化革新"(645)后逐步形成以天皇为中心的中央集权制国家。于672年平定"壬申之乱"后夺得皇位的天武天皇,深感"帝纪"(又称"帝王日继",载皇室系谱和皇位继承等重大事项)和"本辞"(又称"先代旧辞",记流传于诸民族和民间的传说、神话等)多有失实和谬误之处,若不及时考订,去伪存真,很难作为"邦家之经纬,王化之鸿基"而垂教于后世。于是便命舍人稗田阿礼反复诵记"帝纪"和"本辞",但因天武天皇去世未能完成。至奈良时代(710—794)初,元明天皇秉承遗志,诏令太安万侣撰录稗田阿礼所授献上。安万侣遂对所授予以精心整理、润色和取舍,竭力赋予天皇家以神的子孙的灵光。翌年元月完成此书,名曰《古事记》。

  《古事记》是日本现存最早一部神话、传说、历史书,由上中下三卷构成。上卷为神代卷,记伊邪那岐和伊邪那美创造天地,直至神武天皇的诞生。中卷录神武天皇至应神天皇的历代帝纪,其中多为人神交错的传说。下卷详载仁德天皇至推古天皇的较为接近史实的事迹。诚然,该书的编撰有着鲜明的政治目的,即宣扬皇权神授的思想,巩固以天皇为中心的国家的统一。但书中收录不少具有文学色彩的神话、传说,如上卷的"斩杀八岐巨蟒""海幸和山幸"等神话。中、下卷的倭健命、神功皇后等英雄人物的传说、轻太子和衣通王的恋爱故事以及"久米歌"等110首歌谣,均写得十分质朴、生动、优美,显示了古代人民丰富的想象和艺术创造力。

  本文选注的该作品上卷"火远理命"中"海幸山幸"等三节,其内容即为大家所熟悉的"海幸和山幸"的故事。这一神话不仅说明了古代农耕与水的关系,而且也暗示了"隼人"(古代九州南部的一个土著种族)归顺朝廷、守卫皇居的起源。全文几乎以对话构成,描写生动,用笔细腻,尤其写火远理命抵达海神宫时的情景,更富有浪漫主义的气息。

【原文】

海幸山幸

　　故¹、火照命²は海さちびこと為て³、鰭の広物、鰭の狭物を取り⁴、火遠理命⁵は山さちびこ⁶と為て、毛の麤物、毛の柔物⁷を取りたまひき⁸。爾に⁹火遠理命、其の兄¹⁰火照命に、「各さちを相易へて用ゐむ」と謂ひて¹¹、三度乞ひたまへども、許さざりき¹²。然れども遂に纔に得相易へたまひき¹³。爾に火遠理命、海さちを以ちて魚釣らすに¹⁴、都て一つの魚も得ず¹⁵、亦其の鉤を海に失ひたまひき¹⁶。是に其の兄火照命、其

---

1 故――接续词。此处同"さて、かくて"，却说、且说。

2 火照命――神名。为迩迩艺命与木花之佐久夜毗卖所生"三尊"（火照命、大须势理命、火远理命）之一，此神于火势旺盛时所生，故名。此神并为"隼人阿多君"的祖先（见注110、111）。"命"，名词。多以"…の命"的形式对神或尊敬者表示敬意。

3 海さちびこと為て――"海さちひこ"（也写作"海幸彦"），意谓捕捞海中鱼类的男子、渔夫。"さち"，在此为猎物之意。"と為て"，连语（由断定助动词"たり"的连用形"と"+"為"（动・サ变）的连用形"し"+接续助词"て"构成），表示资格、身份。为，作为。本句同口语"（…）海の獲物を取る男として"。

4 鰭の広物、鰭の狭物を取り――同"海のさまざまの魚を取り"。"鰭の広物"，指鳍阔的鱼。"鰭の狭物"，指鳍窄的鱼。"取り"，"取る"（动・四）的连用形。捕捞。

5 火遠理命――（也写作"火袁理命"），神名。此神于火势减弱时所生，故名。见注2。

6 山さちびこ――（也写作"山幸彦"），意谓狩猎山中兽类的男子、猎人。见注3。

7 毛の麤物、毛の柔物――同"大小さまざまの獣"。"毛の麤物"，指毛粗的兽类。"毛の柔物"，指毛细的兽类。

8 取りたまひき――此处"取り"为连用形。"たまひ"，为尊敬补助动词"…たまふ"的连用形。同"お…になる""…なさる"等。"き"，过去助动词。表示过去，同"…た"。

9 爾に――（也写作"是に"），此处为副词。同"この時に""この場合に"。

10 其の兄――"其の"，连语（同口语连体词"その"）。

11 各さちを相易へて用ゐむ」と謂ひて――"各"，副词。各，各自。"さち"，此处指具有灵性的捕捉猎物的工具（钓钩、弓箭）。"相易へ"，为"相易ふ"（动・下二）的连用形。交换。"て"，接续助词。此处接上词"相易へ"下，构成连用修饰语，修饰"用ゐむ"。"用ゐ"，"用ゐる"（动・上一）的未然形。用，使。"む"，推量助动词。此处表示意志。"用ゐむ"，同"使ってみよう"。"謂ひ"，为"謂ふ"（也写作"曰ふ、云ふ、いふ"等）（动・四）的连用形。

12 三度乞ひたまへども、許さざりき――"三度"，副词。三次（一说多次）。"たまへ"，为尊敬补助动词"たまふ"的已然形，见注8。"乞ひたまへども"，同"お願いになったが"。"許さ"，为"許す"（动・四）的未然形。"ざり"，否定助动词"ず"的连用形，同"…ない"。

13 然れども遂に纔に得相易へたまひき――"纔に"，副词。勉强，好（不）容易。"得"，副词。此处与肯定表达相呼应，表示可能。"たまひき"，见注8。此句同"けれども最後にようやく取り易えることがおできになった"。

14 爾に…海さちを以ちて魚釣らすに――此处"爾に"为接续助词，同"そこで""それで"等。"海さち"，为捕捞海中鱼类的工具（钓钩）。"以ちて"，连语（由"以つ"（动・四）的连用形"以ち"+接续助词"て"构成）。"釣ら"，为"釣る"（动・四）的未然形。钓（鱼）。"す"，为尊敬助动词"す"（四段活用）的连体形，接四段、サ变动词未然形下，表示尊敬之意。同"…なさる""お…になる"等。"に"，接续助词，此处同"…けれども""…のに"等。"魚釣らすに"，同"魚をお釣りになったが"。

15 都て…得ず――"都て"，副词。同"全然"，与否定词相呼应。"得"，为"得"（动・下二）的未然形。得，获得。"ず"，为否定助动词"ず"的连用形，此处表示中顿。

16 失ひたまひき――同"なくしておしまいになった"。

の鉤を乞ひて曰はく¹⁷、「山さちも己がさちさち、海さちも已がさちさち¹⁸。今は各さち返さむと謂ふ¹⁹」といひし時、其の弟火遠理命、答へて曰りたまはく²⁰、「汝²¹の鉤は、魚釣りしに一つの魚も得ずて²²、遂に海に失ひつ²³」とのりたまひき。然れども其の兄強ひて乞ひ徴りき²⁴。故、其の弟御佩しの十拳剣を破りて²⁵、五百鉤を作りて、償ひたまへども²⁶取らず。赤一千鉤を作りて償ひたまへども受けずて²⁷、「猶其の正本の鉤を得む²⁸」と云ひき。

海宮訪問

是に其の弟泣き患へて海辺に居ましし時²⁹、塩椎神³⁰来て問ひて曰はく、「何ぞ虚空津日高の泣き患へたまふ所由は」といへば³¹、答へて言りたははく、「我、兄と

---

17 曰はく、…といひし時——"曰はく",連语（由"曰ふ"（动・四）的未然形"曰は"+接尾词"く"构成）,同"言うこと（には）"。"し",为过去助动词"き"的连体形。"いひし",同"言った…"。在文言中,多用这种前后呼应的形式表示说话的内容。

18 山さちも己がさちさち、海さちも已がさちさち——"山さち",指狩猎的弓箭。"海さち",指捕鱼的钓钩。"も",系助词,"己が",连语,同"銘銘の…"。此句同"弓矢も各自の道具、釣針も各自の道具だ"。意谓：唯有使用各自的工具,才得捕获大量的鱼和兽类。

19 今は各さち返さむと謂ふ——"返さ",为"返す"（动・四）的未然形。"む",推量助动词。此处表示希望、意志。"謂ふ"（也写作"以為ふ""思ふ"）（动・四）,思,想。本句同"さあ、お互いの道具をもとどおり戻そうと思う"。

20 其の弟…答へて曰りたまはく——"弟",指同母弟。"答へ",为"答ふ"（动・下二）的连用形。"曰り",为"曰る"（也写作"言る""のる"）（动・四）的连用形。告诉,陈述。"く",接尾词。"曰りたまはく"同"おっしゃること（には）"。"たまはく",见注8。

21 汝——代词,同"あなた"。

22 釣りしに…得ずて——"し",见注17。"に",接续助词。"釣りしに",同"（魚を）取ったが"。"ずて",连语,接活用词未然形下,意同"…ないで"。"得ずて",同"（…も）取れないで"。

23 失ひつ——同"なくしてしまいました"。

24 強ひて乞ひ徴りき——"強ひて",副词。强,强逼。"乞ひ徴り",为"乞ひ徴る"（动・四）的连用形。催讨,索讨。本句同"（その兄は）無理に徴収した"。

25 御佩しの十拳剣を破りて——"御",接头词。"佩し",名词。此处意为佩带。"御佩し",同"（その弟は）お佩きになっている…"。"拳",长度的单位。一把（长）。"十拳剣",即十把长的长剑。"破りて",同"（十拳剣を）こわして"。

26 償ひたまへども——同"弁償なさったけれども"。

27 受けずて——同"受け取らないで"。"受け",为"受く"（动・下二）的未然形。受,接受。"ずて",见注22。

28 得む——同"（やはり、あの以前の釣針を）返してもらおう"。"得",为"得"的未然形。"む",见注11。

29 是に其の弟泣き患へて海辺に居ましし時——此处"是に"为接续词。"泣き患へ",为"泣き患ふ"（动・下二）的连用形。悲泣。此处"て"接上词"泣き患へ",构成连用修饰语,见注11。"まし",为尊敬补助动词"ます"的连用形。"し",过去助动词"き"的连体形。本句同"そこでその弟が泣き悲しんで海辺におられた時"。

30 塩椎神——海潮神（掌管海潮的神灵）。

31 何ぞ虚空津日高の泣き患へたまふ所由は」といへば——"何ぞ",连语（由副词"如何に"+系助词"ぞ"构成）,同"なぜ""どうして"等。"所由"（也写作"故、由"）,名词。原因,理由。"ば",（转下页）

古事記

鉤を易へて、其の鉤を失ひつ。是に其の鉤を乞ふ故に[32]、多くの鉤を償へども受けずて、『猶其の本の鉤を得む』と云ふ。故、泣き患ふるぞ[33]」とのりたまひき。爾に塩椎神、「我、汝命の為に善き議を作さむ[34]」と云ひて、即ち無間勝間の小船[35]を造りて、其の船に載せて教へて曰はく、「我、其の船を押し流さば、差暫し往でませ[36]。味し御路有らむ[37]。乃ち其の道に乗りて往でまさば[38]、魚鱗の如造れる宮室[39]、其れ綿津見神の宮ぞ[40]。其の神の御門に到りましなば[41]、傍の井の上にゆつ香木有らむ[42]。故、其の木の上に坐さば、其の海の神の女見て相議らむぞ[43]」といひき。

故、教の随に少し行でますに[44]、備に其の言の如くなりしかば[45]、即ち其の香木に

（接上页）接续助词。此处接活用形已然形下，意同"…から""…ので"。本句同"日の御子様が泣き悲しんでいらっしゃるわけはどういうわけですか"とたずねたので"。

32 乞ふ故に——"故に"，连语。接活用词连体形下，表示理由，同"…のために"等。

33 泣き患ふるぞ——"泣き患ふる"，为"泣き患ふ"的连体形。"ぞ"，终助词，表强烈的指示、断定之意，同"…であるよ""…であるぞ"。本句同"そんなわけで泣き悲しんでいるのだ"。

34 我、汝命の為に善き議を作さむ——"我"，代词，同"私"。"汝命"，同"あなた様"，见注2。"議"，名词。计谋，计略。"作さ"，为"作す"（动・四）的未然形。"作さむ"同"（よい謀を）してみましょう"。

35 即ち無間勝間の小船——"即ち"，副词。即刻，同"すぐ"。"無間"，即密编无缝之意。"勝間"，竹缝的篮子。"無間勝間の小船"，指一种用细竹密编无缝的、船底涂以椰子油的篮状小船。

36 押し流さば、差暫し往でませ——此处"ば"表示假定。"押し流さば"，同"（この舟を）押し流しましたら"。"差"，副词，同"すこし"。"暫し"，副词，同"少しの間"。"差暫し"，意同"ほんの暫く"。"往で"，为"往づ"（又写作"出づ""出幸づ"）（动・下二）的连用形。去，往。"往でませ"，同"（そのまま）お行きなさい"。

37 味し御路有らむ——"味し"（形・シク）在此为终止形。好。在上代，形容词"シク活用"的终止形也可以修饰体言，但用例不多。"御路"，为"路"的尊敬语。此处"む"表示推量。本句同"よい潮路がありましょう"。

38 乃ち…往でまさば——此处"乃ち"为接续词。于是。"…まさ"，为"…ます"的未然形。见注29、36。"往でまさば"，同"（その潮路に乗って）いらっしゃれば"。

39 魚鱗の如造れる宮室——"魚鱗"，名词。形容一排排错落有致的宮殿。"如"，为比况助动词"如し"的词干。此处接"体言＋の"下构成连用修饰语，同"…ように""…とおりに"。本句同"魚の鱗のように棟を並べて造った御殿（があります）"。

40 其れ綿津見神の宮ぞ——"其れ"，代词。"綿津見神"，海神（即"海龙王"）。本句同"それが綿津見神の宮ですぞ"。

41 御門に到りましなば——"御門"，"門"的尊敬语。"到り"，为"到る"（动・四）的连用形。到，抵达。"まし"，尊敬补助动词"ます"的连用形，见注29。"な"，完了助动词"ぬ"的未然形，此处表示动作的完了，同"…てしまう""…てしまった"。本句同"御門においでになりましたら"。

42 上にゆつ香木有らむ——"上"，名词。边，边上。"ゆつ香木"，为"神圣的桂树"（也有"枝繁叶茂的枫树"之说）。

43 坐さば、…相議らむぞ——"坐さ"，为"坐す"（动・サ変、四段）的未然形。它是"おり、あり"的尊敬语。"坐さば"，同"（…に）登っておいでになった"。"相議ら"，为"相議る"（动・四）的未然形。商量，计议。"相議らむぞ"，同"相談にのってくれるでしょう"。

44 故、教の随に少し行でますに——此处的接续词"故"同"そこで"。"随に"（也写作"任に"），副词，此处接"体言＋の"下，表示"随…""如…"之意。同"…に任せて""…のままに"。"行でます"，"出づ"的尊敬语"行でます"（动・四）的连体形。"に"，接续助词。"行でますに"，同"お行きになると"。

45 備に其の言の如くなりしかば——"備に"，副词。全，都。"其の言"，指海潮神所言。"如くなり"，为比况助动词"如くなり"（ナリ型活用）的连用形。此处接"体言＋の"下，表示"像""如"之意。同"…のとおりだ"等。"しか"，为过去助动词"き"的已然形。接续助词"ば"在此表示原因、理由。本句同"すべてその言葉のとおりであったから"。

登りて坐しき。爾に海の神の女豊玉毘売の従婢⁴⁶、玉器を持ちて水を酌まむとする時⁴⁷、井に光有りき⁴⁸。仰き見れば、麗しき壮夫有り⁴⁹。甚異奇と以為ひき⁵⁰。爾に火遠理命、其の婢を見て、「水を得まく欲し」と乞ひたまひき⁵¹。婢、乃ち水を酌みて、玉器に入れて貢進りき⁵²。爾に水を飲まさずて⁵³、御頸の璵を解きて口に含みて、其の玉器に唾き入れたまひき⁵⁴。是に其の璵器に著きて、婢、璵を得離たず⁵⁵。故、璵著ける任に⁵⁶豊玉毘売命に進りき。爾に其の璵を見て、婢に問ひて曰はく、「若し人、門の外に有りや」といへば⁵⁷、答へて曰さく、「人有りて我が井の上の香木の上に坐す。甚麗しき壮夫にます⁵⁸。我が王に益して甚貴し⁵⁹。故、其の人水を乞はす故に水を奉れば⁶⁰、水を飲まさずて、此の璵を唾き入れたまひき。是れ得離たず。故、入れし任に将ち来て献りぬ」とまをしき⁶¹。爾に豊玉毘売命、奇しと思ひて、出で見て、乃ち

---

46 豊玉毘売の従婢——"豊玉毘売"（后文也尊为"豊玉毘売命"），海神女。"従婢"，同"侍女""下女"。

47 玉器を持ちて水を酌まむとする時——"酌ま"，为"酌む"（动·四）的未然形。汲，打（水）。"…むとする"，为连语"…むとす"（由推量助动词"む"+格助词"と"+サ变动词"す"构成）的连体形。表示"即将、刚要（实现）"之意。

48 光有りき——"光"，名词。光（因火远理命是日之子，故井中映出光亮）。"き"，过去助动词。本句同"泉の水に光がさしていた"。

49 仰き見れば、麗しき壮夫有り——"仰き見れ"，为"仰き見る"（动·上一）的已然形，"ば"，在此表示前提条件。"仰き見れば"，同"仰いで見ると"。"麗しき壮夫"，同"美しい立派な男子"。

50 甚異奇と以為ひき——同"たいへん不思議に思った"。

51「水を得まく欲し」と乞ひたまひき——此处"得"为"得"（动·下二）的未然形。"まくほし"，连语，表示希望、愿望。同"…したい"等。"得まくほし"，同"（水が）ほしい"。此处"乞ひ"为连用形。"乞ひたまひき"，同"所望なさった"。

52 貢進りき——"貢進り"，为"貢進る"（也写作"進る""献る""奉る"）（动·四）的连用形。奉，献上。

53 飲まさずて——同"（水を）お飲みにならないで"。

54 含みて、其の玉器に唾き入れたまひき——"含み"，为"含む"（动·四）的连用形。"含みて"，同"（口に）含んで"。"唾き入れ"，为"唾入る"（动·下二）的连用形。吐人。"唾き入れたまひき"，同"（…に）吐き入れなさった"。

55 著きて、…得離たず——"著き"，为"著く"（动·四）的连用形。附，着。"著きて"，同"（…に）くっついて"。"得"，副词。此处与否定表达相呼应，表不可能之意，同"とても…できない"。"離た"，为"離つ"（动·四）的未然形。离，脱。"得離たず"，同"（侍女は玉を）離すことができなかった"。

56 璵著ける任に——此处"著け"为"著く"（动·四）的已然形。"る"，完了助动司"り"的连体形，接在四段动词已然形或サ变动词未然形后，表示存续。本句同"玉がついたままで"。

57「若し…有りや」といへば——"や"，系助词。此处接活用词终止形下，表示疑问。"有りや"，同"（もしかしたら誰か）いるのではないか"。

58 壮夫にます——"に"，断定助动词"なり"的连用形。同"…で""…であって"。"ます"，为尊敬补助动词，见注29。此处"ます"为补助动词"あり"的尊敬语，同"（…て）いらっしゃる"。

59 我が王に益して甚貴し——"我が"，连语。同"私の…""私たちの…"。"王"，君王，君主（指海神）。"益し"，为"益す"（动·四）的连用形。胜（于），优（于）。本句同"わが海神宮の王にも勝るたいそう貴いお方です"。

60 乞はす故に水を奉れば——"す"，见注14。在此为连体形。"乞はす故に"，同"（水を）ご所望なされるので"。此处"奉れ"为已然形。"ば"，表示前提条件。"奉れば"，同"差し上げますと"。

61 入れし任に将ち来て献りぬ」とまをしき——"入れ"，为"入る"（动·下二）的连用形。"任に"，副词。"入れし任に"同"入れたままで"。"ぬ"，完了助动词。"まをし"，"まをす"（也写作"白す""奏す"）（动·四）的连用形。它系"言ふ"的谦让语。说，告诉。"き"，同"…た"。"まをしき"，同"申し上げました"。

見感でて、目合して⁶²、其の父に白して曰はく、「吾が門に麗しき人あり」とまをしき。爾に海の神自ら出で見て、「此の人は天津日高⁶³の御子、虚空津日高ぞ」と云ひて、即ち内に率入りて、みちの皮の畳八重⁶⁴を敷き、亦絹畳⁶⁵八重を其の上に敷き、其の上に坐せて、百取の机代の物を具へ⁶⁶、御饗為て、即ち其の女豊玉毘売を婚はしめまつりき⁶⁷。故、三年に至るまで其の国に住みたまひき⁶⁸。

火照命の服従

是に火遠理命、其の初めの事を思ほして、大きなる一歎したまひき⁶⁹。故、豊玉毘売命、其の歎を聞かして⁷⁰、其の父に白して言はく、「三年住みたまへども、恒は歎かすことも無かりしに⁷¹、今夜大きなる歎為たまひつ。若し何の由か有る⁷²」とまをしき。故、其の父の大神、其の聟夫に問ひて曰はく、「今旦我が女の語るを聞けば、『三年坐せども、恒は歎かすことも無かりしに、今夜⁷³大きなる歎為たまひつ』と云ひき。

---

62 出で見て、乃ち見感でて、目合して——此処"出で"，为"出づ"（动·下二）的连用形。"見感で"，为"見感づ"（动·下二）的连用形。令人爱慕，喜爱。"目合し"，为"目合す"（动·サ变）的连用形。二人以目互传情意。"目合して"，同"（たちまち火遠理命の容姿にほれぼれ）互いに目くばせをして心を通じ合わせてから"。

63 天津日高——系对"日之御子"的尊称，与"虚空津日高"几乎同义。

64 率入りて、みちの皮の畳八重——"率入り"，为"率入る"（动·四）的连用形。领进，让进。"みち"，为"海驢"的异称，其皮极其珍贵。"畳"，垫子。"八重"，此处意为"八张（一说为多张）"。

65 絹畳——织织的垫子。

66 坐せて、百取の机代の物を具へ——"坐せ"，为"坐す"（动·下二）的连用形。此处为"着座させる"的谦让语。"坐せて"，同"（火遠理命を）おすわらせ申し上げて"。"百取"，名词。许多。"机代の物"，指放在桌上的招赞礼品，同"結納品"。

67 御饗為て、…婚はしめまつりき——"御饗"，为"もてなし"的尊敬语。"為"，为"為"（动·サ变）的连用形。"御饗為て"，同"ご馳走をして"。"婚は"，为"婚ふ"（动·四）的未然形。结婚。"しめ"，为使役助动词"しむ"的连用形。"まつり"，为谦让补助动词"まつある"（动·四）的连用形。同"お…申し上げる"等。"婚はしめまつりき"，同"（その娘の豊玉毘売を）娶わせ申し上げた"。

68 住みたまひき——"住み"，为"住む"（动·四）的连用形。此处意为共同生活。此句同"（…と）同棲された"。

69 其の初めの事を思ほして、大きなる一歎したまひき——"其の初めの事"，指失落其兄钓钩一事。"思ほし"，为"思ふ"的尊敬语"思ほす"（动·四）的连用形。"思ほして"，同"思い起こされて"。"大きなる"，为"大きなり"（形动·ナリ）的连体形。"一歎"，名词。叹息。此处"し"为"す"（动·サ变）的连用形。"したまひき"，同"（大きなため息を）おつきになった"。

70 聞かして——同"聞かれて"。"し"，表示尊敬之意的"す"的连用形。

71 恒は歎かすことも無かりしに——"恒"，名词。平常，平素。此处"歎か"为未然形。"無かり"，为"無し"（形·ク）的连用形。同"ない"。本句同"いつもはお嘆きになることも無かったのに"。

72 由か有る——"由"，名词，见注31。"か"，系助词，表示疑问。此处同于句中，故要求句末以活用词连体形结句。本句同"（もしや何か）わけがあるのでしょうか"。

73 語るを聞けば、『三年坐せども… 今夜——"聞けば"，同"（…話すのを）聞くと"。"坐せ"，为"あり"的尊敬语"坐す"（动·サ变、四段）的已然形。同"いらっしゃる"。"坐せども"，同"（三年も）おられるが"。"今夜"，意同"昨夜"。

若し由有りや。赤此間に到りし由は奈何74」といひき。爾に其の大神に、備に其の兄の失せにし鉤を罰りし状の如く75語りたまひき。是を以ちて海の神、悉に海之大小魚を召し集へて76問ひ曰はく、「若し此の鉤を取れる77魚有りや」といひき。故、諸の魚ども白さく78、「頃者赤海鯽魚、喉に鯁ありて、物得食はずと愁へ言へり79。必ず是れ取りつらむ80」とまをしき。是に赤海鯽魚の喉を探れば81、鉤有り。即ち取り出でて清め洗ひて、火遠理命に奉りし時、其の綿津見大神誨へて曰はく、「此の鉤を以ちて其の兄に給はむ時、言りたまはむ状は82、『此の鉤は、おぼ鉤・すす鉤、貧鉤・うる鉤83』と云ひて、後手に賜へ84。然して其の兄高田を作らば85、汝命は下田を営りたまへ86。其の兄下田を作らば、汝命は高田を営りたまへ。然為たまはば、吾水を掌れる故に87、三年の間に必ず其の兄貧窮しくなりなむ88。若し其れ然為たまふ事を恨怨

---

74 此間に到りし由は奈何——"此間"，代词。此处"奈何"为副词，在此同"なんでしょうか"。

75 其の兄の失せにし鉤を罰りし状の如く——在"兄"下的"の"同主格助词"が"。"にし"，为复合助动词"にき"（由完了助动词"ぬ"的连用形"に"+过去助动词"き"构成）的连体形。同"…てしまった"。本句同"その兄が失ってしまった釣針を返せと責め立てた様子を、そのまま（語り告げられた）"。

76 是を以ちて…悉に海之大小魚を召し集へて——"是を以ちて"，连语。同"そこで"。"悉に"，副词。全部，所有。

77 取れる魚——同"取っている魚"。此处"取れ"为已然形。"る"，完了助动词"り"的连体形。在此表示存续。

78 魚ども白さく——"ども"，接尾词，表示多数。"魚ども"，同"魚たち"。"白さ"，为"白す"的未然形。"く"，接尾词。"白さく"，同"申すこと（には）"，见注17。

79 赤海鯽魚、…物得食はずと愁へ言へり——"赤海鯽魚"，即鯛魚（俗称"大头鱼"）。"得"，副词。"ず"，否定助动词。此处"得"与"ず"相呼应，表示不可能之意。"物"，名词，为"食ふ"的宾语。"食は"，"食ふ"（动・四）的未然形。"物得食はず"，同"物を食べることができない"。"愁へ言へり"，同"（…と）悲しんでいっております"。

80 是れ取りつらむ——"是れ"，代词（指"赤海鯽魚"）。"つらむ"，连语（由完了助动词"つ"+推量助动词"らむ"构成）。此处表示确切的推量。此句同"きっとこれが取ったのでしょう"。

81 探れば——同"探ったところ"。"探れ"，为"探る"（动・四）的已然形。查，查看。"ば"，接续助词。

82 給はむ時、言りたまはむ状は——"給は"，"与ふ"的尊敬语"給ふ"（动・四）的未然形。同"お与えになる"。此处"む"与"状"前的"む"均为连体形，表示委婉的语气，同"…ような…"（但有时很难译出）。"給はむ時"，同"（…に）お返しになる時"。"状"，名词。此处同"事"。"言りたまはむ状は"，同"おっしゃることは"。

83 おぼ鉤・すす鉤、貧鉤・うる鉤——此为咒词。"おぼ鉤"，郁闷钩（憂鬱になる釣針）。"すす鉤"，焦急钩（気がいらいらする釣針）。"貧鉤"，贫穷钩（貧しくなる釣針）。"うる鉤"，愚蠢钩（愚かになる釣針）。

84 後手に賜へ——"後手"，名词。背手（把手放在背后）。"に"，格助词。此处表示手段、方法。"後手に"，同"後手で"。"賜へ"，为"賜ふ"（也写为"たまふ"）的命令形，同"お与えなさい"。据载，背手递钩是一种咒术。

85 然して…高田を作らば——"然して"，接续词。同"そうして"。"高田"，高田（不便水利灌溉的高处农田）。"ば"，在此表示假定。"作らば"，同"作るならば"。

86 下田を営りたまへ——"下田"，低田（低处水多的农田）。"営りたまへ"，同"下田をお作りなさい"。

87 然為たまはば、…掌れる故に——"然"，副词。这样，如此。"為"在此为"為"的连用形。"たまは"，为尊敬补助动词的未然形。"ば"，接续助词。此处表示假定。"然為たまはば"，同"そのようになさるならば"。"掌れ"，为"掌る"（动・四）的已然形。掌管，管理。"る"，完了助动词"り"的连体形。此处表示存续。"掌れる故に"，同"（私は水を）掌っていますから"。

88 貧窮しくなりなむ——"貧窮しく"，"貧窮し"（形・シク）的连用形。"なり"，"なる"（转下页）

みて攻め戦はば[89]、塩盈珠を出して溺らし、若し其れ愁へ請はば[90]、塩乾珠を出して活かし、如此惚まし苦しめたまへ[91]」と云ひて、塩盈珠・塩乾珠並せて[92]両箇を授けて、即ち悉に和邇魚[93]を召し集へて問ひて曰はく、「今、天津日高の御子、虚空津日高、上つ国に出幸でまさむと為たまふ[94]。誰か幾日に送り奉りて、覆奏さむ[95]」といひき。故、各己が身の尋長の随に、日を限りて白す中に[96]、一尋和邇[97]白さく、「僕は一日に送る即ち還り来む[98]」とまをしき。故、爾に其の一尋和邇に、「然らば汝送り奉れ[99]。若し海中を渡る時、な惶れ畏ませまつりそ[100]」と告りて、即ち其の和邇の頸に載せて送り出しまつりき。故、期りしが如[101]一日の内に送り奉りき。其の和邇を返さむとしたまふ時[102]、佩かせる紐小刀[103]を解きて、其の頸に著けて返したまひき。故、

（接上页）（动・四）的连用形。"なむ"，连语（由完了助动词"ぬ"的未然形"な"＋推量助动词"む"构成），此处表示确信的推量。此句同"…きっと（その兄君は）貧しくなってしまうでしょう"。

89 攻め戦はば——同"（…を恨んで）攻め立ち向かってくるならば"。"攻め戦は"，为"攻め戦ふ"（动・四）的未然形。攻来。

90 塩盈珠…若し其れ愁へ請はば——"塩盈珠"，満潮珠（具有涨潮咒力的珠玉）。"其れ"，代词（指其兄火照命）。"愁へ請は"，为"愁へ請ふ"（动・四）的未然形。哀求。"愁へ請はば"，同"（兄君が）嘆いて許しを乞うならば"。

91 如此惚まし苦しめたまへ——"如此"，副词。"惚まし"，为"惚ます"（动・四）的连用形。使烦恼。"苦しめ"，为"苦しむ"（动・下二）的连用形。使痛苦，折磨。本句同"このように悩ませ苦しめなさいませ"。

92 並せて——副词。在此同"同時に""一緒に"。

93 和邇魚——鳄鱼（一说"鳄鲛"等）。

94 上つ国に出幸でまさむと為たまふ——"上つ国"，名词。上国（因海神国在海底，故称上界为此）。"出幸でまさ"，为"出幸でます"的未然形。本句同"上の葦原中国にお帰りになろうとしておられる"。

95 誰か幾日に送り奉りて、覆奏さむ——"か"，系助词，表示疑问。此处用于句中，要求以连体形结句。"に"，格助词。此处表示手段、方法。"送り奉りて"，同"（誰が、何日で、）お送り申して"。"覆"，回复。在"覆"下可视为省略了宾格助词"を"。"覆奏さむ"，同"復命するか"。

96 己が身の尋長の随に、日を限りて白す中に——"己が身"，连语。同"各自の""銘銘の"。"尋長"，身长。"尋長の随に"，同"（…の）身長の長短に応じて"。"限り"，为"限る"（动・四）的连用形。规定，决定。"白す"，为"言ふ"的谦让语，在此为连体形。"白す中に"，同"（日数を定めて）申す中に"。

97 一尋和邇——寻长的鳄鱼。"尋"，长度单位。一寻，约1.8公尺（平伸两臂的长度）。

98 一日に…還り来む——"に"，格助词。"一日に"，同"一日で（お送りして）"。"還り来"，为"還り来"（动・カ变）的未然形。"む"，在此表示意志。"還り来む"，同"（すぐ）帰って来ましょう"。

99 然らば汝送り奉れ——"然らば"，接续词。同"それなら"。"汝"，代词。此处用于上对下。同"お前"。"奉れ"，为谦让补助动词"奉る"的命令形。"送り奉れ"，同"（…が）お送り申し上げなさい"。

100 な惶れ畏ませまつりそ——"な"，副词。"そ"，终助词。此处以"动词（除'カ变'和'サ变'外）连用形＋そ"的形式表示禁止。同"…な"。"惶れ畏ま"，为"惶れ畏む"（动・四）的未然形。惊恐，恐惧。"せ"，使役助动词"す"的连用形。此处"…まつり"为连用形。本句同"（…渡って行く時に）恐ろしい思いをおさせしてはならないぞ"。

101 期りしが如——"期り"，"期る"（动・四）的连用形。约定。本句同"（一尋鰐は）約束したとおり（一日の内に）"。

102 返さむとしたまふ時——此处"返さ"为未然形。"むとし"，为连语"むとす"的连用形。意同"即将、刚要"。本句同"…返そうとなされる時"。

103 佩かせる紐小刀——"佩か"，为"佩か"（动・四）的未然形。佩带。"せ"，为表示尊敬之意"す"的已然形。"る"，完了助动词"り"的连体形。"紐小刀"，纽带的小刀。本句同"腰に帯びておられる紐付の小刀"。

其の一尋和邇を、今に佐比持神と謂ふ[104]。

是を以ちて備に海の神の教へし言の如くして[105]、其の鉤を与へたまひき。故、爾より[106]以後は、稍愈[107]貧しくなりて、更に荒き心を起して迫め来[108]。攻めむとする時、塩盈珠を出して、溺らし、其れ愁へ請へば、塩乾珠を出して救ひ、如此惚まし苦しめたまふ時、稽首[109]白さく、「僕は今より以後、汝命の昼夜の守護人と為りて仕へ奉らむ[110]」とまをしき。故、今に至るまで、其の溺れし時の種種の態、絶へず仕へ奉るなり[111]。

【原文本】[112]

故、火照命者、為海佐知毘古。而、取鰭広物、鰭狭物、火遠理命者、為山佐知毘古而、取毛麤物、毛柔物。爾火遠理命、謂其兄火照命、各相易佐知欲用、三度雖乞、不許。然遂纔得相易。爾火遠理命、以海佐知釣魚、都不得一魚、亦其鉤失海。於是其兄火照命、乞其鉤曰、山佐知母、己之佐知佐知、海佐知母、已之佐知佐知、今各謂返佐知之時、其弟火遠理命答曰、汝鉤者、釣魚不得一魚、遂失海。然其兄強乞徴。故、其弟破御佩之十拳剣、作五百鉤、雖償不取。亦作一千鉤、雖償不受、云猶欲得其正本鉤。

於是其弟、泣患居海辺之時、塩椎神来、問曰、何虚空津日高之泣患所由。答言、我与兄易鉤而、失其鉤。是乞其鉤故、雖償多鉤、不受、云猶欲得其鉤。故、泣患之。爾塩椎神、云我為汝命、作善議、即造无間勝間之小船、載其船以教曰、我押流其船者、

---

104 今に佐比持神……——"今に"，副词。同"今でも"。"佐比持神"，神名。持刀神。"佐比"，刀剑之意（一说"鋤"）。据载，因鳄鱼的牙齿其锋利犹如刀剑，故名。

105 海の神の教へし言の如くして——接"神"下的"の"在此同主格助词"が"。"言"，名词。言语，言。此处"如く"为连用形，表示"同样""如实"之意。本句同"海の神が教えたことばのとおりにして"。

106 爾より——同"それから"。"より"，格助词。此处表示起点。

107 稍愈——副词（为"愈"之略）。更，越发。

108 荒き心……迫め来——"荒き"，为"荒し"（形・ク）的连体形。凶暴，凶恶。"荒き心"，同"あらあらしい心"。"迫め来"（动・カ变），攻来，逼来。同"迫まって来た"。

109 稽首——为"祈む"（动・四）的名词形。叩首，低头哀求。同"（兄の火照命は）頭を下げ哀願して"。

110 守護人と為りて仕へ奉らむ——"守護人"，即守卫皇居的卫兵。"む"表示意志。"仕へ奉らむ"，同"お仕えいたしましょう"。

111 其の溺れし時の種種の態、絶へず仕へ奉るなり——"溺れ"，为"溺る"（动・下二）的连用形。淹，溺。"態"，名词。动作。"絶へず"，副词。此处"…奉る"为连体形。"なり"，断定助动词。同"…だ""…である"。此句同"（火照命の子孫の隼人は）その溺れた時のさまざまのしぐさを演じて、ずっと宫廷にお仕えするのである"。

112 《古事记》系上代作品，当时还未发明平片假名（处于"漢字専有時代"），全部用汉字写成。为了让读者直观接触原文本，故抄录于此。本书所选部分为变体汉文，正文部分是训读后的文本（読み下し文）。

差暫往。将有味御路。乃乘其道往者、如魚鱗所造之宮室、其綿津見神之宮者也。到其神御門者、傍之井上、有湯津香木。故、坐其木上者、其海神之女、見相議者也。

故、随教少行、備如其言、即登其香木以坐。爾海神之女、豊玉毘売之從婢、持玉器将酌水之時、於井有光。仰見者、有麗壯夫。以為甚異奇。爾火遠理命、見其婢、乞欲得水。婢乃酌水、入玉器貢進。爾不飲水、解御頸之璵、含口唾入其玉器。於是其璵著器、婢不得離璵。故、璵任以進豊玉毘売命。爾見其璵、問婢曰、若人有門外哉。答曰、有人坐我井上香木之上。甚麗壯夫也。益我王而甚貴。故、其人乞水故、奉水者、不飲水、唾入此璵。是不得離故。故、任入将来而献。爾豊玉毘売命、思奇、出見、乃見感、目合而、白其父曰、吾門有麗人。爾海神自出見、云此人者、天津日高之御子、虛空津日高矣。即於內率入而、美智皮之疊敷八重、亦絁疊八重敷其上、坐其上而、具百取机代物、為御饗、即令婚其女豊玉毘売。故、至三年、住其国。

於是火遠理命、思其初事而、大一歎。故、豊玉毘売命、聞其歎以、白其父言、三年雖住、恒無歎、今夜為大一歎。若有何由。故、其父大神、問其聟夫曰、今旦聞我女之語、云三年雖坐、恒無歎、今夜為大嘆。若有由哉。亦到此間之由奈何。爾語其大神、備如其兄罰失鉤之狀。是以海神、悉召集海之大小魚問曰、若有取此鉤魚乎。故、諸魚白之、頃者、赤海鯽魚、於喉鯁、物不得食愁言。故、必是取。於是探赤海鯽魚之喉者、有鉤。即取出而清洗、奉火遠理命之時、其綿津見大神誨曰之、以此鉤給其兄時、言狀者、此鉤者、淤煩鉤、須須鉤、貧鉤、宇流鉤、云而、於後手賜。然而其兄、作高田者、汝命営下田。其兄作下田者、汝命営高田。為然者、吾掌水故、三年之間、必其兄貧窮。若恨怨其爲然之事而、攻戰者、出塩盈珠而溺。若其愁請者、出塩乾珠而活、如此令惚苦云、授塩盈珠、塩乾珠、並両箇、即悉召集和邇魚問曰、今、天津日高之御子、虛空津日高、為將出幸上国。誰者幾日送奉而覆奏。故、各随己身之尋長限日而白之中、一尋和邇白、僕者、一日送、即還來。故爾告其一尋和邇、然者汝送奉。若渡海中時、無令惶畏。即載其和邇之頸送出。故、如期一日之內送奉也。其和邇將返之時、解所佩之紐小刀、著其頸而返。故、其一尋和邇者、於今謂佐比持神也。

是以備如海神之教言、与其鉤。故、自爾以後、稍愈貧、更起荒心迫来。将攻之時、出塩盈珠而令溺、其愁請者、出塩乾珠而救、如此令惚苦之時、稽首白、僕者自今以後、為汝命之昼夜守護人而仕奉。故至今、其溺時之種種之態、不絕仕奉也。

【译文】

海幸和山幸

　　火照命（海幸）为渔夫，捕获海中大小诸种鱼类。火远理命（山幸）为猎人，狩猎山中大小诸种鸟兽。尔时，火远理命谓其兄火照命言道："互换各自渔猎之器具一用如何？"虽三次乞求而未应。后方始得到其兄允诺，互换使用。于是，火远理命持钩钓鱼，不仅未钓得一尾，而且将其失落海中。兄火照命索其钩，言道："弓箭和钓钩，均为各自渔猎之器具。速归还各自器具"。此时，弟火远理命答道："虽使兄之钓钩，但未钓得一尾，并终将其失落海中"。然而，兄强逼其弟还钩，弟（只得）毁其身佩之十拳长剑，（锻）作五百钩赔偿，兄不受；又作千钩，仍不受，并称："唯愿还其原钩"。

访问海神宫

　　弟火远理命于海边悲泣。此时潮路神前来问道："日之御子，因何（如此）悲泣？"火远理命答道："我与兄换钩（钓鱼），而将其失落海中。兄讨其钩，故作多钩赔偿，但兄不受，且言'唯愿还其原钩。'故而（在此）悲泣"。于是，潮路神言道："我为你献计（解愁）"。而编制篮状无缝小船，将其载入船中，并告曰："我将此船推出后，随水流少行片刻，定有平稳之海路。若随此道而行，（可见）一排排鱼鳞状的宫殿。此乃海神的宫殿。抵达此神的宫门后，于门傍之井边有一株神圣桂树。若坐在此树上，海神之女见而必与你计议商量"。

　　于是，火远理命随其教稍行，（所见）俱如所言，随即登上桂树而坐。此时，海神之女丰玉毗卖命之侍女正持玉壶汲水。（忽见）井中映有光亮。她便仰首观望，乃一壮丽男子（坐在树上），甚感惊奇。火远理命见侍女后乞求饮水。侍女即刻汲水入壶后献上。但其不饮，却将系于颈上之玉解下含入口中，再吐入玉壶。此玉附于壶中，侍女取其不下，遂将附玉之壶献于丰玉毗卖命。海神之女见此玉谓侍女曰："门外或有人？"侍女答道："有人坐在我井边桂树上，甚是壮丽之男子。比我君海神更为尊贵。此人乞求饮水，故而献上。彼不饮，却将此玉吐入玉壶中。此玉实难取下，遂将附玉之壶拿来献上"。丰玉毗卖命（闻后）甚觉奇异，便来至（门外），见而顿生爱慕之心，彼此以目传情。于是告其父曰："我宫外有一壮丽男子"。海神亲至（门外），见而言道："此人乃天津日高之子，虚空津日高也"。即将其引入宫内，敷上八张海驴皮垫，又敷以八张绢垫于其上，然后让其坐于此垫，并备甚多聘礼，大设筵席，即让其与其女丰玉毗卖

命成婚。之后，火远理命与海神女同住此国达三载之久。

火照命臣服

尔时，火远理命思及当年之事，（不禁）大声叹息。丰玉毗卖命闻其叹息后告其父曰："同住三载，素无叹息，而昨夜却大声叹息。或许有何缘由？"于是，其父大神谓其婿曰："今晨闻我女云'同住三载，素无叹息，而昨夜却大声叹息。'是何缘由？又因何来到此地？"火远理命便与大神详述其兄催讨失落钓钩之实情。于是，海神悉召海中大小诸种鱼类，问道："可有吞钓之鱼？"诸鱼言道："近日，鲷鱼言其喉中有鲠，不得进食，甚为忧伤。（钓钩）定为其所吞"。遂查鲷鱼之喉，果有钓钩。于是，立即取出洗净，奉还于火远理命。此时，海神教其道："将此钩还于乃兄时告之曰：'此钩乃郁闷钩、焦急钩、贫穷钩、愚昧钩'。然后背手递交此钩。若乃兄作高田，你作低田；乃兄作低田，你则作高田。若如此而为，因我掌管雨水，三年内乃兄必然贫穷。若其恨你所为而攻击，则取出满潮珠溺其于水中；若苦苦哀求，则取出落潮珠相救。即如此地使其烦恼、受苦"。（言毕）便将满潮珠、落潮珠一并授予火远理命，并悉召海中鳄鱼，问道："天津日高之子、虚空津日高今欲去上国，尔等需几日送至，各自奏来"。众鳄鱼依据各自身长复奏所需日数。其中一寻长鳄鱼言道："我一日之内送至即还"。于是，海神告一寻长鳄鱼道："则由汝送。渡海时切不可使其受到惊恐"。此鳄鱼如前所约，一日内送至。火远理命令其返回时，解下佩身系带小刀，挂其颈上，让其返回。故此鳄鱼，今谓"持刀神"。

于是，火远理命具如海神所教，还钩与兄。此后，兄火照命日益贫穷，遂起更为凶恶之心（向其弟）攻来。在其来之时，取出满潮珠溺其于水中；因其苦苦哀求，乃取出落潮珠相救。当使其如此烦恼、受苦之时，兄方始叩首哀求（曰）："此后，我将做你卫士，昼夜守护"。故（隼人）至今仍演其溺水时诸种状态，侍奉于宫廷。

风土记

【作家和作品简介】

　　日本古代社会经"大化革新""申壬之乱"后，以天皇为中心的中央集权制得到进一步巩固，文化艺术也有相应的发展。至奈良时代（710—794）初，朝廷为强化天皇统治的正统地位和对外弘扬国威，先后令太安万侣、舍人亲王等编纂史书——《古事记》《日本书纪》。《风土记》应视为上述史书的一个重要组成部分。

　　据《续日本纪》载，元明天皇于和铜六年（713），即《古事记》成书的第二年便诏令畿内七道诸国，编纂地志献上。其内容可归纳为：选好字命郡乡之地名；录郡内物产之名目；土地肥瘠状况；山川原野之由来；记故老相传之旧闻异事等五项。史称这种地志为《风土记》，后为与江户时代编纂的《风土记》相区别，又称《古风土记》。

　　各地官厅于官命下达后便陆续编成献上，但其后多有散佚。据载，现存有常陆、出云、播磨、丰后、肥前等五国风土记。其中仅《出云国风土记》为唯一完本，而且明记撰者（出云臣广岛）和成书年月（天平五年二月三十日），其他则残缺不全，诸多不明。此外，尚有为《万叶集注释》等后世文献所引用的三十余国风土记的残篇断简，现已辑为《古风土记逸文》一书。《风土记》大多以四字句的汉文写成，其内容多与农耕、劳动、爱情、争斗、自然、习俗等相关联。其中最富有文学色彩的应推《播磨风土记》和《常陆国风土记》，前者以近似《古事记》的文体，撰录许多饶有趣味的民间说话；后者行文华丽，疑出自藤原宇合等人之手。《出云国风土记》则多记地名传说，以"国引"（くにひき）（创造国土）故事最为著名。本书虽出自地方官吏之手，但与中央直接编纂的《古事记》相比，显得不受或少受神权思想的束缚。因而，书中的神说、歌谣，尤其是地名传说，大多保存了古朴的原貌和浓郁生活气息，对研究日本古代文化、文学、历史等具有重要的参考价值。

　　本文选注"富士山和筑波山"等三篇。前篇写神的故事，后两篇均为地名传说。文字简洁朴实，多敬语。

【原文】

常陸国(ひたちのくに)¹ 風土記(ふどき)

——富士山と筑波山(つくばさん)

　古老(ふるおきな)のいへらく²、昔(むかし)、神祖(みおや)の尊(みこと)³、諸神(もろがみ)たちのみ処に巡(めぐ)り行(い)でまして⁴、駿河(するが)の国(くに)福慈(ふじ)の岳(やま)に至(いた)りまし⁵、卒(つひ)に日暮(ひぐれ)に遇(あ)ひて、寓宿(やどり)を請欲(ねが)ひたまひき⁶。此の時、福慈の神答(こた)へけらく⁷、「新粟(わせ)の初嘗(にひなへ)して、家内(やぬちものいみ)諱忌せり⁸、今日(けふ)の間(ほど)は、冀(ねが)はくは許し堪(た)へじ。」とまをしき⁹。是(ここ)に¹⁰、神祖の尊、恨(うら)み泣(な)きて詈告(の)りたまひけらく¹¹、「即ち汝が親

---

1 常陸国——旧国名,今属茨城县的大部。
2 古老のいへらく——"古老",老翁,故老。"の",格助词,此处同"…が"。"いへ","いふ"（动・四）的已然形。说,云。"ら",完了助动词"り"的未然形。接四段动词已然形和サ变动词未然形下,此处表示完了。"く",接尾词,接ラ变型活用词、四段动词未然形和过去助动词"き"等下,构成体言。《常陸国风土记》常以此句为记事之起首,同口语"（ある）老人が言ったことには"。
3 神祖の尊——同口语"尊い祖先神が"。"神祖",何神不详。此处多为"祖先神"之意。"尊",称神或贵人时接其名下表示尊敬。
4 み処に巡り行でまして——"み（御）",接头词。"処",居处。"み処",同"いらっしゃるところ"。"行でまし","出づ"的尊敬语"行でます"（动・四）的连用形。"巡り行でまして"同口语"（…に）巡回しておいでになって"。
5 駿河の国福慈の岳に到りまし——"駿河の国",旧国名,位于今静冈县中部。"福慈の岳",即富士山。"まし",尊敬补助动词"坐す"的连用形,同"なさる",此词也写作"有す"。"到りまし",同口语"到達され"。
6 遇ひて、遇宿を請欲ひたまひき——"遇ひ","遇ふ"（动・四）的连用形。"て",接续助词,此处表示原因。"遇ひて"意同口语"（日暮時に）なって"。"遇宿"也写作"止客"。宿,住宿。"請欲ひ","請欲ふ"（动・四）的连用形。请求。此词也写作"請ふ"。"たまひ","たまふ"（动・四）的连用形,此处为尊敬补助动词,同"お…になる"。"き",过去助动词。接（除力变、サ变动词外的）活用词连用形下,表示过去。"遇宿…たまひき",同口语"宿をお頼みになった"。
7 答へけらく——同口语"（…神が）答えたことには"。"答へ","答ふ"（动・下二）的连用形。"けら",过去助动词"けり"的未然形。此处表示过去。"く",接尾词,见注2。
8 新粟の初嘗して、家内諱忌せり——"新粟",早稲。"初嘗","初嘗祭"之略,也称"新穀祭"。此系日本古代农业重要祭祀之一,即向神进献新谷,自己也作尝食,以示谢神。"し","す"（动・サ变）的连用形。做,办。"して",同口语"（早稲の新穀祭を）行なっていて"。"家内",家中。"諱忌",斎戒。按时俗,新谷祭之夜,家人斎戒,整洁身心,不准外人入内。"せ","す"的未然形。"り",完了助动词,见注2。此处表示存续。"せり",同口语"（家内では物忌みを）しています"。
9 冀しくは許し堪へじとまをしき——"冀しくは",副词。但愿,希望。同"どうか"。"許し","許す"（动・四）的连用形。应允。"堪へ","堪ふ"（动・下二）的未然形。此处做补助动词,与否定词相呼应,意为"实难……"、"难以……"等。"じ",否定推量助动词,此处表示否定的意志,同"まい"。"まをし","言ふ"的谦让语"申す"（动・四）的连用形。此词也写作"奏聞す"。"き",见注6。本句同口语"（今夜中は）お気の毒ですが、お宿はいたしかねます"。
10 是に——又写"爰に"。接续词。于是,同"そこで"。
11 …て詈告りたまひけらく——"て",接续助词,此处表示状态。"詈告り","詈告る"（动・四）的连用形。咒骂,骂。"たまひ",见注6。"けらく",见注7。本句同口语"（恨み、泣い）て罵られたことには"。

风土记

ぞ¹²。何ぞ宿さまく欲りせぬ¹³。汝が居める山は¹⁴、生涯の極み¹⁵、冬も夏も雪ふり霜おきて、冷寒重襲り、人民登らず、御食な奠りそ¹⁶」とのりたまひき¹⁷。更に筑波の岳に登りまして¹⁸、赤客止を請ひたまひき。此の時、筑波の神答へけらく、「今夜は新粟甞すれども¹⁹、敢へて尊旨に奉らずはあらじ」とまをしき²⁰。爰に、飲食を設けて、敬び拝み祇み承りき²¹。是に、神祖の尊、歓然びて謌ひたまひしく²²、

愛しきかも我が胤²³ 巍きかも神宮²⁴
天地と並斉²⁵しく日月と共同に
人民集ひ賀ぎ飲食富豊けく²⁶
代代に絶ゆることなく²⁷ 日に日に弥栄え

---

12 汝が親ぞ——同口语"（おれは）お前の祖先であるぞ"。"汝"，代词。"が"，格助词。"ぞ"，终助词，表示强意。

13 何ぞ宿さまく欲りせぬ——"何ぞ"，副词，同"なぜ"。用此词要求句末以活用词连体形结句。"宿さ"，"宿す"（动・四）的未然形。借宿。"まく"，连语，接活用词未然形下，表示"…だろうこと""…ようなこと"等意。"欲りせ"，"欲りす"（动・サ变）的未然形。愿望。"ぬ"，否定助动词"ず"的连体形。本句同口语"どうして宿を貸すことを望まないか"。

14 居める山は——同口语"（お前の）住んでいる山は"。"居め"，"居む"（动・四）的已然形。"る"，"り"的连体形，见注2。此处表示状态的存续。

15 生涯の極み——同口语"生涯の果てまで"。"生涯"，生，命。"極み"，极限。

16 飲食な奠りそ——"飲食"，食物的敬称，同"召上がり物"。"な"，副词。"そ"，终助词。此处以"な+（除力变和サ变外的）动词连用形+そ"的形式表示禁止，同"…な"。"奠り"，"奠る"（动・四）的连用形。供奉，进献。本句同口语"（寒さがたび重なり…）飲食物をお前に供えないようにするぞ"。

17 のりたまひき——同口语"（…と）おっしゃった"。"のり"，"宣る"（动・四）的连用形。说，述。此词又写作"勅る"。"たまひき"，见注6。

18 筑波の岳に登りまして——"筑波の岳"，即筑波山，位于今茨城县。"まし"，见注5。"登りまし"，同口语"お登りになって"。

19 新粟甞すれども——"新粟甞"，即"新穀祭"，见注8。"すれ"，"す"的已然形。"ども"，接续助词。然而。"すれども"，同口语"（…を）行っていますが"。

20 敢へて尊旨に奉らずはあらじとまをしき——"敢へて"，副词。(怎)敢。"尊旨"，对神的语言的尊称。"奉ら"，"仕える"的谦让语"奉る"（动・四）的未然形。仕奉。此词也写作"承る"。"ずは"，连语，接活用词未然形下，意同"…しないで""…せず"等。"あら"，"あり"（动・ラ变）的未然形。"じ"和"まをしき"均见注9。本句同口语"お言葉をどうあってもお引き受けしないわけにはまいりませんと申した"。

21 設けて、敬び拝み祇み承りき——"設け"，"設く"（动・下二）的连用形。准备。"敬び"，"敬ぶ"（动・上二）的连用形。恭敬。"拝み"，"拝む"（动・四）的连用形。礼拜。"承り"，见注20。"き"，见注6。本句同口语"（…を）準備して、（尊い祖先神を）うやまい拝み、謹んでお仕えした"。

22 謌ひたまひしく——同口语"お歌いになったことには"。"たまひ"，尊敬补助动词，见注6。"し"，过去助动词"き"的连体形。"く"，接尾词，见注2。

23 愛しきかも我が胤——同口语"かわいいことよ、わが子孫は"。"愛しき"，"愛し"（形・シク）的连体形。可爱。"かも"，终助词，此处表示感叹。"我が"，连语，同"私の…"。

24 巍きかも神宮——同口语"高く立派なことよ、神の宮殿は"。"巍き"，"巍し"（形・ク）的连体形。巍然。

25 と並斉しく——同口语"（天地）とともに"。"と"，格助词。"並斉しく"，"並斉し"（形・シク）的连用形。齐，平。

26 集ひ賀ぎ飲食富豊けく——"集ひ"，"集ふ"（动・四）的连用形。集，聚。"賀ぎ"，"賀ぐ"（动・四）的连用形。祝贺。"飲食"，指进献神的供物。"富豊けく"，"富豊けし"（形・ク）的连用形。丰盛。

27 絶ゆることなく——同口语"（代々）絶えることがなく"。"絶ゆる"，"絶ゆ"（动・下二）的连体形。"なく"，"なし"（形・ク）的连用形。

千秋万歳に遊楽窮じ²⁸とのりたまひき。是をもちて²⁹、福慈の岳は、常に雪ふりて登臨ることを得ず³⁰。其の筑波の岳は、往集ひて歌ひ舞ひ飲み喫ふこと³¹、今に至るまで絶えざるなり³²。（以下は略く）

肥前国³³風土記

——肥前の鮎釣り

松浦郡は、昔、気長足姫尊、新羅を征伐たむと欲して³⁴、此の郡に行でまして³⁵、玉嶋の小河³⁶の側に進食したまひき³⁷。ここに、皇后、針を勾げて鉤と為し、飯粒を餌と為し、裳³⁸の糸を緡³⁹と為して、河中の石に登りて、鉤を捧げて祝ひたまひしく⁴⁰、「朕⁴¹、新羅を征伐ちて、彼が財宝を求がまく欲ふ⁴²。其の事、功成りて凱旋らむには⁴³、

---

28 窮じ——同口语"（その歓楽は）尽きないだろう"。"窮き"，"窮く"（动·上二）的未然形。尽。"じ"，见注9。此处表示否定的推量。

29 是をもちて——同口语"それで"。"是"，代词，指祖先神的话。"もちて"，即口语的"以って"。此处以"…をもちて"的形式表示缘由。

30 得ず——"得"，"得"（动·下二）的未然形。得。此处以"动词连体形＋ことを得"的形式表示可能（多用于否定）。"ず"，否定助动词，此句同口语"登ることができない"。

31 歌ひ舞ひ飲み喫ふこと——同口语"歌い踊り，酒を飲み物を食うことが"。

32 絶えざるなり——同口语"絶えないのである"。"ざる"，"ず"的连体形。"なり"，断定助动词。是。

33 肥前国——旧国名，今分属佐贺县和长崎县。

34 気長足姫尊、新羅を征伐たむと欲して——"気長足姫"，即神功皇后（仲哀天皇之后）。据载，她曾于仲哀天皇骤亡后亲征新罗。"尊"，见注3。"新羅"，朝鲜半岛上的古国名。"征伐た"，"征伐つ"（动·四）的未然形。"む"，推量助动词。此处表示意志。"欲し"，"思ふ"的尊敬语"欲す"（动·四）的连用形。"征伐たむと欲して"，同口语"討伐しようとお思いになって"。

35 此の郡に行でまして——"此の郡"，指松浦郡（今分属佐贺县东、西松浦郡和长崎县南、北松浦郡）。"行でまし"，见注4，同口语"おでかけになって"。

36 玉嶋の小河——指由松浦湾东入海的玉岛川。

37 進食したまひき——同口语"（…で）お食事をなさった"。"進食"，饮食的敬语。"し"，"す"的连用形，"たまひき"，见注6。

38 裳——指古代女子穿的裙式下装。

39 緡——钓丝，同"钓糸"。

40 祝ひたまひしく——同口语"神の意志表示を期待なさったことには"。"祝ひ"，"祝ふ"（动·四）的连用形。祈神显灵。"たまひしく"，见注22。

41 朕——又读"あ"。代词，同"私"。

42 彼が財宝を求がまく欲ふ——"彼"，代词，指新罗。"が"，格助词。"彼が"，同口语"その（財宝）"。据载，新罗国多金银。"求が"，"求ぐ"（动·四）的未然形。求，寻求。"まく"，连语，见注13。"求がまく欲ふ"，意同口语"求めようと思う"。

43 功成りて凱旋らむには——"功"，名词。功，功勋。"凱旋ら"，"凱旋る"（动·四）的未然形。"む"，推量助动词"む"的连体形，此处表示假定、假设。此时多与助词"…には"相接，意为"もし…としたら"。本句同口语"うまく成功して凱旋するのだとしたら"。

細鱗⁴⁴の魚、朕が鉤緡⁴⁵を呑め」とのりたまひき。既にして鉤を投げたまふに⁴⁶、片時にして⁴⁷、果して其の魚を得たまひき。皇后、のりたまひしく⁴⁸、「甚、希見しき物⁴⁹」とのりたまひき。因りて⁵⁰希見の国といひき。今は訛りて松浦の郡と謂ふ。この所以に⁵¹、此の国の婦女は、孟夏四月⁵²には常に針を以ちて年魚を釣る。男夫は釣ると雖ども、獲ること能はず⁵³。

豊後国風土記
——豊後国の奇瑞、餅の的

　豊後の国⁵⁴は、本、豊前の国と合せて一つの国たりき⁵⁵。昔者、纏向の日代の宮に御宇しめしし大足彦の天皇⁵⁶、豊国直等が祖⁵⁷、菟名手に詔したまひて、豊国を治めしめたまひしに⁵⁸、豊前の国仲津の郡の中臣の村⁵⁹に往き到りき。時に、

---

44 細鱗——也写"鮎"，年鱼（日本特产）。

45 朕が鉤緡——同口语"私の釣り針と釣り糸"。"が"，格助词。

46 既にして釣を投げたまふに——"既にして"，副词。即刻。"たまふ"（动・四），在此做尊敬补助动词，连体形，见注6。"に"，接续助词，此处表示前提条件，同"…すると""…したところ"。"投げたまふに"，同口语"お投げになったところ"。

47 片時にして——同口语"少しの間で"。"片時"，副词。"にして"，格助词，此处表示时间。

48 のりたまひしく——同口语"（皇后が）おっしゃったことには"。见注17，22。

49 甚、希見しき物——"甚"，感叹词，同"ああ"。"希見しき"，"希見し"（形・シク）的连体形。此词的汉字虽写"希見"，但在此处为"赞叹、惊叹"等意。"物"，形式体言，表示感叹的语气。"希見しき物"，意同口语"賞すべきだ"。

50 因りて——接续词，同"それゆえに"。

51 この所以に——"所以"，名词。理由。"に"，格助词，此处表示原因，同"…によって"。

52 孟夏四月——阴历四月之异称。

53 釣ると雖ども、獲ること能はず——"雖ども"，连语。多以"…と雖ども"的形式表示"尽管，虽然"等意。"釣ると雖ども"，同口语"釣っても"。"あたは"，"能ふ"（动・四）的未然形。"ず"，同"…ない"。此词多以"动词连体形+ことあたはず"的形式表示"不能、不可能"之意。"獲ること能はず"，同口语的"獲得できない"。

54 豊後の国——旧国名，约占今大分县的大部。

55 豊前の国…国たりき——"豊前の国"，旧国名，约占今福冈县和大分县的一部分。"たり"，断定助动词"たり"的连用形。是，为。"たりき"，同口语"…であった"。

56 纏向の日代の宮に御宇しめしし大足彦の天皇——"大足彦の天皇"，即景行天皇。据《日本书纪》景行天皇四年条载，于缠向（今奈良县樱井市北）建都，谓日代宫。"に"，格助词，此处同"…で"。"御宇しめし"，即"天の下を治ろし召し"。"治ろし召し"，"治める"的尊敬语"治ろし召す"（动・四）的连用形。统治。"し"，"き"连体形。本句同口语"…で天下をお治めになった景行天皇が…"。

57 豊国直等が祖——同口语"豊国直たちの祖先（である菟名手）"。"豊国"，为原九州地方东北部的古称。后于文武天皇时代，依据距京城的位置，将其分为丰前、丰后两国。"直"，古代的"姓"（古代豪族显示其社会、政治地位的一种世袭称号）。"等"，接尾词。

58 詔したまひて、豊国を治めしめたまひしに——"詔"，诏敕。"し"，"す"的连用形。"詔したまひて"，同口语"仰せごとをなさって"。"しめ"，使役助动词"しむ"的连用形。"し"，"き"的连体形。"に"，格助词，此处表示时间。"治めしめたまひしに"，同口语"治めさせなさった時に"。

59 中臣の村——地名。今属福冈县行桥市草场，福富至犀川町久富一带。

日晩れて⁶⁰僑宿りき。明くる日の昧爽に⁶¹、忽ちに白き鳥あり、北より⁶²飛び来たりて、此の村に翔り集ひき。菟名手、即て僕者に勒せて、其の鳥を看しむるに⁶³、鳥餅と化為り⁶⁴、片時が間⁶⁵に、更、芋草数千許株と化りき⁶⁶。花と葉と、冬も栄えき。菟名手、見て異しと為ひ⁶⁷、歓喜びて云ひしく⁶⁸、「化生りし芋は、未曽より見しことあらず⁶⁹。実に至徳の感、乾坤の瑞なり⁷⁰」といひて、既にして⁷¹朝庭に参上りて、状を挙げて奏聞しき⁷²。天皇、ここに歓喜び有して⁷³、即ち、菟名手に勒りたまひしく、「天の瑞物、地の豊草なり⁷⁴。汝が治むる国⁷⁵は、豊国と謂ふべし⁷⁶」とのりたまひき。重ねて姓を賜ひて、豊国直といふ。後、両つの国に分ちて、豊後国を名と為せり⁷⁷。

田野⁷⁸郡の西南のかたにあり。此の野は広く大きく、土地肥沃えたり⁷⁹。開墾の

---

60 日晩れて——即"日が晩れて"。"晩れ"，"晩る"（动·下二）的连用形。暮。

61 明くる日の昧爽に——同口语的"翌日の明け方に"。"明くる"，"明く"（动·下二）的连体形。翌，次。

62 北より——同口语"北から（飛んで来て）"。"より"，格助词，此处表示动作的方向。

63 即て僕者に勒せて、其の鳥を看しむるに——"即て"，副词。即刻。"僕者"，下奴。"勒せ"，"言ふ"的尊敬语"勒す"（动·下二）的连用形。"勒せて"同口语"（…に）命じて"。"看"，"看る"（动·上一）的未然形。此词也写作"見る"。"しむる"，"しむ"的连体形，见注58。"に"，接续助词，见注46。"看しむるに"，同口语"見させると"。

64 餅と化為り——"餅"，糕，年糕（传说此物富有灵性，可化为他物）。"化為り"，"化為る"（动·四）的连用形。成，为。此词也写作"化る"。

65 片時が間——连语，同"しばらくの間"。片刻，少顷。

66 芋草数千許株と化りて——同口语"里芋数千株となった"。"芋草"，芋，青芋。"許株"，助数词。株，棵。

67 異しと為ひ——同口语"不思議に思い"。"異し"（形·シク），奇，奇异。

68 云ひしく——同口语"言ったことには"。"しく"，见注22。

69 化生りし芋は、未曽より見しことあらず——"化生り"，"化生る"（动·四）的连用形。化生。"化生りし芋は"，同"成かわった里芋は"。"未"，副词。还。"曽"，名词。昔日，往昔，"あら"，"あり"的未然形。"未曽より見しことあらず"，同"まだ昔から見たことがない"。

70 至徳の感、乾坤の瑞なり——"至徳"，至上的徳行。"感"，体现，反应。"乾坤"，天地。"瑞"，瑞兆。"なり"，断定助动词。此二句意谓天地神为其政绩而感动，故降此瑞兆。同口语"最上の徳の表れであり、天と地のめでたい徴である"。

71 既にして——接续词。不久，同"やがて"，见注46。

72 挙げて奏聞しき——"挙げて"，副词。全，都。"奏聞しき"，见注9，同"申し上げた"。

73 ここに歓喜び有して——"ここに"，此处为副词，同"この時"。"有し"，尊敬补助动词，见注5。"歓喜び有して"，同口语"お喜びになって"。

74 天の瑞物、地の豊草なり——同口语"天が下しためでたい徴であり、地が生じさせた繁茂する草である"。此二句意谓"丰草"乃天地神所赐之瑞物。

75 治むる国——同口语"（お前の）治める国"，"治むる"，"治む"（动·下二）的连体形。

76 謂ふべし——同口语"言いなさい"。"べし"，推量助动词。

77 為せり——同口语"（…と）した"。"為せ"，"為す"（动·四）的已然形。做，为。"り"，完了助动词。见注2。

78 田野——所在地不详。或为汤布院町西南郊，玖珠郡九重町田野。

79 肥沃えたり——同口语"（土地）よく肥えている"。"肥沃え"，"肥沃ゆ"（动·下二）的连用形。"たり"，完了助动词，在此表示状态的存续。

便⁸⁰、此の土に比ふものなし⁸¹。昔者、郡内の百姓⁸²、此の野に居りて、多く水田を開きしに⁸³、糧に余りて⁸⁴、畝に宿めき⁸⁵。大きに奢り⁸⁶、已に⁸⁷富みて、餅を作ちて的と為しき⁸⁸。時に、餅、白き鳥と化りて、発ちて南に飛びき。当年の間⁸⁹に、百姓死に絶えて、水田を造らず、遂に荒れ廃てたりき⁹⁰。時より以降、水田に宜しからず⁹¹。今、田野といふ、斯其の縁なり⁹²。

【译文】

常陆国风土记

——"富士山和筑波山"

故老曰，昔日，祖先神巡访诸神之居所，行至骏河国富士山，已临日暮，欲求宿（安息）。此时，富士神答道："现正值'新谷初尝'，家人聚屋斋戒，今夜实难留宿，望多宽恕"。祖先神遂怨恨（此神），泣而咒道："我乃汝之祖先。何不借宿？汝所居之山，则不分冬夏，永降霜雪，日益寒冷，人不登临，亦不进献饮食"。（之后）祖先神再登筑波山，也欲求宿。此时，筑波神答道："今夜虽逢'新谷初尝'，焉能违背尊命"。遂备饮食，恭谦敬奉。祖先神欣然而咏：

---

80 開墾の便——同口语"開墾の便宜は"。"便"，方便，便利。
81 比ふものなし——同口语"（…に）比べられるものはない"。"比ふ"，"比ふ"（动·四）的连体形，相比，匹敌。
82 百姓——为大御田族之意，即耕作天皇御田的农民。
83 多く水田を開きしに——"多く"，副词。"し"，"き"的连体形。"に"，格助词，此处表示时间，本句同口语"多くの水田を開拓した時に"。
84 糧に余りて——"に"，格助词。此处接续助词"て"表示原因。本句同口语"食い分の稲が有り余ったので"。
85 宿めき——同口语"（田の畝）に捨て置いた"。"宿め"，"宿む"（动·下二）的连用形。留，留弃。
86 大きに奢り——同口语"大いに贅沢になり"。"大きに"，"大きなり"（形动·ナリ）的连用形。此处做状语。
87 已に——副词。此处同"まったく""すべて"。
88 作ちて的と為しき——"作ち"，"作つ"（动·四）的连用形。此处同"使う""用いる"。"的"，靶，的。"為しき"，同口语"（弓射の的に）した"。
89 間——名词。同"あいだ""うち"。
90 荒れ廃てたりき——同口语"（水田は）荒れ果ててしまった"。"荒れ廃て"，"荒れ廃つ"（动·下二）的连用形。荒凉，荒芜。"たりき"，复合助动词，由"き"（注6）和"たり"（注79）构成，此处表示过去完了。
91 水田に宜しからず——同口语"水田に適さなくなった"。"宜しから"，"宜し"（形·シク）的未然形。宜。
92 いふ、斯其の縁なり——"いふ"（动·四）在此为连体形。"いふ"，同口语"（…と）いうのは"。"斯"，代词。"縁"，源，起源。"斯…なり"，同口语"この話がそのもとになっているのである"。

爱者吾胤，巍巍者神宫，
齐天帝，同日月，（亘古永存）。
人民聚贺，供物丰盛，
世代不绝，日愈繁荣，
千秋万载，欢乐无穷。

故而富士山终年积雪，人不得登临；筑波山则人民集聚，或歌舞，或饮食，于今不绝。

肥前国风土记

——肥前钓鲇

松浦郡，昔日，神功皇后欲征伐新罗，行至此郡，于玉岛川畔进食。于此，皇后曲针为钩，以饭粒为饵，以裳线为钓丝，遂登河中之石，手捧鱼钩，祈神显灵："朕伐新罗，欲求其财宝。若此举成功，得胜归来，则令鲇吞朕之鱼钩和钓丝"。（言毕）随将钩投入水中，瞬息间果得其鱼。皇后（叹）曰："噫，妙奇之极！"故称（此地）为希见国。今以乡音谓之松浦郡。因而，此国女子常于孟夏四月以针钓鲇，男子则钓而不得。

丰后国风土记

——"丰后国奇瑞""糕之靶"

丰后国，本与丰前国合为一国。昔日，治理国政于缠向日代宫之景行天皇，诏于丰国直等之祖先菟名手，命其治理丰国。其间，菟名手行至丰前国仲津郡中臣村，遂已日暮，便（于此）投宿。翌日方明，忽有白鸟，由北飞集此村。菟名手即命奴仆细观此鸟。（见）此鸟化为糕。片刻间又化为青芋数千株。且芋之花叶，冬日也茂。菟名手见之甚为奇异，喜而言道："此化生之芋，未曾见之。实乃至德之显现，乾坤之瑞兆也"。许日，参拜朝廷，悉奏所见。天皇大悦，即于菟名手曰："此乃天降之瑞物，地赐之丰草。汝治之国，可谓丰国"。再赐姓谓丰国直。故此国称丰国。（此国）后分二国，称（菟名手之国）名为丰后国。

田野，于郡之西南方。此野广阔，土地肥沃。故而易于开垦，（其富庶）无与伦比。昔日，郡内百姓居于此野，开垦众多水田。其间，食量余浮，将（稻穗）弃置于垄间。百姓尽富，奢华无度，遂作糕为靶。某日，糕化作白鸟，离此南飞。于此年间，百姓死绝，不作水田，遂荒芜已尽。自此时起，已不宜再作水田。今称田野，乃缘于此说。

万叶集

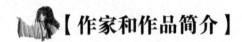

【作家和作品简介】

《万叶集》是日本现存最早的诗歌总集，相当于中国的《诗经》，共20卷，收入自4世纪至8世纪中叶的长歌、短歌、旋头歌等4500余首。关于成书年代和编者，历来众说纷纭，但所收多数为奈良年间(公元710—784)的作品。一般认为，《万叶集》经多年多人编选传承，约在8世纪后半叶由大伴家持(公元717—785)完成。其后，又经数人校正审定才成今传版本。《万叶集》的编次方法，各卷不同。有的卷按年代编次，有的卷按内容分为杂歌、挽歌、相闻歌(广义指赠答歌，狭义指恋歌)三大类，有的卷还设譬喻歌、防人歌(戍边兵士歌)等目。作者从皇族、贵族直到庶民百姓，遍布社会各个阶层，但核心还是皇族、贵族及官员。《万叶集》中有署名作品，也有无名氏的作品。无名氏作品中有些属于民歌和民谣，具名的作品中有许多是所谓著名"歌人"的创作，集中署名的作者约450人。其中，尤以额田王、柿本人麻吕、山部赤人、山上忆良、大伴旅人、大伴家持等著名。

本书选注三首。《天皇登香具山之歌》系舒明天皇登高远望，赋诗赞美国土广袤美丽、人民生活欣欣向荣的景象。《额田王之歌》展现了天皇率军出征时意气风发、斗志满满的精神面貌。《日本挽歌》则系山上忆良站在大伴旅人的立场上写的思念亡妻的悼亡歌。三首风格各异，但都表现了早期和歌语言质朴、风格醇厚的基本风貌与特征。

万叶集

【原文】

天皇(すめらみこと)、香具山(かぐやま)に登りて望国(くにみ)したまふ時の御製歌(おほみうた)¹

舒明天皇(じょめい)²

大和(やまと)には 群山(むらやま)あれど³ とりよろふ 天(あめ)の香具山(かぐやま)⁴ 登り立ち 国見(くにみ)をすれば⁵
国原(くにはら)は 煙(けぶり)立ち立つ⁶ 海原(うなはら)は 鴎(かまめ)立ち立つ⁷ うまし国ぞ あきつ島 大和の国は⁸

（巻一・二）

---

1 天皇、香具山に登りて望国したまひ時の御製歌——此和歌为《万叶集》卷一第二首，为舒明天皇所作。"香具山"，位于奈良县矶城郡（现奈良橿原市）境内，与耳梨山、亩火山并称为"大和三山"。据《日本书纪》记载，拥有了香具山就等于拥有了大和的统治权。"登り"，"登る"（动・四）的连用形。"望国"，同"国见"，起初指天皇或地方长官春天登高望远，俯视国土或所治地域，祈求秋天丰收，并藉此了解国土地貌及当地百姓生活的状态。"たまふ"，尊敬补助动词"たまふ"的连体形。"御製"，古代称天皇所作诗文为"御製"。

2 舒明天皇——(593-641)，日本第34代天皇（629-641在位），名田村皇子，由苏我氏推举即位。

3 大和には、群山あれど——"大和"，原指奈良县中部平地。随着大和政权的势力不断扩张，大和所指范围也随之扩大，直至最后被用于指称整个日本。此处仅指大和朝廷的势力范围。"あれ"，"あり"（动・ラ変）的已然形。"ど"，接续助词，此处表示逆接。

4 とりよろふ、天の香具山——"とりよろふ"，上代特有的词，词义不详，并无他例。据推测，"とり"是接头词，同"とりわけ""とりたてて"。"よろふ"同"そなわる"。即（形が）整い備わる之意。在此用于歌颂山木茂密、形态端正。也有人认为，"よろふ"是由"寄る"加上表示继续反复意的助动词"ふ"形成的，表示"（都に）寄りそっている"的意思。"天の香具山"，因传说香具山自天而降，故加上"天の"。

5 登り立ち 国見をすれば——"登り立ち"，"登り立つ"（动・四）的连用形。登高而立。"国见"，名词，同注1。"すれ"，"す"（动・サ変）的已然形。"ば"，接续助词，接活用词已然形下，表示顺接确定条件，同"（香具山に）登り立って、国内をながめると"。

6 国原は 煙立ち立つ——"国原"，开阔平坦的地方，平原。此处具体指大和盆地，也可理解对广袤国土的美称。"原"系开阔地的意思，如有"野原、河原、海原、天の原"等。"煙立ち立つ"，指居民炊烟袅袅升起的景象，暗示人民生活富裕的状态。"立ち立つ"，系动词"立つ"（动・四）的叠加，表示动作反复进行；另一方面，也符合此类以赞美为主旨的和歌修辞上的需要。

7 海原 鴎立ち立つ——"海原"，水面开阔之处，非指海。当时有一条名叫明日香川的河流经香具山山麓，环山形成了一个名叫"埴安池"的大水池子。"海原"即指这个池子。当时在大和中部，有很多大池子。但研究家中西进认为，香具山周边没有海，登上山顶也看不到海。因此，应视为一种修辞手段，作者将整个大和国纳入视野，予以歌颂，仿佛眼前出现波涛汹涌的大海一般。

8 うまし国ぞ あきつ島 大和の国は——"うまし"，"うまし"（形・シク）的终止形，直接修饰名词"国"。完美，同"立派である""すばらしい"。古代有终止形修饰名词的例子，如"賢(さか)し女""美(くは)し女"，因为当时连体形"うまき"等还不发达。"あきつ島"，系"やまと"的枕词。可写作"秋津島・秋津洲・蜻蛉洲"。此系大和国的异称，也是日本国的异称。也有认为读"あきづしま"。此句系将"あきつ島 大和の国は うまし国ぞ"倒装后形成的。

額田王の歌 [9]

額田王(ぬかたのおほきみ) [10]

熟田津(にきたつ)に [11] 船乗(ふなの)りせむと [12] 月待(つきま)てば [13] 潮(しほ)もかなひぬ [14] 今はこぎ出(い)でな [15]

(巻一・八)

『日本挽歌』の反歌一首 [16]

山上憶良(やまのうへのおくら) [17]

妹(いも)が見し [18] 棟(あふち)の花は [19] 散りぬべし [20] 我が泣く涙 [21] いまだ干(ひ)なくに [22]

(巻五・七九八)

---

9 額田王の歌——齐明七年（661），为救援百济，天皇亲率大船队西征，至伊予松山道后附近的熟田津港口后停泊数日，之后开赴九州，额田王等随行。此和歌形式上为齐明天皇所作，实际上是额田王的作品，就是在船队停泊熟田津后等待出发时机时所创作的。

10 額田王——7世纪后半（齐明朝到持统朝）的歌人。《万叶集》收了她3首长歌和10首短歌。其创作的和歌个性鲜明，才气横溢，格调高昂，为万叶时代最具代表性的女性歌人，与大伴旅人、柿本人麻吕、山上忆良并称为四代歌人。《額田王之歌》为其代表作。

11 熟田津に——地名，确切方位不清楚，据说是指爱媛县道后温泉附近的一个港口。"に"，格助词。表示动作进行的场所，同口语的"で"。

12 船乗りせむと——"船乗り"，"船に乗ること"的名词形。乘船。"せ"，"す"（动・变）的未然形，接推量助动词"む"，同"…しよう"。"と"，格助词，表引用。

13 月待てば——"待て"，"待つ"（动・四）的已然形。"ば"，接续助词，见注5。同"月を待っていると"。更确切地说，是"月の出を待っていると"。也有人认为，此处"月"是"满月"的意思。

14 潮もかなひぬ——"も"，系助词。"かなひ"，"かなふ"（动・四）的连用形。适合，合乎（条件）。"ぬ"，完了助动词"ぬ"的终止形，表示完了。此句同"潮の満ち具合もちょうどよくなった"。

15 今はこぎ出でな——"今は"，同"今となっては""こうなった以上は"。"こぎ出で"，"こぎ出づ"（动・下二）的未然形。划船驶出的意思。"な"，上代特有的终助词，接动词或部分助动词未然形后，用于句末，此处表示愿望，同"…たいな"。此句同"今は漕ぎ出したいな"。这首和歌只用寥寥数笔，便向读者传达了蓄势待发的船队毅然出航的昂扬斗志，同时也透射出一种大战在即的紧张感。

16『日本挽歌』の反歌一首——山上忆良与大伴旅人私交甚好，为大伴的亡妻创作了长歌《日本挽歌》，同时还做了五首反歌，献给大伴。此为其中的第二首，也是被认为最佳的一首。所谓"日本挽歌"是指用日语（指和歌）写的挽歌，有别于山上忆良同时创作并赠给大伴的汉诗。

17 山上忆良——（660-733前后），奈良前期官人、歌人。曾作为遣唐使赴唐。归国后历任伯耆守、东宫侍讲、筑前守。汉文学造诣深厚。任职筑前守时，与大伴旅人私交甚好。《万叶集》收有多首他创作的和歌，多以人生、社会为题材。

18 妹が見し——"妹"，指亡妻。"が"，助词，表主格。"見"，"見る"（动・上一）的连用形。"し"，过去助动词"き"的连体形。同"妹が見た"。此处指亡妻生前喜欢"棟の花"一事。

19 棟の花は——"棟"，也称"栴檀"。楝树，初夏开淡紫色五瓣花，果实为椭圆形，被认为是很有品位的花。妻子生前喜欢这种花，也藉此暗喻妻子的品位。

20 散りぬべし——"散り"，"散る"（动・四）的连用形。花谢。"ぬべし"，复合助动词"ぬべし"的终止形，表示带有确信语气的推测，同口语"きっと散ってしまうにちがいない"。

21 我が泣く涙——"我"，主语。"が"，同上，助词，表主格。"泣く"，"泣く"（动・四）的连体形。

22 いまだ干なくに——"いまだ"，副词。还，仍（未）。"干"，"干"（动・上二）的未然形。"なくに"，由否定助动词"ず"的未然形"な"加接尾词"く"（使名词化）、再加上格助词"に"构成，接活用（转下页）

【译文】

天皇登香具山远望国土时所作御制歌

大和群山美哉兮，登临香具望国土。
原野袅袅炊烟起，海鸥欧欧掠海面。
至美至哉吾之国，秋津岛洲大和国。

额田王之歌

泊船熟田津，直等月升起。
海潮已涨满，迅疾驶离去。

《日本挽歌》反歌一首

妹喜楝树花，已然凋落去。
悲伤化泪水，还未干涸尽。

（接上页）词未然形后，此处表示逆接确定条件，同"ないのになあ""ないことなのに"。此句同"わたしの涙がまだ乾かないのに"。大伴的妻子故于楝树花盛开的阴历4月，此时已是7月，虽然还未彻底败落，但已出现凋零衰败的先兆。不愿相信妻子亡故的大伴，寄希望于楝树花永开不败。虽然其对亡妻的思念也还久久没有消退，但现实却如"ぬべし"这个词所蕴含的——不论多么喜欢的花（亡妻）终究快要衰败的，由此反映出作者的矛盾、悲伤的心境。

竹取物语

竹取物语

【作家和作品简介】

　　《竹取物语》又称《竹取翁物语》（竹取翁の物語り）、辉夜姬物语（かぐや姬の物語），是日本现存最古老的物语，也是第一部用女文字（假名）撰写的物语，被奉为"物语之祖"。1卷本。作者及创作年代不详，大概成立于平安前期。讲述了伐竹翁从竹子中得到仙女辉夜姬，将她抚养成人。辉夜姬先后用难题拒绝了5位贵族公子的求婚，也不接受天皇的求婚，于十五日的夜晚返回月宫。《竹取物语》开辟了新型文人文学创作的先河。《万叶集》卷十六第三七九一歌中，有一首《竹取翁》咏叹天女的长歌，与本故事当有关联。作品构思巧妙，具有浓郁的传奇色彩，在讽刺权贵的同时，亦表现出佛教与道教思想的影响。

　　本书选了两段故事。第一段"杳无音信"讲的是大纳言为了赢得辉夜姬的芳心，派出家臣去取龙首明珠，但家臣们却敷衍了事，杳无音信。大纳言遂亲自带人寻找。文中通过大纳言对船夫说的一番话，将其贪婪却又自大滑稽的性格特点生动刻画出来，入木三分，跃然纸上。第二段"富士云烟"是整个故事的尾声。辉夜姬不得不登月，离开人间。伐竹翁老夫妇悲痛欲绝。天皇得到报告后，赋诗一首，命人将辉夜姬给他的装有不死药的壶及辉夜姬写的信带到离京城、离天最近的一座山上烧掉，这便是今天著名的富士山名字的由来。

【原文】

年こゆるまで音もせず

　遣はしし人は、夜昼待ち給ふに、年こゆるまで音もせず¹。心もとながりて²、いと忍びて³、ただ舎人二人召継として、やつれ給ひて、難波の辺におはしまして⁴、問ひ給ふことは、「大伴の大納言殿の人や、船に乗りて、龍殺して、そが頸の珠取れるとや聞く」と問はするに⁵、船人、答へていはく⁶、「あやしきことかな」と笑ひて、「さる業する船もなし」と答ふるに⁷、「をぢなきことする船人にもあるかな、え知

---

1 遣はしし人は、夜昼待ち給ふに、年こゆるまで音もせず——"遣はし"，"遣はす"（动・四）的连用形。派，派遣。"し"，过去助动词"き"的连体形。"遣はしし人"，同"遣わした人"，此处指大纳言派去取龙首玉珠的家臣们。"夜昼"，夜里和白昼，即昼夜。"待ち"，"待つ"（动・四）的连用形。等，等待。"給ふ"，尊敬补助动词"給ふ"的连体形。此处"夜昼待ち給ふ"的主语是大纳言大伴御行。"に"，接续助词，此处表逆接，同口语"…のに"。"こゆる"，"こゆ"（动・下二）的连体形。过（年、季节）。"年こゆる"即过年，同"年改まる""年が変わる"。"まで"，副助词。"も"，系助词。"せ"，"す"（动・サ変）的未然形。"ず"，否定助动词"ず"的终止形。"音もせず"，音信皆无，同"音沙汰もない"。

2 心もとながりて——"心もとながり"，系"心もとなし"（形・ク）的词干加上"がる"后形成的动词。焦急等待，望眼欲穿。"て"，接续助词，表轻微的原因。

3 いと忍びて——"いと"，副词。很，十分。"忍び"，"忍ぶ"（动・四）的连用形。隐秘，偷偷。"て"，接续助词。"いと忍びて"，此处做连用修饰语，同"ごく内密に"。

4 ただ舎人二人召継として、やつれ給ひて、難波の辺におはしまして——"ただ"，副词。立刻，马上。"舎人"，侍奉皇族、贵族的做杂务或担任警卫的官人。"召継"，名词。随从，杂役。"やつれ"，"やつる"（动・下二）的连用形。（穿着）寒碜，落魄。此处指（大纳言的装束刻意遮人耳目）微服出行。"給ひ"，尊敬补助动词"給ふ"的连用形，此处用于表示对大纳言的尊敬。"難波"，在今大阪湾附近。"辺"，附近，近处。"に"，格助词，表示方向、方位。"おはしまし"，"行く"的尊敬语"おはします"的连用形。"におはしまして"同"…にいらっしゃって"。

5 問ひ給ふことは、「大伴の大納言殿の人や、船に乗りて、龍殺して、そが頸の珠取れるとや聞く」と問はするに——"問ひ"，"問ふ"（动・四）的连用形。"給ふ"，同上，此处为连体形。"問ひ給ふことは"，同"お尋ねになることには"。"や"，系助词，表疑问。"乗り"，"乗る"（动・四）的连用形。"殺し"，"殺す"（动・四）的连用形。"そ"，代词。"が"，助词，表连体格，同"の"。"そが頸の珠"同"その頸の珠"。"取れ"，"取る"（动・四）的已然形。"る"，完了助动词"り"的连体形（此系"や"的要求），接在四段动词已然形或サ変动词未然形下，表示状态的存续。"と"，格助词，表引用。"や"，同前，系助词。"聞く"（动・四）的连体形（此系"や"的要求）。"と"，格助词，同前，表引用。"問は"，"問ふ"的未然形。"する"，使役助动词"す"的连体形。此处指（大纳言）指使随从问（船夫）。"に"，接续助词，表示前提条件。"問はするに"同"お尋ねさせると"。

6 船人、答へていはく——"船人"，船夫。"答へ"，"答ふ"（动・下二）的连用形。"いはく"，连语，同"言うことには"。

7 「あやしきことかな」と笑ひて、「さる業する船もなし」と答ふるに——"あやしき"，"あやし"（形・ク）的连体形。奇怪。"かな"，感叹词。"と"，格助词，后面可视为省略了"言って"。"笑ひ"，"笑ふ"（动・四）的连用形。"さる"，连体词，同"そのような""そういう"。"業"，行为。"さる業"，此处指"去取龙首珠"这件事。"する"，"す"（动・サ変）的连体形。"も"，系助词。"なし"，"なし"（形・ク）的终止形。"と"，格助词，表引用。"答ふる"，"答ふ"的连体形。"に"接续助词，同注5。

らで、かく言ふ」と思して⁸、「わが弓の力は、龍あらば、ふと射殺して、頸の珠は取りてむ⁹、遅く来る奴ばらを待たじ」とのたまひて¹⁰、船に乗りて、海ごとに歩き給ふに¹¹、いと遠くて、筑紫の方の海に漕ぎ出で給ひぬ¹²。

ふじの山

その後、翁・女、血の涙を流して惑へどかひなし¹³。あの書きおきし文を読み聞かせけれど¹⁴、「なにせむにか命も惜しからむ¹⁵。たがためにか¹⁶。何事も用もなし」と

8「をぢなきことする船人にもあるかな、え知らで、かく言ふ」と思して——"をぢなき"，"をぢなし"（形・ク）的连体形。窝囊，怯懦。"する"，"す"的连体形。"に"，断定助动词"なり"的连用形。"ある"，"あり"（动・ラ変）的连用形，在此做补动词。"も"，系助词，插在"に"和"ある"之间。"…にもある"，同"…でもある"。"かな"，感叹词。同上。"え"，表否定的副词，与后面的接续助词"で"一起表否定，同"…ないで"。"知ら"，"知る"（动・四）的未然形。关于此处"知る"的内容，有人认为，系指大纳言（的权势）。"で"，接续助词，表否定。"かく"，副词。如此地，同"このように"。"言ふ"，"言ふ"（动・四）的终止形。"と"，格助词，表引用。"思し"，"思ふ"的尊敬语"思す"（动・四）的连用形，同"お思いになる"。

9わが弓の力は、龍あらば、ふと射殺して、頸の珠は取りてむ——"あら"，"あり"的未然形，后接接续助词"ば"，表假定。"龍あらば"，同"龍がいたら"。"ふと"，副词。立刻，马上。"射殺し"，"射殺す"（动・四）的连用形。射杀，射死。"は"，系助词。"取り"，"取る"（动・四）的连用形。得到。"てむ"，复合助动词（由完了助动词"つ"的连用形"て"和推量助动词"む"组成），表示强意，同"きっと取れるだろう"。

10「…遅く来る奴ばらを待たじ」とのたまひて——"遅く"，"遅し"（形・ク）的连用形。"来る"，"来"（动・カ変）的连体形。"奴ばら"，名词。"ばら"，接尾词，表复数，同"ども"。"待た"，"待つ"（动・四）的未然形。"じ"，否定推量助动词"じ"的终止形，此处表示意志，同"まい"。"と"，格助词，表引用。"のたまひ"，"言ふ"的尊敬语"のたまふ"（动・四）的连用形，同"おっしゃる"。

11船に乗りて、海ごとに歩き給ふに——"乗り"，同前。"ごと"，接尾词。接名词后面，表示无论哪一个都……。即走了好几个海（岸），同"あちこちの海を…"。"歩き"，"歩く"（动・四）的连用形。"給ふ"，同前。"に"，接续助词，同"…と"，见注5。"海ごとに歩き給ふに"，同"あちこちの海を漕ぎ回りなさると"。

12いと遠くて、筑紫の方の海に漕ぎ出で給ひぬ——"いと"，副词。很，十分，见注3。"遠く"，"遠し"（形・ク）的连用形。"筑紫"，在今九州。"に"，格助词，表地点。"漕ぎ出で"，"漕ぎ出づ"（动・下二）的连用形。（船）驶入。"給ひ"，同前。"ぬ"，完了助动词"ぬ"的终止形。

13その後、翁・女、血の涙を流して惑へどかひなし——"その後"，文中指辉夜姫升天以后。"翁・女"，指"翁"和"媼"，即指收养辉夜姫的老夫妇俩。"血の涙"，源自对汉语词"血淚""紅淚"的训读，表示因极度悲伤流下的眼泪。"流し"，"流す"（动・四）的连用形。"惑へ"，"惑ふ"（动・下二）的已然形。心乱如麻，不知所措。"ど"，接续助词，接活用词已然形后，此处表示逆接确定条件。"かひなし"，"かひなし"（形・ク）的终止形。无用，无效。此处指（因辉夜姫升天后再也见不到了，为此）老夫妇流了好多泪水（悲痛欲绝），不知所措，但也无济于事。

14あの書きおきし文を読み聞かせけれど——"あ"，代词。"の"，助词，表连体格。"書きおき"，"書きおく"（动・四）的连用形。（事先）写好。"し"，过去助动词"き"的连体形。"文"，书信。"あの書きおきし文"，指辉夜姫事先写好的那封信。"読み聞か"，"読み聞く"（动・四）的未然形。"せ"，使役助动词"す"的连用形。接四段、ナ変、ラ変动词未然形后，表示使役。同口语"（かぐや姫が）書きおいた手紙を読んで聞かせたけれど"。

15なにせむにか命も惜しからむ——"なに"，疑问代词。"せ"，"す"的未然形。"む"，推量助动词"む"的连体形，接活用词未然形下，此处表示意志。"に"，格助词。"か"，系助词。"なにせむにか"，同"何をしようとして""どうして"的意思。"惜しから"，"惜し"（形・シク）的未然形。"む"，推量助动词"む"的连体形（此系"か"的要求）。此句系反问，意谓"命又何足惜？"，同口语"どうして（なんのために）命も惜しかろうか（いや、命など惜しくない）"。

16たがためにか。——"た"，疑问代词。谁，同"だれ"。"が"，助词，表连体格。"に"，格助词。"か"，系助词，表反问。后面可视为省略了"命も惜しからむ"。此句同口语"誰のために（生き永らえようか）"。

て[17]、薬も食はず、やがて起きも上がらで、病み伏せり[18]。中将、人々引き具して帰りまゐりて、かぐや姫を、え戦ひとめずなりぬること、こまごまと奏す[19]。薬の壺に御文添へ、まゐらす[20]。広げて御覧じて[21]、いといたくあはれがらせたまひて[22]、物も聞こし召さず[23]、御遊びなどもなかりけり[24]。大臣上達を召して、「いづれの山か天に近き」と問はせたまふに、ある人奏す[25]、「駿河の国にあるなる山なむ、この都も近く、

---

[17] 何事も用もなし」とて——"何事"，无论何事（都）。"も"，系助词。"用もなし"（有的本子写作"益もなし"），无用，无益。"とて"，表引用，同"といって"。

[18] 薬も食はず、やがて起きも上がらで、病み伏せり——"も"，系助词。"食は"，"食ふ"（动・四）的未然形。"ず"，否定助动词"ず"的连用形，表中顿。"やがて"，副词，此处同"そのまま"。"起きも上がらで"，系助词"も"夹在复合动词"起き上がる"（动・四）（此处为其未然形）的前后项动词中间，与否定表达相呼应，表示强意。"で"，接续助词，表否定，同"…ないで"（其来源有"ずして・ずて""にて"两种说法）。"起きも上がらで"，同"起き上がりもしないで"。"病み伏せ"，"病み伏す"（动・下二）的已然形。病卧，病倒。"り"，完了助动词"り"的终止形。接四段动词已然形或サ变动词未然形下，表完了。同"病み伏している"。

[19] 中将、人々引き具して帰りまゐりて、かぐや姫を、え戦ひとめずなりぬることこまごまと奏す——"引き具し"，"引き具す"（动・サ変）的连用形。带领，同"連れて行く""引き連れる"。"帰りまゐり"，"帰りまゐる"（动・四）的连用形。完成任务后回来（复命）。"を"，格助词，表对象。"え"，副词，与后面的否定助动词"ず"相呼应，表示不可能，见注8。"戦ひとめ"，"戦ひとむ"（动・下二）的未然形。此系"戦ふ"与"とむ"复合而成，同"戦って引き止める"意。"なり"，"なる"（动・四）的连用形。"ぬる"，完了助动词"ぬ"的连体形。"こと"，形式体言。"こまごまと"，副词。详细地。"奏す"，"言ふ"的谦让语"奏す"（动・四）的终止形。上奏。此句同"中将は、人々を引きつれて（宮中に）帰参して、かぐや姫を（月の都の人と）戦って引きとどめることができなくなった事の次第を、詳細に（帝に）ご報告申し上げる"。

[20] 薬の壺に御文添へ、まゐらす——"薬の壺"，指装进了不死药的壶。"御文"指辉夜姬写的信。"添へ"，"添ふ"（动・下二）的连用形。附加，添加。"まゐらす"，"まゐらす"（动・下二）的终止形（系由"まゐる"（动・四）的未然形"まゐら"与使役助动词"す"复合而成），作为"与える"的谦让语使用。同"差し上げる""差し出す"。

[21] 広げて御覧じて——"広げ"，"広ぐ"（动・下二）的连用形。展开。"御覧じ"，"見る"的尊敬语"御覧ず"（动・サ変）的连用形。同口语"（かぐや姫の手紙を）広げてご覧になって"。

[22] いといたくあはれがらせたまひて——"いと"，副词。很，十分，见注3。"いたく"，"いたし"（形・ク）的连用形。此处用做副词，同"ひどく"。"あはれがら"，"あはれがる"（动・四）的未然形。同"じみじみと感じる"。"せ"，尊敬助动词"す"的连用形。"たまひ"，尊敬补助动词"たまふ"的连用形。此处二者连用"せたまひ"，表示双重敬语。

[23] 物も聞こし召さず——"物"，此处指食物。"聞こし召さ"，表"飲む""食ふ"意的尊敬语"聞こし召す"（动・四）的未然形。"ず"，否定助动词，终止形。此句同口语"食物も召し上がらないで"。

[24] 御遊びなどもなかりけり——此处"遊び"专指"管弦の遊び"（平安时代），即指音乐。"も"，系助词。"なかり"，"なし"（形・ク）的连用形。此处系中止乐宴的意思。"けり"，过去助动词"けり"的终止形。

[25] 大臣上達を召して、「いづれの山か天に近き」と問はせたまふに、ある人奏す——"上達"，公卿。参议，从三位以上的官员。"召し"，"召す"（动・四）的连用形。召见。"いづれ"，疑问代词，同"どれ"。"か"，系助词，表疑问。"近き"，"近し"的连体形（此系"か"的要求）。"問は"，"問ふ"（动・四）的未然形。"せ"，尊敬助动词"す"的连用形。"たまふ"，尊敬补助动词"たまふ"的连体形。此处二者连用（即"せたまふ"），表示双重敬语，同注22。"に"，接续助词，同口语"…と"。"奏す"，同注19。此句同口语"大臣や公卿などをお呼びになって、「どの山が天に近いか」とおたずねなさると、ある人が申し上げる"。

天も近くはべる」と奏す²⁶。これを聞かせたまひて²⁷、

会ふこともなみだに浮かぶわが身には死なぬ薬もなににかはせむ²⁸

かの奉る不死の薬に、また、壺具して、御使ひに賜はす²⁹。勅使には、つきの岩笠といふ人を召して、駿河の国にあなる山の頂に持てつくべき由仰せたまふ³⁰。嶺にてすべきやう教へさせたまふ³¹。御文、不死の薬の壺並べて、火をつけて燃やすべき由仰せたまふ³²。その由承りて、つはものどもあまた具して山へ登りけるよりなむ、そ

---

26 「駿河の国にあるなる山なむ、この都も近く、天も近くはべる」と奏す——"駿河"，位于今静冈县。"ある"，"あり"（动・ラ変）的连体形。"なる"，传闻推定助动词"なり"的连体形。该词接ラ变动词连体形（其他动词终止形）后，在此表示传闻，同"…とかいう"。"なむ"，系助词，表强调。"も"，系助词。"近く"，"近し"（形・ク）的连用形。"はべる"，系"あり"的郑重表达形式"はべり"的连体形（此系"なむ"的要求），在此做补语。"奏す"，同注 19。此句同口语"「駿河の国にあるとかいう山が、この都にも近く、天にも近うございます」と申し上げる"。

27 これを聞かせたまひて——"これ"，代词。"を"，格助词，提示宾语。"聞か"，"聞く"（动・四）的未然形。"せ"，尊敬助动词"す"的连用形。"たまひ"，尊敬补助动词"たまふ"的连用形。此处二者连用（即"せたまひ"），表示双重敬语，同注 22。同口语"これをお聞きになられて"。

28 会ふこともなみだに浮かぶわが身には死なぬ薬もなににかはせむ——"会ふ"，"会ふ"（动・四）的连体形。"も"，系助词。"なみだ"，眼泪。此处一语双关。"なみだ"的"なみ"通"無み"。据上代"ミ语法"规则，形容词词干加"ミ"，表示原因理由。"会ふこともなみ"，同"（かぐや姫に）会うこともないので"。"に"，格助词。"浮かぶ"，"浮かぶ"（动・四）的连体形。"わが身"，指自己。"に"，格助词。"は"，系助词。"死な"，"死ぬ"（动・ナ変）的未然形。"ぬ"，否定助动词"ず"的连体形。"死なぬ薬"，（使人）长生不老的药。"も"，系助词。"なに"，疑问代词。"に"，格助词，表目的。"かは"，系助词，由系助词"か"和"は"复合而成。此处表示反问。"せ"，"す"的未然形。"む"，推量助动词"む"的连体形（此系"かは"的要求），此处表意志。此句同"かぐや姫に会うこともないので、わが身も浮かぶほどの悲しみの涙を流しているわたしにとって不死の薬など何の役にもたたない"。

29 かの奉る不死の薬に、また、壺具して、御使ひに賜はす——"かの"，连体词，同"あの"。"奉る"，"与ふ"的尊敬语"奉る"（动・四）的连体形。"不死の薬"，名词。（吃了让）人不死之药。"に"，格助词，表叠加。"また"，接续助词，表累加。"具し"，"具す"（动・サ变）的连用形。添加，同"そえる"。"賜はす"，"賜はす"（系由尊敬动词"たまふ"的未然形与尊敬助动词"す"复合而成）的终止形。作为"与ふ"的尊敬语使用，同"お与えになる""下さる"。此句同"あの（かぐや姫が帝に）献上した不死の薬に、手紙と壺をそえて、お使いに下される"。

30 勅使には、つきの岩笠といふ人を召して、駿河の国にあなる山の頂に持てつくべき由仰せたまふ——"勅使"，天皇的使者。"勅使には"，同"勅使としては"。"つきの岩笠"，人名。姓"つき"（也写作"調"），名为"岩笠"。"調"氏，据传为来自百济的归化人。因发音"つき"与月亮"つき"相同，故被作者选入。"あなる"，原形为"あなり"，系由ラ変动词"あり"的连体形"ある"加传闻推定助动词"なり"组成"あるなり"，其拨音便为"あんなり"，一般不把"ん"标记出来（读时要读"あンなり"）。此处为连体形。"持てつく"，"持てつく"（动・下二）的终止形。带在身上。"べき"，推量助动词"べし"的连体形，此处表命令。"由"，指命令的内容，同"こと"。"仰せ"，"仰す"（动・下二）的连用形。此处做"おっしゃる"的尊敬语。"たまふ"，尊敬补助动词"たまふ"的终止形。二者常连用，以"仰せたまふ"的形式表示双重敬语。

31 嶺にてすべきやう教へさせたまふ——"にて"，格助词，同"で"。"す"，"す"（动・サ变）的终止形。"べき"，推量助动词"べし"的连体形。"やう"，同"こと"。"教へ"，"教ふ"（动・下二）的未然形。"させ"，尊敬助动词"さす"的连用形。"たまふ"，尊敬补助动词"たまふ"的终止形。此处二者连用（即"させたまふ"），表示双重敬语。

32 御文、不死の薬の壺並べて、火をつけて燃やすべき由仰せたまふ——"御文"，指辉夜姬写的信。也有人认为，此处的"御文"指天皇作的和歌。"並べ"，"並ぶ"（动・下二）的连用形。（摆）放在一起。"つけ"，"つく"（动・下二）的连用形。点，点（火）。"燃やす"，"燃やす"（动・四）的终止形。燃，燃烧。"由"，同前。命令的内容。"仰せ"，"言ふ"的尊敬语"仰す"（动・下二）的连用形。"たまふ"，（转下页）

の山をふじの山とは名づけける[33]。その煙（けぶり）いまだ雲の中へ立ち上るとぞ言ひ伝へたる[34]。

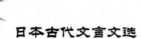

杳无音信

　　大纳言日夜苦等，直到过了年，也没有关于他派出去（取龙首珠）的人的丝毫消息。他心急如焚，偷偷带了两个下人作为随从，微服出行，直奔难波港附近（找寻）。大纳言差使下人问当地船夫："你有没有听说，大伴家的大纳言派家臣乘船杀龙、取龙首珠这件事？"船夫笑答道："这也太奇怪了。没有哪条船能做这样的事儿"。大纳言想："真是个怂包！啥也不懂才说出这番话来"。他言道："我力大无比，只要见到龙，就一定能马上射死它，拿到龙首珠。那些家伙迟迟不归，就不等了"。说罢，便乘船向四处划去，到了很远的地方，直至来到了九州海面。

富士云烟

　　其后，老翁老奶奶都流下血泪，悲痛欲绝，但也无济于事。虽让人读了（辉夜姬）事先（写给他们）的信，但他们说："命都可以不要，这么活着又有啥意思呢？一无用处"。他们不吃药，过不多久就起不了床，最后竟一卧不起，病倒了。中将带人回到宫中，将无法战胜月都人、阻止他们带走辉夜姬的事情一五一十地奏明天皇，并将装有辉夜姬信的壶递呈给天皇。天皇展信御览，心中有说不出的滋味，饭食不进，乐舞咸停。

（接上页）尊敬补助动词"たまふ"的终止形，构成双重敬语。同注30。此句同"（帝は）お手紙と不死の薬の壺とを並べて火をつけて燃やすようにという旨をご命令なさる"。

33　その由承りて、つはものどもあまた具して山へ登りけるよりなむ、その山をふじの山とは名づけける——"その由"，指前面天皇下的命令。"承り"，"受く"的谦让语"承る"（动・四）的连用形。"つはもの"，名词。士兵。"ども"，表复数。"あまた"，副词。很多。"具し"，"具す"（动・サ変）的连用形。带领。"登り"，"登る"（动・四）的连用形。"ける"，过去助动词"けり"的连体形。"より"，格助词，接体言或活用词连体形后面，表示出自、来历。"なむ"，系助词，表示强调。"は"，系助词。"名づけ"，"名づく"（动・下二）的连用形。"ける"，过去助动词"けり"的连体形（此系"なむ"的要求）。"…を…と名づく"，同口语"…を…と名づける"。关于"富士"山名称的由来，一个是山上多士兵，即"士に富む"，故为"富士"。另一说法就是来自"不死の薬"。"不死（ふじ）"，取谐音便成了"富士"。

34　その煙いまだ雲の中へ立ち上るとぞ言ひ伝へたる——"その煙"，此处指烧辉夜姬的信、装不死药的罐子后冒出的烟。"いまだ"，副词。至今（还未）。"立ち上る"，"立ち上る"（动・四）的终止形。冒（烟）。"ぞ"，系助词，表强调。"言ひ伝へ"，"言ひ伝ふ"（动・下二）的连用形。此为日本"昔話""物語"的惯用结束方式。"たる"，完了助动词"たり"的连体形（此系"ぞ"的要求）。

问众官道："哪座山离天近？"有人答道："据说骏河国有一座山离京城不远，离天也近"。天皇闻之，作一首和歌曰：

> 此生无缘与君会，以泪洗面独伤悲。
> 纵有长生不死药，与我又有何损益。

他将辉夜姬献上的不死药，连同信和壶一起交给了使者。作为御使，天皇传唤一个叫调岩笠的人，吩咐他将这些东西带到据说位于骏河国的那座山的山顶上，还告诉他到了山顶后应做之事，即吩咐他把信和装了不死药的壶放在一起点火烧了。调岩笠奉命率众多士兵上山。由此，这座山遂被取名为"富士山"。据说，那（烧不死之药的）烟至今仍向云霄升腾不止。

伊势物语

【作家和作品简介】

　　《伊势物语》是现存最早的和歌物语之一。1卷本。古代也称《在五物语》《在五中将日记》。作者不详,大约成书于平安时代中期。由125个短篇故事和206首和歌构成。同《源氏物语》《古今集》一样,给后世以极大影响。主人公在原业平(《伊势物语》的作者?)是平安时代歌人,六歌仙、三十六歌仙之一,也是个有名的风流美男子。《伊势物语》描写了在原业平自初恋到临终的诸种风流韵事,据说其中有30多首和歌出自他之手。作品表现了男女之爱、主从之交、骨肉之情,也反映了落魄贵族的孤独不安的心境。

　　本书选注两则故事。第一则是"下关东"。写的是一行人离开京都,先后经过三河八桥、骏河国宇津山、富士山,最后来到武藏国的隅田川。一路上睹物生情,还遇到了故知,不断生发怀念故乡情人的思绪,以和歌的形式表达。其中,运用折句等创作技巧,表现了贵族雍容风雅的一面。第二则是"小野之雪"。写的是惟乔亲王喜欢猎鹰,在原业平总陪侍前去。返京后,在原着急回去,可已有出家之意的亲王却又是馈赠礼物,又是大摆宴席,迟迟不放,引发在原以不客气的一首和歌回赠。可过了不久,本有可能继承皇位的亲王却突然出家了,隐居山林。惊闻此消息的在原想方设法去探望了亲王,悔恨当时全然没有察觉亲王的一番心意,不由发出浮生若梦的感叹,读后令人潸然泪下。

　　和歌物语是日本古代文学特殊的一种形式,其将和歌的抒情性和散文的叙事性有机地结合在一起,读来情景交融,别有一番意蕴。

【原文】

東下り

むかし、男ありけり¹。その男、身をえうなきものに思ひなして²、京にはあらじ³、あづまの方に住むべき国求めにとて行きけり⁴。もとより友とする人ひとりふたりしていきけり⁵。道知れる人もなくて、まどひいきけり⁶。三河の国、八橋といふ所にいたりぬ⁷。そこを八橋といひけるは、水ゆく河の蜘蛛手なれば、橋を八つわたせるによりてなむ八橋とはいひける⁸。その沢のほとりの木の陰に下りゐて、乾飯食ひ

---

1 むかし、男ありけり——"けり"，过去助动词"けり"的连用形。表过去，但非亲身经历，同"…いたそうだ"。

2 その男、身をえうなきものに思ひなして——"その"，由代词"そ"和格助词"の"组成，此处具体指刚提到的那个男人。"えうなき"，"えうなし"（形・ク）的连体形。无用的，多余的。"思ひなし"，"思ひなす"（动・四）的连用形。主观认定，同"思い込む"。参与构词的"なす"含有意识做（某事）的意思。

3 京にはあらじ——"京"，京城。"あら"，"あり"（动・ラ变）的未然形。呆某处，同口语"いる"。"は"，系助词。"じ"，否定推量助动词"じ"的终止形，接活用词未然形后面，在此表否定意志，此句同"京にいるまい"。

4 あづまの方に住むべき国求めにとて行きけり——"あづま"，东国，古代称近畿（奈良、京都）以东地区。"の"，助词，表连体。"方"，名词。方向，方角。"に"，格助词。所住地点，方位。"住む"，"住む"（动・四）的终止形。"べき"，可能助动词"べし"的连体形，表可能。"住むべき"，同"住むことができそうな…"。"求め"，"求む"（动・下二）的连用形。寻求，同"さがしもとめる"。"に"，格助词，表示动作行为的目的。"とて"，连语，表示做事的动机或目的，同"…しようと思って"。"行き"，"行く"（动・四）的连用形。"けり"，同注1。

5 もとより友とする人ひとりふたりしていきけり——"もとより"，副词。很久以前就……。同"以前から"。"と"，格助词。"する"，"す"（动・サ变）的连体形。"…友とする"，以……为友，即视为朋友（的人）。"して"，格助词，表示做同一动作的人数范围，同"で""…とともに""…と一緒に"。"いきけり"，同注4。

6 道知れる人もなくて、まどひいきけり——"道"，去（某地）的路，道路。"知れ"，"知る"（动・四）的已然形。"る"，完了助动词"り"的连体形。接四段动词已然形或サ变动词未然形下，表示状态的持续。"道知れる人"，同"道を知っている人"。"も"，系助词。"なく"，"なし"（形・ク）的连用形。"て"，接续助词，表轻微的原因。"まどひいき"，"まどひいく"（动・四）的连用形，同"道に迷いながら行った"。

7 三河の国、八橋といふ所にいたりぬ——"三河"，地名，今爱知县东半部。"八橋"，地名，在今爱知县知立市东仍存有遗迹，从前官道由此经过。"八橋"是观赏燕子花的名胜，自古一直享有盛名。"いたり"，"いたる"（动・四）的连用形。到，到达。"ぬ"，完了助动词"ぬ"的终止形。

8 そこを八橋といひけるは、水ゆく河の蜘蛛手なれば、橋を八つわたせるによりてなむ八橋とはいひける——"と"，格助词，表引用。"いひ"，"いふ"（动・四）的连用形。"ける"，过去助动词"けり"的连体形，后面省略了"の"或"ゆゑ"等。"は"，系助词。"ゆく"，"ゆく"（动・四）的连体形。"水ゆく河"，同"水が流れていく川"。"蜘蛛手"，指河水像蜘蛛的触角一样，向八个方向分流的状态。"なれ"，断定助动词"なり"的已然形。"ば"，接续助词，接活用词已然形后面，表示顺接确定条件，同"…であるので"。"わたせ"，"わたす"（动・四）的已然形。架设（桥）。"る"，完了助动词"り"的连体形。接四段动词已然形或サ变动词命令形，表状态的存续，同注6。"わたせる"，同"（橋を）かけてある"，后省略体言。"によりて"，连语。表原因，理由。"なむ"，系助词，表强调。"と"，格助词，表引用。"は"，系助词。"いひける"，同前（此处"ける"为连体形，系前文"なむ"的要求）。此句同"それを八橋と言ったのは、沢の水が流れ出ている川がくもの手足のように八つに分かれて流れていくので、橋を八つかけてあったことによって八橋といったのである"。

けり⁹。その沢にかきつばたいとおもしろく咲きたり¹⁰。それを見て、ある人のいはく¹¹、かきつばたといふ五文字を句の上にすゑて、旅の心をよめ、といひければよめる¹²。

から衣きつつなれにしつましあればはるばるきぬる旅をしぞ思ふ¹³

とよめりければ¹⁴、皆人、乾飯のうへに涙おとしてほとびにけり¹⁵。

　行き行きて、駿河の国にいたりぬ¹⁶。宇津の山にいたりて、わが入らむとする道

---

9 その沢のほとりの木の陰に下りゐて、乾飯食ひけり——"ほとり"，名詞。边上，附近。"下りゐ"，"下りゐる"（动・上一）的连用形。下马席地而坐。"乾飯"，又可读作"ほしいひ"，旅途中的干粮，晾干的米饭。用水浸泡，很快变软后即可使用。"食ひ"，"食ふ"（动・四）的连用形。"けり"，同前。

10 その沢にかきつばたいとおもしろく咲きたり——"に"，格助词，表地点。"かきつばた"，燕子花。"いと"，副词。很，十分。"おもしろく"，"おもしろし"（形・ク）的连用形。（景色等）美，有趣。"咲き"，"咲く"（动・四）的连用形。花开。"たり"，完了助动词"たり"的终止形。同"…ている"。

11 それを見て、ある人のいはく——"それ"，代词，此处指燕子花。"見"，"見"（动・上一）的连用形。"ある"，连体词，表不特定。"の"，助词，表主格，同"が"。"いわく"，连语，同"言うことには"。

12 かきつばたといふ五文字を句の上にすゑて、旅の心をよめ、といひければよめる——"すゑ"，"すう"（动・下二）的连用形。放，置。此处指和歌创作上的一种叫"折句"的技巧形式，即要求创作者在5、7、5、7、7这样的每一小段落（称"句"）的开头，依次用上"か、き、つ、ば、た"这5个字。"旅の心"，旅情。"よめ"，"よむ"（动・四）的命令形。吟咏。"と"，格助词，表引用。"いひ"，"いふ"的连用形。"けれ"，"けり"的已然形。"ば"，接续助词，同注8，表示顺接确定条件，同"いったので"。"よめ"，"よむ"的已然形。"る"，同注6，完了助动词"り"的连体形，表示完了，同"よんだ"。

13 から衣きつつなれにしつましあればはるばるきぬる旅をしぞ思ふ——这首歌出现于《古今集》卷九"羁旅"（410）上。其序这样写道："東のかたへ友とする人ひとりふたりいざなひて行きけり。三河の国八橋といふ所に至れるに、その川のほとりに、かきつばたいとおもしろく咲きけるを見て、木の陰に降りゐて、かきつばたといふ五文字を句の頭に据ゑて、旅の心をよまむとてよめる　在原業平朝臣"。"から衣"，是"き"的枕词。"から衣きつつ"，是用来导出后面"なれ"的序词。"き"，"着る"（动・上一）的连用形。"つつ"，接续助词，此处同"しながら"。"なれ"，"萎る"（动・下二）的连用形。衣服穿旧了，皱巴巴的。此处与表示习惯、亲密意的"馴る"形成双关语。"にし"，复合助动词"にき"（由完了助动词"ぬ"的连用形加过去助动词"き"构成）的连体形。同"…た""…しまった"。"つま"，即"褄"，（和服）下摆。此处与"妻"形成双关语。"し"，副助词，表强调。"あれ"，"あり"的已然形，同"（都に）いる"。"ば"，接续助词，同注8，表示顺接确定条件，同"…ので""…から"。"はるばる"，副词。此处与表示"布を張る"意的"張る張る"形成双关语。此处的"萎る、褄、張る張る"皆为"から衣"的缘语。"き"，"来"（动・カ変）的连用形。"ぬる"，完了助动词"ぬ"的连体形。"を"，格助词。"し"，同前，表强调。"ぞ"，系助词，表强调。"思ふ"，"思ふ"的连体形（此系"ぞ"的要求）。此句同"（唐衣）いつも着ていて身になじんだ褄（つま）のように、長年なれ親しんだ妻が都にいるので、こうしてはるか遠くまでやって来た旅のわびしさを、しみじみと思うことだ"。

14 とよめりければ——"と"，格助词，表引用。"よめ"，"よむ"（动・四）的已然形。"りけれ"，复合助动词"りけり"（由完了助动词"り"的连用形"り"和过去助动词"けり"复合而成）的已然形，同"…ていた"。"ば"，同注8，接续助词，前接活用言已然形，表示顺接确定条件，同"…ので"。

15 皆人、乾飯のうへに涙おとしてほとびにけり——"皆人"，一行，在场所有的人。"うへ"，上面。同"うえ"。"に"，格助词，表方向。"おとし"，"おとす"（动・四）的连用形。掉，落。"ほとび"，"ほとぶ"（动・四）的连用形。泡开，干东西吸水后变柔软，其主语是"乾飯"。"にけり"，复合助动词"にけり"（由完了助动词"ぬ"的连用形"に"和过去助动词"けり"复合而成）的终止形，同"…た""…てしまった"。

16 行き行きて、駿河の国にいたりぬ——"行き行き"，"行き行く"（动・四）的连用形。一直向前走。"駿河の国"，今静冈县中东部。"いたりぬ"，同注7。

は¹⁷、いと暗う細きに、つたかへでは茂り、もの心ぼそく、すずろなるめを見ること とおもふに、¹⁸修行者(すぎゃう)あひたり¹⁹。かかる道はいかでかいまする、といふを見れば見 し人なりけり²⁰。京に、その人の御もとにとて、文(ふみ)書きてつく²¹。

駿河なる宇津の山辺のうつつにも夢にも人にあはぬなりけり²²

富士の山を見れば、五月(さつき)のつごもりに、雪いと白う降れり²³。

---

17 宇津の山にいたりて、わが入らむとする道は——"宇津の山"，位于今静冈市丸子区和志太郡之间的一座山，为东海道沿途中地势较为险峻的地带。"いたり"，"いたる"的连用形。"わ"，第一人称代词。"が"，助词，表主格。"入ら"，"入る"（动・四）的未然形。"む"，推量助动词"む"的终止形，此处表意志。"と"，格助词，表引用。"する"，"す"（动・サ变）的连体形。此处表意图。"わが入らむとする道"，同"（これから）自分が分け入ろうとする道"。

18 いと暗う細きに、つたかへでは茂り、もの心ぼそく、すずろなるめを見ることとおもふに——"いと"，副词。很，十分。"暗う"，"暗し"（形・ク）的连用形"暗く"的ウ音便。"細き"，"細し"（形・ク）的连体形。此处指（路）窄。"に"，格助词，表叠加。"いと暗う細きに"，同"たいそう暗く細い上に"。"つた"，爬山虎，地锦。"かへで"，枫树。"は"，系助词。"茂り"，"茂る"（动・四）的连用形。茂盛。"もの心ぼそく"，"もの心ぼそし"（形・ク）的连用形。（因莫名的不安感）导致心虚胆怯。其中的"もの"为接头词，含"なんとなく"的意思。"すずろなる"，"すずろなり"（形动・ナリ）的连体形。没想到的，严重的。此处同"思いがけなくひどいさま"。"めを見る"，连语。体验，遭遇，同口语"…目にあう"。"見ること"，名词结句，系"名詞止め"，表余韵、感叹的意思，同"見ることかな"。"と"，格助词，表引用。"おもふ"，"おもふ"（动・四）的连体形。"に"，接续助词，表示前提条件，同"…と"。

19 修行者あひたり——"あひ"，"あふ"（动・四）的连用形。遇到，遇见。"たり"，完了助动词"たり"的终止形。此句同"修行者が来あわせた"。

20 かかる道はいかでかいまする、といふを見れば見し人なりけり——"かかる"，"かかり"（动・ラ变）的连体形，亦可视为连体词。这样的，同"このような""こんな"。"いかで"，副词。如何，同"どうして""どうやって"。"か"，系助词，表疑问。"いまする"，"います"（动・サ变）的连体形（此系前文"か"的要求）。此处做"行く"的尊敬语，同"いらっしゃる""おいでになる"。"います"在上代本为四段活用，至中古因类推改为サ变活用。"と"，格助词。"いふ"，"いふ"的连体形，后面省略体言。"見れ"，"見る"（动・上一）的已然形。"ば"，接续助词，表前提条件。"見れば"，同"見ると"。"見"，"見る"的连用形。"し"，过去助动词"き"的连体形。根据上下文，此处的"見し人"是指"以前に都で逢ったことのある人"。"なり"，断定助动词"なり"的连用形。"けり"，过去助动词"けり"的终止形。此处的"けり"带有发现（注意到）某事实后的感叹语气。原来是……。"なりけり"同"…であった"。

21 京に、その人の御もとにとて、文書きてつく——"京"，京城，同上。"その人"，模糊称谓某人的说法（故意掩饰人名）。由"御もと"这一措辞判断，此人身份高贵。"に"，格助词，表写信的对象。"とて"，同"思って"。"文"，书信。"書き"，"書く"（动・四）的连用形。"て"，接续助词。"つく"，"つく"（动・下二）的终止形。托付，捎信，同"託す""ことづける"。

22 駿河なる宇津の山辺のうつつにも夢にも人にあはぬなりけり——"なる"，断定助动词"なり"的连体形。"駿河なる宇津"，同"駿河にある宇津"，既是实景，也是用于导出后面词句的序词。"山辺"，山边，离山不远的地方。"うつつ"，现实（与梦境相对）。"に"，格助词。"も"，系助词。"あは"，"あふ"（动・四）的未然形。相遇，相逢。"ぬ"，否定助动词"ず"的连体形。"なり"，断定助动词"なり"的连用形。"けり"，过去助动词"けり"的终止形。这句话源于古人深信，如思念某人，因心心相印，那么就会在梦中见到对方。然而，如此歌所述，现实中自不待言，在梦中也未见到意中人，这一定是因为对方思念自己之心淡薄，所以才导致此结果，因此含有对意中人的怨恨情绪。此句同"（自分は今）駿河の国の宇津の山のあたり（に来ていますが）、宇津の山といえば（その"うつ"という名のように）、ほんに現実には言うまでもなく、夢にも恋しいあなたに会わないことです"。

23 富士の山を見れば、五月のつごもりに、雪いと白う降れり——"見れば"，同注20，同"見ると"。"つごもり"，阴历月底。"に"，格助词，表时间。"いと"，副词。很，十分。"白う"，"白し"（形・ク）的连用形"白く"的ウ音便。"降れ"，"降る"（动・四）的已然形。"り"，同注6，完了助动词"り"的终止形，表示状态的持续。"降れり"，同"降っている"。

時知らぬ山は富士の嶺いつとてか鹿の子まだらに雪の降るらむ²⁴

その山は、ここにたとへば、比叡の山を二十ばかり重ねあげたらむほどして²⁵、なりは塩尻のやうになむありける²⁶。

なほ行き行きて、武蔵の国と下つ総の国との中に、いと大きなる河あり²⁷。それをすみだ河といふ²⁸。その河のほとりに群れゐて思ひやれば²⁹、限りなく遠くも来にけるかなとわびあへるに³⁰、渡守、「はや舟に乗れ、日も暮れぬ」といふに、乗りてわ

---

24 時知らぬ山は富士の嶺いつとてか鹿の子まだらに雪の降るらむ——《古今集》"杂记"中收了在原业平的这首和歌。"時"，名词。时节，季节。"知ら"，"知る"（动・四）的未然形。"ぬ"，否定助动词"ず"的连体形。"いつとてか"，同"（今を）いつと思ってか"。"鹿の子まだら"，指褐色鹿皮上混有白点的样子，此处用来形容富士山上的雪虽有融化、但没融化干净的样子。"に"，格助词，表样态。"雪の"中的"の"是助词，表主格，同"が"。"降る"，"降る"（动・四）的终止形。"らむ"，现在推量助动词"らむ"的连体形（此系"か"的要求），同"…ているだろう"。此句同"時節を知らぬ山は富士の山だ。今をいつだと思って、鹿の子まだらに雪が降っているのであろうか"。

25 その山は、ここにたとへば、比叡の山を二十ばかり重ねあげたらむほどして——"ここ"，指作者所在位置，具体指京都。"に"，格助词。"たとへ"，"たとふ"（动・下二）的未然形。"ば"，接续助词，接活用词未然形后，表假定。"ここにたとへば"，同"都で例を取れば"。"比叡の山"，位于京都东北部，京都府和滋贺县交界处，即著名的"比叡山"，古代也称"叡山"。"ばかり"，副助词，表示大致的数量，同"ぐらい"。"重ねあげ"，"重ねあぐ"（动・下二）的连用形。往上叠加。"たら"，完了助动词"たり"的未然形。"む"，推量助动词"む"的连体形，此处表示委婉。"ほど"，名词，表程度。"して"，格助词，表示方法手段，同"…で""…でもって"。"重ねあげたらむほど"，同"積み重ねた（ような）ほど（の高さ）で"。此句同"その山は都で例を取るなら、比叡山を二十ぐらい重ね上げたかのような程度の高さで"。

26 なりは塩尻のやうになむありける——"なり"，名词，指山的样子。"塩尻"，晒盐池。"やう"，名词。样子，形状。"に"，断定助动词"なり"的连用形。"なむ"，系助词，插在"に"和补助动词"あり"之间，表强调。"ける"，"けり"的连体形（此系"なむ"的要求）。

27 なほ行き行きて、武蔵野の国と下つ総の国との中に、いと大きなる河あり——"なほ"，副词。仍，仍然。"行き行き"，同注16。"武蔵野"，旧国名，位于今东京都、埼玉县及神奈川县东北部。"下つ総"，旧国名，位于今千叶县北部和茨城县西南部，也称"下総"。"つ"是上代表示连体修饰的格助词。"中に"，同"間に""境に"。"いと"，副词。很，十分。"大きなる"，"大きなり"（形动・ナリ）的连体形。"あり"，"あり"的终止形。

28 それをすみだ河といふ——"すみだ河"，即今流经东京的隅田川。从平安时代中期开始，直到室町时代末期，隅田川一直是武藏国与下总国的分界河。

29 その河のほとりに群れゐて思ひやれば——"群れゐ"，"群れゐる"（动・上一）的连用形。一起坐下来，同"群がって座る"，也有人认为是"群れとどまって"。"思ひやれ"，"思ひやる"（动・四）的已然形。遥想，遐想，此处指遥想故乡。"ば"，接续助词，同注20。此处表示前提条件，同"…と"。

30 限りなく遠くも来にけるかなとわびあへるに——"限りなく"，"限りなし"（形・ク）的连用形。无限。"遠く"，"遠し"（形・ク）的连用形。"も"，副助词，表感叹或感动，含竟然的语气。"来"，"来"（动・カ变）的连用形。"にける"，复合助动词"にけり"（由完了助动词"ぬ"的连用形"に"和过去助动词"けり"复合而成）的连体形。"かな"，终助词，接活用词连体形后，表感叹。"と"，格助词，表引用。"わびあへ"，"わびあふ"（动・下二）的已然形，同"互いに心細く、たよりなく思っている"。"る"，完了助动词"り"的连体形，同注6。"に"，接续助词，同"…と"。此句同"（考えてみると）この上もなく遠くも来てしまったことだなあと、互いに心寂しく思い合っていると"。

たらむとするに³¹、皆人ものわびしくて、京に思ふ人なきにしもあらず³²。さる折しも、白き鳥の嘴(はし)と脚(あし)と赤き、鴫(しぎ)の大きさなる、水のうへに遊びつつ魚(いを)をくふ³³。京には見えぬ鳥なれば、皆人見しらず³⁴。渡守に問ひければ、「これなむ都鳥」といふをききて³⁵、

名にし負はばいざこととはむ都鳥わが思ふ人はありやなしやと³⁶

---

31 渡守、「はや舟に乗れ、日も暮れぬ」といふに、乗りてわたらむとするに——"渡守"，名词。船夫，艄公。"はや"，副词。快，赶紧。"乗れ"，"乗る"（动・四）的命令形。"も"，系助词。"暮れ"，"暮る"（动・下二）的连用形。"ぬ"，完了助动词"ぬ"的终止形，此处表示强意，同"日も暮れてしまいますよ"。"と"，格助词，表引用。"いふ"，"いふ"的连体形。"に"，接续助词，表示原因理由，同"…ので"。"乗り"，"乗る"的连用形。"わたら"，"わたる"（动・四）的未然形。"む"，推量助动词"む"的终止形，此处表意志。"する"，"す"的连体形，此处表意图。"に"，接续助词，表逆接，同"…だが"。

32 皆人ものわびしくて、京に思ふ人なきにしもあらず——"皆人"，见注15。"ものわびしく"，"ものわびし"（形・シク）的连用形。其中"もの"为接头词，带有"なんとなく"的意思。"京"，京城。"に"，格助词，表地点。"思ふ"，"思ふ"（动・四）的连体形。思念，牵挂。"なきにしもあらず"，双重否定句，即也并非没有的意思。"なき"，"なし"的连体形。"に"，断定助动词"なり"的连用形。"あら"，补动词"あり"的未然形。"ず"，否定助动词"ず"的终止形。"…にあり"同"なり"。"…にあらず"是对"なり"的否定。在"に"和"あらず"之间插入副助词"しも"，表示并非……意（部分否定）。

33 さる折しも、白き鳥の嘴と脚と赤き、鴫の大きさなる、水のうへに遊びつつ魚をくふ——"さる"，连体词，同"しかるべき""ふさわしい"。"折"，名词。时候，机会。"しも"，副助词，表强调。"さる折しも"，正好，恰巧，同"時もあろうに""ちょうどそんな時"。"白き"，"白し"（形・ク）的连体形。"の"，表示同格，同"…で"。"赤き"，"赤し"（形・ク）的连体形。"鴫"，即鹬。"大きさ"，名词。大小。"なる"，断定助动词"なり"的连体形，即以"白い鳥の…赤き（鳥）…大きさなる（鳥）"的形式表达这种鸟的特征（括号里的"鳥"被省略）。"遊び"，"遊ぶ"（动・四）的连用形。此处指（鸟）嬉水。"つつ"，接续助词，指反复做某动作。"遊びつつ"，同"遊んでは"。"くふ"，"くふ"（动・四）的终止形，此处指（鸟）捕鱼为食。此句同"ちょうどその時、白い鳥で、口ばしと足とが赤い、しぎの大きさなのが、水の上に遊びながら魚を食っている"。

34 京には見えぬ鳥なれば、皆人見しらず——"は"，系助词。"見え"，"見ゆ"（动・下二）的未然形。"ぬ"，否定助动词"ず"的连体形。"なれ"，断定助动词"なり"的已然形。"ば"，接续助词，同注8，表示顺接确定条件，同"…ので""…から"。"皆人"，见注15，在场所有的人。"見しら"，"見しる"（动・四）的未然形。"ず"，否定助动词"ず"的终止形。此句同"京では見かけない鳥であるから、一行の者はだれも見知ってはいない"。

35 渡守に問ひければ、「これなむ都鳥」といふをききて——"に"，格助词，此处指"問"的对象。"問ひ"，"問ふ"（动・四）的连用形。"けれ"，过去助动词"けり"的已然形。"ば"，接续助词，表示顺接确定条件，同"…したところ"。"これ"，代词。"なむ"，系助词，表示强调。"都鳥"，红嘴鸥，喙和脚均为红色。"いふ"，"いふ"的连体形。"といふ"后面可视为省略了形式体言"の"。"きき"，"きく"（动・四）的连用形。听，听到。"これなむ都鳥"，金田一春彦先生认为，此处的"なむ"位置稍有提前，本应是"これは都鳥になむ"，即"これはほかならぬ都鳥です"的意思（参见《日语概说》）。

36 名にし負はばいざこととはむ都鳥わが思ふ人はありやなしやと——"し"，强意副助词。"負は"，"負ふ"（动・四）的未然形。以"名に負ふ"的形式，表示具有某名字，同"（名前を身に）備える""（名を）持つ"。"ば"，接续助词，接活用词未然形后，表假定。"いざ"，感叹词，同"さあ"。"こととは"，"言問ふ（事問ふ）"（动・四）的未然形。询问。也读"ことどふ"。"む"，推量助动词"む"的终止形，此处表意志。"都鳥"，红嘴鸥，赤味鸥。在日本的隅田川，其被称为"都鳥"，因其鸣叫声为"ニアゴ"，听起来像"ミヤコ（都）"的发音，故名。"わ"，第一人称代词。我。"が"，助词，在此表主格。"思ふ"，"思ふ"（动・四）的连体形。思念。"ありやなしや"，连语，由"あり"的终止形"あり"加系助词"や"，再加"なし"的终止形"なし"和系助词"や"构成。是否健在。同"無事でいるかどうか"。此句同"都という言葉を名に持っているならば、さあ尋ねよう、都鳥よ。私が恋しく思っている人は都で無事でいるかどうかと"。

とよめりければ³⁷、舟こぞりて泣きにけり³⁸。

小野の雪

　昔、水無瀬に通ひ給ひし惟喬親王³⁹、例の、狩りしにおはします供に⁴⁰、馬頭なる翁つかうまつれり⁴¹。日ごろ経て、宮に帰り給うけり⁴²。御送りして、とく往なむと思ふに⁴³、大御酒賜ひ、禄賜はむとて、つかはさざりけり⁴⁴。この馬頭、心もとながりて⁴⁵、

---

　37 とよめりければ——同注14。

　38 舟こぞりて泣きにけり——此处的"舟"指代乘船的人。"こぞり"，"こぞる"（动・四）的连用形。多以"こぞりて"的形式使用，表示大家采取一致行动。"泣き"，"泣く"（动・四）的连用形。"にけり"，同注30，复合助动词"にけり"的终止形。同"…た""…しまった"。此句同口语"舟中の者はみんなそろって泣いてしまった"。

　39 昔、水無瀬に通ひ給ひし惟喬親王——"昔"，名词。从前。"水無瀬"，惟乔亲王的离宫所在地，位于大阪府三岛郡岛本町广瀬。"通ひ"，"通ふ"（动・四）的连用形。经常往复。"給ひ"，尊敬补助动词"給ふ"的连用形，后接过去助动词"き"的连体形"し"。"惟喬親王"，文德天皇第一皇子，号小野宫。因继承皇位无望，遂出家。因母亲的关系，与在原业平关系密切，二人是表兄弟的关系。此句同"昔、水無瀬の宮によくお通いなさった惟喬親王"。

　40 例の、狩りしにおはします供に——"例の"，此处用于修饰用言，同"いつものように"。"狩りしに"，同"狩りをしに"。此处的"狩り"指"鷹狩り"，猎鹰。"おはします"，"行く"的尊敬语"おはします"的连体形。"供"，随从，或指这样的人。"に"，格助词。"供に"，同"お供として"。

　41 馬頭なる翁つかうまつれり——"馬頭"，右马寮长官，此处即指在原业平。自贞观七年3月至十六年，其一直任此职。"なる"，断定助动词"なり"的连体形，同"…である"。"つかうまつれ"，"つかふ"的谦让语"つかうまつる"（动・四）的已然形，同"お仕え申しあげる"。"り"，完了助动词"り"的终止形，同注6。接四段动词已然形或サ变动词未然形后，表示状态的持续，同"…た""…いた"。

　42 日ごろ経て、宮に帰り給うけり——"日ごろ"，名词，此处是数日的意思。"經"，"経"（动・下二）的连用形。"て"，接续助词。"帰り"，"帰る"（动・四）的连用形。"給う"，尊敬补助动词"給ふ"的连用形"給ひ"的ウ音便形。"けり"，过去助动词"けり"的终止形。此句同"幾日か経って、京の御殿にお帰りになった"。

　43 御送りして、とく往なむと思ふに——"御送り"，名词，此处指（在原业平）送亲王回宫，同"見送り"。"し"，"す"（动・サ变）的连用形。"て"，接续助词。"とく"，副词。早日。"往な"，"往ぬ"（动・ナ变）的未然形。"む"，推量助动词"む"的终止形，此处表意志。"と"，格助词，表引用。"思ふ"，"思ふ"（动・四）的连体形。"に"，接续助词，同"…と"，见注18。

　44 大御酒賜ひ、禄賜はむとて、つかはさざりけり——"大御酒"，献给神或天皇的酒。"賜ひ"，"賜ふ"（动・四）的连用形。"禄"，奖赏的物品。"賜は"，"賜ふ"（动・四）的未然形。下赐。"む"，推量助动词"む"的终止形。"とて"，同"といって"。"つかはさ"，"行かせる、派遣する"的尊敬语"つかはす"（动・四）的未然形。此处是"帰し遣はす"，指放人回去的意思。"ざり"，否定助动词"ず"的连用形。"けり"，过去助动词"けり"的终止形。此句同"（親王は）お酒をくだされ、当座のほうびをくだされようとして、お帰しにならなかった"。

　45 この馬頭、心もとながりて——"心もとながり"，"心もとながる"（动・ラ变）的连用形。焦急等待，迫不及待，同"じれったい""待ち遠しい"。在原不理解亲王的心情，急切等待亲王允许他回去。

枕とて草ひき結ぶこともせじ⁴⁶　秋の夜とだに頼まれなくに⁴⁷

と詠みける⁴⁸。時は三月のつごもりなりけり⁴⁹。親王、大殿ごもらで明かし給うてけり⁵⁰。かくしつつまうでつかうまつりけるを⁵¹、思ひのほかに、御髪下ろし給うてけり⁵²。正月に拝み奉らむとて、小野にまうでたるに⁵³、比叡の山のふもとなれば、雪いと高し⁵⁴。強ひて御室にまうでて拝み奉るに、つれづれといともの悲しくておはしま

---

46 枕とて草ひき結ぶこともせじ——"とて"，连语，同"として"。"枕とて"同"枕として"。"ひき結ぶ"，"ひき結ぶ"（动・四）的连体形，同"ひき寄せる"。"草ひき結ぶ"，喻指旅途野宿的意思。"も"，系助词。"せ"，"す"的未然形。"じ"，否定推量助动词"じ"的终止形，同"まい"。此句同"枕にしようとして草を引き結び旅寝することもしますまい"。

47 秋の夜とだに頼まれなくに——"と"，格助词，表引用。"だに"，副助词。纵使，即使。"頼ま"，"頼む"（动・四）的未然形。"れ"，可能助动词"る"的未然形。平安时代前，助动词"る"后面跟否定表达的话，多表示可能，即表示不可能。"なくに"，否定助动词"ず"的未然形"な"加接尾词"く"（使名词化），再加上格助词"に"，接活用词未然形后，此处表示逆接确定条件，同"ないのになあ""ないことなのに"。此句同"秋の夜としてさえ信頼できないのに（、ましては短い春だからなおさらである）"。

48 と詠みける——"と"，格助词，表引用。"詠み"，"詠む"（动・四）的连用形。"ける"，过去助动词"けり"的连体形（此处本应以终止形"けり"结句）。

49 時は三月のつごもりなりけり——"つごもり"，阴历月底。"三月のつごもり"，指阴历三月末，春天结束的时候。"なり"，断定助动词"なり"的连用形，同"…で""…である"。"けり"，过去助动词"けり"的终止形。此系对上面和歌所做的说明。

50 親王、大殿ごもらで明かし給うてけり——"大殿ごもら"，"寝""寢"的尊敬语"大殿ごもり"（动・四）的未然形。休息，同"おやすみになる"。"で"，接续助词，表否定，同"…ないで"。"明かし"，"明かす"（动・四）的连用形。整夜不眠。"給う"，尊敬补助动词"給ふ"的连用形"給ひ"的ウ音便形。"てけり"，复合助动词"てけり"（由完了助动词"つ"的连用形"て"和过去助动词"けり"复合而成）的终止形。同"…てしまった"。此句同"親王は、寝所におはいりにならないで、酒宴に夜をおあかしになった"。

51 かくしつつまうでつかうまつりけるを——"かく"，副词，同"このように"。"し"，"す"（动・サ変）的连用形。"つつ"，接续助词，接在动词及助动词"す、さす、しむ、る、らる"的连用形后面。此处表示同时进行，同"…しながら""…するとともに。…"。"まうで"，"まうづ"（动・下二）的连用形。拜访。"つかうまつり"，同注41。"つかふ"的谦让语"つかうまつる"（动・四）的连用形。"ける"，过去助动词"けり"的连体形。"を"，接续助词，表逆接，同"…が"。此句同"このようにしながら、御殿に参上してお仕えしていたが"。

52 思ひのほかに、御髪下ろし給うてけり——"思ひのほかに"，"思ひのほかなり"（形动・ナリ）的连用形，此处做连用修饰语，同"意外に""思いがけなく"。"下ろし"，"下ろす"（动・四）的连用形。"御髪下ろす"，指身份官位高的人削发为僧。"給う"，尊敬补助动词"給ふ"的连用形"給ひ"的ウ音便形。"てけり"，复合助动词，由完了助动词"つ"的连用形"て"加过去助动词"けり"复合而成。此句同"（親王は）意外にも、出家してしまわれた"。惟乔亲王于贞观十四年（872）7月11日出家，时年29岁。据说是因异母兄弟惟仁亲王（后来的清和天皇）当上了太子，故失去了继承皇位的希望。

53 正月に拝み奉らむとて、小野にまうでたるに——"拝み奉ら"，"拝み奉る"（动・四）的未然形。拜见，同"お目にかかる"。其中的"奉る"系表谦让意的补助动词，同"お…申し上げる"。"む"，推量助动词"む"的终止形。"とて"，同"と思って"。"小野"，今京都市左京区大原，比叡山西面一带。亲王在此隐居。"まうで"，"行く"的谦让语"まうづ"（动・下二）的连用形。"たる"，完了助动词"たり"的连体形，此处表示完了，同"た"。"に"，接续助词，表逆接，同"…が"。此句同"（馬頭は）正月に親王にお目にかかろうと思って、小野に参上したが"。

54 比叡の山のふもとなれば、雪いと高し——"比叡の山"，位于京都，也称"叡山"。"ふもと"，山脚，山麓。"なれ"，断定助动词"なり"的已然形。"ば"，接续助词。表示顺接确定条件，同"…ので"，见注8。"いと"，副词。很，十分。"高し"，"高し"（形・ク）的终止形。此句同"（小野は）比叡山の麓なので、雪がたいそう高く（積もっている）"。

しければ⁵⁵、やや久しく候ひて、いにしへのことなど思ひ出で聞こえけり⁵⁶。さても候
ひてしがなと思へど⁵⁷、公事どもありければ、え候はで、夕暮れに帰るとて⁵⁸、

　　忘れては夢かとぞ思ふ⁵⁹思ひきや雪踏み分けて君を見むとは⁶⁰

とてなむ泣く泣く来にける⁶¹。

---

55 強ひて御室にまうでて拝み奉るに、つれづれといともの悲しくておはしましければ——"強ひて"，副词。硬要（做）。同"むりに"，此处指马头踏雪探路去拜见亲王一事。"御室"，亲王的住所。"室"，指僧房、庵室。"まうで"，同上，"まうづ"的连用形。"拝み奉る"，同上，"拝み奉る"（动・四）的连体形。拜见。"に"，接续助词，表顺接确定条件，同"…と"，见注30。"つれづれと"，副词。无所事事，百无聊赖。"もの悲しく"，"もの悲し"（形・シク）的连用形。（总让人）觉得很悲伤。"おはしまし"，补助动词"おはします"的连用形。其接在活用词连用形（或＋て）后，表尊敬意。同"…て（で）いらっしゃる"。"けれ"，过去助动词"けり"的已然形。"ば"，接续助词，同"…ので"。

56 やや久しく候ひて、いにしへのことなど思ひ出で聞こえけり——"やや"，副词。稍稍，少许。"久しく"，"久し"（形・シク）的连用形。许久，好久。"候ひ"，"候ふ"（动・四）的连用形。侍奉。"いにしへのこと"，过去的事情，包括陪亲王打猎等。"など"，副助词。"思ひ出で"，"思ひ出づ"（动・下二）的连用形。回忆。"聞こえ"，"言ふ"的谦让补动词"聞こゆ"（动・下二）的连用形，同"お…申し上げる"。此句同"かなり長い間、おそばにお仕えしていて、昔のことなど思い出してはお話し申し上げた"。

57 さても候ひてしがなと思へど——"さても"，副词，同"そのまま""そうして"。"候ひ"，同上。"てしがな"（也作"てしかな"），愿望终助词（由完了助动词"つ"的连用形"て"，加上愿望终助词"しか"，再加上表示感叹的终助词"な"组成）。此处是用感叹的语气，表达期盼难以实现的事情得以实现的愿望，同"…したいものだなあ""…できたらいいのになあ"。"思へ"，"思ふ"的已然形。"ど"，接续助词，接在活用词已然形后，表示逆接。

58 公事どもありければ、え候はで、夕暮れに帰るとて——"公事"，公务，宫中各种礼仪杂事等。"ども"，接尾词，表复数。"あり"，"あり"的连用形。"けれ"，过去助动词"けり"的已然形。"ば"，同"…ので"。"ありければ"，同"あったので"。"え"，副词，后面伴有否定形式，表示不可能。"候は"，"候ふ"（动・四）的未然形。"で"，接续助词，表否定。"え候はで"同"お仕えすることができなくて"。"とて"，连语，同"と思って"。

59 忘れては夢かとぞ思ふ——"忘れ"，"忘る"（动・下二）的连用形。此处具体指忘却（亲王出家一事）。"ては"，由接续助词"て"加系助词"は"构成，表轻微的假定。"忘れては"，同"ついうっかりすると"。"か"，系助词，表疑问。"と"，格助词，表引用。"ぞ"，系助词，表强调。"思ふ"，"思ふ"的连体形（此系"ぞ"的要求）。"忘れては夢かとぞ"，同"（現実を）忘れて夢ではないかと思う"。

60 思ひきや雪踏み分けて君を見むとは——"思ひ"，"思ふ"（动・四）的连用形。"き"，过去助动词"き"的终止形。"や"，系助词。此处表反问。"思ひき"本应置于句末，故系倒装手法。"踏み分け"，"踏み分く"（动・下二）的连用形。踏（雪），踩出（路来）。"見"，"見る"（动・上一）的连用形。"む"，推量助动词"む"的终止形。"と"，格助词，表引用。"は"，系助词。同"（かつて）思ったでしょうか（、いえ、思いもしませんでした）、雪を踏み分けてあなたにお会いするだろうとは"。

61 とてなむ泣く泣く来にける——"とて"，同"といって"。"なむ"，系助词，表强调。"泣く泣く"，副词。哭着……，哭哭啼啼地……。"来"，"来"（动・カ変）的连用形。"にける"，复合助动词"にけり"（由完了助动词"ぬ"的连用形"に"与过去助动词"けり"复合而成）的连体形（此系前文"なむ"的要求），见注30。

【译文】

下关东

　　从前，有一个男子，认定自己一无用处，不想呆在京城，遂打算去东国寻找一个能安居的地方。出发前，他叫上了一两个朋友结伴而行。他们当中没有人认路，所以走起来常常迷路。一天，他们到了三河国一个叫八桥的地方。此地之所以叫八桥，是因为下面流淌的河水就像蜘蛛的触角一样，向八方延展开去，河的上面架设了八座桥，八桥由此得名。大家来到河边的树荫下，下马坐地上吃起干饭。河边的燕子花开得着实漂亮，别有一番情趣。有人看到燕子花，就说："（你）把'か、き、つ、ば、た'这五个字放在每句的开头，用和歌咏出旅情"。于是，男子咏道：

　　京城独留妻，昔日濡沫意。
　　远离京城旅，引人思旧情。

　　一行人听了心里都很感动，悲伤起来，眼泪掉进了干饭里。干饭被泪水浸泡后膨胀起来。

　　他们接着向前，走了又走，来到了骏河国。当行至宇津山时，（发现）他们面前要走的那条道又暗又窄，爬山虎、枫叶茂密，让人有点害怕。正当大家预感会碰上什么意外倒霉的事情时，遇上了一个修行者。他问道："你们缘何到这么一个地方来？"定睛一看，原来是京都的熟人。于是，写信托他捎给自己的意中人。

　　与君不得见，骏河宇津山。
　　梦里仍无缘，此情何以堪。

　　虽已是5月下旬，但眼前富士山仍为白雪所覆盖。

　　富士不知时，犹戴皑皑雪。
　　恰似鹿皮毛，覆上斑斑点。

　　富士山，在我们京都人看来，足有20座比叡山叠起来那么高，山顶像是晒盐池子。

　　接着向前，走了又走。在武藏国和下总国之间有一条大河，谓之隅田川。大家聚集在河边，互相长吁短叹：竟然来到了离京都十分遥远的地方了！此时艄公催促道"快上

船！天都要黑了！"大家正要登船渡河。众人都感到孤寂，京城也并非没有思念的人。正在此时，看见白羽、红喙红爪、大小如鹬的（一种）鸟在水面嬉戏、捕食。因是京城见不到的鸟，大家都不认识。问艄公，他说："这叫都鸟"。于是，男子吟诵起歌来：

若尔为都鸟，应知京城事。
切切心中人，别来无恙欤。

大家闻之，无不掩面而泣。

小野的雪

从前，惟乔亲王常去位于水无濑的离宫，照例要去猎鹰时，都由马头翁陪侍左右。在那里待了几天后，回到京城御殿。马头将亲王送至御殿后，想回家，怎奈亲王又是赐酒又是赏物，不放他走。马头归心似箭，迫不及待地想回去，吟诗道：

春晚不泊宿，夜短归心急。
不似秋夜长，难有沉著意。

已是三月末。当夜，亲王没有就寝，设席通宵达旦地喝至天明。马头就这样侍奉着亲王，可亲王某日突然出家了。马头打算正月去晋见亲王，来到小野。因位于比叡山山脚，雪还厚厚地覆盖着。马头克服困难，来到了亲王住处，见到了亲王。只见亲王无所事事、孤零零地待着，一副让人看了十分悲伤的样子。马头多待了一些时间，陪亲王回忆过去的事情，说了一会儿话。本想再多待一会儿，但宫中有公务缠身，不能再陪下去了。临走前，吟诗：

常忘现世事，犹作梦里魇。
从未有此念，晤君需踏雪。

言毕，哭泣着回去了。

土佐日记

【作家和作品简介】

纪贯之（872—945）著。承平五年（935）成书，1卷。记述了纪贯之从所任地土佐回到京都的55天旅程中的所见所闻。《土佐日记》是日本假名文学的先驱作品，全文仅用真名（汉字）六十二字，大大开拓了日本假名文学的表现空间，并为之后高度繁荣的平假名日记文学奠定了基础。《土佐日记》之前的日记作品，大抵都是（男性）记录官中行事等公家性质的汉文日记，缺乏个人的感情色彩，文学性也较低。而作者假托女性口吻以平假名写下这部游记（日记），突破了之前的日记作品在内容上和抒情上的局限性，成功地将私人化和内省性的内容导入作品当中，被认为是通常意义上的日本"日记文学"——具有自我观照倾向和高度自由的文艺作品的鼻祖，历来在学术界受到高度重视。

纪贯之本为名门子弟，却因藤原氏在朝廷得势而逐渐家道衰微。他年轻时在和歌方面崭露头角，三十多岁便受到破格提升，成为《古今和歌集》编撰者之一。六十岁时才奉命任职土佐守，他带全家人赴任。四年后，将回京城时，小女儿竟在出发前病殁了。他是怀着丧子之痛踏上归途的。承平四年（934）12月21日，一行出发离开土佐，翌年2月16日回到京都老宅。因海路天气不好，历经了55天才回到京城。《土佐日记》正是这55天旅程的见闻日记。其中描绘了海路的艰辛和丧子之痛，还夹杂了歌论等内容，内容含有虚构成分，自由奔放，给后来的平安文学影响很大。

本书选注《动身》和《眺海原》这两段。《动身》写的是作品的缘起以及动身踏上归途的情景。特别是开头处的用以开宗明义的"男もすなる日记といふものを、女もしてみむとて、するなり"这句话非常有名。乍看起来，作者想法十分奇特，但这一简洁明确的表达形式却为平安女性日记文学的兴盛开辟了先河，使之成为名篇开首。《眺海原》写的是一行人受恶劣天气影响，航行一度受阻，最后终有一天得以出航，看到了迟到的月亮。对于看惯了月亮从三面被山包围的京都盆地升起的京都人来说，海上升起的明月既让他们深感惊奇，也让作者触景生情，想起了阿倍仲麻吕的那首著名的和歌，遂萌发出浓浓的思乡之情。

日本古代文言文选

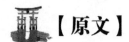

【原文】

門出

　男もすなる日記といふものを、女もしてみむとて、するなり[1]。
　それの年[2]の十二月の二十日あまり一日の日の戌の時に[3]、門出す[4]。そのよし、いささかにものに書きつく[5]。
　ある人、県の四年五年果てて、例のことどもみなし終へて、解由などを取りて、住む館より出でて、船に乗るべき所へ渡る[6]。かれこれ、知る知らぬ、送りす[7]。年ごろ、よくくらべつる人々なむ、別れ難く思ひて、日しきりにとかくしつつ、ののしるうち

---

1 男もすなる日記といふものを、女もしてみむとて、するなり——"男も"的"も"与"女も"的"も"同属系助词。"す"、"す"（动・サ变）的终止形。"なる"，传闻助动词"なり"的连体形。接活用词终止形下，表示传闻。"すなる日記"同口语"するという""すると聞いている"。"といふもの"同口语"というもの"。"を"，格助词，表宾语。"し"，"す"的连用形。"て"，接续助词。"み"，"みる"（动・上一）的连用形。此处做补助动词。"む"，推量助动词"む"的终止形，表意志，同"…しよう"。"とて"，连语，由格助词"と"和接续助词"て"构成。在此同口语"…として""…と思って"。"してみむとて"，同"してみようと思って"。"する"，"す"的连体形。"なり"，断定助动词"なり"的终止形。接活用连体形下，表示断定的语气。"日記"在当时几乎都是男子（公卿等）为了记录政务等公文性内容而用汉文（变体汉文）写成的。因此，在尝试用当时未成为主流（不登大雅之堂）的假名文（和文体）写《土佐日记》时，纪贯之遂假托女子的口吻做掩护。此句同"男もするとかいう日記というものを、女（のわたし）もしてみようとして書くのである"。
2 それの年——"それ"，代词。纪贯之离开土佐是在承平四年（934），但这里他故意模糊之。正如作品中，作者总以"某人"或"船君"出现一样。
3 戌の時に——大约相当于晚上8时左右。
4 門出す——"門出"，名词。出门旅行。平安时代有一个习惯，就是多择吉日、吉利方位，暂时移居别处，在那里做动身准备。等到适宜出门的日子，再踏上旅程。《土佐日记》开头就叙述到，从国司官邸出发，到一个预备登船的地方住上几天。在那里准备了6天后，才正式踏上旅途。
5 そのよし、いささかにものに書きつく——"よし"，（事情）原委，经过。"いささかに"，"いささかなり"（形动・ナリ）的连用形。在此做状语。一点儿，略微。"もの"，此处指纸，系作者故意含糊其词的说法。"書きつく"，"書きつく"（动・下二）的终止形。写下来，同"書きつける"。
6 ある人、県の四年五年果てて、例のことどもみなし終へて、解由などを取りて、住む館より出でて、船に乗るべき所へ渡る——"ある"，连体词。某……，不确指。"ある人"，某人，此处就是指纪贯之本人，这是作者将自己置于第三者立场的叙事手法。"県"，国司赴任地。一般任期为四年，但有时继任者迟迟不派，拖至五年。纪贯之在任上几达五年之久。此处的"四年五年"也是故意含糊其词的说法。"果て"，"果つ"（动・下二）的连用形。期满。"例のことども"，例行需要交接的事务。"ども"，接尾词，表复数。"し終へ"，"し終ふ"（动・下二）的连用形。做完。"て"，接续助词。"解由"，即"解由状"，接任者交给前任的公家文书，表明前任在任期间无过失的意思。"など"，副助词。"館"，国司的官邸。"出で"，"出づ"（动・下二）的连用形。离开。"べき"，推量助动词"べし"的连体形。此处表示当然。"船に乗るべき所"，同"船に乗るはずの所"。"渡る"，"渡る"（动・四）的终止形。移动（至某地），过去。
7 かれこれ、知る知らぬ、送りす——"かれこれ"，代词，同"あれとこれと""あの人この人"。"知ら"，"知る"（动・四）的未然形。"ぬ"，否定助动词"ず"的连体形。"知る"和"知らぬ"，二者均为连体形，可视为后面省略了"人"。同"知る人知らない人""つき合いのある人つき合いのない人"。"送り"，名词，同"見送り"。"す"，"す"（动・サ变）的终止形。

に、夜更けぬ[8]。

青海原ふりさけみれば

二十日。きのふのやうなれば[9]、船出ださず[10]。みな人々憂へ嘆く[11]。苦しく心もとなければ[12]、ただ日の経ぬる数を、今日幾日、二十日・三十日と数ふれば[13]、指もそこなはれぬべし[14]。いとわびし[15]。夜は寝もねず[16]。二十日の、夜の月出でにけり[17]。

---

8 年ごろ、よくくらべつる人々なむ、別れ難く思ひて、日しきりにとかくしつつ、ののしるうちに、夜更けぬ——"年ごろ"，名词。长年，多年来。"よく"，副词。"くらべ"，"くらぶ"（动・下二）的连用形。交往。同"仲よくする""つきあう"。"つる"，完了助动词"つ"的连体形。"なむ"，系助词，表示强调。"別れ難く"，"別れ難し"（形・ク）的连用形，修饰"思ひ"。不忍离别，难舍难分。"思ひ"，"思ふ"（动・四）的连用形。"日しきりに"，副词。一天当中一直（都）。同"一日中ずっと"。"とかくし"，"とかくす"（动・サ变）的连用形。同"あれこれする""ああしたりこうしたりする"。"つつ"，接续助词，表反复或持续。"ののしる"，"ののしる"（动・四）的连体形。喧闹，吵闹。本应在"ののしる"处出现与"なむ"呼应、构成系结规则的"结"，但因此句未断开，故自然消失。"うち"，名词。在……期间，同"間"。"更け"，"更く"（动・下二）的连用形，（夜）深。"ぬ"，完了助动词"ぬ"的终止形。

9 きのふのやうなれば——"きのふ"，昨日。"やうなれ"，"やうなり"（形动・ナリ）的已然形。"ば"，接续助词，表示顺接确定条件，同"…ので""…から"。同口语"昨日のようなので"。

10 船出ださず——"船"后可视为省略了"を"。"出ださ"，"出だす"（动・四）的未然形。"出だす"同口语"出す"，此处表示开（船）。"ず"，否定助动词。此句同口语"船を出さない"。

11 みな人々憂へ嘆く——"みな"，副词。都。"人々"系"憂へ嘆く"的主语。"憂へ嘆く"，"憂へ嘆く（动・四）的终止形。系由"憂ふ"（动・下二）的连用形"憂へ"与"嘆く"复合而成。担心，叹息。

12 苦しく心もとなければ——"苦しく"，"苦し"（形・ク）的连用形。痛苦，难受。"心もとなければ"，"心もとなし"（形・ク）的已然形。此处为心焦如焚的意思。"ば"，接续助词，接活用词已然形下，表示顺接确定条件，同"…ので""…から"，同注9。

13 ただ日の経ぬる数を、今日幾日、二十日・三十日と数ふれば——"ただ"，副词，修饰后面的"数ふれば"。一味不停地，同"ただもう""やたらに"。"日の"的"の"是助词，表主格，同"が"。"経"，"経"（动・下二）的连用形。经过。"ぬる"，完了助动词"ぬ"的连体形。"を"，格助词，表宾语。"と"，格助词，表引用。"数ふれ"，"数ふ"（动・下二）的已然形。"ば"，接续助词，同注9。

14 指もそこなはれぬべし——"指"，手指头。"も"，系助词。"そこなは"，"そこなふ"（动・四）的未然形。此处同"傷づける""痛める"。意指每天掰着指头数日子，把指头都弄疼了。"れ"，被动助动词"る"的连用形，接四段、ナ变、ラ变动词未然形后，表示被动。"ぬべし"，复合助动词，由完了助动词"ぬ"和推量助动词"べし"复合而成，接活用词连用形下，表示确切的可能，同"…できそうだ"。此句同口语"指もいためてしまいそうである"。

15 いとわびし——"いと"，副词。很，十分。同"たいそう""とても"。"わびし"，"わびし"（形・ク）的终止形。失望，颓丧。同"つらい""なさけない"。

16 夜は寝もねず——"寝もねず"，由名词"寝"加上系助词"も"，再加上"ぬ"（动・下二）的未然形"ね"，最后加上否定助动词"ず"而成。同"眠りもしない""寝もしない"。"寝を寝（ね）"为同义重叠词，此外还有"音を泣く""夢を夢む"等。

17 二十日の、夜の月出でにけり——"出で"，"出づ"（动・下二段）的连用形。"にけり"，复合助动词"にけり"的终止形。由完了助动词"ぬ"的连用形"に"与过去助动词"けり"复合而成。同"…た""…しまった"。过了阴历八月十五，月出即月亮升起的时刻逐渐变晚，至二十日时月亮呈半圆形，大约在晚上十一点升起。因为夜不能寐，终于迎来了迟到的月亮升起，这段心情反映在了"（出で）にけり"中，此处的"けり"带有感叹终于等到月亮升起的语气。

山の端もなくて、海の中よりぞ出で来る[18]。かうやうなるを見てや[19]、昔、阿倍仲麻呂といひける人は、唐土にわたりて、帰り来ける時に[20]、船に乗るべきところにて、かの国人、馬のはなむけし、別れ惜しみて、かしこの漢詩作りなどしける[21]。飽かずやありけむ、二十日の夜の月の出づるまでぞありける[22]。その月は、海よりぞ出でける[23]。これをみてぞ仲麻呂のぬし[24]、「わが国に、かかる歌をなむ、神代より神もよん給び[25]、今は上中下の人も、かうやうに、別れ惜しみ、喜びもあり、悲しびもある時にはよむ」とて、よめりける歌[26]、

---

18 山の端もなくて、海の中よりぞ出で来る——"山の端"，山的轮廓（山际线）。"も"，系助词。"なく"，"なし"（形・ク）的连用形。"て"，接续助词。"より"，格助词，表示起点。"ぞ"，系助词，表示强调。"出で来る"，"出で来"（动・カ变）的连体形（此系"ぞ"的要求）。出来。对纪贯之等一行人来说，长年在京都这样的三面环山的地方，看惯了月亮从山边升起的景象。因此，对他们来说，月亮从海上升起十分稀罕，故而印象深刻。

19 かうやうなるを見てや——"かうやうなる"，"かうやうなり"（形动・ナリ）的连体形。"かうやうなり"是"かくやうなり"的ウ音便形。其后可视为省略了"様"等体言。此系插入句，同"このような光景を見てであろうか"。"や"，系助词，表疑问。从形式上看，与后面的"かしこの漢詩作りなどしける"构成系结关系，但意义上却是独立的。

20 昔、阿倍仲麻呂といひける人は、唐土にわたりて、帰り来ける時に——"阿倍仲麻呂"，奈良时代遣唐留学生。养老元年（717）入唐，改名晁（朝）衡，侍于玄宗。因遇风暴，回国受阻。在唐50余年，客死长安。因创作有"天の原ふりさけみれば春日なる三笠の山に出でし月かも"而著名。"唐土"，古代日本称中土为"唐土"。"わたり"，"わたる"（动・四）的连用形。（越海）赴唐。"帰り来"，"帰り来"（动・カ变）的连用形。回来。"ける"，过去助动词"けり"的连体形。有人认为，"帰り来ける時"，严格说是"帰り来むとしける時"。

21 船に乗るべきところにて、かの国人、馬のはなむけし、別れ惜しみて、かしこの漢詩作りなどしける——"べき"，推量助动词"べし"的连体形。"船に乗るべきところ"，同口语"船に乗るはずのところ"。"にて"，格助词，同"で"。"か"，代词。"かの"同"あの"。"かの国人"，指阿倍当时所在的唐朝人。"むまのはなむけ"，饯别。"馬（むま）"，即"うま"（原为音读词）。"馬の鼻向け"源自古人将马鼻冲向目的地，以祈求一路平安的习俗。"し"，"す"（动・サ变）的连用形。"別れ惜しみ"，"別れ惜しむ"（动・四）的连用形。惜别。"かしこ"，远称代词，同"あそこ"。此处指唐朝。"漢詩作り"，名词，作汉诗。"など"，副助词。"し"，"す"的连用形。"ける"，"けり"的连体形（此系"かうやうなるを見てや"中"や"的要求）。

22 飽かずやありけむ、二十日の夜の月の出づるまでぞありける——"飽かず"，由四段动词"飽く"的未然形"飽か"加上否定助动词"ず"而来，表示不满足。"や"，系助词，表疑问。"あり"，补助动词"あり"的连用形。"けむ"，过去推量助动词"けむ"的连体形（此系"や"的要求）。"飽かずやありけむ"，系插入语，同"（このまま別れるのを）物足りなく思ったのであろうか"。"二十日の夜の月"，见注17。其后的"の"，助词，表主格，同"が"。"出づる"，"出づ"（动・下二）的连体形。"まで"，副助词，表示动作或作用的范围。"ぞ"，系助词，表强调，见注18。"あり"，"あり"（动・ラ变）的连用形。"ありける"同"いた""とどまっていた"。指一直待到…（时候）。

23 その月は、海よりぞ出でける——"より"，格助词，表起点。"ぞ"，系助词，表强调，同上。"出で"，"出づ"（动・下二）的连用形。出，出来。"ける"，过去助动词"けり"的连体形（此系"ぞ"的要求），表示间接听到。

24 これをみてぞ仲麻呂のぬし——"これ"，代词，指出来的月亮。"ぞ"，系助词，表强调。同上。其与后面的"とて、よめりける"构成系结关系。但由于其本身用于修饰"歌"，故可视为消失。"ぬし"，以"…のぬし"或"…ぬし"的形式，表示对人的轻微的尊称，同口语的"…さん""…様"。

25 わが国に、かかる歌をなむ、神代より神もよん給び——"わが国に"，指日本。"かかる"，"かかり"（动・ラ变）的连体形，源自"かくあり"，具体指下面这首和歌，也可视为连体词。同"このような"。"なむ"，系助词，表强调。"神代"，神治时代，即有历史确切记载前的时代，具体说神武天皇之前的时代。"より"，格助词，此处表示时间的起点。"も"，系助词。"よん"，"よむ"（动・四）的连用形"よみ"的拨音便形。吟诵，吟诗。"給び"，尊敬补助动词"給ぶ"的连用形。

26 今は上中下の人も、かうやうに、別れ惜しみ、喜びもあり、悲しびもある時にはよむ」とて、よめりける歌——"今は"，同"今となっては"。"上中下"指身份的高低。"上中下の人も"，即不问身份高低。（转下页）

青海原ふりさけみれば春日なる三笠の山に出でし月かも

とぞよめりける[27]。

【译文】

动身

据说只有男人才写的日记，（我）身为女人也想写。我于某年（实际上是承平4年）12月21日晚上8点左右动身出发。我把当时的情况略微记述一下。某人（纪贯之本人）任地方官四五年，已期满，处理完按惯例须完成的各种交接事务、领取离任证明后，离开此前一直居住的官邸，直奔预定乘船地。不论认识的，还是不认识的，（总之）来了很多送行的人。这几年来，大家彼此相处日久，尤感到难舍难分，整整一天都在张罗处理各种事情。不觉间，天已黑下来了。

眺海原

20日。因天气像昨天那样糟糕，所以没有出航。大家都长吁短叹。这几天滞留在一个地方苦苦等待，众人都有点失去耐心了。所以，都掰着指头，不停地数着：出发到现在，已经第几天了？20天了！30天了！连手指都要数破了。心情都很难受，夜里也睡不着。就在望眼欲穿时，20日深夜月亮出来了。这里看不到（与看月亮十分匹配的）山际线，月亮是从海上出来的。恐怕正是看着同样的月色，从前有一个叫阿倍仲麻吕的人，

（接上页）言外之意，指所有的人。"も"系助词。"かうやうに"，"かうやうなり"（形动・ナリ）的连用形，同注19。同"このように"。"别れ惜しみ"，"别れ惜しむ"（动・四）的连用形。惜别，同注21。"喜び"，名词。高兴。"悲しび"，名词。悲伤。二者后的"も"均为系助词。"ある"，"あり"（动・ラ変）的连体形，"に"，格助词。"は"，系助词。"よむ"，同前，吟诵。"とて"，连语，表引用。"よめ"，"よむ"（动・四）的已然形。"り"，完了助词"り"的连用形。接四段动词已然形或サ变动词命令形，表示完了。同"…ている"。"ける"，过去助词"けり"的连体形。

27 青海原ふりさけみれば春日なる三笠の山に出でし月かもとぞよめりける——"青海原"，名词。沧海，蔚蓝色大海。在古今集卷9《羁旅》中，这首歌的开头是"天の原"。因泛舟海上，纪贯之在此稍作了修改。"ふりさけみれ"，"ふりさけみる"（动・上一）的已然形。远眺，远望。"ば"，接续助词。接活用词已然形后，表示顺接确定条件，同"…と"。"春日"，地名，今奈良市内春日野町。"なる"，断定助动词"なり"的连体形，此处表存在，即"春日なる"同"春日にある"。"三笠の山"，坐落于奈良春日神社里的一座山，位于春日山前。"出で"，"出づ"（动・下二）的连用形。"し"，过去助动词"き"的连体形。"かも"，终助词，表感叹或感动。"と"，格助词，表引用。"ぞ"，系助词，表强调，同注18。"よめりける"，同注26。"ける"，过去助动词"けり"的连体形（此系"ぞ"的要求）。这首和歌在"青海原ふりさけみれば"和"春日なる三笠の山に出でし月かもとぞよめりける"间出现了断层，需补全。同口语"青々とした広い海をはるかに見わたすと、（月がのぼってくる、この月はかつて）故郷の春日にある三笠山に出たあの月（と同じ月）であるなあ"。

53

他去了中国，后来想回日本时，在登船的地方，那里的人（为他）设宴送别，难舍难分，做了（那里的）汉诗，但仍未尽兴。可能是还不满意的缘故，直到20日月亮出来之前，（他们）就这样一直待在那里。那天的月亮（就和今天的一样）是从海上升起来的。看到月亮后，阿倍说："在我们国家有这么一首和歌，从神代时各位大神就已开始吟诵了。无论身处何种地位的人，在惜别或遭遇悲喜之事时，都会吟诵这首诗"。他吟诵的和歌是这样的：

　　远眺碧波月升空，春日三笠似梦中。
　　此月虽非彼时月，眼中梦里月相同。

枕草子

【作家和作品简介】

　　《枕草子》是日本平安时期女作家清少纳言（约966—约1025）的随笔集，其内容主要是对日常生活的观察和随想，约11世纪初完成。其与同时代的另一部日本文学经典《源氏物语》，被喻为日本平安时代文学的双璧。同时，与《方丈记》《徒然草》并称为日本三大随笔。

　　清少纳言是平安时期有名的才女，家学渊源，精通和歌又熟谙汉学。全书共有305段，分为类聚、日记、随想三大内容。"类聚"罗列生活中不同性质与类别的事物，如"山""海""扫兴的事""高雅的东西"，涉及地理风貌、草木花鸟、内心情感、生活情趣等等，非常丰富地体现出作者清少纳言细腻的观察和审美趣味。"日记"记录了作者在宫中的生活，其中有反映她与皇后藤原定子感情深笃的经历，以及她在宫中生活的片断，这部分内容深映古典风貌，可从中了解日本平安时代皇室贵族的生活状态和品味素养。"随想"则是对自然与人生的随感，尤其可见作者明快、自由的生活态度。

　　本书选录两则故事。《水母骨》讲的是中纳言隆家欲赠扇骨给中宫定子，先得意吹嘘一番，然而自己却从未见过。作者清少纳言听罢淡淡回了一句"恐怕是水母骨吧"。水母本无骨头，清少纳言的这番话带有轻微的讽刺和嘲弄，不经意间显露其机智和不同常人的一面，属于自夸类作品。《微感有春意》讲的也是清少纳言自以为得意的一件事。藤原公经让人送来一首和歌的下句。她在不断催促中，情急之下对出了上句。在她忐忑不安、担心是否会得到好评时，传来众臣对她所对上句的好评，并要推荐她当内侍。从中可以看出清少纳言的汉诗修养和少有的才学。

　　日语文言，特别是和文体中，敬语的使用十分频繁，也是文言学习的一个难点。在此两个故事中，敬语使用较为复杂，突出地反映了平安文学和文体敬语使用的特点。

枕草子

【原文】

くらげの骨

　中納言まゐり給ひて、御扇たてまつらせ給ふに[1]、「隆家こそいみじき骨は得て侍れ[2]。それを張らせて、まゐらせむとするに[3]、おぼろけの紙はえ張るまじければ、もとめ侍るなり」と申し給ふ[4]。「いかやうにかある」と問ひ聞こえさせ給へば[5]、「すべていみじう侍り[6]。『さらにまだ見ぬ骨のさまなり』となん人々申す[7]。まことにか

---

　1 中納言まゐり給ひて、御扇たてまつらせ給ふに——"中納言"，指藤原隆家，关白道隆之子，中宫定子的弟弟。"まゐり"，"行く"的谦让语"まゐる"（动・四）的连用形，系用于表示对"中宫"的敬意。"給ひ"，尊敬补助动词"給ふ"的连用形，用于表示对"中纳言"的敬意。"まゐり給ひて"同"参上なさって"。"たてまつら"，"与える"的谦让语"たてまつる"（动・四）的未然形，系用于表示对"中宫"的敬意，"せ"，尊敬助动词"す"的连用形。"給ふ"，同上，尊敬补助动词"給ふ"的连体形。此处"せ給ふ"构成双重敬语，系用于表示对"中纳言"的敬意。"御扇たてまつらせ給ふに"同"御扇を献上なさると"。"に"，接续助词，同"…と"。

　2 隆家こそいみじき骨は得て侍れ——"隆家"，藤原隆家（979-1044），平安中期的廷臣，中纳言。因面对地位在上的中宫定子，故以"隆家"自称，既是谦称，亦属于正式称呼。"こそ"，系助词，表强调。"いみじき"，"いみじ"（形・シク）的连体形。不一般的，不同寻常的。"骨"，指扇骨。"は"，系助词。"得"，"得"（动・下二）的连用形。搞到，弄到。"侍れ"，郑重补助动词"侍り"的已然形（此系前文"こそ"的要求）。此句同"この隆家は、すばらしい扇の骨を手に入れました"。

　3 それを張らせて、まゐらせむとするに——"それ"，代词，此处指扇骨。"張ら"，"張る"（动・四）的未然形。指给扇骨贴纸（做成扇子）。"せ"，使役助动词"す"的连用形。"まゐらせ"，系"与える"的谦让语"まゐらす"的未然形。"む"，推量助动词"む"的终止形，此处表意志。"と"，格助词，表引用。"する"，"す"（动・サ変）的连体形。"に"，接续助词，同"…と"，见注1。

　4 おぼろけの紙はえ張るまじければ、もとめ侍るなり」と申し給ふ——"おぼろけ"，"おぼろけなり"（形动・ナリ）的词干，此处做名词，修饰"紙"。普通的，寻常的，同"ありふれた"。"紙"，扇面纸，糊扇子用的纸，即"地紙"。"え"，副词，与后面的否定形式（此处为"まじければ"）相呼应，表示不可能。"張る"，"張る"（动・四）的终止形。"まじけれ"，否定推量助动词"まじ"的已然形。此处表不可能。"ば"，接续助词，同"…から""…ので"。"もとめ"，"もとむ"（动・下二）的连用形。"侍る"，郑重补助动词"侍り"的连体形。"なり"，断定助动词"なり"的终止形。"もとめ侍るなり"，同口语"探しております"。"申し"，"言ふ"的自谦语"申す"的连用形。"給ふ"，尊敬补助动词"給ふ"的终止形。此句同口语"ありふれた紙は（不調和で）張るわけにはいきませんので（適当な紙を）探し求めております」と申し上げなさる"。

　5「いかやうにかある」と問ひ聞こえさせ給へば——"いかやう"，"いかやうなり"（形动・ナリ）的词干，此处做名词。"に"，断定助动词"なり"的连用形。"か"，系助词，表疑问。"ある"，补助动词"あり"（动・ラ変）的连体形（此系"か"的要求）。"いかやうにかある"，同"どのようなものですか"。"問ひ"，"問ふ"（动・四）的连用形。"聞こえさせ給へ"，此处系"言ふ"的谦让补助动词"聞こゆ"的未然形"聞こえ"，加上尊敬助动词"さす"的连用形"させ"，再加上表尊敬意的"たまふ"的已然形"たまへ"。同"…申し上げなさる"。其中，"させ給へ"指向中宫，表示尊敬。"聞こえ"则是指向中纳言，通过谦卑中宫的动作，间接表示对中纳言的尊敬。

　6 すべていみじう侍り——"すべて"，副词。总的来说，总之。"いみじう"，"いみじ"（形・シク）的连用形"いみじく"的ウ音便。不一般的。"侍り"，同前，郑重补助动词"侍り"的终止形，见注2。

　7『さらにまだ見ぬ骨のさまなり』となん人々申す——"さらに"，副词。与否定呼应。一点也不，同"一向に""全然"。"まだ"，副词。还未。"見"，"見る"（动・上一）的未然形。"ぬ"，否定助动词"ず"的连体形。"さま"，样子，形状。"と"，格助词，表引用。"なん"，即"なむ（なん）"，系助词，表强调。"人々"，模糊指曾见过扇骨的人。"申す"，"申す"（动・四）的连体形（此系"なん"的要求）。

ばかりのは見えざりつ」と⁸、言高くのたまへば⁹、「さては、扇のにはあらで、海月のななり」と聞こゆれば¹⁰、「これ隆家が言にしてむ」とて、笑ひ給ふ¹¹。かやうの事こそは、かたはらいたきことのうちに入れつべけれど¹²、「一つな落としそ」と言へば、いかがはせん¹³。

少し春ある心地こそすれ

二月つごもりごろに、風いたう吹きて、空いみじうくろきに、雪すこしうち散りたるほど¹⁴、黒戸に主殿司来て、「かうてさぶらふ」といへば、寄りたるに¹⁵、「これ、

---

8 まことにかばかりのは見えざりつ」と——"まことに"，副词，同"ほんとうに"。"かばかり"，副词，同"これほど"。"の"，连体助词，可视为后面省略了"骨"。"見え"，"見ゆ"（动・下二）的未然形。"ざり"，否定助动词"ず"的连用形。"つ"，完了助动词"つ"的终止形。"と"，格助词，表引用。

9 言高くのたまへば——"言高く"，"言高く"（形・ク）的连用形。得意地大声说。"のたまへ"，"言ふ"的尊敬语"のたまふ"（动・下二）的已然形。"ば"，接续助词，同"…から""…ので"，见注4。

10「さては、扇のにはあらで、海月のななり」と聞こゆれば——"さては"，接续助词，同"それでは"，前承"まだ見ぬ骨"。既然这样。"の"，可视为后面省略了"骨"。"に"，断定助动词。"なり"的连用形。"あら"，补助动词"あり"的未然形。"で"，接续助词。接活用词未然形后，表否定，同"…ずに""…でなくて"。"扇のにはあらで"，同"扇の（骨）ではなくて"。"海月の"同"海月の骨"。"ななり"，断定助动词"なり"的连体形"なる"加上传闻推定助动词"なり"的终止形，构成"なるなり"，其拨音便"なんなり"中的"ん"不表记，但读成"なんなり"。同"…であるようだ""…らしい"。"聞こゆれ"，"言ふ"的谦让语"聞こゆ"（动・下二）的已然形。同"申し上げる"。"ば"，接续助词，同"…から""…ので"，见注4。

11「これ隆家が言にしてむ」とて、笑ひ給ふ——"これ"，代词，指代前面清少纳言所述。"が"，连体助词，同"の"。"言"，（所说出的）话。"に"，格助词。"し"，"す"（动・サ变）的连用形。"てむ"，复合助动词"てむ"（由完了助动词"つ"的未然形"て"与推量助动词"む"复合而成）的终止形，表示强烈意志，同"…（てしまおう）"。"とて"，连语，同"といって"。"笑ひ"，"笑ふ"（动・四）的连用形。"給ふ"，尊敬补助动词"給ふ"的终止形。此句同"それは隆家の言葉にしてしまいましょう"とおっしゃって、お笑いになる"。

12 かやうの事こそは、かたはらいたきことのうちに入れつべけれど——"かやう"，"かやうなり"（形动・ナリ）的词干，此处做名词，同"このよう"。"こそ"，系助词，表强调。"は"，系助词。"かたはらいたき"，"かたはらいたし"（形・ク）的连体形。（旁人）看了不舒服，招人讨厌。同"はたで見ていても、にがにがしい"。"入れ"，"入る"（动・下二）的连用形。放入，写进去。"つべけれ"，复合助动词"つべし"（由完了助动词"つ"的终止形与推量助动词"べし"复合而成）的已然形，此处表示"必ず…するのがよい"。"ど"，接续助词，表逆接。此句同口语"このようなことこそは、聞き苦しいことの中に入れてしまうのがよいのだけれど"。

13「一つな落としそ」と言へば、いかがはせん——"な"，副词，与终助词"そ"呼应，以"な+动词连用形+そ"的形式，表示禁止做某事。"落とし"，"落とす"（动・四）的连用形。丢掉，落下。"言へ"，"言ふ"（动・四）的已然形。"ば"，接续助词，同"…から""…ので"，见注4。"いかが"，副词，表反问。"は"，系助词。"せ"，"す"（动・サ变）的未然形。"ん"，"む（ん）"的连体形（此系"いかが"的要求）。同"どうしようか（どうしようもない）"。

14 二月つごもりごろに、風いたう吹きて、空いみじうくろきに、雪すこしうち散りたるほど——"つごもり"，阴历的月底。"いたう"，"いたし"（形・ク）的连用形"いたく"的ウ音便。多后接动词，当副词用。非常，同"ひどく"。"吹き"，"吹く"（动・四）的连用形。"いみじう"，"いみじ"（形・シク）的连用形"いみじく"的ウ音便。"くろき"，"くろし"（形・ク）的连体形。黑的，黑色的。"に"，格助词，表叠加。"うち散り"，"うち散る"（动・四）的连用形。散落。"たる"，完了助动词"たり"的连体形。"ほど"，表时间，同"とき"。此句同口语"二月の末ごろに、風がひどく吹いて、空がすっかり暗い上に、雪が少し舞い落ちてきたとき"。

15 黒戸に主殿司来て、「かうてさぶらふ」といへば、寄りたるに——"黒戸"，皇宫内位于清凉殿（转下页）

枕草子

公任の宰相殿の」とてあるを見れば、懐紙に¹⁶、

少し春ある心地こそすれ¹⁷

とあるは、げにけふのけしきにいとようあひたる¹⁸、これが本はいかでかつくべからむと、思ひわづらひぬ¹⁹。「たれたれか」と問へば、「それそれ」と言ふ²⁰。みないとはづかしき中に、宰相の御いらへを、いかでかことなしびに言ひ出でむと、心ひとつにくるしきを²¹、御前に御覧ぜさせむとすれど²²、上のおはしまして大殿ごもりた

（接上页）北廊西侧的细长屋子，因木门被煤熏黑，故得此名。"主殿司"，后宫掌管灯油、薪炭等事务，听殿上人使唤的女官。"かう"，副词"かく"的ウ音便。同"こう，このように"。"さぶらふ"，谦让语，相当于"お仕え申し上げる""おそばにいる"的意思。「かうてさぶらふ」的功能类似寒暄语，同现代日语的"御免ください"。"と"，格助词，表引用。"いへ"，"いふ"（动·四）的已然形。"ば"，接续助词，在此表示顺接确定条件，同"…ので""…から"，见注4。"寄り"，"寄る"（动·四）的连用形。（凑）上前。"たる"，完了助动词"たり"的连体形。"に"，接续助词，同"…と"。

16「これ、公任の宰相殿の」とてあるを見れば、懐紙に——"これ"，代词。"公任"，藤原公任，关白大臣藤原赖忠之子。才高八斗，名著一时，精通诗歌、管弦、书道，有"三船之誉"，所作和歌有很多被收入敕撰和歌集，还撰写了《新撰髄脑》，同时还是《和汉朗咏集》的编者。"宰相殿"，参议（议政要职，定员8人）的唐名，即带有中国特点的称呼。"宰相殿の"的"の"后面省略了类似"お手紙"之类的词句。"とて"，连语，同"…と言って"。"ある"，"あり"的连体形。"とある"，同"…と言って差し出しているの"。"見れ"，"見る"（动·上一）的已然形。"ば"，接续助词。同口语"…と"。"懐紙"，叠好放入怀中的纸，用于记录或卫生（擤鼻涕）。"に"，格助词。

17 少し春ある心地こそすれ——"少し"，副词。稍许。"ある"，"あり"的连体形。"心地"，心情，感觉。"こそ"，系助词，表强调。"すれ"，"す"（动·サ变）的已然形（此系"こそ"的要求）。此句同"（寒い冬でも）少し春めいた気持ちがする"。

18 とあるは、げにけふのけしきにいとようあひたる——"とある"，可视为在"と"和"ある"之间省略了"書いて"。"ある"，"あり"的连体形，后面可视为省略了形式体言。"げに"，副词。确实，诚然。"けふ"，即"今日"。"けしき"，名词。（自然）景色。"に"，格助词。"いと"，副词。很，十分。"よう"，副词"よく"的ウ音便。"あひ"，"あふ"（动·四）的连用形。相符，相合。"たる"，完了助动词"たる"的连体形。

19 これが本はいかでかつくべからむと、思ひわづらひぬ——"これ"，代词。"が"，连体助词，同"の"。"本"，和歌的上句，即"五、七、五（本：上句）／七、七（末：下句）"。藤原公任给了清少纳言下句（即"末"），故她要想办法给出上句（即"本"）。"いかで"，副词。如何。"か"，系助词，表疑问。"つく"，"つく"（动·下二）的终止形，同"つける"。"べから"，推量助动词"べし"的未然形。"む"，推量助动词"む"的连体形（此系"か"要求）。"と"，格助词，表引用。"思ひわづらひ"，"思ひわづらふ"（动·四）的连用形。苦恼。"ぬ"，完了助动词"ぬ"的终止形。此句同"この上の句はどうつけたらよかろうかと考え悩んだ"。

20「たれたれか」と問へば、「それそれ」と言ふ——"たれたれ"，代词，指不特定多人。"問へ"，"問ふ"（动·四）的已然形。"ば"，接续助词，表顺接确定条件，同"…と"，见注16。"それそれ"，代词，指二人以上，多人。

21 みないとはづかしき中に、宰相の御いらへを、いかでかことなしびに言ひ出でむと、心ひとつにくるしきを——"みな"，副词。（众人）都。"いと"，副词。很，十分。"はづかしき"，"はづかし"（形·シク）的连体形。（见了对方）感到难为情，即形容对方十分优秀（以至到了让自己难为情的地步）。在"はづかしき"和"中に"间可认为省略了"人の"，具体指上面提到的大人物们。"御いらへ"，同"お返事"。"いらへ"，"応ふ"（动·下二）的连用形，转为名词。应答，答复。"いかで"，副词，此处表反问。"か"，系助词。"ことなしび"，名词，即"事無しぶりに"。系由"ことなしぶ"（动·上二）的连用形转化而来，意同"何気ないふり"。"言ひ出で"，"言ひ出づ"（动·下二）的连用形。说出，同"言ひ出す"。"む"，推量助动词"む"的连体形（此系"か"要求）。"いかでかことなしびに言ひ出でむ"，同"（宰相殿へのご返事を、）どうしていいかげんに言い出せるだろうか（、いや、言い出せない）"。"心ひとつに"，同"自分の心だけで"。言外之意，身边没有可商量的人。"くるしき"，"くるし"（形·シク）的连体形。"を"，接续助词，此处同"…から""…ので"。

22 御前に、御覧ぜさせむとすれど——"御前"，此处指中宫定子。"御覧ぜ"，"見る"的尊敬语（转下页）

り²³。主殿司は、「とくとく」といふ²⁴。げに、おそうさへあらむは、いととりどころなければ、さはれとて²⁵、

　　空寒み花にまがへて散る雪に²⁶

と、わななくわななく書きてとらせて、いかに思ふらむとわびし²⁷。これがことを聞かばやと思ふに、そしられたらば聞かじとおぼゆるを²⁸、「俊賢(としかた)の宰相など、『なほ、

（接上页）"御覧ず"（动・サ変）的未然形，系用于表示作者对中宫的敬意。"させ"，使役助动词"さす"的未然形。"む"，推量助动词"む"的终止形。"と"，格助词，表引用。"すれ"，"す"（动・サ変）的已然形。后接接续助词"ど"，表转折。此句同"中宫さまにごらんにいれようとするが"。

23 上のおはしまして大殿ごもりたり——"上"，此处指一条天皇。"の"，助词，表主格。"おはしまし"，系"来"的尊敬语"おはします"的连用形。较之"おはす"，其敬意更高，用于表示对一条天皇的敬意。"大殿ごもり"，"寝"和"寝ぬ"的尊敬语"大殿ごもる"（动・四）的连用形。同"おやすみになる"。"たり"，完了助动词"たり"的终止形。

24 主殿寮司は、「とくとく」といふ——"とくとく"，副词。快点快点。同"早く早く""さっさと"。"といふ"，同"という"。

25 げに、おそうさへあらむは、いととりどころなければ、さはれとて——"げに"，同注18。"おそう"，"おそし"（形・ク）的连用形"おそく"的ウ音便形。"あら"，补助动词"あり"（动・ラ変）的未然形。"さへ"，副助词，被插在"おそくあり"之间，表添加意。"む"，推量助动词"む"的连体形，此处表假定意。"いと"，副词。很，十分。"とりどころ"，长处，同"長所""とりえ"。"なけれ"，"なし"（形・ク）的已然形。"ば"，接续助词。此处表示顺接确定条件，同"…ので""…から"，见注4。"さはれ"，感叹词。不管了，就这样吧，同"どうともなれ"。"とて"，同"と思って"。此句同"本当に、（歌が下手な上に返事が）遅くまでもあるとしたら、たいそう取り柄がないので、どうとでもなれと思って"。

26 空寒み花にまがへて散る雪に——"空寒み"，"寒み"是"寒し"（形・ク）的词干。以"名词＋を＋形容词词干＋み"的形式表示因果关系，即"空が寒いので"（有时"を"可省略）。此即始自上代的"ミ语法"。此外，如"瀬を早み""風を痛み"等。"に"，格助词，表对象。"まがへ"，"まがふ"（动・下二）的连用形。看错，同"見まちがえる"。"散る"，"散る"（动・四）的连体形。"に"，格助词，表原因，同"…によって""…につけて"。此句同"空が寒いので梅の花に見間違えるように散る雪に（少し春を感じる気がする）"。精通和汉之学的清少纳言认为，公任出的下句"少し春ある心地こそすれ"来自对白居易诗"三时云令多飞雪，二月山寒小有春"（《白氏文集》十四"南秦雪"）中的"二月山寒小有春"的和风翻译，于是她便作歌"空寒み花にまがへて散る雪に"，以对应"三时云令多飞雪"的意境。

27 と、わななくわななく書きてとらせて、いかに思ふらむとわびし——"と"，格助词，表引用。"わななく"，"わななく"（动・四）的终止形。战栗，颤抖。此处该词重叠使用，更强调了清少纳言忐忑不安的心情。"書き"，"書く"（动・四）的连用形。"て"，接续助词。"とら"，"とる"（动・四）的未然形。"せ"，使役助动词"す"的连用形。"とらせ"，指（将写好的上句）交给主殿司。"いかに"，副词，同"どのように"。"思ふ"，"思ふ"（动・四）的终止形。"らむ"，现在推量助动词"らむ"的连体形（此系"いかに"的要求）。接活用词终止形后，表示现在推量，同"…ているだろう"。"と"，格助词，表引用。"わびし"，"わびし"（形・シク）的终止形，同"心細くてつらい"。

28 これがことを聞かばやと思ふに、そしられたらば聞かじとおぼゆるを——"これ"，代词。"が"，助词，表连体格，同"…の"。"これがこと"，指对方对自己所吟咏上句的评价一事。"聞か"，"聞く"（动・四）的未然形。"ばや"，愿望终助词。"思ふ"，"思ふ"（动・四）的连体形。"に"，接续助词。此处表逆接。"そしら"，"そしる"（动・四）的未然形。诽谤，说坏话。"れ"是被动助动词"る"的连用形。"たら"，完了助动词"たり"的未然形。"ば"，接续助词，接活用词未然形后，表假定。"聞か"，同前。"じ"，否定推量助动词"じ"的终止形，同"まい"。"と"，格助词，表引用。"おぼゆる"，"おぼゆ"（动・下二）的连体形。"を"，接续助词，表逆接。此处表现了作者清少纳言矛盾的心态：一方面她急切想知道，那些大人物看了送去的上句会做何评价；另一方面又担心，若得不到好评干脆就不想听了。此句同"評判が聞きたいなと思っている一方、悪評ならば聞くまいとも思っているが…"。

内侍(ないし)に奏してなさむ』となむ定め給ひし²⁹」とばかりぞ、左兵衛督(さひやうゑのかみ)の中将におはせし、語り給ひし³⁰。

【译文】

水母骨

中纳言隆家参见中宫，欲进献御扇，道："隆家得到一块难得的上好扇骨，想贴上纸，做把好扇子进献给您，可一般的纸不配用，正在找寻（合适的纸）"。中宫问道："这扇骨怎么个好法？"隆家得意地大声答道："总之是一块特别好的扇骨。见过的人都说'之前从未见过这么好的'。说实在的，这么好的扇骨我都没见过"。于是我（清少纳言）插了一句："既然没见过，那就不是扇骨了，而是水母骨了"。隆家笑了起来，说："真服了你了，就当是我说的吧"。这么一个带有（我）自吹嫌疑的故事，写下来旁人看了定会很不舒服，但有人说，有意思的故事都要一一记录下来。怎么办呢？虽不情愿，我还是写了下来。

微感有春意

阴历二月末的某天，风刮得很紧，天色发暗，雪片纷纷扬扬飘了下来。主殿司来到

29「俊賢の宰相など、『なほ、内侍に奏してなさむ』となむ定め給ひし——"俊賢"，源高明三子。"など"，副助词。"なほ"，副词。还是，同"やはり""なんといっても"。"内侍"，内侍司三等官。内侍司为侍奉天皇左右、掌管奏请宣传等事宜，地位相当于宫中女官总管家的角色，是很有势力的部门。"に"，格助词，此处表示奏请天皇的目的（提拔清少纳言当内侍）。"奏し"，"奏す"（动・サ变）的连用形，是表"申し上げる"的谦让语，只能用于天皇、上皇等，这里用于表示俊贤参议对天皇的敬意。对皇后、中宫、皇太子则用"啓す"。"奏す、啓す"被称为绝对敬语（用于皇室）。一般人用"聞こゆ、聞こへさす、申す"。这里的"奏す"表示"願い出る"的意思，即奏请批准。"なさ"，"なす"（动・四）的未然形。做。后接推量助动词"む"。"内侍に奏してなさむ"，同"天皇に申し上げて、（この人—清少納言をさす）を内侍にしたいものだ"。"と"，格助词，表引用。"なむ"，系助词，表强调。"定め"，"定む"（动・下二）的连用形。此处同"評定する"。"給ひ"，尊敬补助动词"給ふ"的连用形。"し"，过去助动词"き"的连体形（此系前文"なむ"的要求）。此为连体结句，多见于会话中。

30とばかりぞ、左兵衛督の中将におはせし、語り給ひし——"と"，格助词，表引用。"ばかり"，副助词。只，仅。"ぞ"，系助词，表强调。"左兵衛督"，藤原实成。"おはせ"，"あり"的尊敬语"おはす"的未然形，表示对左兵卫督的敬意。此处做补助动词，"におはす"同"…でいらっしゃる"。"し"，过去助动词"き"的连体形（此系前文"ぞ"的要求）。"左兵衛督の中将"中的"の"类似关系代词的用法。"左兵衛督の中将におはせし"，同"（その当时）中将におはせしトコロノ（现在的）左兵衛督"。"語り"，"語る"（动・四）的连用形。"給ひ"，尊敬补助动词"給ふ"的连用形。此系作者对"左兵衛督の中将"的敬意。"し"，同上。同口语"とだけ、左兵衛督で（当时）中将でいらっしゃっら方が私に語ってくださった"。

黑户，问道："您在吗？"我凑上前去。她递给我一封信，说："是参议公任大人给您的"。仔细一看，便笺纸上写着一句诗：

微感有春意

这倒和今天的天气十分吻合。我发愁了，上句怎么回呢？我问："殿里头还有谁在啊？"（主殿司说）有某某、某某，均是怠慢不得的大人物。回复参议的这个上句诗，该如何写才能让参议无话可说呢？身旁没人可商量，于是打算（写好后）请中宫看一下，可不巧天皇正在她那里休息。此时一旁的主殿司又催道："快点！快点！"本来和歌就做得不好，如果再迟复的话就更是一无是处了。行，不管它了，于是我就战战兢兢写下：

寒天雪似花

的诗句，交给了她。之后，我惴惴不安，不知道那些大人会怎么评价？我一想起来就难受。我既想知道大人们的评语，可又怕万一评价不好，那还不如不听呢。正在此时，现为左兵卫督、当时还是中将的那位告诉我："俊贤参议说，还是奏请皇上，举荐清少纳言当内侍官吧"。

源氏物语

【作家和作品简介】

《源氏物语》是日本文学史上一部卷帙浩繁的古典名著。约成书于11世纪。共54卷，八十余万字，被认为是世界上最早的一部长篇小说。

作者紫式部（约978—1015），出身于中等贵族家庭，自幼学习和歌、汉诗汉文，并通音律，天分过人。二十二岁时，嫁与藤原宣孝为妻，婚后约两年丧夫。宽弘三年（1006）应召入宫，做一条天皇皇后藤原彰子的女官，这使她有机会目睹奢侈、放纵的宫廷生活，了解尔虞我诈、明争暗斗的宫廷内幕。据载《源氏物语》执笔于作者孀居生活期间，完成于女官时代后期。

《源氏物语》的故事历经三代，上下七十余年，登场人物不下四百余人。前44卷主要描写主人公源氏生后三岁遭母丧，本人也降为臣籍。元服（成人仪式）时娶左大臣之女为妻，后通过皇室（以源氏及左大臣为代表）和皇室外戚（以弘徽殿女御及右大臣为代表）两派势力的抗争，源氏逐步在官廷中取得权势，虽曾一度遭到排挤，但不久东山再起，扶摇直上，最后被尊为"准太上皇"，可谓荣华绝顶。后十卷（又称"宇治十帖"）描写源氏死后其子薰大将追逐、摧残一贵族妇女的故事。本作品正是通过以上源氏地位的升降和权势的消长，艺术地反映了贵族社会的腐败和他们之间的权力之争，从而暗示了平安朝"摄关政治"由盛及衰，逐步走上没落崩溃的道路。

作品是通过源氏一生的渔色生活铺陈开来的，它深刻地揭示了上层贵族的荒淫、腐朽的精神生活和妇女的悲惨命运。作者在书中成功地塑造了众多贵族妇女的形象，如：源氏的生母，羸弱受屈、郁郁而死的"桐壶更衣"；峻拒源氏调情、削发为尼的"空蝉"；忧悔交集、愧疚遁世的"女三官"以及对源氏贪恋新欢而饮泣吞声的"紫上"等，描绘得惟妙惟肖，栩栩如生。尽管这些贵族妇女身份高低不同，处境各异，但命运是相同的，有的成为政治婚姻的工具，有的成为一夫多妻制下的牺牲品。

《源氏物语》以散文为主，其间插入古代名歌和汉诗，行文典雅艳丽，情意缠绵悱恻，但作品心理描写过多，篇章结构冗长呆板，而且佛教和儒家的思想影响在书中也有反映。但瑕不掩瑜，《源氏物语》毕竟是平安时代最有代表性的巨著，是日本古典文学的高峰。它对后世日本文学产生过、并将继续产生巨大的影响。

本作品在文体上也独具特色，重修辞，多省略，叙述曲折委婉，特别

在敬语使用上十分严格、讲究，长期以来被誉为"和文"的典范。下面选其第一卷"桐壶"的前三节，加以注释，供读者欣赏。

【原文】

桐壺¹の更衣の寵遇

いづれの御時²にか³、女御⁴・更衣⁵あまた侍ひ給ひける中に⁶、いとやんごとなき際にはあらぬが⁷、すぐれて時めき給ふありけり⁸。初めより⁹、我は¹⁰と思ひあがり給へ

---

1 桐壺——源氏生母更衣所居住的宫院名，又名"淑景舍"，五宫院之一。源氏生母也称"桐壶更衣"（桐壺の更衣）。

2 いづれの御時——"いづれの"，同"どの…""どちらの…"。"御時"，天皇在位期间的尊称。同"御代""天皇の御治世"。

3 …にか——是"…にかありけむ"之略。"に"，断定助动词"なり"的连用形。此处"に"相当于口语断定助动词"だ"的连用形"…で"。"…にあり"，同口语"…であり"。"か"，系助词。此处接"に"下，表示疑问。根据系结规则，要求以连体形结句。"けむ"，过去推量助动词的连体形。该词接活用连用形下，此处同口语"…ただろう"。此句可译为口语"（どの帝の御代）であったろうか"。

4 女御——后宫女官名。天皇嫔妃，其地位低于皇后和中宫。主要选自"摄政""关白"和"大臣"家的女儿。

5 更衣——后宫女官名。天皇嫔妃，其地位低于女御。一般选自"大纳言"（见注38）、"中纳言"和"殿上人"（见注27）家的女儿。源氏生母也是更衣，故以职代名，也称其母为"更衣"。此处"更衣"和注4的"女御"，泛称后宫的嫔妃们。"更衣"，原为"更替天皇御衣"之意。

6 …あまた侍ひ給ひける中に——"あまた"，副词。同"多く""たくさん"。文言中，当作者对动作的发动者和受动者双方表示敬意时，一般采用"谦让动词连用形 + 尊敬动词"的形式。作者在此用谦让动词"侍ふ"来叙述话题人物的动作，以示对天皇的敬意。"給ひ"，"給ふ（动·四）"的连用形。"給ふ"在此做尊敬补助动词，以表示作者对女御和更衣们的敬意。"ける"，过去助动词"けり"的连体形。"に"，格助词，在此表示场所。本句相当于口语"（女御や更衣たちが）数多くおそばにお仕え申し上げていらっしゃった中に"。

7 いとやんごとなき際にはあらぬが——"いと"，副词，同"特に""たいして"。"やんごとなき"，"やんごとなし"（形·ク）的连体形。"やんごとなし"，在此同"高貴だ"。"際"，同"身分""家柄"。"に""なり"的连用形。"あら"，"あり"的未然形，在此做补助动词，见注3的"…にあり"。"は"，系助词。此处接"に"下，表示强调。"ぬ"，否定助动词"ず"的连体形，接活用未然形下，表示否定，同口语"…ない"。"が"，格助词。接活用连体形和体言下，此处表示同格，相当于口语"…で""…であって"。不要与文言接续助词"が"相混。在"…あらぬ"和"が"之间，可视为省略一名词"方"（指"桐壺の更衣"）。本句可译为口语"とくに高い身分ではない方で，…"。

8 すぐれて時めき給ふありけり——"すぐれて"，副词。同"きわだって"。"時めき"，"時めく"（动·四）的连用形。"時めく"，此处同"寵愛を受ける"。本处"給ふ"是连体形，做补助动词。"あり"是连用形。此处意同"居る"。"けり"，同"…た"。在"…給ふ"和"ありけり"之间，可视为省略了"方"和主格助词"が"。本句所省略的"方"，和注7"…にはあらぬ"下所省略的"方"，均指同一人"桐壺の更衣"，所以说，注7的格助词"が"表示同格。本句可译为口语"（…身分ではない方で，）きわだって帝の御寵愛を受けていらっしゃる方があった"。

9 初めより——"初め"，同"入内当初"。"より"，格助词。此处表示时间的起点，同口语"…から"。

10 我は——"我"，代词，同"自分""私"。"は"，系助词，此处同"こそは"。在"は"下，可视为省略了"帝の御寵愛を得るだろう"—谓语句。

る御方々¹¹、目ざましき者におとしめそねみ給ふ¹²。同じ程¹³、それより下臈¹⁴の更衣達は、まして安からず¹⁵。朝夕の宮仕につけても¹⁶、人の心をのみ動かし¹⁷、恨みを負ふ積りにやありけむ¹⁸、いとあつしくなり行き¹⁹、物心細げに里がちなるを²⁰、いよいよ飽かずあはれなる者に思ほして²¹、人のそしりをもえ憚らせ給はず²²、世のためし

---

11 思ひあがり給へる御方々——"思ひあがり"，"思ひあがる"（动・四）的连用形。"給へ"，"給ふ"的已然形。"る"，完了助动词"り"的连体形。此处表示存续，同"…ている""…てある"。"御方々"指比桐壶更衣出身高贵的、自诩才貌双全必受恩宠的女御和更衣们。

12 目ざましき者におとしめそねみ給ふ——"目ざましき"，"目ざまし"（形・シク）的连体形。"目ざまし"，此处同"心外だ"。"に"，格助词，此处同"…として"。"おとしめ"，"おとしむ"（动・下二）的连用形。"そねみ"，"そねむ"（动・四）的连用形。"給ふ"，在此做补助动词。本句可译为口语"（この方を）しゃくにさわるものとしてさげすんだり、ねたんだりなさる"。

13 同じ程——"同じ"，"同じ"（形・シク）的连体形，"ほど"，同"身分""分際"。"同じ程"，指与桐壶更衣同等出身的更衣。

14 それより下臈——"それ"，指"桐壶更衣"。"より"，此处表示比较的基准。"下臈"，指出身、地位低微的人。"下臈"，原表示僧侣的等级，后转用于表示身份的高低。

15 まして安からず——"まして"，副词。同"なおさら"。"安から"，"安し"（形・ク）的未然形。此处"ず"，是终止形，同"…ない"。"安からず"，同"心が穏やかでない""がまんできない"。

16 宮仕につけても——"宮仕"，此处同"帝にお仕えすること"。"…につけても"，同"…に関しても""…にふれても"。

17 人の心をのみ動かし——"人"，指其他女御和更衣们。"のみ"，副助词。此处同"しきりに"。"心を動かし"，同"心をさわがし"。本句可译为口语"絶えず人の気ばかりいらいらさせ"。

18 負ふ積りにやありけむ——"負ふ"，"負ふ"（动・四）的连体形。"積り"，名词，同"…の結果""…のせい"。"…にありけむ"，详见注3。"や"，系助词。此处接"に"下，表示疑问，同"…か"。根据系结规则，要求以连体形结句。本句相当于口语"（恨みを）受ける事が積み重なったためであったろうか"。

19 あつしくなり行き——"あつしく"，"あつし"（形・シク）的连用形。"あつし"，同"病弱だ"。"なり"，"なる"（动・四）的连用形。"行き"，"行く"（动・四）的连用形。"行く"在此做补助动词。文言中，如"ゆく""おく""たまふ"等做补助动词时，可直接接前一动词连用形下。"なり行き"，同口语"なって行き"。

20 物心細げに里がちなるを——"もの"，接头词。其意同"なんとなく"。"心細げに"，"心細げなり"（形动・ナリ）的连用形，在此做连用修饰语。"里"，名词。在宫中供职的女官等对自己的母家或私宅称"里"。"がち"，接尾词（属"形动・ナリ"活用）。此处表示常常、经常。"里がちなる"，是"里がちなり"的连体形。"を"，格助词，接活用词连体形和体言下。在"…里がちなる"与"を"之间，可视为省略了形式名词"の"。本句相当于口语"自然、心細そうにして、実家に帰って養生することが多くなるのを…"。

21 いよいよ飽かずあはれなる者に思ほして——"いよいよ"，副词。同"いっそう""ますます"。"飽かず"，在此做连用修饰语，同"いやになることがなく""非常に"。"あはれなる者"，同"いとしい者"。"思ほし"，"思ほす"（动・四）的连用形，同"お思いになり"。"て"，接续助词。此句可译为口语"（帝は）ますます限りなくふびんなものとお思いになって"。

22 人のそしりをもえ憚らせ給はず——"人のそしり"，同"他人の非難"。"え"，副词，常与"ず"（否定助动词）相呼应，表示不可能，相当于口语"とても…できない"。"憚ら"，"憚る"（动・四）的未然形。"せ"，尊敬助动词"す"的连用形，接"四段""ラ変""ナ変"动词的未然形下，表示敬意。同"お…になる""…なさる"。但"す"一般不单独使用，往往以它的连用形"せ"与"給ふ""おはします"等相接，构成最高敬语（又称"二重敬语"）。此处"せ"与"給ふ"相接，构成"…せ給ふ"。它一般用于天皇、皇后、中宫、皇太子等，表示最高敬意。此处"ず"为连用形。此句可译为口语"人の非難をもお憚りあそばす事もできないで"。

にもなりぬべき御もてなしなり²³。

楊貴妃²⁴のためし²⁵

　上達部²⁶・上人²⁷なども、あいなく目をそばめつつ²⁸、「いとまばゆき人の御おぼえなり²⁹。もろこしにも、かかる事の起りにこそ³⁰、世も乱れ悪しかりけれ³¹」と、やうやう天の下にもあぢきなう³²、人のもて悩みぐさ³³になりて、楊貴妃のためしも引き出でつべうなり行くに³⁴、いとはしたなき事多かれど³⁵、かたじけなき御心ばへのたぐ

---

23 世のためしにもなりぬべき御もてなしなり——"世のためし"，同"世間の話しの種"。"なり"，"なる"的连用形。"ぬ"，完了助动词"ぬ"的终止形。接活用词连用形下，表示完了。当"ぬ"表示强意时，多与推量助动词"べし"相接，此时"ぬ"已失去"完了"的原意，起着加强"べし"的作用。"ぬべし"相当于口语"必ず…しそうだ""きっと…にちがいない"。"べき"，"べし"的连体形，接活用词终止形（但与ラ变型活用词相接时，则接连体形）下，在此表示推量，同"…だろう"。"もてなし"，同"待遇""取り扱い"。此句相当于口语"世間の語りぐさになってしまいそうなおふるまいである"。

24 楊貴妃——即杨太真（719-756）。唐蒲州永乐人。天宝四载（745）得玄宗宠爱，封为贵妃。姐妹皆显贵，堂兄杨国忠操纵朝政。天宝十四载（755）安禄山叛乱，杨贵妃被缢死于玄宗奔逃途中——马崽驿（在今陕西兴平西）。

25 ためし——同"前例""先例"。

26 上達部——公卿（三位以上高官以及四位的参议）。

27 上人——同"殿上人"，指被允许上（清凉）殿的四位、五位，以及六位的"藏人"。

28 あいなく目をそばめつつ——"あいなく"，"あいなし"（形・ク）的连用形。历来注释家对"あいなく"的词意理解不一，本文取"やたらに""むやみに""ひどく"等意。"そばめ"，"そばむ"（动・下二）的连用形。"目をそばむ"同"わき目をする""視線をそらす"。"つつ"，接续助词，接活用词连用形下，此处表示动作的反复，同口语"…ては…"。此句相当于口语"（上達部や殿上人なども、）やたらにそっぽばかりむいて"。

29 まばゆき人の御おぼえなり——"まばゆき"，"まばゆし"（形・ク）的连体形。"まばゆし"，在此同"まともには見ておられないほどの…""見るもまばゆいほどの…"。"人の御おぼえ"，同"人（桐壺の更衣）に対する天皇の御愛情"。"なり"，同"…である"。

30 もろこしにも、かかる事の起りにこそ——"もろこし"，日本古代对中国的称谓。"かかる"，连体词，同"こんな""こういう"。"事の起り"，同"原因"。"に"，格助词，在此同"…によって"。"こそ"，系助词。用于句中，在此表示强调。根据系结规则，要求活用词以已然形结句。

31 世も乱れ悪しかりけれ——"乱れ"，"乱る"（动・下二）的连用形。"悪しかり"，"悪し"（形・シク）的连用形。"けれ"，过去助动词"けり"的已然形（这是注30"こそ"的要求）。本句可译为口语"国も乱れ、不祥な事件が起こったのだ"。

32 やうやう天の下にもあぢきなう——"やうやう"，副词，同"次第に"。"天の下"，此处同"この国土""世間一般"。"あぢきなう"，是"あぢきなし"（形・ク）的连用形"あぢきなく"的"ウ音便"。"あぢきなう"在此表示中顿，同"おもしろくなく（思い）"。

33 人のもて悩みぐさ——"人"，指"世間の人々"。"もて悩みぐさ"同"悩みのたね"。

34 引き出でつべうなり行くに——"引き出で"，"引き出づ"（动・下二）的连用形。"引き出づ，在此同"引用する""引きあいにだす"。"つ"，完了助动词"つ"的终止形。接活用词连用形下，表示完了，同口语"…てしまう""…た"。当"つ"表示强意时，多与"べし"相接。此时"つ"已失去"完了"的原意，起加强"べし"的作用。"つべし"，相当于口语"必ず…しそうだ""きっと…にちがいない"。同注23的"ぬべし"。"べう"，系"べし"连用形"べく"的"ウ音便"。此处补助动词"行く"是连体形。"に"，接续助词，接活用词连体形下，此处表示原因，同口语"…ので""…から"。此句可译为口语"（楊貴妃の前例までも）引きあいにだしてしまいそうになってゆくので"。

35 はしたなき事多かれど——"はしたなき"，"はしたなし"（形・ク）的连体形。"はしたなし"，（转下页）

ひなきを³⁶頼みにて交らひ給ふ³⁷。父の大納言³⁸はなくなりて、母北の方なん古への人のよしあるにて³⁹、親うち具し⁴⁰、さしあたりて世の覚え花やかなる御方々にも劣らず⁴¹、何事の儀式をももてなし給ひけれど⁴²、とり立てて、はかばかしき御後見しなければ⁴³、事とある時は⁴⁴、なほよりどころなく心細げなり⁴⁵。

（接上页）在此同"つらい""具合がわるい"。"多かれ"，"多し"（形・ク）的已然形。"ど"，接续助词，接活用词已然形下，表示既定逆态条件，同"…けれども""…が"。文言中，表示主格的助词"が"常被省略。本句中的"…事"下的"が"，就是被省略的一例。

36 かたじけなき御心ばへのたぐひなきを——"かたじけなき"，"かたじけなし"（形・ク）的连体形。"かたじけなし"，此处同"恐れ多い"。"心ばへ"，同"情愛""心の趣"。"たぐひなき"，"たぐひなし"（形・ク）的连体形。在"たぐひなき"和格助词"を"之间，可视为省略形式名词"の"。本句可译为口语"帝のもったいない御愛情の類のないのを"。

37 頼みにて交らひ給ふ——"にて"，由"に"（"なり"的连用形）和"て"（接续助词）构成。此处同"（…を）…として"。"交らひ"，"交らふ"（动・四）的连用形。"交らふ"，同"交際する""仲間にはいる"。本句可译为口语"（…類のないのを）頼みとして御方々の中に伍しておられる"。

38 父の大納言——"父"，指桐壷更衣的父亲。"の"，格助词。此处同"…という""…である"。"大納言"，"太政官"的次官，位于"中納言"之上，参与国政。

39 母北の方なん古への人のよしあるにて——"北の方"，贵人妻子的尊称，同"奥方""夫人"。"なん"（なむ），系助词。此处接主语"母北の方"下，表示强调。根据系结规则，要求以连体形结句，其结句见注42。"古への人"，同"昔ふうな人"。"よしある"，"よしあり"的连体形。"よしあり"同"由緒がある"。"にて"，在此表示中顿。同"…で"。在"…よしある"和"にて"之间，可视为省略体言"人"或"方"。本句中接"…人"下的格助词"の"，在此表示同格。同口语"…で""…であって"，与注7表示同格的"が"相同。即"よしある"所修饰的，就是"古への人"。此句可译为口语"母北の方は昔ふうの人で由緒ある方であって"，或译为"母北の方が由緒ある昔風の人で"。

40 親うち具し——同"両親がともにそろっていて"。"うち具し"，"うち具す"（动・サ变）的连用形。

41 さしあたりて世の覚え花やかなる御方々にも劣らず——"さしあたりて"，同"今""現在"。"世の覚え"，同"世間の評判"。"花やかなる"，"花やかなり"（形动・ナリ）的连体形。"御方々"，指其他女御和更衣们。"劣ら"，"劣る"（动・四）的未然形。此处"ず"是连用形，做连用修饰语。本句可译为口语"現在世間の声望も花やかである御方々にもひけをとらないように"。

42 何事の儀式をももてなし給ひけれど——"何事の儀式"，指宫内举行的各种庆典和仪式。"もてなし"，"もてなす"（动・四）的连用形。"けれ"，"けり"的已然形。"ど"，同"…が"，见注35。"もてなし給ひけれど"，同口语"ちゃんとはからいなさったけれど"。按照注39"なん"（なむ）的要求，本句的结句应为"（母北の方なん）…もてなし給ひける"，但它需接接续助词"ど"连接下文，所以原与"なん"相呼应的"…ける"就自然消失，而成为"ど"所要求的"…けれ"。在文言中，称此现象为"系结关系的消失"。

43 とりたてて、はかばかしき御後見しなければ——"とりたてて"，同"特別に"。"後見"，同"保護者""うしろだて"。"はかばかしき御後見"，同"れっきとしたご後見のかた"。"なけれ"，"なし"（形・ク）的已然形。"ば"，接续助词。此处接活用词已然形下，表示原因，同"…ので""…から"。"し"，副词，接体言、副词等下，表示强意。"し"多与"ば"相呼应。例："馴れにし妻しあれば…"。（《伊勢物語》）"慣れ親しんできた妻が都にいることだから…"。

44 事とある時は——同口语"何か重大な事がある場合には"。

45 なほよりどころなく心細げなり——"なほ"，副词，同"やはり""なんといっても"。"よりどころなく"，由"よりどころ"（名词）和"なく"（"なし"的连用形）构成。同"たよるところもなく"。"心細げなり"，同"心細そうである"，见注20。

若宮⁴⁶の誕生

　前の世にも、御契りや深かりけむ⁴⁷、世になく清らなる、玉の男御子さへ⁴⁸生まれ給ひぬ。いつしかと心許ながらせ給ひて⁴⁹、急ぎ参らせて御覧ずるに⁵⁰、珍らかなる児の御容貌なり⁵¹。一の御子⁵²は右大臣の女御の御腹にて⁵³、寄せ重く⁵⁴、疑ひなき儲君と、世にもてかしづき聞ゆれど⁵⁵、この御匂⁵⁶には、並び給ふべくもあらざりければ⁵⁷、大方のやんごとなき御思ひにて⁵⁸、この君をば、私物に思ほしかしづき給ふ

---

46 若宮——此处同"幼い皇子"，即"源氏"。

47 前の世にも、御契りや深かりけむ——"前の世"，佛教语。同"前世"。"契り"，同"前世からの因縁"。"や"，系助词，同"…か"，见注18。"深かり"，"深し"（形・ク）的连用形。"けむ"，过去推量助动词的连体形（此系"や"的要求）。此处同口语"…たのだろう"。日本平安朝时代，常以"因果报应"说来看待现世所发生的事情，特别是父子、夫妇的关系。所以作者把源氏的诞生，视为天皇和桐壶更衣之间的前世宿缘。本句可译为口语"前世でも、帝と更衣との御仲のちぎりは深かったのであろうか"。

48 世になく清らなる、玉の男御子さへ——"世になく"，"世になし"（形・ク）的连用形。同"世にたぐいなく"。"清らなる""清らなり"（形动・ナリ）的连体形。格助词"の"在此表示比喻，同口语"…のような"。"男御子"，同"皇子""男の御子"。"さへ"，副助词。此处同"…まで"。本句相当于口语"世にまたとなく美しい玉のような皇子様まで（がお産まれになった）"。

49 いつしかと心許ながらせ給ひて——"いつしか"，由"いつ"（副词）、"し"（副助词）和"か"（系助词）构成。此处同"いつになったら""いつ（連れてくる）か"，表示一种急迫实现愿望的心情。"心許ながら"，"心許ながる"（动・四）的未然形。"心許ながる"，同"待ち遠しがる""じれったがる"。"…せ給ひ"是最高敬语"…せ給ふ"的连用形，见注22。此句同口语"（帝はその御子を）いつになったらと待ち遠しがりなさって"。

50 急ぎ参らせて御覧ずるに——"急ぎ"，同"急いで"。"参ら"，"参る"（动・四）的未然形。此处"参る"同"参内する""参内内"。"せ"，使役助动词"す"的未然形。接四段、ラ变、ナ变动词未然形下，同口语"…せる"。"御覧ずる"，"御覧ず"（动・サ变）的连体形。"に"，接续助词，接活用词连体形下，此处表示单纯接续，同口语"…と"。按当时制度，皇后、女御、更衣等需回娘家坐月子，产后约休养一、两个月，再抱皇子进宫。

51 珍らかなる児の御容貌なり——"珍らかなる"，"珍らかなり"（形动・ナリ）的连体形。此处"珍らかなり"，同"世にもめずらしいほどうつくしい"。"児の御容貌"，同"若宮のお顔立ち"。"なり"，同"である"。

52 一の御子——天皇的第一皇子，即日后的"朱雀帝"。

53 右大臣の女御の御腹にて——"右大臣"，"太政官"的长官，其地位低于左大臣。"右大臣の女御"，指出身于右大臣家的"弘徽殿"女御。"腹"此处同"その生まれた人"。"にて"，表示中顿，同"…であって"。

54 よせ重もく——"よせ"，"よす"（动・下二）的名词形。此处同"後見""後援"。"重く"，"重し"（形・ク）的连用形，表示中顿。"重し"在此同"どっしりしている"，在"よせ"和"重く"之间，可视为省略格助词"が"。

55 疑ひなき儲君と、世にもてかしづき聞ゆれど——"疑ひなき"，同"疑いもない"。"儲君"，同"皇太子""日嗣ぎの御子"。"もてかしづき"，"もてかしづく"（动・四）的连用形。"もてかしづく"，同"たいせつにする""寵する"。"聞ゆれ"，"聞ゆ"（动・下二）的已然形。"聞ゆ"在此做谦让补助动词，同"…申し上げます""…奉る"。"ど"，同"…けれども"。本句可译为口语"疑いない御世継ぎとして、世間でちやほやし申しあげるけれど"。

56 御匂——同"若宮の美しさ"。

57 並び給ふべくもあらざりければ——"並び給ふ"，同"匹敵なさる"。"べく"，"べし"的连用形。"べし"在此表示可能的推量，同口语"…ことができそうだ"。"も"，系助词，在此表示强调。"あら"，"あり"的未然形。"ざり"，否定助动词"ず"的连用形。"…ければ"，同"…たから"。本句相当于口语"（この若宮のつやつやしたお美しさには）とてもお並びになることができそうもなかったから"。

58 大方のやんごとなき御思ひにて——"大方"，同"ひととおり""普通"。"やんごとなき"，此处同"たいせつな""ほうってはいけない"。"思ひ"，同"愛情"。"にて"，同"…であり"。本句相当于口语"（帝は、兄宮のほうは）ただひととおりたいせつにお思いになるだけで"。

事限りなし⁵⁹。

【译文】

桐壶更衣得宠

　　某朝天皇治世年间，在（后宫）许多女御和更衣中，有一个身份并不高贵，受（天皇）特别宠爱的（更衣——桐壶更衣）。从进宫时就自负为（必受恩宠的那些）嫔妃们，（把她）看作眼中刺，诽谤她，忌恨她。和她同等的，比她出身低微的更衣们，更是心神不安，连（她）朝晚侍奉天皇，也惹得她们焦躁、忌恨。也许是（长年）蒙受这种怨恨的结果吧，身子越发虚弱多病，（心中）不禁十分凄凉。她常（乞暇）回母家（休养）。天皇（见此）更觉怜爱万分，竟不顾他人的非难，格外恩宠。此等（破例的）宠遇，必然会成为社会的话柄。

杨贵妃的先例

　　上达部、殿上人等（高官公卿们）也大为侧目，（纷纷议论）："这般宠爱，实在让人看不下去！在中国也因这种事而天下大乱，祸害匪浅"。于此，国中上下也渐觉不妙，成为国人忧虑的根源，这势必会引出杨贵妃的先例（来加以责难），因而她（内心）有许多（难言的）苦痛。然而，全仗皇上无比深厚的恩情，在后宫（勉强）生活。
　　（她）父亲大纳言，已经故去，母夫人是一位出身名门的旧家人。为了不逊色于（那些）双亲健在、当前声势显赫的嫔妃们，她总是尽心张罗，体面地让其女儿参列宫内各种庆典。然而，因为没有得力的靠山，所以一旦发生什么意外，便会（显得）力薄孤单，（心中）十分不安。

---

　　59 この君をば、私物に思ほしかしづき給ふ事限りなし——"君"，此处同"若宫"。"をば"，由"を"（格助词）和"ば"（浊音化的系助词"は"）构成。接活用词连体形和体言下，强调动作的对象，其意相当于"（特に）…を"。"私物"，此处同"秘藏っ子"。"思ほしかしづき"，"思ほしかしづく"（动•四）的连用形。"思ほしかしづく"，是"思ひかしづく"的敬语。作者为了对天皇表示最高敬意，在"思ほしかしづく"的连用形下，又接尊敬补助动词"給ふ"，构成最高敬语（见注22的"…せ給ふ"）。"限りなし"同"この上ない""最高である"。在"事"和"限りなし"之间，可视为省略格助词"が"。本句可译为口语"この若宮をご自分の秘蔵っ子にお思いになり、ご寵愛なさることが、この上もない"。

小皇子的诞生

  也许在前世因缘不浅吧，（她）甚而还生下一个举世无双、清秀如玉的皇子。皇上盼望及早见到小皇子，便急忙差人抱他进宫。一看，确实（生得）相貌俊美，人世少见。第一皇子，乃右大臣之女，（弘徽殿）女御所生，（他）有高贵的后盾，（当然）被国人爱戴为无疑的储君。可是（论相貌），他根本无法与小皇子的美貌相比。所以，皇上对第一皇子的喜爱，只是一般，而对小皇子，却视若私藏秘宝，无上珍爱。

今昔物语集

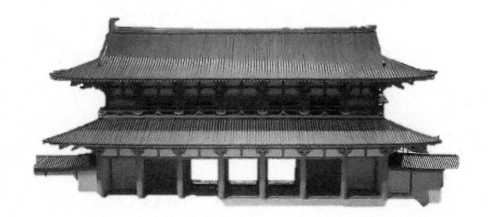

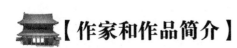

【作家和作品简介】

《今昔物语集》是产生于日本平安后期的一部庞大的"说话集",又名《今昔物语》。计31卷(现存本缺3卷),共辑录一千零几十个"说话"(系神话、传说、童话等之总称)。关于作者尚无定说。据传,出自宇治大纳言源隆国之手。本集根据"说话"的地域分为"天竺"(印度)、"震旦"(中国)和"本朝"(日本)三个部分。从内容上看,以富有训诲色彩的"佛教说话"居多,如佛经的故事、灵验谭、因果报应谭等,几乎占本集"说话"的三分之二。但这部著作的精华却体现在本朝部分的"世俗说话"方面。这些"说话"生动地反映了平安朝末期新兴武士阶级的习尚和精神,以及庶民阶层的生活情景。其登场人物不仅有贵族,还有地方武士、平民、盗贼、乞丐,以至狐狸、鬼怪等。行文简洁流畅,人物塑造栩栩如生,而且在语言上摈弃了"王朝物语"式的那种缠绵委婉的文体,创造出一种粗犷刚劲的"和汉混淆文"。这种文体对日本中世的"军记物语"有巨大影响。这部作品的出现,为即将登场的反映武士阶级崭新的中世文学开辟了蹊径。同时,它还给后世的日本文学提供了丰富的创作素材,如芥川龙之介的《鼻子》《芋粥》《罗生门》以及谷崎润一郎的《少将滋干之母》等均取材于本集。

第一篇《某盗贼登罗城门门楼见一死人的故事》(简称《登罗城门》)通过一盗贼登上荒废殆尽的罗城门门楼,目睹一老婆子拔女尸头发的故事,反映了当时那种风行于世的利己主义的卑劣行径。语言简练,布局谨严,描写逼真,扣人心弦。本篇被誉为《今昔物语集》中之白眉。

第二篇《信浓国长官藤原陈忠坠入御坂岭的故事》(简称《坠入御坂岭》)选自28卷38话。它通过一地方官任满归京途中坠入谷底后仍贪婪地采摘平菇的故事,辛辣地讽刺和抨击了地方官吏敲骨吸髓、利欲熏心的本质。语言简练幽默,细节描写生动,成功地塑造了一个贪得无厌的地方官——藤原陈忠,惟妙惟肖,入木三分。

【原文】

羅城門¹の上層に登りて²死人を見し³盗人の語

今は昔⁴、摂津⁵国の辺より⁶盗みせむがために⁷、京に上りける男の⁸、日の未だ暮れざりければ⁹、羅城門の下に立ち隠れて立てりけるに¹⁰、朱雀¹¹の方に人しげく行きければ¹²、人の静まるまで¹³と思ひて、門の下に待ち立てりけるに¹⁴、山城¹⁵の方より人

---

1 羅城門——又写"羅生門"，位于平安京（今之京都）朱雀大街正南端的一大门，华丽雄伟。之后帝都衰微，此门也逐年荒废，无人问津，终成为遗弃尸体、盗贼藏身之地。

2 登りて——同口语"登って"。文言动词（ラ变、ナ变、四段）的连用形一般可直接与"て"相接，不须发生音便，如下文的"思ひて""死にて"均是。

3 見し——"見"，"見る"（动・上一）的连用形。"し"，过去助动词"き"的连体形。此处接活用词连用形下，表示过去，相当于口语"…た"。

4 今は昔——"説話""物語"等惯用之起首，相当于口语"今からみると、昔のことだが""今では、昔のことであるが"。《今昔物語集》中的"说话"，均以"今は昔"为起首，故得此名。

5 摂津——旧国名，现为大阪府西北部和兵库县的东南部。

6 …より——格助词。此处表示动作的起点，相当于口语"…から"。

7 盗みせむがために——"盗みせ"，"盗みす"（动・サ变）的未然形。"む"是推量助动词的连体形，接活用词未然形下，此处表示意志，相当于口语"…う""…よう"。"ため"接活用词连体形下时，其间一般夹以格助词"が"。此句译成口语为"盗みをしようという目的で"。

8 …ける男の——"ける"，过去助动词"けり"的连体形。接活用词连用形下，此处表示过去，相当于口语"…た"。"男"，指盗贼。"の"，格助词，此处表示主语，同"…が"。

9 日の未だ暮れざりければ——"暮れ"，"暮る"（动・下二）的未然形。"ざり"，否定助动词"ず"的连用形。接活用词未然形下，表示否定，相当于口语"…ない"。"けれ"，"けり"的已然形，见注8。"ば"，接续助词，此处接活用词已然形下，表示原因，相当于口语"…から""…ので"。"の"表示主语，此句译成口语为"日がまだ暮れなかったから"。

10 立ち隠れて立てりけるに——"立ち隠れ"，"立ち隠る"（动・下二）的连用形。"たち"，是接头词，表示强意。"立て"，"立つ"（动・四）的已然形。"り"，是完了助动词"り"的连用形，此处接四段活用动词的已然形下，表示完了，相当于口语"…た"。当过去助动词"けり"与完了助动词"り"的连用形"り"相接时，则表示过去完了，此处相当于口语"…ていた"。"に"，接续助词。接活用词连体形下，此处表示单纯接续，相当于口语"…と""…ところが"。此句可译成口语"隠れて立っていたところが"。

11 朱雀——"朱雀大街"之略。"朱雀大街"是由平安京皇居南面的朱雀门通向城南罗城门的一条大道，长约四公里，现京都市千本街附近。

12 人しげく行きければ——"しげく"，"しげし"（形・ク）的连用形，此处做连用修饰语，同"盛んに""数多く"。"…ければ"，见注9。文言中表示主语的"が"可以省略。如本句中"人"下面的格助词"が"就是被省略的一例。阅读下文时需加注意。

13 …まで——副助词。接活用词连体形，表示限度和范围，和口语"…まで"相同。

14 待ち立てりけるに——"待ち立て"，"待ち立つ"（动・四）的已然形。"…りける"，见注10。"に"，接续助词，此处表示既定逆接条件，相当于口语"…けれども""が"，见注10。

15 山城——旧国名，现属京都府的东南部。

今昔物語集

どものあまた来たる音のしければ¹⁶、それに見えじ¹⁷と思ひて、門の上層にやはら¹⁸搔きつき登りたりけるに¹⁹、見れば²⁰火ほのかにともしたり²¹。

　盗人、「怪し²²」と思ひて、連子よりのぞきければ²³、若き女の死にて臥したるあり²⁴。その枕上²⁵に火をともして、年いみじく老いたる嫗の白髪白きが²⁶、其の死人の枕上に居て²⁷、死人の髪をかなぐり抜き取るなりけり²⁸。

　盗人これを見るに、心も得ねば²⁹、「これは若し鬼にやあらむ³⁰。」と思ひて怖ぢ

---

16 人どものあまた来たる音のしければ——"ども"，接尾词，接体言下表示复数。"あまた"，副词，同"たくさん"。"来"，"来"（动・カ变）的连用形。"たる"，是完了助动词"たり"的连体形，接活用词连用形下，此处表示动作的继续，相当于口语"…ている"。"し"，"す"（动・サ变）的连用形。"…ければ"，见注9。句中两个"の"均为格助词。前一个"の"表示从属句的主语，后一个"の"表示本句的主语，此处可译成口语"人々が大勢やってくる音がしたので"。

17 見えじ——"見え"，"見ゆ"（动・下二）的未然形。此处"見ゆ"，与"他の人に見られる"的意思相同。"じ"，否定推量助动词"じ"的终止形。相当于口语"…ないだろう""…まい"。

18 やはら——副词，同"そっと""静かに"。

19 登りたりけるに——此处"たり"为连用形，表示完了，见注16。当"けり"与完了助动词"たり"的连用形"たり"相接时，则表示过去完了。此处相当于口语"…てしまった"，见注10。此处"に"表示单纯接续，此句可译为口语"登ってしまったところが"。

20 見れば——"見れ"，"見る"（动・上一）的已然形。此处"ば"接活用词已然形下，表示前提接续，相当于口语"…と""…ところ"。

21 ともしたり——"ともし"，"ともす"（动・四）的连用形。"たり"在此表示存续，相当于"…てある"。

22 怪し——"怪し"（形・シク）的终止形，其意同"不思議だ"。

23 連子よりのぞきければ——"連子"，用细木条或竹子编制的窗户格子。"のぞき"，"のぞく"（动・四）的连用形。此处的"ば"，见注20。此句可译成口语"窓の連子からのぞいてみると"。

24 若き女の死にて臥したるあり——"若き"，"若し"（形・ク）的连体形。"死に"，"死ぬ"（动・ナ变）的连用形。"臥し"，"臥す"（动・四）的连用形。"たる"，"たり"的连体形，此处表示存续。格助词"の"在本句中表示同格，即"死にて臥したる"所修饰的就是"若き女"。所以，此处"の"相当于口语"…で""であって…"。"あり"，"あり"（动・ラ变）的终止形。在"…臥したる"和"あり"之间，可视为省略一形式名词和格助词"が"。此句可译为口语"若い女で、死んで横たわっている人がある"。

25 その枕上——"そ"，代词。"の"，格助词，此处表示连体修饰关系。而"その"在口语中，则为连体词。"枕上"，枕边，此处指女尸的头边。

26 年いみじく老いたる嫗の白髪白きが——"いみじく"，"いみじ"（形・シク）的连用形，此处做连用修饰语。"老い"，"老ゆ"（动・上二）的连用形。"たる"表示存续。"嫗"，同"老女""老婆"。"白き"，"白し"（形・ク）的连体形。在"白き"和表示主语的"が"之间，可视为省略一形式名词。本句中的"の"和注24的"の"相同，表示同格，本句可译成口语"ひどく年とった老婆で、白髪の白いのが…"。

27 …居て——"居"，"居る"（动・上一）的连用形。此处"居る"同"すわる""しゃがみこむ"等。

28 …なりけり——"なり"，断定助动词"なり"的连用形。此处接活用词的连体形下，表示断定，相当于口语"…だ""…である"。"けり"，在此表示过去。此句相当于口语"…のであった"。

29 見るに、心も得ねば——"に"，接续助词，见注10。"も"，系助词。"得"，"得"（动・下二）的未然形。"心を得"，同"納得する"。"ね"，"ず"的已然形，见注9。"ば"，见注9。此句可译成口语"見ると、合点がゆかないので"。

30 若し鬼にやあらむ——"もし"，副词。此处同"あるいは"。"に"，"なり"的连用形。"あら"，是"あり"的未然形。"あり"在此接"に"下，做补助动词。"にあり"相当于口语"…である""…だ"。此处"む"表示推量，为连体形。"や"，是系助词。此处接句中活用词的连用形下，要求句尾用连体形结句。此处"や"表示疑问，同"…か"。此句的意思相当于口语"もしかすると、鬼かもしれない"。

けれども³¹、「若し死人にてもぞある³²。おどして試みむ」と思ひて、やはら戸を開きて刀を抜きて、「己は³³己は。」と言ひて走り寄りければ³⁴、嫗、手まどひをして手を摺りて³⁵まどへば³⁶、盗人、「こは何ぞの嫗の、かくはしゐたるぞ³⁷。」と問ひければ³⁸、嫗、「己が主にておはしましつる人の³⁹失せ給へるを⁴⁰、あつかふ人の無ければ⁴¹、かくて置き奉りたるなり⁴²。その御髪の⁴³丈に余り長ければ⁴⁴、それを抜き取りて鬘にせむとて⁴⁵抜くなり。助け給へ。」と言ひければ⁴⁶、盗人、死人の着たる衣と嫗の着たる衣と、抜き取りてある⁴⁷髪とを奪ひ取りて、下り走りて逃げて去にけり⁴⁸。

---

31 怖ぢければも――"怖ぢ"，"怖づ"（动・上二）的连用形。"けれ"，"けり"的已然形。"ども"，接续助词。接活用词已然形下，表示逆接既定条件，相当于口语"…が""…けれども"。

32 死人にてもぞある――"にて"，由"なり"的连用形"に"与"て"组成，相当于口语"だ"的连用形"…で"。"ある"，"あり"的连体形，此处做补助动词，见注30。"もぞ"，连语，由系助词"も"和"ぞ"组成，要求句尾用连体形结句。它用在句中，表示担心，相当于"…するとたいへんだ""そうなっては困る"等意。此句译成口语为"もしかしたら死人（の幽霊）であるかもしれない"。

33 己は――"己"，代词，此处称呼对方，含有轻蔑对方的语气，同"おまえ""きさま"。"は"，系助词。在"は"下，可视为省略了"誰ぞ"，即"お前は誰だ"。

34 …ければ――"けれ"，"けり"的已然形。"ば"，表示前提接续，见注20。

35 手を摺りて――同"手をもむ""手を合わす"等，一种表示哀求、谢罪的样子。

36 …ば――此处表示原因，见注9。

37 こは何ぞの嫗の、かくはしゐたるぞ――"こ"，代词，同"これ"。"何ぞの"，连语，同"何という""どのような"等。接"嫗"下的格助词"の"表示本句中的主语，"かく"，副词，同"こう""このように"。"は"，系助词，表示提示。"し"，"す"的连用形。"ゐ"，"ゐる"的连用形。此处"ゐる"为补助动词。"たる"表示过去。"ぞ"，系助词，此处接句末活用词连体形下，表示叮问。此句相当于口语"これは（いったい）どういう婆ァが、このようなことをしていたのか"。

38 …ければ――即"たところ"，见注34。

39 己が主にておはしましつる人の――此处"己"，表示自己，同"私"。此处"が"，同口语"…の"。"にて"，见注32。"おはしまし"，"おはします"（动・四）的连用形。"おはします"在此做补助动词，表示敬意。"つる"，是完了助动词"つ"的连体形，接活用词连用形下，表示完了，相当于口语"…た"。句中"の"表示主语。此句可译为口语"私の御主人でいらっしゃいましたお方が…"。

40 失せ給へるを――"失せ"，"失す"（动・下二）的连用形。同"死ぬ""亡くなる"。"給へ"，"給ふ"（动・四）的已然形。"給ふ"在此做补助动词，表示敬意。"る"，"り"的连体形，此处表示过去，见注10。"を"，接续助词。接活用词连体形下，此处表示逆态既定条件，相当于口语"…のに""…けれども"。

41 無ければ――"無れ"，"無し"（形・ク）的已然形。"ば"表示原因，见注9。

42 かくて置き奉りたるなり――"かくて"，副词，同"このようにして""こうして"。"奉り"，"奉る"（动・四）的连用形。"奉る"在此做补助动词，表示谦让。同"…申し上げる"。此句相当于口语"このようにお置き申し上げたのである"。

43 …の――表示本条件句中的主语，同"…が"。

44 長ければ――"長けれ"，"長し"（形・ク）的已然形。"ば"，见注9。

45 鬘にせむとて――"鬘"，假发，同"かもじ"。"に"，格助词。"せ"，"す"的未然形。此处"む"表示意志。"とて"，由格助词"と"和接续助词"て"组成，此处相当于口语"…と思って"。

46 …ければ――见注9。

47 …ある――此处接"て"下，做补助动词，表示存续。

48 去にけり――"去に"，"去ぬ"（动・ナ变）的连用形。"去ぬ"，同"行く""去る"等。此处"けり"表示"…てしまった"。

さて⁴⁹其の上の層には、死人の骸ぞ多かりける⁵⁰。死にたる人の葬などえせざるをば⁵¹、この門の上にぞ置きける。此のことは、其の盗人の⁵²人に語りけるを聞き継ぎて、かく語り伝へたるとや⁵³。

【译文】

某盗贼登罗城门门楼见一死人的故事

很久以前，有一男子欲行盗窃，就从摄津国附近来到京都。因为尚未天黑，他就躲立在罗城门的门楼下。然而，人们频繁地向朱雀大街方向走去，于是他想："等行人稀少后再……"他便站在门楼下等着。这时，听到很多人从山城方向接踵而来的声音，所以他担心会被人发现，就悄悄地攀登上罗城门的门楼。登上一看，楼上朦朦胧胧地亮着一盏灯火。

盗贼觉得很奇怪。从窗户的格子里向内窥视，只见一具年轻的女尸躺在地上。枕边点着一盏灯，一个年老的、白发苍苍的老婆子，蹲在女尸的头边，在一撮一撮地揪着女尸的头发。

强盗看到如此情景，心中非常纳闷。他想："此人莫非是鬼"。不觉有些胆怯，然而又想："这也许是死人的幽灵吧。不妨吓她一下看看"。于是，他轻轻地推开门，拔出刀，向老婆子喊着说："你是什么人！你是什么人！"当盗贼奔向前去时，她惊恐万状，求饶作揖，不知所措。于是盗贼问她说："你这个老婆子是何许人？为什么干这等事？"老婆子立即回答说："我的主人死了，但无人帮助料理葬礼，所以才这样把尸体放在这里的。她的头发比她身子还长，因此想把它拔下，做成假发（去卖），这才拔的，请饶命吧！"于是，盗贼剥下死人穿的衣服和老婆子穿的衣服，夺过（老婆子）拔下的头发，（仓皇）跑下（门楼），逃之夭夭。

---

49 さて——此处为副词，同"このように""そういうわけで"。

50 骸ぞ多かりける——此处"ぞ"用于句中，表示强调，要求句尾用连体形结句。"多かり"，"多し"（形・ク）的连用形。"ける"，见注8。

51 死にたる人の葬などえせざるをば——此处"の"表示同格，即"葬などえせざる"所修饰的就是"死にたる人"。见注24、26。"え"，副词，多与否定相呼应，表示不可能。例："忘れがたく口惜しきこと多かれど、えつくさず"。(《土佐日记》)（忘れがたく残念なことが多いが、すべて言い尽くすことができない。）"ざる"，"ず"的连体形，见注9。"を"，格助词。此处接活用词连体形下，表示宾语。为强调"を"所表示的事物，在"を"下接系助词"は"（后因浊音化而成"ば"）。此句译成口语为"死んだ人で、葬式などをすることができないのを…"。

52 …の——系表示从属句中的主语。

53 語り伝へたるとや——这是《今昔物语集》中"说话"惯用的结尾。"とや"，由格助词"と"和系助词"や"构成，系"とや言ふ"之略。用于句末表示传闻。此句相当于口语"語り伝えているとかいうことである"。

就是这样，在这罗城门的门楼上放着许多尸体。这些都是死后未得埋葬的尸体弃置在这个楼上的。据说，这个故事是从别人，即从听到那个盗贼讲述的某人那里知道的，它就是这样广泛地流传着。

【原文】

信濃守藤原陳忠[54]、御坂より落ち入りし語[55]

今は昔[56]、信濃守藤原陳忠といふ人ありけり[57]。任国に下りて[58]国を治めて、任果てにければ[59]上りけるに、御坂を越ゆる間に[60]、多くの馬ども[61]に荷を掛け、人の乗りたる馬[62]、数知らず[63]続きて行きけるほどに[64]、多くの人の乗りたる中に、守の乗りたり

---

54 信濃守藤原陳忠——"信濃"，旧国名。信浓国在今之长野县。"守"，名词。地方长官，同"国守"。"藤原陈忠"，人名，系南家藤原氏的后裔。民部（"民部省"之略）卿藤原元方之子，约于天正五年（982）至永延二年（988）间为信浓国长官。此人一生为地方官，是一个贪婪成性的地方官典型。

55 御坂より落ち入りし語——"御坂"，即"神坂峠"。神坂岭位于长野县与岐阜县交界处，山势陡峭，多断崖绝壁，因而在此落难者甚多，是木曾路上著名的险地。"より"是格助词，此处表示动作的起点，同口语的"…から"。"落ち入り"是"落ち入る"（动·四）的连用形。坠入，掉落。"し"是过去助动词"き"的连体形，接活用词（除"カ变"和"サ变"动词外）的连用形下表示过去，相当于口语的"…た"。"落ち入りし語"，同口语的"落ち込んだ語"。

56 今は昔——同口语的"今では、昔のことであるが"。这是日本"说话""物语"的惯用起首，如《竹取物语》的起首——"今は昔、竹取の翁といふ者ありけり"。即是。

57 …といふ人ありけり——"と"是格助词，此处表示内容。"いふ"是"いふ"（动·四）的连体形。说，称。文言中常省略主格助词"が"。"人"下的"が"就是被省略的一例。"あり"是"あり"（动·ラ变）的连用形。有。"けり"是过去助动词，终止形。接活用词连用形下，此处表示传闻。"ありけり"，同口语的"…いたそうだ"。

58 任国に下りて——"任国"，名词。地方官受命治理的地方。"に"是格助词，此处表示动作的到达点。"下り"是"下る"（动·上二）的连用形。下，下到。"て"是接续助词，接活用词连用形下，此处表示动作的顺序。

59 任果てにければ——"任"是名词。任期（地方官均由朝廷任命，一般是四至五年）。"任"下省略了主格助词"が"。"果て"是"果つ"（动·下二）的连用形。终，完毕。"にけれ"是复合助动词"にけり"的已然形。"にけり"是由完了助动词"ぬ"的连用形"に"与过去助动词"けり"构成。接活用词连用形下，此处表示过去完了，相当于口语的"…た"。"ば"是接续助词。此处接活用词已然形下，表示原因、理由。如《伊势物语》"京には見えぬ鳥なれば、みな人見知らず"。（"都では見かけない鳥なので、みな知らない"。）。"果てにければ"，同口语的"終わったので"。

60 上りけるに、御坂を越ゆる間に——"上り"是"上る"（动·四）的连用形。上，进京。"ける"是"けり"的连体形，此处表示过去，相当于口语的"…た"。"に"是格助词，此处接活用词连体形下表示时间。"上りけるに"，同口语的"上った時に"。"越ゆる"是"越ゆ"（动·下二）的连体形。越过，翻过。"間"是名词。"間に"同口语的"…途中で"。

61 ども——接尾词。此处表示复数。

62 人の乗りたる馬——"乗り"是"乗る"（动·四）的连用形。乘，坐。"たる"是完了助动词"たり"的连体形，接活用词连用形下，此处表示动词的存续。"乗りたる馬"，同口语的"乗っている馬"。在"馬"下可视为省略了系助词"も"。

63 数知らず——副词。无数，许多。

64 ほどに——连语。由名词"ほど"与格助词"に"构成。此处接活用词连体形下表示时候，同口语的"…するうちに"。

ける馬しも⁶⁵、掛け橋の端の木、後足をもつて踏み折りて⁶⁶、守、さかさまに、馬に乗りながら落ち入りぬ⁶⁷。

底いくらばかりとも知らぬ深さなれば⁶⁸、守生きてあるべくもなし⁶⁹。二十尋⁷⁰の檜・杉の木の、下より生ひ出でたるこずゑ、はるかなる底に見やらるれば⁷¹、下の遠さはおのづから知られぬ⁷²。それに、守かく落ち入りぬれば⁷³、身いささかも全くてあるべきものとも覚えず⁷⁴。されば⁷⁵、多くの郎等⁷⁶どもは、皆馬より降りて、掛け橋

---

65 守の乗りたりける馬しも——"の"是格助词，此处表示定语的主语，同主格助词"が"。"たりける"是复合助动词"たりけり"的连体形。"たりけり"是由完了助动词"たり"的连用形"たり"与过去助动词"けり"构成，此处表示过去完了，相当于口语的"（乗っ）ていた…"。"しも"是副助词，此处表示强调，意为"正巧"，相当于口语的"ちょうど…その馬が"。

66 後足をもつて踏み折りて——"を"是格助词，"もつて"是连语，此处以"…をもつて"的形式表示手段、工具，相当于口语的"…で""…を使って"。"て"是接续助词，此处表示原因。如《土佐日记》"夜ふけて、西東も見えず（夜がふけているので、西も東もわからない）"。"踏み折りて"，同口语的"踏み折って"。

67 乗りながら落ち入りぬ——"ながら"是接续助词。接动词连用形下，此处表示原有状态。"乗りながら"，同口语的"乗ったまま"。"ぬ"是完了助动词，终止形，接活用词连用形下，此处表示动作的完了，同口语的"…てしまった"。

68 いくらばかりとも知らぬ深さなれば——"いくらばかり"是连语。多少，几何，同"どのくらい"。"と"是格助词，此处表示内容。"も"是系助词，此处表示强调。"ぬ"是否定助动词"ず"的连体形，接活用词未然形下表示否定，相当于口语的"…ない"。"深さ"是名词，由"深し"（形·ク）的词干"深"与接尾词"さ"构成。深度。"なれ"是断定助动词"なり"的已然形。接体言和活用词连体形下表示断定，相当于口语的"…だ""…である"。"ば"是接续助词，此处表示原因，见注59。"なれば"，同口语的"…であるので"。

69 生きてあるべくもなし——"生き"是"生く"（动·上二）的连用形。活，生存。"ある"是"あり"（动·ラ変）的连体形，此处做补助动词，同口语的"…ている"。"べく"是推量助动词"べし"的连用形，此处接"ラ変型"活用词连体形下表示当然。"も"是系助词，此处表示强调。"なし"是"なし"（形·ク）的终止形。"べくもなし"同口语的"…はずもない"。

70 尋——名词。长度单位。一寻约等于1.8公尺。

71 生ひ出でたるこずゑ、はるかなる底に見やらるれば——"生ひ出で"是"生ひ出づ"（动·下二）的连用形。生长，长出。"たる"是"たり"的连体形，此处表示存续。"こずゑ"下省略了主格助词"が"。"はるかなる"是"はるかなり"（形动·ナリ）的连体形。遥远的。"見やら"是"見やる"（动·四）的未然形。远望，远眺。"れ"是可能助动词"る"的已然形，接四段、ラ変、ナ変动词的未然形下表示可能，同口语的"…れる"。"ば"是接续助词，此处表示原因。"見やらるれば"，同口语的"望み見られるので"。

72 おのづから知られぬ——"おのづから"是副词。自然而然地。"れ"是自发助动词"る"的连用形。其接续法同可能助动词"る"，见注71。"ぬ"是完了助动词，此处表示动作的完了。"知られぬ"，同口语的"知れてしまう"。

73 それに、守かく落ち入りぬれば——"それ"是代词。此处指深谷。"守"下省略了主格助词"が"。"かく"是副词。如此，这样。"ぬれ"是完了助动词"ぬ"的已然形。"ば"是接续助词。"落ち入りぬれば"，同口语的"落ち込んでしまったので"。

74 身いささかも全くてあるべきものとも覚えず——"身"是名词。身体。"身"下省略了主格助词"が"。"いささか"是副词。一点也……，丝毫也……。"全く"是"全し"（形·ク）的连用形。平安，安全。"てある"，同口语的"…ている"，见注69。"べき"是推量助动词"べし"的连体形，此处表示当然。"もの"是名词。人。"とも"，见注68。"覚え"是"覚ゆ"（动·下二）的未然形。觉得，感到。"ず"是否定助动词，此处为终止形。本句相当于口语的"そのからだがほとんど無事であるはずのものとは思われない"。

75 されば——接续词。因此，于是。

76 郎等——名词。家臣，同"家来"。

の端に居並みて底を見降ろせども77、すべき方なければ、さらにかひなし78。「降るべき所の79あらばこそは、降りて守の御ありさまをも見奉らめ80。いま一日など行きてこそは、浅きかたより巡りても尋ねめ81。ただ今は底へ降るべきやうもあへてなければ82、いかがせむとする83。」など84、口々にいりめくほどに85、はるかの底に呼ばふ声、ほのかに聞こゆ86。

「守の殿はおはしましけり。87」など言ひて、待ち呼ばひするに88、守の叫びひて

---

77 居並みて底を見降ろせども——"居並み"是"居並む"（动・四）的连用形。并排跪坐。"て"是接续助词，此处表示动作的顺序。"見降ろせ"是"見降ろす"（动・四）的已然形。俯视。"ども"是接续助词，接活用词已然形下，表示逆态既定条件，同口语的"…が""…けれども"。

78 すべき方なければ、さらにかひなし——"す"是"す"（动・サ变）的终止形。做，干。"べき"是"べし"的连体形，此处接活用词（除ラ变型活用词外）的终止形下表示可能。"方"是名词。方法，手段。"方"下省略了主格助词"が"。"なけれ"是"なし"（形・ク）的已然形。"ば"是接续助词。"なければ"，同口语的"…ないので"。"さらに"是副词。一点也……。"かひなし"（形・ク）在此为终止形。没有效果，徒然。

79 降るべき所の——"べき"是"べし"的连体形。此处表示可能。"所"是名词。地方，场所。"の"是格助词，此处同主格助词"が"，本句同口语的"降りられる所が"。

80 あらばこそは、…見奉らめ——"あり"是"あら"（动・ラ变）的未然形。有。"ば"是接续助词，此处接活用词未然形下，表示顺态假定条件，同口语的"なら"。"こそ"是系助词。根据系结规则，当其用于句中表示强调时，要求句末的结句为已然形。当这种"…こそ…已然形"的句子在意义上往下继续时，则表示逆接。如《土佐日記》"中垣こそあれ、一つ家のやうなれば…"（墙的篱笆是有的，但一轩之家同然的…）。此处"こそ"接"未然形＋ば"下表示强调。"は"系助词，此处与"こそ"重叠表示强调。"あらばこそは"，同口语的"…あるならば"。"見"是"見る"（动・上一）的连用形。"奉ら"是"奉る"（动・四）的未然形，此处做谦让补助动词。"め"是推量助动词"む"的已然形（此系"こそ"的要求），接活用词未然形下表示意志。因本句在意义上往下继续，故表示逆接。"見奉らめ"，同口语的"見申し上げようが"。

81 行きてこそは、浅きかたより巡りても尋ねめ——"こそは"，见注80。"行きてこそは"，相当于口语的"行ってからならば"。"浅き"是"浅し"（形・ク）的连体形。浅的。"かた"是名词，此处意为方向、方位。"より"是格助词，此处同口语的"…から"。"尋ね"是"尋ぬ"（动・下二）的未然形。找，寻。"め"在此表示意志，见注80。本句在意义上也是往下继续，表示逆接。"尋ねめ"，同口语的"尋ねようが"。

82 降るべきやうもあへてなければ——"降るべき"，同口语的"降りられる…"，见注79。"やう"是名词。方法。"あへて"是副词。全然，一点也（不）……。"なければ"，同口语的"ないので"，见注78。

83 いかがせむとする——"いかが"是副词。如何。同"どのように"。"せ"是"す"（动・サ变）的未然形。"む"是推量助动词，此处为终止形，表示意志。"せむ"，同口语的"しよう"。"と"是格助词，此处表示内容。"する"是"す"的连体形。当句前出现表示疑问或反问的"いかが""いかで"等副词时，即便句中没有系助词"か"或"や"，也要求句末的结句为连体形。此处"する"乃"いかが"的要求。本句相当于口语的"どうしようもない"。

84 など——副助词。此处接句下表示大致内容，同口语的"…などと"。

85 いりめくほどに——"いりめく"是"いりめく"（动・四）的终止形。此处意为吵嚷、焦急。"ほどに"是连语，见注64。此处表示"在……时候"。本句可译为口语"いらだち騒いでいる時に"。

86 はるかの底に叫ばふ声、ほのかに聞こゆ——"はるか"是"はるかなり"（形动・ナリ）的词干。此处做名词。"呼ばふ"（动・四）是由"呼ぶ"的未然形"呼ば"与表示反复、继续的接尾词"ふ"构成，同口语的"呼び続ける"。"声"下省略了主格助词"が"。"ほのかに"是"ほのかなり"（形动・ナリ）的连用形，在此做状语。隐约地，微弱地。"聞こゆ"（动・下二）在此为终止形。听到，听见。

87 守の殿はおはしましけり——"殿"是名词。此处是对主君的敬称，同"殿様"。"おはしまし"是"おはします"（动・四）的连用形，是"をり""あり"的尊敬语。"けり"是过去助动词，此处表示感叹。"おはしましけり"，同口语的"生きておいでになったのだ"。

88 待ち呼ばひするに——"待ち呼ばひする"是"待ち呼ばひす"（动・サ变）的连体形。应声呼喊。"に"是接续助词。接活用词连体形下，此处表示单纯接续，相当于口语的"…したところ"。本句同口语的"…応じて大声で呼んだところ"。

物言ふ声、はるかに遠く聞こゆれば[89]、「その、物はのたまふなるは[90]。あなかま[91]。何事をのたまふぞ[92]、聞け聞け。」と言へば[93]、「『旅籠[94]に縄を長く付けて降ろせ。』とのたまふな。」と[95]。されば、守は生きて物にとどまりておはするなりけり[96]と知りて、旅籠に多くの人のさし縄どもを取り集めて結ひて、結ひ継ぎて、くれくれと降ろしつ[97]。縄のしりもなく降ろしたるほどに[98]、縄とどまりて引かねば[99]、今は降り着きにたるなめり[100]と思ひてあるに[101]、底に、「今は引き上げよ。」と言ふ声聞こゆれば、「そは、『引け』とあるなるは。[102]」と言ひて、繰り上ぐるに[103]、いみじく軽くて上

---

89 聞こゆれば——同口语的"聞こえるので"。"聞こゆれ"是"聞こゆ"（动・下二）的已然形。"ば"是接续助词。

90 その、物はのたまふなるは——"そ"是代词，系指"守"。"の"是格助词，此处同主格助词"が"。"物"是名词，此处意为（所说的）话。"は"是系助词，在此提示宾语。"のたまふ"（动・四）在此为终止形，是"言ふ"的尊敬语。"なる"是推断传闻助动词"なり"的连体形，接活用词终止形下（ラ变型活用词则接连体形）下，此处表示推断，相当于口语的"…ようだ"。"なる"下的"は"，是终助词，表示感叹。本句相当于口语的"殿が、何かおっしゃっているようだぞ"。

91 あなかま——感叹词。由感叹词"あな"与"かまし"（形・シク）的词干构成。制止别人说话，同口语的"静かにしろ"。

92 ぞ——终助词。此处接活用词连体形下增强断定的语气，相当于口语的"…よ""…のだ"。

93 言へば——"言へば"是"言ふ"（动・四）的已然形。"ば"是接续助词，此处表示前提条件，相当于口语的"…と"。如《新古今集》"仰げば、空に月ぞさやけき"（仰ぎ見ると、空には月がさやかに照っているよ。）

94 旅籠——名词。旅行用的竹筐子，盛放日用品、食物及饲料等。

95 とのたまふな。」と——本句中两个"と"都是格助词。前者表示"のたまふ"的内容，后者表示句的内容。"な"是终助词，此处接活用词终止形下表示感叹。本句相当于口语"…とおっしゃっているよ。」と"。

96 物にとどまりておはするなりけり——"とどまり"是"とどまる"（动・四）的连用形。挂上，挂住。"おはする"是"おはす"（动・サ变）的连体形。此处做尊敬补助动词，同口语的"…ていらっしゃる"。"なり"是断定助动词"なり"的连用形。"けり"是过去助动词，此处表示感叹，见注87。本句同口语的"枝か何かにひっかかっていらっしゃるのだった"。

97 くれくれと降ろしつ——"くれくれ"，副词。小心翼翼地。"つ"是完了助动词，终止形。接活用词连用形下，此处表示动作的完了，相当于口语的"…た"。如《竹取物语》"秋田、なよ竹のかぐや姫とつけつ"。（秋田は、なよ竹のかぐや姫と名づけた。）"降ろしつ"同口语的"降ろした"。

98 降ろしたるほどに——"たる"是"たり"的连体形，此处表示完了。"ほどに"是连语，见注85。本句同口语的"降ろした时に"。

99 引かねば——"引か"是"引く"（动・四）的未然形。拉，牵。"ね"是否定助动词"ず"的已然形。"ば"是接续助词，此处表示原因。

100 降り着きにたるなめり——"降り着き"是"降り着く"（动・四）的连用形。降到。"にたる"是复合助动词"にたり"的连体形。"にたり"是由完了助动词"ぬ"的连用形"に"与完了助动词"たり"构成。此处表示动作完了后结果的存续，相当于口语的"…た"。"めり"是推量助动词，终止形，此处接ラ变型活用词连体形下，表示委婉的推断。"なめり"是由断定助动词"なり"的连体形"なる"与"めり"约音而成，即"なるめり"→"なんめり"→"なめり"。本句相当于口语的"おりついたようだ"。

101 思ひてあるに——"てある"，同口语的"…ている"，见注69。"に"是接续助词，此处表示单纯接续，相当于口语的"…と"。如《伊势物语》"よき所を求めて行くに、天の河といふ所に至りぬ"。（よい所を探して行くと、天の河という所に着いた。）

102 そは、『引け』とあるなるは——"そ"是代词。"は"是系助词。"そは"原意为"それは"，此处相当于感叹词的"そら""さあ"。"とある"是连语"…とあり"的连体形，表示引用。同口语的"…という"。"なるは"，见注90。此句相当于口语的"それ、引けというようだぞ"。

103 繰り上ぐるに——"繰り上ぐる"是"繰り上ぐ"（动・下二）的连体形。捯起，上捯。"に"是接续助词，此处同口语的"…と"，见注101。

がれば[104]、「この旅籠こそ軽かりける[105]。守の殿の乗りたまへらば、重くこそあるべけれ。[106]」と言へば、また、ある者は、「木の枝などを取りすがりたまひたれば[107]、軽きにこそあるめれ[108]。」など言ひて、集まりて引くほどに、旅籠を引き上げたるを見れば[109]、平茸の限り[110]一旅籠入れたり[111]。されば、心も得で、互ひに顔どもをまぼりて[112]、「こはいかに[113]。」と言ふほどに、また聞けば[114]、底に声ありて、「さて[115]また降ろせ。」と呼ばふなり。これを聞きて、「さは[116]また降ろせ」と言ひて、旅籠を降ろしつ。また、「引け。」と言ふ声あれば[117]、声に従ひて引くに[118]、このたびは

---

104 いみじく軽くて上れば——"いみじく"是"いみじ"（形・シク）的连用形，此处做状语。很，非常。"軽く"是"軽し"（形・ク）的连用形。"て"是接续助词，此处表示状态。如《伊势物语》"御声はいと尊くて申し給ふをききて…"。（御声はたいそうごりっぱにお唱えばすのをきいて…。）"ば"是接续助词，此处表示原因。本句同口语的"たいそう軽く上がってくるので"。

105 この旅籠こそ軽かりける——"この"是连语。由代词"こ"与格助词"の"构成，相当于口语连体词的"この"。"こそ"是系助词，见注80。"軽かり"是"軽し"（形・ク）的连用形。"ける"是过去助动词"けり"的连体形，此处表示感叹。根据系结规则，"こそ"用于句中时要求句末的结词为已然形，即应为"けれ"。但此处以"连体形结句（連体止め）"表示感叹，所以与"こそ"相呼应的结词也不出现"系结关系"了。"軽かりける"，同口语的"なんと軽いことよ"。

106 乗りたまへらば重くこそあるべければ——"たまへら"是尊敬补助动词"たまへる"（动・四）的未然形（"たまへる"是由尊敬补助动词"たまふ"的已然形"たまへ"接完了助动词"り"而来）。"ば"是接续助词，此处表示顺态假定条件，见注80。"乗りたまへらば"，同口语的"乗っていらっしゃるのなら"。"重く"是"重し"（形・ク）的连用形。"こそ"是系助词。"ある"是"あり"（动・ラ変）的连体形，在此做补助动词表示状态。"べけれ"是"べし"的已然形（此系"こそ"的要求）。此处表示当然，应该。本句在意义上往下继续，故为逆接，见注80。"重くこそあるべけれ"，同口语的"重いはずだが"。

107 取りすがりたまひたれば——"取りすがり"是"取りすがる"（动・四）的连用形。抓住，攀着。"たまひ"是"たまふ"（动・四）的连用形，此处做尊敬补助动词。"たれ"是"たり"的已然形，此处表示存续。"ば"是接续助词。本句同口语的"つかまっていらっしゃるので"。

108 軽きにこそあるめれ——"軽き"是"軽し"（动・ク）的连体形。"に"是断定助动词"なり"的连用形。"ある"是"あり"（动・ラ変）的连体形，此处做补助动词。"にあり"，相当于口语的"…である"。"こそ"是系助词。"めれ"是推量助动词"めり"的已然形，见注100。本句同口语的"軽いのであろう"。

109 引き上げたるを見れば——"たる"是"たり"的连体形。此处表示完了。在"…たる"与格助词"を"之间，可视为省略了形式体言"の"。"ば"是接续助词。此处表示前提条件。"見れば"，同口语的"見ると"。

110 平茸の限り——"平茸"，平菇。是一种半月形的蘑菇，柄短肉厚，味美可食。"限り"是名词，此处意为"只""仅仅"，同"だけ"。

111 入れたり——"入れ"是"入る"（动・下二）的连用形。放入，装入。"たり"是完了助动词，此处表示动作的存续，同口语的"（入れ）てある"。

112 心も得で、…まぼりて——"心得"是"心得"（动・下二）的未然形。理解，明白。"も"是系助词，此处置于"心"与"得"之间表示强调。"で"是接续助词，接活用词未然形下表示否定意义，相当于口语的"…ないで""…なくて"。如《更级日记》"十月つごもりなるに、紅葉散らで盛りなり"。（十月の末であったのに、紅葉が散らないでまだ盛りであった。）"まぼり"，"まぼる"（动・四）的连用形。注视，凝视。"まぼりて"同"見つめて"。

113 こはいかに——"こ"是代词。"は"是系助词，此处提示主语。"いかに"是副词，可单独做谓语。本句同口语的"これはどうしたことか"。

114 聞けば——同口语的"聞くと"。"ば"是接续助词。

115 さて——感叹词。此处同"さあ"。

116 さは——接续词。那么，同口语的"それでは"。

117 声あれば——"声"下省略了主格助词"が"。"ば"在此表示原因。本句相当于口语的"声がするので"。

118 に——接续助词，此处表示单纯接续，同"…と"。

いみじく重し。あまたの人掛かりて繰り上ぐ。繰り上げたるを見れば、守、旅籠に乗りて繰り上げられたり[119]。守、片手には縄を捕へたまへり[120]、いま片手には[121]平茸を三ふさばかり[122]持ちて上りたまへり。[123]

引き上げつれば[124]、掛け橋の上に据ゑて[125]、郎等ども喜び合ひて、「そもそも、こは何ぞの平茸にかさぶらふ。[126]」と問へば[127]、守の答ふるやう[128]、「落ち入りつる時に、馬はとく底に落ち入りつるに[129]、われは遅れてふめき落ち行きつるほどに[130]、木の枝のしげくさし合ひたる上[131]に、不意に落ち掛かりつれば[132]、その木の枝を捕へ降りつるに[133]、下に大きなる木の枝の障へつれば[134]、それを踏まへて、大きなる股木の枝に取りつきて、それをいだかへてとどまりたりつるに[135]、その木に

119 繰り上げられたり——"られ"是被动助动词"らる"的连用形，接动词（除四段、ラ变、ナ变动词外）的未然形下表示被动，同口语的"…られる"。"たり"是完了助动词，此处表示完了。
120 捕へたまへり——"捕へ"是"捕ふ"（动·下二）的连用形。抓，抓住。"たまへ"是"たまふ"（动·四）的已然形，此处为尊敬补助动词。"り"是完了助动词，仅接四段动词的已然形和サ变动词的未然形下，此处表示状态的存续。如《伊势物语》"富士の山を見れば、五月のつごもりに、雪いと白う降れり"。（富士の山を見ると、五月の下旬なのに、雪がたいそう白く降りつもっている。）本句同口语的"つかんでいらっしゃる"。
121 いま片手には——同口语的"もう一方の手には"。"いま"是副词。
122 ふさばかり——"ふさ"是名词。（花、水果等）一串，一挂。"ばかり"是副助词，此处表示大约、左右。
123 上りたまへり——"り"是完了助动词，见注120。此处表示动作的完了，同口语的"（お上りになっ）た"。
124 引き上げつれば——"つれ"是完了助动词"つ"的已然形，此处表示动作的完了。"ば"在此表示前提条件。"つれば"，同口语的"（引き上げ）てしまうと"。
125 据ゑて——"据ゑ"是"据う"（动·下二）的连用形。让……坐。"て"是接续助词，此处表示动作的顺序。
126 そもそも、こは何ぞの平茸にかさぶらふ——"そもそも"是接续词。说起来，盖。"何ぞの"是连语，同口语的"どういう…"。"に"是断定助动词"なり"的连用形。"さぶらふ"是"さぶらふ"（动·四）的连体形，是"あり"（动·ラ变）的郑重语，在此做补助动词，见注108的"にあり"。"か"是系助词，此处表示疑问。根据系结规则，用于句中时要求句末结词为连体形。"にかさぶらふ"，同口语的"…でございますか"。
127 問へば——同口语的"問うと"。"ば"是接续助词。
128 答ふるやう——"答ふる"是"答ふ"（动·下二）的连体形。回答。"やう"是形式体言。接"言ふ""思ふ"等动词的连体形下，表示内容，相当于口语"…こと""…ことには"。
129 に——是接续助词。此处表示逆态既定条件，同口语的"…のに"，如《十六夜日记》"日暮れかかるに、泊まるべきところ遠し"。（もう日が暮れかかるのに、今夜泊まる予定の所はまだ遠い。）
130 ふめき落ち行きつるほどに——"ふめき"是"ふめく"（动·四）的连用形。（身体）剧烈摇晃。"つる"是完了助动词"つ"的连体形。"ほどに"是连语，见注85。本句同口语的"からだが大きく揺れながら落ちて行った時に"。
131 枝のしげくさし合ひたる上——"の"是格助词，此处同主格助词"が"。"しげく"是"しげし"（形·ク）的连用形，此处做状语。茂盛，茂密。"さし合ひ"是"さし合ふ"（动·四）的连用形。交叉。"たる"是完了助动词"たり"连体形，此处表示存续。"さし合ひたる上"，同口语的"…さし合っている上"。
132 落ち掛かりつれば——"つれ"是完了助动词"つ"的已然形，表示完了。"ば"在此表示原因。本句同口语的"落ちて掛かったので"。
133 に——接续助词，此处表示单纯接续，同口语的"（降りた）ところ"。
134 大きなる木の枝の障へつれば——"大きなる"是"大きなり"（形动·ナリ）的连体形。大的。"枝"下的"の"在此同主格助词"が"。"障へ"是"障ふ"（动·下二）的连用形。阻，止住。"つれば"，见注132。"障へつれば"，同口语的"止めたので"。
135 いだかへてとどまりたりつるに——"いだかへ"是"いだかふ"（动·下二）的连用形。抱，搂。"たりつる"是复合助动词"たりつ"的连体形。"たりつ"是由完了助动词"たり"的连用形"たり"与完了助动词"つ"构成，在此表示动作完了后结果的存续，相当于口语的"…ていた"。"に"是接续助词，此处表示单纯接续。"とどまりつるに"，同口语的"留まっていたところ"。

平茸の多く生ひたりつれば¹³⁶、見捨てがたくて¹³⁷、まづ手の及びつる限り¹³⁸取りて、旅籠に入れて上せつるなり¹³⁹。いまだ残りやありつらむ¹⁴⁰。言はむかたなく多かりつるものかな¹⁴¹。いみじき損を取りつる心地こそすれ¹⁴²。」と言へば¹⁴³、郎等ども、「現に御損にさぶらふ¹⁴⁴。」など言ひて、その時にぞ、集まりてさと笑ひにける¹⁴⁵。

　守、「ひがことな言ひそ¹⁴⁶、汝らよ。宝の山に入りて、手をむなしくして帰りたらむ心地ぞする¹⁴⁷。『受領は倒るる所に土をつかめ¹⁴⁸。』とこそ言へ。」

---

136 生ひたりつれば——"生ひ"是"生ふ"（动·上二）的连用形。生长。"たりつれ"是复合助动词"たりつ"的已然形，见注135。"ば"是接续助词。本句同口语的"生えていたので"。

137 見捨てがたくて——"見捨てがたく"是"見捨てがたし"（形·ク）的连用形。难舍难弃。"て"是接续助词，此处表示原因，见注66。

138 限り——名词。此处意为"范围"。

139 上せつるなり——"上せ"是"上す"（动·下二）的连用形，让……上去。"つる"是"つ"的连体形。"なり"是断定助动词。本句同口语的"上げたのである"。

140 残りやありつらむ——"残り"是名词。剩余。"や"是系助词。此处表示疑问，相当于口语的"…か"。根据系结规则，用于句中时要求句末的结词为连体形。"あり"是"あり"（动·ラ变）的连用形。"つらむ"是由完了助动词"つ"与推量助动词"らむ"构成。此处为连体形，用于对完了的动作表示推量。本句相当于口语的"まだ取り残しがあったかもしれない"。

141 言はむ方なく多かりつるものかな——"言は"是"言ふ"（动·四）的未然形。说。"む"是推量助动词。此处为连体形，表示意志。"方"是名词。方法。"なく"是"なし"（形·ク）的连用形。"言はむ方なく"在此做状语，同口语的"口で言えないぐらい"。"多かり"是"多し"（形·ク）的连用形。"ものかな"是连语，由形式体言"もの"与感叹词"かな"构成，接活用词连体形下，表示感叹。"多かりつるものかな"，同口语的"多かったものだなあ"。

142 損を取りつる心地こそすれ——"取り"是"取る"（动·四）的连用形。"損を取る"，吃亏，损失。"心地"是名词。心情，感觉。"こそ"是系助词，见注80。"すれ"是"す"（动·サ变）的已然形。本句同口语的"損をしたような思いがする"。

143 ば——接续助词，此处表示原因。

144 現に御損にさぶらふ——"現に"是"現なり"（形动·ナリ）的连用形。此处做状语。明显地，显然地。"さぶらふ"（动·四）在此为终止形。"にさぶらふ"，同口语的"…でございます"，见注126。

145 その時にぞ、…さと笑ひにける——"ぞ"是系助词，此处表示强调。根据系结规则，用于句中时要求句末的结词为连体形。"さと"是副词。哄然。"にける"是复合助动词"にけり"的连体形，见注59。此处表示过去完了。"さと笑ひにける"，同口语的"どっと笑ってしまった"。

146 ひがことな言ひそ——"ひがごと"是名词。没道理的事情。"な"是表示禁止的副词。"そ"是加强意义的终助词。在"な…そ"之间插入动词连用形（カ变和サ变动词则为未然形）表示禁止，相当于口语的"…しないでください"。如《竹取物语》"もの知らぬことなのたまひそ"。（ものの情けを知らないことをおっしゃらないでください。）"な言いそ"，同口语的"（…を）言うな"。

147 手を空しくして返りたらむ心地ぞする——"空しく"是"空し"（形·シク）的连用形。空空的。"し"是"す"（动·サ变）的连用形。"て"是接续助词，此处表示状态。"手を空しくして"，同口语的"手ぶらで"。"たら"是"たり"的未然形，此处表示完了。"む"是推量助动词，此处是连体形，表示委婉的语气，"ぞ"是系助词，见注145。"する"是"す"的连体形（此系"ぞ"的要求）。"返りたらむ心地ぞする"，同口语的"帰ってきたような思いがする"。

148 受領は倒るる所に土をつかめ——谚语。"受領"是名词。地方长官。"倒るる"是"倒る"（动·下二）的连体形。倒，跌倒。"倒るる所に"，可译为口语"ころんでもそこで"。这本是一句讽刺地方官不择手段、攫取财物的谚语，但藤原陈忠却用来为自己的贪婪本性作佐证，足见其卑劣到何种程度。

今昔物語集

と言へば[149]、おとなだちたる御目代[150]、心の内にはいみじく憎しと思へども[151]、「げにしかさぶらふことなり[152]。たよりにさぶらはむ物をば[153]、いかでか取らせたまはざらむ[154]。たれにさぶらふとも[155]、取らでさぶらふべきにあらず[156]。もとより御心賢くおはします人[157]は、かかる死ぬべき窮み[158]にも、御心を騒がさずして[159]、よろづのことを、皆ただなる時のごとく[160]、用ゐ使はせたまふことにさぶらへば[161]、騒がず。かく取らせたまひたるなり[162]。されば、国の政

---

149 とこそ言へ。」と言へば——"こそ"是系助词。"言へ"是"言ふ"（动・四）的已然形（此系"こそ"的要求）。"とこそ言へ"，同口语的"…と言うぞ"。"言へば"，同口语的"言うので"。

150 おとなだちたる御目代——"おとなだち"是"おとなだつ"（动・四）的连用形。此处意为"看上去像头领"。"たる"是"たり"的连体形，此处表示存续，同口语的"…ている"。"御"是接头词，一般冠于日语汉语词（漢語）之上表示尊敬。"目代"，是代行地方官官职的官员。即地方官不在或不到任时，由该官行使地方官的职权。"目代"非朝廷任命，多从长官自己的亲族或家人中选用。

151 思へども——同口语的"思うけれども"。"ども"是接续助词，见注77。

152 げにしかさぶらふことなり——"げに"是副词。实在，确实。"しか"是副词。那样，同口语的"そう"。"さぶらふ"（动・四）在此是"あり"的郑重语。"なり"是断定助动词。本句相当于口语的"いかにもそのとおりでございます"。

153 たよりにさぶらはむ物をば——"たより"是名词，此处意为"方便""便当"。"さぶらは"是"さぶらふ"（动・四）的未然形。"にさぶらふ"，见注126。"む"在此为连体形，表示委婉的语气。"をば"是连语。由宾格助词"を"与浊音化系助词"ば"构成，用于对动作的对象表示强调。本句同口语的"（手に入れるのに）好都合でございますような物を"。

154 いかでか取らせたまはざらむ——"いかで"是副词。如何，怎么。"か"是系助词，见注126。此处表示反问。"せ"是敬语助动词"す"的连用形，接四段、ラ变和サ变动词的未然形下，表示尊敬。"たまは"是"たまふ"（动・四）的未然形，在此做尊敬补助动词。"す"一般不单独使用，往往与"たまふ"相接构成最高敬语"…せたまふ"。如《源氏物语》"いとこまやかにありさま問はせたまふ"。（帝はたいそうくわしく様子をおたずねなさる。）"ざら"是否定助动词"ず"的未然形。"む"在此为连体形（此系"か"的要求），表示推量。本句相当于口语的"どうしてお取りにならぬことがございましょうか"。

155 たれにさぶらふとも——"たれ"是代词。谁。"にさぶらふ"，见注126。"とも"是接续助词，此处接动词终止形下，表示逆态假定条件。本句同口语的"誰でございましても"。

156 取らでさぶらべきにあらず——"で"是接续助词，见注112。"さぶらふ"在此是"あり"的郑重语，做补助动词。同口语的"…ている"。"べき"是"べし"的连体形，此处表示当然。"にあら"是"にあり"的未然形，见注108。"ず"是否定助动词。本句同口语的"取らないでいるべきではありません"。

157 御心賢くおはします人——"御心"下省略了主格助词"が"。"賢く"是"賢し"（形・ク）的连用形。贤，贤明。"おはします"是"おはします"（动・四）的连体形。此处是"あり"的尊敬语，做补助动词表示状态。本句同口语的"お心が賢くていらっしゃるお方"。

158 かかる死ぬべき窮み——"かかる"是连体词。这样的，如此的。"べき"在此表示当然。"窮"是名词，此处意为"最后的时刻"。"死ぬべき窮み"，同口语的"当然死ぬはずの最後の瞬間"。

159 騒がさずして——"ず"是否定助动词"ず"的连用形，此处做状语。"して"是接续助词，接活用词（不接动词）连用形下，此处表示状态。此句同口语的"騒がさずに"。

160 よろづのことを、皆ただなる時のごとく——"よろづのこと"，诸事万端。"を"是宾格助词。"ただなる"是"ただなり"（形动・ナリ）的连体形。寻常，平素。"如く"是比况助动词"如し"的连用形，此处接"体言+の"下表示比喻，同口语的"…ように"。

161 用ひ使はせたまふことにさぶらへば——"用ひ使は"是"用ひ使ふ"（动・四）的未然形。此处意为处理、应对。"…せたまふ"是最高敬语。在此为连体形，见注154。"さぶらへ"是"さぶらふ"（动・四）的已然形。"にさぶらふ"，见注126。"ば"是接续助词，此处表示原因。本句同口语的"お取り扱いなさることでございますから"。

162 かく取らせたまひたるなり——"かく"是副词。这样。"…せたまひ"是"…せたまふ"的连用形，见注154。"たる"是完了助动词"たり"的连体形。此处表示完了。本句相当于口语的"（あなたさまも）このように（茸を）お取りになられたのです"。

をも息へ¹⁶³、物をもよく納めさせたまひて¹⁶⁴、御思ひのごとくにて上らせたまへば¹⁶⁵、国の人は父母のやうに恋ひ惜しみ奉るなり¹⁶⁶。されば、末にも万歳千秋おはしますべきなり¹⁶⁷。」など言ひてぞ、忍びておのれらがどち笑ひける¹⁶⁸。

　これを思ふに¹⁶⁹、さばかりの事¹⁷⁰に会ひて、肝・心を迷はさずして¹⁷¹、まづ平茸を取りて上りけむ心こそ、いとむくつけけれ¹⁷²。まして、便宜あらむ物など取りけむことこそ¹⁷³、思ひやらるれ¹⁷⁴。

　これを聞きけむ人¹⁷⁵、いかに憎み笑ひけむとなむ、語り伝へたるとや¹⁷⁶。

---

163 息へ——"息へ"是"息ふ"（动・下二）的连用形。使……安定。

164 物をもよく納めさせたまひて——"物"是名词。此处指租税。"よく"是副词。充分地。"納め"是"納む"（动・下二）的未然形。征收，收纳。"させ"是敬语助动词"さす"的连用形。接动词（除四段、ナ变、ラ变动词外）的未然形下表示尊敬。"さす"与尊敬助动词"す"一样，不单独使用，往往与"たまふ"（动・四）构成最高敬语"…させたまふ"，见注154。"納めさせたまひて"，同口语的"お取り立てになって"。

165 御思ひのごとくにて上らせたまへば——"御"是接头词。"思ひ"是名词。愿望，心愿。"ごとくに"是助动词"ごとくなり"的连用形，此处意为如同。"て"是接续助词。"ごとくにて"，此处相当于口语的"（お望みの）とおりに"。"せたまへ"是"…せたまふ"的已然形，见注154。"ば"在此表示原因。"上らせたまへば"，同口语的"都にお上りになるのです"。

166 父母のやうに恋ひ惜しみ奉るなり——"やうに"是助动词"やうなり"的连用形。此处接"体言＋の"下表示比喻，同口语的"…ように"。"恋ひ惜しみ"是"恋ひ惜しむ"（动・四）的连用形。依恋，惜别。"奉る"是"奉る"（动・四）的连体形，此处做谦让补助动词，见注80。"恋ひ惜しむ奉るなり"，同口语的"お慕いし、惜しみ申すのです"。

167 末にも万歳千秋おはしますべきなり——"末"是名词。将来，未来。"万歳千秋"，在此意为"千秋万代、荣华富贵"。"おはします"（动・四）在此为"あり"的尊敬语，见注87。"べき"是"べし"的连体形，此处表示确信的推量。本句相当于口语的"将来千年も万年もお栄えなさるにちがいありません"。

168 言ひてぞ…おのれらがどち笑ひける——"ぞ"是系助词，见注145。"おのれ"是代词。自己。"ら"是接尾词。等，们。"が"是格助词，此处表示领有，同格助词"の"。"どち"是名词。伙伴。"ける"是过去助动词"けり"的连体形（此系"ぞ"的要求）。此处表示过去。"笑ひける"，同口语的"笑った"。

169 思ふに——"に"是接续助词。此处表示单纯接续。此句相当于口语的"（このことから）考えてみると"。

170 さばかりの事——"さばかり"是连语。如此，同"それほど"。"事"是名词。指长官坠入深谷一事。

171 肝・心を迷はさずして——同口语的"心も乱さずに"。"ずして"，见注159。

172 上りけむ心こそ、いとむくつけけれ——"けむ"是推量助动词"けむ"的连体形。接活用词连用形下，此处表示传闻。"こそ"是系助词。"上りけむ心こそ"，相当于口语的"上がってきたという心がけは"。"いと"是副词。最，极。"むくつけけれ"是"むくつけし"（形・ク）的已然形。此系"こそ"的要求。令人可怕。

173 便宜あらむ物など取りけむことこそ——"便宜"是名词。方便。"あら"是"あり"的未然形。"む"在此表示委婉的语气。"など"是副助词。等等。"便宜あらむ物など"，相当于口语的"（手に入れるのに）好都合なような物などを"。"けむ"，见注172。此处表示过去推量。"こそ"是系助词。"取りけむことこそ"，同口语的"取り立てたであろうことが"。

174 思ひやらるれ——"思ひやら"是"思ひやる"（动・四）的未然形。遥想，推想。"るれ"是自发助动词"る"的已然形（此系注173"こそ"的要求）。

175 聞きけむ人——"けむ"见注173。本句同"聞き伝えたであろう人々が"。

176 いかに憎み笑ひけむとなむ、語り伝へたるとや——"いかに"是副词。多么。"けむ"在此为终止形，表示过去推量。"と"是格助词，此处表示内容。"いかに憎み笑ひけむと"，同口语的"どんなに憎み、どんなにあざ笑ったことだろうかと"。"なむ"是系助词。根据系结规则，用于句中表示强调时要求句末的结局为连体形。"語り伝へ"是"語り伝ふ"（动・下二）的连用形。传说。"たる"是"たり"的连体形（此系"なむ"的要求），此处表示存续。"とや"是连语，由格助词"と"与系助词"や"构成，表示不确定的传闻。"なむ、語り伝へたるとや"是《今昔物语集》惯用的结尾，同口语的"…語り伝えているとか"。

【译文】

信浓国长官藤原陈忠坠入御坂岭的故事

从前,有一个信浓国长官,名叫藤原陈忠。(他从京都)赴任地——信浓国治理国政。后任满归京,在翻越御坂岭的途中,无数驮运财物的马匹和人们骑乘的马匹正络绎不绝地通过时,在众多马中,唯独长官的坐骑因其后腿踩断栈道的边木,(顷刻间)长官和骑着的马一起倒栽进山谷。

山谷底深莫测,因而长官的性命也很难保全。连从谷底长起的、高达二十寻的柏、杉等巨木的树梢,也只能望到它在远远的谷底,所以那谷底之深就不言而喻了。长官是这样坠入谷底,因此谁都感到:长官定然葬身谷底了。于是众家臣下马后,并排跪坐在栈道的边木上俯视谷底,然而无法下到谷底,(真叫人)一筹莫展。"若有能下谷的地方,我们会下去看看长官的情况,然而……如果再走一天路程,那可以从浅的地方绕进(谷底)找一找,但现在没有办法下到谷底,这便如何是好?"正在大家吵吵嚷嚷、焦躁不安的时候,微弱地听到深谷下呼唤的声音。

(家臣们闻声后)说:"长官老爷还活着呢!"当大家应着下面声音不断呼喊时,又远远地听到长官在叫喊些什么。(一家臣)说:"老爷像在说什么。静一静!老爷是在说什么,好好听!"大家只听得老爷说:"把竹筐系上绳子放下来!"这一来,家臣们知道了:"老爷确实还活着,(中途)挂在什么上了"。于是收集了许多人马匹的缰绳,把它们连起来系在竹筐上,然后小心翼翼地放了下去。当放完(手中)绳子时,绳子停住不再往下坠了,所以大家想:竹筐似乎已着底了。正在这个时候,听到谷底呼唤"快往上拉!"的声音,(一家臣)说:"喂,像是在叫我们拉吧!"于是大家捯起绳子,竹筐就轻轻地往上来了,因此(一家臣奇怪地)说:"这个竹筐也太轻了。若长官坐在竹筐里,那应该还要重些啊"。另一人接着说:"也许长官攀着树枝什么(往上来的),所以才这么轻的吧"。大家聚集一齐往上拉,将竹筐拉上来一看,里面装着满满一筐平菇。因此,大家感到迷惑不解,面面相觑,正说着:"这是怎么回事?"的时候,又听到谷底有声音,呼喊着:"快,再往下放!"(一家臣)说;"那么,再把竹筐放下去!"于是又放了下去。(少顷)又听到叫"拉!"的声音,所以大家应声就拉。这次感到很沉。许多人攥着绳子往上捯,拉上来一看,只见长官坐在竹筐里,一只手抓着绳子,另一只手抓着三大簇平菇上来了。

(家臣们)将竹筐拉上来后,就让长官坐在栈道的边木上,庆贺他(平安归来),并问他说:"老爷,这些平菇是怎么回事啊?"长官回答说:"在坠入山谷时,马匹先

坠入谷底，而我的身体也随后剧烈摇晃地掉了下去。此时没想到我掉在茂密、交叉的树枝上，于是我就抓住那棵树的树枝往下落。其间，下面一根大树枝把我托住了，我就踩在那根树枝上，攀着树的大桠叉，然后抱住它，（这样）总算停止了。此时看到这棵树上长着许多平菇，所以我不能将它平白地舍弃，于是先把手能够到的平菇全都摘下来放进竹筐里，让（你们）拉了上去。还有剩下没摘的呢。（平菇）真是多不胜数啊。深感这是一大损失啊！"家臣们（听后）也说"确确实实是一大损失啊！"此时，他们聚在一起哄然大笑。

　　长官说："别说那种不明事理的话！你们这些家伙。我觉得好像进了宝山却又空手而归似的。俗话不是说：'做地方官的，就是跌倒在地也要就地抓把土'嘛？"居于首领地位的目代虽然内心对（长官的言行）感到异常憎恨，但（在表面上）仍说："诚如您说的那样，易得之物怎么会不取呢？无论是谁都会这样做的。何况贤明之士，即便生死攸关之际也镇静自若地，和素日一样应理万端，所以您也是一样，（虽身临险境，）仍从容地摘采平菇。正因为如此，您才使任地的政治安定，征得大量租税，如愿以偿地（任满）回京。所以任地的百姓们像对自己父母似地爱戴您，依依难舍。因而您定将千秋万代，荣华富贵"。目代说罢，偷偷地与自己的伙伴们笑了起来。

　　从这则故事来看，尽管遇上如此（性命攸关）的事件，仍不慌不忙地摘了平菇后再上谷来——这种（贪婪之）心实在令人可怕。由此可想象到：（任期内）一切可取之物，更是囊括无遗的了。

　　据传：凡听到这个故事的人（对那个长官）无不憎恶而哂笑之。

吾妻镜

【作家和作品简介】

《吾妻镜》，亦称《东鉴》，镰仓幕府编纂的编年体史书。52卷（缺卷45）。以日记形式记载了从治承四年（1180）源赖政举兵到文永三年（1266）这87年间的各类重大事件。除了幕府公用记录外，还引用了《明月记》等公家日记和古文书等资料。全书用变体汉文撰写，此文体也被称为"记录体"或"东鉴体"。

1221年（承久3年），后鸟羽上皇举兵讨伐镰仓幕府，结果反被以幕府执权北条政子为核心的幕府军队打败，幕府的强势地位进一步得到了巩固，这就是日本中世著名的"承久之乱"（也称"承久之变"）。本选段讲的是北条政子听闻后鸟羽上皇将兴兵讨伐幕府，迅疾召集了御家人，慷慨陈词，力陈所受源赖朝之重恩，号召大家团结一心，反抗上皇军队的进攻，从而揭开了史上著名的承久之乱的序幕。本段文字简洁明快，语言背后投射出大战前一触即发的紧张感，可谓生动、细致地描写了这个惊心动魄的历史时刻，同时，也让我们一窥中世记录体文章的基本面貌。

记录体，属于变体汉文的一种。从广义上说也可归类于汉文训读，以《吾妻镜》这一幕府记录为代表，故名"记录体"，又名"东鉴体"。其脱胎于汉文，故此带上很多记录体（汉文训读）特有的痕迹，如"…の間""…の由""…の処""…の趣""…に依つて""仍つて""てへれば"以及官职常用唐名的手法（"黄門""右京兆"）等。

【原文】

承久の乱

十九日壬寅。午刻。大夫尉光季去十五日飛脚下著関東。申云。此間。院中被召聚官軍。仍前民部少輔親広入道昨日応勅喚。光季依聞右幕下（公経。）告。申障之間。有可蒙勅勘之形勢云々。未刻。右大将軍司主税頭長衛去十五日京都飛脚下著。申云。昨

日（十四日。）。幕下。並黄門（実氏。）仰二位法印尊長。被召籠弓場殿。十五日午刻。派官軍被誅伊賀廷尉。則勅按察使光親卿。被下右京兆追討宣旨於五畿七道之由云々。関東分宣旨御使。今日同到著云々。仍相尋之処。自葛西谷山里殿辺召出之。称押松丸（秀康所従云々）。取所持宣旨並大監物光行副状、同東士交名註進状等。於二品亭（号御堂御所。）披閲。亦同時廷尉胤義（義村弟）。私書状到着于駿河前司義村之許。是応勅定可誅右京兆。於勲功賞者可依請之由。被仰下之趣載之。義村不能返報。追返彼使者。持件書状。行向右京兆之許云。義村不同心弟之叛逆。於御方可抽無二忠之由云々。其後招陰陽道親職。泰貞。宣賢。晴吉等。以午刻（初飛脚到来時也）。有卜筮。関東可属太平之由。一同占之。相州。武州。前大官令禅門。前武州以下群集。二品招家人等於簾下。以秋田城介景盛。示含曰。皆一心而可奉。是最期詞也。故右大將軍征罸朝敵。草創関東以降。云官位。云俸禄。其恩既高於山岳。深於溟渤。報謝之志浅乎。而今依逆臣之讒。被下非義綸旨。惜名之族。早討取秀康。胤義等。可全三代将軍遺跡。但欲參院中者。只今可申切者。群参之士悉応命。且溺涙申返報不委。只輕命思酬恩。寔是忠臣見國危。此謂歟。

【训读文】

十九日 壬寅[1]。午の刻[2]。大夫尉光季が去ぬる十五日の飛脚関東へ下著し[3]、申して云はく、「この間、院中に官軍を召し聚めらる[4]。仍つて[5] 前民部少輔親広入道[6]、昨

---

1 壬寅——为干支之一，表时间。因以日记形式记录，故将其冠首。具体指承久三年（1221）5月19日。
2 午の刻——指正午12时前后。午时。
3 大夫尉光季が去ぬる十五日の飛脚関東へ下著し——"大夫尉光季"，指伊贺光季。因其任左卫门尉、检非违使，故被称为"大夫尉"，为镰仓幕府御家人。承久之乱时，因不听从后鸟羽上皇的征召，被藤原秀康所率官军袭击住宅，最后与其子双双自尽。"去ぬる"，连体词。过去的。由"去ぬ"（动·ナ変）的连体形而来，同"過ぎ去った""さる"。"飛脚"，指传递紧急信件等的人，飞毛腿。"関東"，此处具体指镰仓。"下著し"，"下著す"（动·サ変）的连用形，从京城即京都到地方即此处的镰仓去，故为"下"。
4 この間、院中に官軍を召し聚めらる——"この間"，不久前。"院中"的"院"，指后鸟羽上皇的御所。"召し聚め"，"召し聚む"（动·下二）的未然形（也写作"召し集む"），召集。系"呼び集む"的敬语说法。"らる"，敬语助动词"らる"的终止形，此处表示对上皇的尊敬。
5 仍つて——接续词。表顺接，同"そこで""したがって"。记录体特有的用法。
6 前民部少輔親広入道——"親広入道"，即"大江亲广"，镰仓时期武将，御家人。"前民部少輔"为其别名。曾与伊贺光季一同被任命为京都守护。承久之乱前夕，受后鸟羽上皇的召见，加入了官军一方，后败于幕府军队。"入道"，指皈依佛门的皇族或贵族。三江亲广于承久一年出家，法名莲阿。

日、勅喚に応ず⁷。光季は右幕下（公経）の告げを聞くに依つて、障りを申すの間⁸、勅勘を蒙るベキの形勢有り」と云々⁹。未の刻¹⁰。右大将家司主税の頭長衡去る十五日の京都の飛脚下著す¹¹。申して云く、昨日（十四日）、幕下並びに黄門（実氏）、二位法印尊長に仰せ、弓場殿に召し籠めらる¹²。十五日午の刻、官軍を遣はし伊賀廷尉を誅せらる¹³。則ち按察使光親卿に勅し、右京兆追討の宣旨を五幾七道に下さるるの由と¹⁴。関東分宣旨の御使は、今日同じく到着すと¹⁵。仍つて相尋ぬるの処、葛西谷山里殿の辺よりこれを召し出す。押松丸（秀康所従）と称すと¹⁶。所持の宣旨並びに

---

7 勅喚に応ず——"勅喚"，指上皇的传唤。此句同"（後鳥羽）の召喚に応ずる"。

8 光季は右幕下（公経）の告げを聞くに依つて、障りを申すの間——"右幕下"，指藤原公经（1171—1244），也叫西园寺公经，镰仓前期的公卿、歌人，亲幕派。承久之乱时，暗将后鸟羽的倒幕计划告诉镰仓幕府，遂遭幽禁，后依仗幕府权力升至内大臣、太政大臣。"告げ"，名词。"聞く"，"聞く"（动·四）的连体形。"…に依つて"，同"…により""…のため"。用于体言或活用词连体形前，表示缘由。记录体特有的用法。"障りを申す"，托词（不去）。"の間"，前接活用词连体形或体言，表示原因，同"…したので""…なので"。也是记录体特有的用法。

9 勅勘を蒙るベキの形勢有り」と云々——"勅勘"，指受天皇的责怪，一般用"勅勘を蒙る"的形式表达。"蒙る"，"蒙る"（动·四）的终止形。"ベキ"，"べし"的连体形。此处表推测。"の形勢"，前接活用词连体形或体言。"有り"，"有り"的终止形。"と"，格助词。一般以"と云々"的形式使用，用以表示前述内容为引用或传闻。同"…という話だ""…という"。

10 未の刻——指午后2时前后。

11 右大将家司主税の頭長衡去る十五日の京都の飛脚下著す——"右大将"，指藤原公经。"家司"，镰仓幕府的吏员。"主税の頭"，"主税寮"（隶属民部省，负责各藩国交纳粮税的事务）长官。"長衡"，指三善长衡（1168-1244），镰仓初期的官吏。"去る""下著す"，同前。

12 昨日（十四日）、幕下並びに黄門（実氏）、二位法印尊長に仰せ、弓場殿に召し籠めらる——"幕下"，即藤原公经。"黄門（実氏）"，"黄門"系中纳言的唐名。此处指公经之子，即中纳言藤原实氏。"二位法印尊長"，镰仓时期僧侣，作为上皇倒幕计划的策划者之一，参与了逮捕和监禁藤原公经父子的行动。"仰せ"，"言ふ"的尊敬语动词"仰す"（动·下二）的连用形。主语是后鸟羽上皇。"弓場殿"，供天皇观看箭术的宫殿。"召し籠め"，"召し籠む"（动·下二）的未然形。招来后，幽禁起来。"らる"，被动助动词。此句同"昨日（十四日）、幕下と黄門藤原実氏は、（後鳥羽上皇が）二位法印尊長に命じて、弓場殿に召し籠められた"。

13 官軍を遣はし伊賀廷尉を誅せらる——"官軍"，指后鸟羽上皇的军队。"遣はし"，"遣はす"（动·四）的连用形。派遣。"誅せ"，"誅す"（动·サ变）的未然形，后接尊敬助动词"らる"，表示对上皇的尊敬。

14 則ち按察使光親卿に勅し、右京兆追討の宣旨を五幾七道に下さるるの由と——"則ち"，副词。马上。"按察使"，地方行政监察官。"光親卿"，指藤原光亲（1176—1221），镰仓时代公卿。"勅し"，"勅す"（动·四）的连用形。上皇下令。"右京兆"，"右京权大夫"的唐名。此处指北条义时。"追討"，追讨，讨伐。"宣旨"，平安时代以后，下达天皇命令的文书。与敕诏相比，属于内部文书。"五幾七道"，律令制规定的行政区划，五畿指山城、大和、河内、和泉和摄津，七道指东海道、东山道、北陆道、山阴道、山阳道、南海道和西海道。即以此概指日本全国。"下さるる"，"下さる"（动·下二）的连体形。下达。"…の由"，同"…であること"。记录体特有的用法。

15 関東分宣旨の御使は、今日同じく到着すと——"御使"，使者。"同じく"，"同じ"（形·シク）的连用形。"到着す"，"到着す"（动·サ变）的终止形。到达。"と"，格助词，表引用。

16 仍つて相尋ぬるの処、葛西谷山里殿の辺よりこれを召し出す。押松丸（秀康所従）と称すと——"仍つて"，同上。"相尋ぬる"，"相尋ぬ"（动·下二）的连体形。寻找，搜索。"…の処"，同"…したところ"。记录体特有的用法。"葛西谷"，今镰仓市小町，葛西清重的邸宅所在地。"山里殿"，不明。"辺"，名词。附近。"これ"，代词，此处指使者（押松丸）"。"召し出す"，"召し出す"（动·四）的终止形。召唤出。"押松丸"，藤原秀康的家臣。"所従"，家臣，手下人。"と"，格助词，表引用。"称す"，"称す"（动·サ变）的终止形。"と"，同前。

大監物光行の副状、同じく東士の交名註進状等を取り、二品亭（御堂御所と号す）に於いて披閲す¹⁷。また同時廷尉胤義（義村弟）の私書状、駿河の前司義村の許に到着す¹⁸。これ勅定に応じ右京兆を誅すべし¹⁹。勲功の賞に於いては請ふに依るべきの由、仰せ下さるるの趣これを載す²⁰。義村返報に能はず²¹。彼の使者を追い返し、件の書状を持ち、右京兆の許に行き向かひて云く、義村弟の叛逆に同心せず²²。御方に於いて無二の忠を抽んづべきの由と²³。その後、陰陽道親職・泰貞・宣賢・晴吉等を招き、午の刻（初めの飛脚到来の時なり）を以て卜筮有り²⁴。関東太平に属すべきの由、

---

17 所持の宣旨並びに大監物光行の副状、同じく東士の交名註進状等を取り、二品亭（御堂御所と号す）に於いて披閲す——"所持"，名词。所持有的。"並びに"，接续助词，来自汉文训读。表并列。"大監物"，中务省直属官，主管诸官厅的仓库及出纳事务监察，此处指源光行（1163—1244）。"副状"，附信，派人或赠送东西时表明用意的信，也写作"添状"。"同じく"，同上。"東士"，关东武士之略。"交名註進状"，记录向院方推荐的关东武士名簿的报告书。"取り"，"取る"（动・四）的连用形。"二品亭"，北条政子的邸宅。"二品"指北条政子。位于被称为"御堂"的胜长寿院内。"号す"，"号す"（动・サ変）的终止形。此处为命名、起雅号意。"披閲す"，"披閲す"（动・サ変）的终止形。披阅。

18 廷尉胤義（義村弟）の私書状、駿河の前司義村の許に到着す——"廷尉"，检非违使次官的唐名。"胤義"，即三浦胤义，镰仓幕府御家人。受后鸟羽上皇近臣藤原秀康唆使，参加了倒幕计划，并许诺其兄义村一定能加入进来。"義村"，即三浦义村，三浦胤义之兄。义村收到其弟劝其反叛的书信后，马上奔至北条义时，以表衷心。"前司"，前任国司的意思。"許"，某人所在地，身边。"到着す"，"到着す"（动・サ変）的终止形。到达。

19 これ勅定に応じ右京兆を誅すべし——"これ"，代词。"勅定"，敕诏。"応じ"，"応ず"（动・サ変）的连用形。根据，按照。"誅す"，"誅す"（动・サ変）的终止形。"べし"，推量助动词"べし"的终止形，此处表命令。

20 勲功の賞に於いては請ふに依るべきの由、仰せ下さるるの趣これを載す——"勲功の賞"，指对功劳给予的赏赐。"…に於いて"，指动作作用所发生的场所、时间或指某事，源自汉文训读。"は"，系助词。"請ふ"，"請ふ"（动・四）的连体形。（向上）申请。"依る"，"依る"（动・四）的终止形。"…の由"，同前。"…であること"。"べき"，可能助动词"べし"的连体形。"請ふに依るべき"，意为可依申请给予奖赏。"仰せ下さるる"，"仰せ下す"（动・四）的未然形，下接尊敬助动词"る"形成"仰せ下さる"一词后的连体形。命令，吩咐。此处命令的内容包括诛杀右京兆和论功行赏。"…の趣"，同"…の内容""…の事情"。也是记录体特有的用法。"これ"，代词，指前面所述（命令）内容。"載す"，"載す"（动・四）的终止形。写，记下。

21 義村返報に能はず——"返報"，"返報す"（动・サ変）的词干。回信。"能は"，"能ふ"（动・四）的未然形。受汉文训读影响，以"…こと能はず"或"…に能はず"的形式表示否定，即表示不能。"ず"，否定助动词"ず"的终止形。

22 彼の使者を追い返し、件の書状を持ち、右京兆の許に行き向かひて云く、義村弟の叛逆に同心せず——"彼"，代词。那个。"追い返し"，"追い返す"（动・四）的连用形。（将来的使者）驱赶回去。"件の"，连体词，同"前述的""例的""あの"。"件"用作连体词，这也是记录体特有的用法。"持ち"，"持つ"（动・四）的连用形。"行き向かひ"，"行き向かふ"（动・四）。去，过去。"云く"，同"いうことには"。"同心せ"，"同心す"（动・サ変）的未然形。"ず"，否定助动词"ず"的终止形。

23 御方に於いて無二の忠を抽んづべきの由と——"御方"，自己一方，此处指"北政义时（一方）"。"…に於いて"，同上。"抽んづ"，"抽んづ"（动・下二）的终止形。使……出众，突出。"…の由"，同上，"…であること"。此句同"義時の味方として並びない忠節を尽くすと"。

24 その後陰陽道親職・泰貞・宣賢・晴吉等を招き、午の刻（初めの飛脚到来の時なり）を以て卜筮有り——"陰陽道"，阴阳学。6世纪传入日本，平安时代盛行。此处指阴阳师，专门从事以阴阳学占卜的人。"親職・泰貞・宣賢・晴吉"，分别指安倍亲职、安倍泰贞、安倍宣贤、安倍晴吉。"招き"，"招く"（动・四）的连用形。邀请。"到来"，"到来す"（动・サ変）的词干。到来。"なり"，断定助动词。"以て"，同"…で""…によって"。"卜筮"，占卜。"有り"，"有り"（动・ラ変）的终止形。举行。

一同これを占ふ²⁵。相州・武州・前の大官令禅門・前の武州以下群集す²⁶。二品、家人等を簾下に招き、秋田城介景盛を以つて示し含めて曰く²⁷、皆、心を一にして、奉はるべし²⁸。是れ、最期の詞なり²⁹。故右大将軍が朝敵を征罰し、関東を草創してより以降、官位と云ひ、俸禄と云ひ、其の恩、既に山岳よりも高く、溟渤よりも深し³⁰。報謝の志、浅からんや³¹。而るに今、逆臣の讒に依つて、非義の綸旨を下さる³²。名を惜むの族は、早く秀康・胤義等を討ち取り、三代将軍の遺跡を全うすべし³³。但し、院中に参らんと欲する者は、只今、申し切るべし。」てへれば³⁴、群参の士、悉く命に応じ、且つは涙に溺みて返報申すに委しからず³⁵。只だ、命を軽んじ、恩に報ぜん

---

25 関東太平に属すべきの由、一同これを占ふ——"属す"，"属す"（动・サ変）的终止形。指维系某种状态。"べき"，推量助动词"べし"的连体形。"…の由"，同上，"…であること"。"一同"，全体，大家。"これ"，代词。"占ふ"，"占ふ"（动・四）的终止形。占卜，算卦。此句同"関東は太平であることを一同が占う"。

26 相州・武州・前の大官令禅門・前の武州以下群集す——"相州"，指北条时房。"武州"，指北条泰时。"前の大官令禅門"，指觉阿，大江广元。"前の武州"，指足利义氏。"以下"，举出主要的人名后，以下从略的意思。"群集す"，"群集す"（动・サ変）的终止形。众人聚到一起。

27 二品、家人等を簾下に招き、秋田城介景盛を以つて示し含めて曰く——"二品"，指北条政子。"秋田城介"，平安末期秋田城的卫戍长官，出羽国司次官出羽介兼任。"景盛"，指"安达景盛"，镰仓前期武将，御家人，曾任出羽介，故有"秋田城介"之称呼。"以つて"，"もちて"的促音便。此处指北条政子间接通过秋田城介景盛转达叮嘱，同"…を使って""…によって"。"示し含め"，"示し含む"（动・下二）的连用形。指示，嘱托。"曰く"，连语，同"言うことには"。

28 皆、心を一にして、奉はるべし——"皆"，诸位。"心を一にして"，连语。团结一心。"奉はる"，"奉はる"（动・四）的终止形。服从，听从。"べし"，"べし"的终止形，表命令。

29 是れ、最期の詞なり——"是れ"，代词。"最期"，最后。"詞"，（所说的）话。"最期の詞"，最后说的话。

30 故右大将軍が朝敵を征罰し、関東を草創してより以降、官位と云ひ、俸禄と云ひ、其の恩、既に山岳よりも高く、溟渤よりも深し——"故右大将軍"，指源赖朝。"朝敵"，朝廷的敌人。"征罰し"，"征罰す"（动・サ変）的连用形。"関東"，指镰仓幕府。"草創し"，"草創す"（动・サ変）的连用形。"より"，格助词，表起点。"以降"，之后。"…と云ひ…と云ひ"，列举多个事例，同"…にせよ…にせよ"。"其の恩"，指源赖朝给予下属的恩情。"既に"，副词。完全，彻底，全部。"より"，格助词，表示比较基准。"も"，系助词。"高く"，"高し"（形・ク）的连用形，表中顿。"溟渤"，指大海。"深し"，"深し"（形・ク）的终止形。

31 報謝の志、浅からんや——"報謝"，名词。报恩，报答。"浅から"，"浅し"（形・ク）的未然形。"ん"，推量助动词"む"(ぬ)的连体形。"や"，系助词，表示反问，同"恩に報いる思いが浅いはずはなかろう"。

32 而るに今、逆臣讒に依つて、非義の綸旨を下さる——"而るに"，接续词，表逆接。"讒"，诽谤，谗言。"…によつて"，同上，表示缘由。"非義"，非正义。"綸旨"，指天皇下的圣旨或命令。"下さる"，下（旨）。

33 名を惜むの族は、早く秀康・胤義等を討ち取り、三代将軍の遺跡を全うすべし——"名を惜むの族"中的"の"由汉文"之"而来，系汉文训读的痕迹。"名を惜む"，爱惜名誉。"早く"，副词。快速，迅速。"秀康"，指藤原秀康。"胤義"，指三浦胤义。"討ち取り"，"討ち取る"（动・四）的连用形。"遺跡"，此处指故人的领地、地位等家业。"全うす"，"全うす"（动・サ変）的终止形。保全，保护。"べし"，"べし"的终止形，同前，表命令。

34 但し、院中に参らんと欲する者は、只今、申し切るべし。」てへれば——"但し"，接续词。但是。"院中"，指后鸟羽上皇一方。"参ら"，"参る"（动・四）的未然形。"ん"，推量助动词"む"的终止形。"と"，格助词，表引用。"欲する"，"欲す"（动・サ変）的连体形。"只今"，副词。现在，马上。"申し切る"，"申し切る"（动・四）的终止形。明确说出（与对方断交意）。"べし"，推量助动词"べし"的终止形，同前，表命令。"てへれば"，同"…そうであるので""…というわけで"。记录体特有的用法。

35 群参の士、悉く命に応じ、且つは涙に溺みて返報申すに委しからず——"群参の士"，指一起参拜或侍奉的一群人。"悉く"，副词。全都。"命"，指（北条的）命令。"応じ"，"応ず"（动・サ変）的连用形。服从，遵从。"命に応じ"，即"应命"，来自汉文训读。"溺み"，"溺む"（动・四）的连用形。"涙に溺みて"，同"涙にくれて"。满眼浸满泪水。"返報"，同前。回答。"申す"，"言ふ"的自谦词。"委しから"，"委し"（形・シク）的未然形。"ず"，否定助动词"ず"的终止形。

ことを思ふ³⁶。寔(まこと)に是れ、『忠臣、国危きに見(あらは)る』とは、此の謂(いひ)か³⁷。

【译文】

承久之乱

十九日壬寅。午时。大夫尉光季于十五日派出的飞脚抵达关东，报云前不久院中召集官军。故前民部少辅亲广入道昨日应后鸟羽上皇召唤而去。光季因事先接到右幕下（藤原公经）的口信托词未去，看来要受斥罚。未时，右大将家司主税头长衡于十五日派遣的京都飞脚抵达，云昨日（十四日），后鸟羽上皇命二位法印尊长将幕下和黄门（实氏）幽禁于弓场殿。十五日午时，上皇派官军诛伊贺廷尉。命按察使光亲卿向五畿七道下追讨右京兆宣旨。给关东下的宣旨御使也将于今日抵达。经搜索后，将御使从葛西谷山里殿附近唤出，此人称押松丸（秀康家臣）。取其所持的宣旨并大监物光行副状、同东士交名注进状等，来到二品亭（号御堂御所）展开披阅。此外，就在同时，廷尉胤义（义村弟）的私信送达骏河前司村住处。上写须奉敕命诛杀右京兆，立功者可申请奖赏。义村没有回信。打发信使走后，持信去右京兆住处，说"义村不与弟叛逆。我于您忠心不二"。其后，招阴阳师亲职、泰贞、宣贤、晴吉等。定午时（头一个飞脚到达的时刻）举行占卜，占卜关东永久太平。相州、武州、前大官令禅门、前武州以下等聚在一起。二品招家人等于帘前，通过秋田城介景盛殿切地叮嘱大家："诸位要上下一条心。这是我最后的嘱托。故右大将军征伐朝敌，草创关东后，不论官位、俸禄，其恩高于山岳，深于溟渤。大家难道没有报谢之志吗？而今听从逆臣之谗言，下非义之旨。爱惜名誉的诸位们，赶紧讨伐秀康、胤义等，可保全三代将军之家业。但欲参加院中一方者，现在只要说清楚便可"。在场之士皆应命，且潸然泪下，不作理会，唯思舍命报恩。所谓"国危现忠臣"，说的就是这样的情形吧。

---

36 只だ、命を軽んじ、恩に報ぜんことを思ふ——"只だ"，副词。一味地。"軽んじ"，"軽んず"（动・サ变）的连用形。轻视，看轻。"報ぜ"，"報ず"（动・サ变）的未然形。报答，回报。"ん"，推量助动词"む"的连体形。"こと"，形式体言。

37 寔に是れ、『忠臣、国危きに見る』とは、此の謂か——"寔に"，副词。"『忠臣、国危きに見る』"，来自汉文"国危见忠臣"。此处的"見"，是"现"的意思。"とは"，连语，同"というのは"。"此"，代词。"謂"，名词。所说的话。"か"，系助词"か"的句末用法。

方丈记

【作家和作品简介】

《方丈记》是日本中世隐遁文学的代表作之一。1卷本随笔。鸭长明著,成书于建历二年(1212)。作者以人世无常的佛家思想为主旨,回忆亲身经历的灾难,通过大火、龙卷风、饥馑、疫病、地震、迁都等实例,描写了所在京城生活的危险和无常,并叙述其在一丈见方的草庵中的生活和心境。本书被视为风格简洁、清新的和汉混淆文(广义)先驱之作。

鸭长明(约1155—1216),镰仓初期歌人,随笔作家。京都下鸭神社祢宜长继的次子。俗名长明,法名莲胤,通称菊大夫,名字亦读"ながあきら"。曾向俊惠学习和歌,成为该流派的代表人物,亦通管弦,后成为宫廷和歌所寄人。50岁时出家,在日野山结方丈庵,过隐居著述的生活。除了随笔《方丈记》外,还著有歌论《无名抄》、佛教故事集《发心集》和私人和歌集《鸭长明集》。

所选第一节"川流不息"是著名的开首,充分展示了作者的无常观。第十二节"月影西斜"是全书的最后部分。

【原文】

第一节

行く河の流れは絶えずして[1]、しかももとの水にあらず[2]。よどみに浮ぶうたかた[3]

---

1 行く河の流れは絶えずして——"行く","行く(动・四)"的连体形。"行く河",向远处不断流去的河。"絶え","絶ゆ"(动・下二)的未然形。断开,断流。"ず",否定助动词"ず"的连用形。"して",接续助词,与"ず"一起以"ずして"(多用于汉文训读调文章中)的形式表示"…ないで"的意思。此句同口语"遠く行く河の流れは、とぎれことなく続いていて"。

2 しかももとの水にあらず——"しかも",接续词,表示递进、叠加,同"なお""そのうえに"。也有人认为,此处"しかも"表示逆接。"に",断定助动词"なり"的连用形。"あら",补助动词"あり"的未然形。"ず",否定助动词。"…にあらず",同"…ではない"。此句同口语"なおそのうえに、その河の水は、もとの同じ水ではない"。

3 よどみに浮ぶうたかた——"よどみ",淤水处,指水不流动而淤积的地方。"に",格助词。"浮ぶ","浮ぶ"(动・四)的连体形。浮,浮起。"うたかた",水泡。

は、かつ消え、かつ結びて⁴、久しくとどまりたるためしなし⁵。

世の中にある人と栖⁶と、またかくの如し⁷。

玉敷の都⁸のうちに、棟を並べ、甍を争へる⁹、高き、賤しき人の住ひ¹⁰は、世々を経て尽きせぬものなれど¹¹、これをまことかと尋ぬれば¹²、昔ありし家は稀なり¹³。或は去年焼けて、今年作れり¹⁴。或は大家滅びて小家となる¹⁵。

住む人もこれに同じ¹⁶。所も変らず、人も多かれど¹⁷、いにしへ見し人は、二三十

---

4 かつ消え、かつ結びて——"かつ"，副词。表示两件事情同时进行。同"一方では…し、他方では…する"。"消え"，"消ゆ"（动・下二）的连用形。消失。"結び"，"結ぶ"（动・四）的连用形。此处指结成（水泡）。此句同口语"一方では消え、一方では形をなして現われるというありさまで"。

5 久しくとどまりたるためしなし——"久しく"，"久し"（动・シク）的连用形。长久。"とどまり"，"とどまる"（动・四）的连用形。止住，停止。"たる"，完了助动词"たり"的连体形。"ためし"，例子，前例。"なし"，"なし"（形・ク）的终止形，表否定，即无的意思。

6 世の中にある人と栖——"ある"，"あり"（动・ラ変）的连体形，表示存在。"栖"，栖身之地，居住地。

7 またかくの如し——"また"，副词。又。"かく"，副词。这样（的）。"如し"，比况助动词，终止形。"かくの如し"，同"このようである""このとおりである"。如此，这样。

8 玉敷の都——"玉敷"，像铺上玉那样的美，或指这样美的地方。

9 棟を並べ、甍を争へる——"棟"，屋脊。"並べ"，"並ぶ"（动・下二）的连用形。并排。"甍"，房子的大梁。"争へ"，"争ふ"（动・四）的已然形。"る"，完了助动词"り"的连体形。接四段动词已然形或サ变动词未然形下，表状态的存续。此处的"る"本应以终止形"り"结句。

10 高き、賤しき人の住ひ——"高き"，"高し"（形・ク）的连体形。"賤しき"，"賤し"（形・シク）的连体形。此处分别指身份高贵的人和身份低贱的人。"住ひ"，指居所。

11 世々を経て尽きせぬものなれど——"世々"，名词。好多代，指历经很长时间。"経"，"経"（动・下二）的连用形。"尽きせ"，"尽きす"（动・サ変）的未然形。净失无存。多与否定表达相呼应，故表示保留、留存。口语中有"尽きせぬ想い"的用法。"ぬ"，否定助动词"ず"的连体形。"もの"，形式体言，表示当然的语气。"なれ"，断定助动词"なり"的已然形，后接接续助词"ど"表示逆接。

12 これをまことかと尋ぬれば——"これ"，代词。此处指"玉敷の都のうちに、棟を並べ、甍を争へる、高き、賤しき人の住ひ"。"尋ぬれ"，"尋ぬ"（动・下二）的已然形。询问。"ば"，接续助词，此处表示顺接确定条件，同"尋ねると"。

13 昔ありし家は稀なり——"あり"，"あり"（动・ラ変）的连用形。"し"，过去助动词"き"的连体形。"稀なり"，"稀なり"（形动・ナリ）的终止形。此句同口语"昔あったままの家はきわめて少ないものである"。

14 或は去年焼けて、今年作れり——"或は"，由ラ変动词"あり"的连体形"ある"加上间投助词"い"，再加上系助词"は"构成。同"あるもの（とき）は"，此处指有的（房子）。"焼け"，"焼く"（动・下二）的连用形。烧掉，烧毁。"て"，接续助词。"作れ"，"作る"（动・四）的已然形。"り"，完了助动词"り"的终止形，见注9。此句同口语"あるものは、去年、火事で焼けて、今年作ったものである"。文言中多以"或は…或は…"的形式使用。在和文体语境中，该词多读"あるは"，而在训读体语境中则读"あるいは"。《方丈记》属于后者。

15 或は大家滅びて小家となる——"或は"，同上。"大家"，大房子，讲究漂亮的房子。"滅び"，"滅ぶ"（动・四）的连用形。"て"，接续助词，同上。"小家"，小房子，简陋的房子。此句同口语"あるものは、大きな家が滅んでしまって、その跡が、小さい家となっている"。

16 住む人もこれに同じ——"住む"，"住む"（动・四）的连体形。"住む人"，指住房子里的人。"も"，系助词。"これ"，代词，指代前述内容。"に"，格助词。"同じ"，"同じ"（形・シク）的终止形。

17 所も変らず、人も多かれど——"所"，场所。"所も"的"も"和"人も"的"も"同属系助词。"変ら"，"変る"（动・四）的未然形。"ず"，否定助动词"ず"的连用形，此处表中顿。"多かれ"，"多し"（形・ク）的已然形。"ど"，接续助词，表示逆接。

人が中にわづかに一人・二人なり¹⁸。朝に死に、夕に生るる習ひ¹⁹、ただ水の泡にぞ似たりける²⁰。

　知らず²¹、生れ・死ぬる人、何方より来りて、何方へか去る²²。また知らず、仮の宿り²³、誰がためにか心を悩まし、何によりてか目を喜ばしむる²⁴。その主人と栖と無常を争ふさま²⁵、言はば、朝顔の露に異ならず²⁶。或は露落ちて、花残れり²⁷。残るといへども朝日に枯れぬ²⁸。或は花しぼみて、露なほ消えず²⁹。消えずといへども夕を待

---

18 いにしへ見し人は、二三十人が中にわづかに一人・二人なり——"いにしへ"，名词。过去，从前。"見"，"見る"（动·上一）的连用形。"し"，过去助动词"き"的连体形。"が"，格助词，此处表连体，同"の"。"わづかに"，"わづかなり"（形动·ナリ）的连用形，此处做状语，同口语"やっと""かろうじて"。"なり"，断定助动词"なり"的终止形。

19 朝に死に、夕に生るる習ひ——"死に"，"死ぬ"（动·ナ変）的连用形。死，死亡。"生るる"，"生る"（动·下二）的连体形。出生。"習ひ"，世间的惯例，常态。

20 ただ水の泡にぞ似たりける——"ただ"，副词，同"まったく"。"水の泡"，水泡。"に"，格助词。"ぞ"，系助词，表强调。"似"，"似る"（动·上一）的连用形。"たりける"，复合助动词"たりけり"（由完了助动词"たり"的连用形"たり"与过去助动词"けり"复合而成）的连体形（此系前文"ぞ"要求）。此处表示感叹。此句同口语"まったく水泡に類似しているのだ"。

21 知らず——此处同"（私には）わからない"。这种动词前置的现象来自汉文（训读）的影响。

22 生れ・死ぬる人何方より来りて、何方へか去る——"生れ"，"生る"的连用形。"死ぬる"，"死ぬ"（动·ナ変）的连体形。"何方"，疑问代词。何处。"より"，格助词，表起点。"来り"，"来る"（动·四）的连用形（多用于汉文训读系文章，和文体则用"来"）。"か"，系助词。"去る"，"去る"（动·四）的连体形（此系"か"的要求）。此句同口语"…どちらから来て生まれ、どちらへ死んで去ってゆくのかが（知らず）"。

23 仮の宿り——"仮"，临时的，一时的。"宿り"，指住所，居住地。意思是临时住所，喻指在无常世间的临时居所。

24 誰がためにか心を悩まし、何によりてか目を喜ばしむる——"が"，格助词，表连体，同"の"。"誰がために"同"何人のために"。"か"，系助词，表疑问。"悩まし"，"悩ます"（动·四）的连用形。"心を悩ます"，费尽心机。"何によりて"，同"何にもとづいて""何を原因として"。"か"，系助词，同前。"喜ば"，"喜ぶ"（动·四）的未然形。"しむる"，使役助动词"しむ"的连体形，表示使役。因前文出现疑问词"か"，故此处使用连体形结句。"目を喜ばしむる"就是（使人）悦目的意思。此句同口语"だれのために、心を労して作り、何にもとづいて、目に快楽を与えるように飾り立てるのかが（知らず）"。

25 その主人と栖と無常を争ふさま——"争ふ"，"争ふ"（动·四）的连体形。"無常を争ふ"，指居所的主人和居所不断地流转变化（无常），（此景象）恰似在争斗一般。

26 言はば、朝顔の露に異ならず——"言は"，"言ふ"（动·四）的未然形。"ば"，接续助词。接动词未然形，表假定。同"言ってみれば""たとえてみれば"。"朝顔"，牵牛花。"異なら"，"異なり"（形动·ナリ）的未然形。下接否定助动词"ず"。"異ならず"，（与）……无异，相同。"朝顔の露に異ならず"，同"朝顔の（花と）露（と）に異ならず"。此句同口语"たとえてみれば、朝顔の花とその露との関係と同じである"。

27 或は露落ちて、花残れり——"或は"，见注14。"落ち"，"落つ"（动·上二）的连用形。"て"，接续助词。"残れ"，"残る"（动·四）的已然形。"り"，完了助动词"り"的终止形，接四段动词已然形或サ变动词未然形下，表示状态，同注9。此句同口语"ある時は、露が落ちて、花だけが残っていることもある"。

28 残るといへども朝日に枯れぬ——"残る"，"残る"（动·四）的终止形。"いへ"，"いふ"（动·四）的已然形。"ども"，接续助词，表逆接。"に"，格助词，表原因。"枯れ"，"枯る"（动·下二）的连用形。"ぬ"，完了助动词"ぬ"的终止形。此句同口语"残っているにしても、やがて、朝日によって生気を失ってしまうのだ"。

29 或は花しぼみて、露なほ消えず——"或は"，见注14。"しぼみ"，"しぼむ"（动·四）的连用形。枯萎，凋落。"なほ"，副词。仍（未）。"消え"，"消ゆ"（动·下二）的未然形。消失。"ず"，否定助动词，终止形。此句同口语"ある時は、花がしおれて、その花がまだ消えないでいることもある"。

つ事なし³⁰。

第十二節

　そもそも³¹、一期(いちご)の月影(つきかげ)傾(かたぶ)きて³²、余算(よさん)の山の端(は)に近し³³。忽ちに、三途(さんづ)の闇(やみ)に向(むか)はんとす³⁴。何(なに)の業(わざ)をかかこたむとする³⁵。仏の教へ給ふ趣きは、事に触れて執心(しふしん)なかれとなり³⁶。今、草庵(さうあん)を愛するも、咎(とが)とす³⁷。閑寂(かんせき)に着(ちゃく)するも、障(さは)りなるべし³⁸。いかが、要(えう)なき楽しみを述べて、あたら時(とき)を過(す)ぐさん³⁹。

---

　30 消えずといへども夕べを待つ事なし——"消えず"，同上。"いへども"，见注28。"夕べ"，日暮时分。"待つ"，"待つ"（动・四）的终止形。"事"，即"こと"，形式体言。"なし"，"なし"（形・ク）的终止形，表否定。此句同口语"消えないでいるとしても、しばらくの間だけのことで、夕日のくるのを待つこともないのである"。

　31 そもそも——接续词，同"さて""いったい"。

　32 一期の月影傾きて——"一期"，一生，一辈子。"月影"，指月亮的形状、姿影，非指月光。故"一期の月影"是将人生比作月亮，即"一生的月影"。"傾き"，"傾く"（动・四）的连用形。此处表示月亮正在下沉，指一生已过了最辉煌的时期，逐渐走向衰落。

　33 余算の山の端に近し——"余算"，余生，残命。"山の端"是指从远处看的时候，山与天空相接的部分。山际线。此为比喻。"近し"，"近し"（形・ク）的终止形。近，挨近。

　34 忽ちに、三途の闇に向はんとす——"忽ち"，副词，用时多伴有"に"。突然，一瞬间。"三途"，三条路，指死者因其生前恶行而应走的三条路，即"地獄道、畜生道、餓鬼道"（也称"三悪趣、三悪道、三塗"），三者分别对应火途、血途和刀途。"三途の闇"是将死者所处的痛苦境遇喻作"闇"，也成为人担心死后归宿的象征性说法。"向は"，"向ふ"（动・四）的未然形。面对，面向。下接推量助动词"む（ん）"，表意志。"と"，格助词，表引用。"す"，"す"（动・サ変）的终止形。

　35 何の業をかかこたむとする——底本中"業"为"ワザ"，系佛教用语"業（ぎふ）"的和译。人通过自己的身、心、意来完成活动、行为，其中包含了因果报应。作者反省自己的言行（"业"），认为某些为自己的恶业、罪业。"何の業を"后的"か"为系助词，表疑问。"かこた"，系"かこつ"（动・四）的未然形。抱怨，牢骚。"む"，推量助动词"む"的终止形，表意志。"する"，"す"（动・サ変）的连体形（此系"か"的要求）。此句同"何の業をかことうとするか"，意思是要对一生中所做何事抱怨呢？

　36 仏の教へ給ふ趣きは、事に触れて執心なかれとなり——此处"の"表主格，相当于主格助词"が"。"教へ"，系"教ふ"（动・下二）的连用形，后接尊敬补助动词"給ふ"，表示对"仏"的尊敬。此处"趣き"同"趣旨"。"触れ"，"触る"（动・下二）的连用形。接触，遇到。"事に触れて"，同"何かの事実に接触する""何かの事に関係する"。"執心"，指执着某事，或指这种执着心。"なかれ"，"なし"（形・ク）的命令形，此处为"カリ活用"。"となり"，即"といふなり"，相当于"というのである""ということである""というわけである"。同口语"何かの事実に接触して、それにいつまでも執着する心を持ってはならぬということである"。

　37 草庵を愛するも、咎とす——"草庵"，即茅草屋。"愛する"，"愛す"（动・サ変）的连体形。"も"，系助词。"愛する"和"も"之间可认为省略了形式体言。"咎"，罪过，过失。此处指违背佛祖教诲的罪过。"と"，格助词，表引用。"す"，"す"（动・サ変）的终止形，表示当作。此句同口语"草庵を愛好するのも、罪過となる"。

　38 閑寂に着するも、障りなるべし——"閑寂"，名词。寂寥，寂静。"着する"，"着す"（动・下二）的连体形。执着某事。"も"，系助词。同上。"着する"和"も"之间可认为省略了形式体言。"障り"，与前文"咎"意思相近，表示妨碍往生的罪孽、罪过等。"なる"，断定助动词"なり"的连体形。"べし"，推量助动词"べし"的终止形，此处表示推量。此句同口语"さびしくもの静かな境地に執著することも、往生の妨げとなるであろう"。

　39 いかが、要なき楽しみを述べて、あたら時を過ぐさん——"いかが"，疑问副词，表示反问，意为"どうして…か"。"要なき"，"要なし"（形・ク）的连体形，表示无用的、没必要的。此处的"要なき楽しみ"即指前文出现的两种罪过。"述べ"，"述ぶ"（动・下二）的连用形。此处指用文章（文字）记述下来。"あたら"，"あたらし"（形・シク）的词干。在此接名词，起到连体词的作用。表示可惜，浪费。"過ぐさ"，"過ぐす"（动・四）的未然形。"ん"，系推量助动词"む"的连体形（此系"いかが"的要求）。此句同口语"どうして、不必要な閑居の楽しみを書き記して、もったいない時間を費やそうか"。

方丈記

　しづかなる暁[40]、この理を思ひ続けて、自ら心に問ひて曰く[41]。世を遁れて、山林に交はるは、心を修めて、道を行はむとなり[42]。しかるを[43]、汝、姿は聖人にて、心は濁りに染めり[44]。栖は、即ち、浄名居士の跡を汚せりといへども[45]、保つところは、僅かに、周梨槃特が行ひだに及ばず[46]。もし、これ、貧賎の報の、自ら悩ますか[47]。はたまた、妄心の至りて狂ぜるか[48]。その時、心、さらに答ふる事なし[49]。ただ、傍に、

40　しづかなる暁——"しづかなる"，"しづかなり"（形动・ナリ）的连体形。一说，来自汉语词"清暁"的和译。同"静かな夜明けの時に"。

41　この理を思ひ続けて、自ら心に問ひて曰く——"理"，道理。此处指前述内容，包括佛祖教诲，直到最后徒费时间等。"思ひ続け"，"思ひ続く"（动・下二）的连用形。一直想，不断地想。"て"，接续助词。"自ら"，自己。"問ひ"，"問ふ"（动・四）的连用形。"心に問ふ"，来自汉语词"問心"的和译。"曰く"，连语，由"言ふ"（动・四）的未然形加上接尾词"く"而来，表示"言うことには"（"ク語法"）。

42　世を遁れて、山林に交はるは、心を修めて、道を行はむとなり——"遁れ"，"遁る"（动・下二）的连用形。"世を遁れ"，逃离俗世。"交はる"，"交はる"（动・四）的连体形。"山林に交はる"，混迹山林。"は"，系助词。"交はる"和"は"之间可被认为省略了形式体言。"修め"，"修む"（动・下二）的连用形。"心を修む"，使心归于平静。"道"，特指佛道。"行は"，"行ふ"（动・四）的未然形。修行（佛道）。"む"，推量助动词，终止形。"となり"，见注36。此句同口语"出家・遁世して、山林の中に入り込むのは、心をととのえて、仏道を修行しようとするためである"（"道を行はむとなり"，有的版本也作"道を行はむがためなり"）。

43　しかるを——接续词。表逆接，同"それなのに""それにもかかわらず"。

44　汝、姿は聖人にて、心は濁りに染めり——"汝"，第二人称代词。此处用于称呼作者自己。"姿"，身姿。"にて"，格助词，同"で"。"濁り"，污浊。"に"，格助词，此处表示导致污染的缘由。"染め"，"染む"（动・四）的已然形。染上，沾染。"り"，完了助动词"り"的终止形。接四段动词已然形后，表示状态的持续，见注9。此句同口语"お前は、風采は聖人のようであって、その心は煩悩に汚されている"。

45　栖は、即ち、浄名居士の跡を汚せりといへども——"栖"，住所。"は"，系助词。"即ち"，副词。同"そのまま""まるで"。"浄名居士"，维摩的异称。"跡"，此处为遗迹的意思。"汚せ"，"汚す"（动・四）的已然形。"り"，见注9，完了助动词"り"的终止形。此处指作者建草庵不恰当地模仿了维摩的方丈，含有指责的意思。"といへども"，见注28。

46　保つところは、僅かに、周梨槃特が行ひだに及ばず——"保つところ"，指维持自己的佛道修行。"僅かに"，"僅かなり"（形动・ナリ）的连用形。此处做状语，同"すこし""ちょっと"。"周梨槃特"，释迦弟子，相传为人愚钝，后终于大彻大悟。"が"，格助词，同"の"。"行ひ"，名词。此处指修行。"だに"，副助词。即使，纵使，同"…までも"。"及ば"，"及ぶ"（动・四）的未然形。"ず"，否定助动词，终止形。此句同口语"保持しているところは、少しもあの愚鈍で悟りを開いた周梨槃特の修行にすら達していないのだ"。

47　もし、これ、貧賎の報の、自ら悩ますか——"もし"，副词，同"ひょっとすると""もしかすると"。"これ"，指前文"汝、姿は聖人にて、心は濁りに染めり"。"貧賎の報"，指前世的各种宿业（所作所为）造成了今世贫贱的结果，即指现世中使其陷入贫贱的报应。"の"，主格助词，同"が"。"自ら"，自己。后面省略了"を"。"悩ます"，"悩む"（动・四）的未然形"悩ま"，加上使役助动词"す"。"か"，系助词，此处为其句末用法。此句同口语"もしかすると、この状態は、前世のさまざまな原因による、貧賎という結果がこの自分をして煩悩を起こさせるのか"。

48　はたまた、妄心の至りて狂ぜるか——"はたまた"，接续词。放在两个疑问句中间，表示选择，同"あるい、それともまた"。"妄心"，同"真心"相对，迷乱之心。"至り"，"至る"（动・四）的连用形，在此表示高涨。"狂ぜ"，"狂ず"（动・サ変）的未然形，加上完了助动词"り"的连体形"る"，见注9。"か"，系助词，同上。此句同口语"もしかしてまた、迷った心が高じて、わが修行を狂わせるのか"。

49　その時、心、さらに答ふる事なし——"その時"，此处指前文"自ら心に問ふ"。"さらに"，副词。与否定表达呼应，表示一点也（不……）的意思，同"一向に""まったく""少しも"。此句同口语"そうたずねた時、わが心は、全然、答えようとしない"。

舌根をやとひて⁵⁰、不請の阿弥陀仏、両三遍申して、止みぬ⁵¹。

時に、建暦の二年⁵²、弥生の晦日ごろ⁵³、桑門の蓮胤⁵⁴、外山の庵にして⁵⁵、これを記す⁵⁶。

【译文】

川流不息（第一节）

　　河水流动不绝，且已非原水。浮于水涡的水泡时消时结，决无久留之例。世间的人与居所亦然。敷玉般的都市，并栋争甍。人无论贵贱，其居所经年累世虽未消失，但一查究竟，自古既有的老房稀少。或昨年烧毁，今又重建；或大房已毁，改作小屋。住于其间的人同理。场所依旧，人亦不少，然从前就已熟识的，二十人中仅剩一二。（世间）朝死夕生的惯例，恰如（时消时结的）水泡。

　　不知生死交替之人从何而来，向何处去。亦不知（作为住家的）临时栖身之所，为谁费尽心思（营建）、又因何目的造得悦人耳目。主人与住所好似在争相无常，此情形堪比牵牛花之于朝露。或露水零落花残存，即使残存，但终会因朝日而枯萎；或花已凋零露水未消，即使未消，也无计等到黄昏了。

---

50 ただ、傍に、舌根をやとひて——"ただ"，副词，同"わずかに""やっと"。"舌根"，佛教里讲的六根之一。"やとひ"，"やとふ"（动・四）的连用形，临时借用。此句同口语"やっとのこと、修行のかたわら、もの言う働きを臨時に借り用いて"。

51 不請の阿弥陀仏、両三遍申して、止みぬ——"不請"，佛教用语，自己不请求（菩萨）也会普度众生，指菩萨的大慈大悲。另有人认为，此处意思是不情愿（遵从已日本化了的意思），同"気の進まない""いやいやながら"。"両三遍"，同"二三遍"。"止み"，"止む"（动・四）的连用形。结束。"ぬ"，完了助动词"ぬ"的终止形。此句同口语"身の入らない、南無阿弥陀仏ととなえる念仏を二三度申しただけで終わりにしてしまった"。

52 時に、建暦の二年——"時に"，同"今は"。"建暦の二年"，指公历1212年。

53 弥生の晦日ごろ——"弥生"，即"阴历三月"。"晦日"，指每月最末一天。

54 桑門の蓮胤——"桑門"，指出家人。"蓮胤"，鸭长明出家后的法名。

55 外山の庵にして——"外山"，位于京都市伏见区日野町（也称日野山）。鸭长明在此搭建草庵。"にして"，由格助词"に"加上サ变动词"す"的连用形"し"，再加上接续助词"て"构成，在此表示场所，同"…において"。

56 これを記す——"これ"，代词，此处即指《方丈记》。"記す"，"記す"（动・四）的终止形，同"書き表す"。

方丈记

月影西斜（第十二节）

　　生涯好似月影倾斜，残生恰如（月近）山端，忽然要面对三途之暗了。此生所为有何怨恨？佛家告诫，遇事勿要执着。故此，爱草庵亦是罪过。执着闲寂安宁的境界，也会妨碍往生吧。那我缘何还要将此没有必要的（闲居生活的）乐趣记录下来、浪费时间呢？

　　在寂静的黎明时刻，我一面考虑着上述道理，一面扪心自问："出家，遁世，隐迹山林，是为了整理心绪，修行佛道。可是，你徒具圣人外表，内心却被尘世的污浊所浸染。你的住所不过是拙劣模仿净名居士的方丈庵，而（你的）修行，却连（起初愚钝后开悟的）周梨盘特都不及。这是（前世因缘造成）你今生贫贱，（从而）导致的自寻烦恼？还是你迷惘之心膨胀，所致的（修行）错乱？"我扪心自问，完全答不上来。最后，我下定决心，一边修行，一边临时鼓动舌根，虽不太情愿，口念三遍南无阿弥陀佛，然后作罢。

　　时建历二年三月末，僧莲胤记此文于外山草庵。

宇治拾遗物语

宇治拾遗物语

【作家和作品简介】

《宇治拾遗物语》系日本中世镰仓时代（1192—1333）一部重要的说话集。作者不详。成书年代一般推为13世纪前半期（约在1221年前后）。共二册，十五卷。计辑录"天竺"（印度）、"震旦"（中国）和"本朝"（日本）等长短"说话"（系神话、传说、童话等的总称）197篇（一说为196篇）。

第一篇《长鼻僧的故事》采自《今昔物语集》卷28。据载，收入本书时，将原文的"和汉混淆文"改为平易的"和文体"，并吸收当时的口语和俗语。行文流畅、洗练，同时在内容上也排除了教训色彩，故历来注释家多推荐此篇。它主要描述一个名叫善珍内供的僧人，为了缩短他的长鼻子而闹出种种笑话。全篇描写生动，意趣盎然。

第二篇《信浓国某高僧的故事》采自《今昔物语集》卷11，收在《宇治拾遗物语》卷8中。主要描述信浓国有一法师因为苦苦修行而获得某种法力，使得其钵盂能够自行飞到财主家中索取粮食。全篇情节生动、神奇，极富想象力。文中关于高僧与财主间对话那一部分，寥寥数笔，高僧的恬淡寡欲和财主的贪婪成性这两种迥异的性格便已跃然纸上，对比十分鲜明。

【原文】

鼻長き僧¹のこと

昔²、池の尾に³、善珍内供⁴といふ僧住みける⁵。真言など⁶よく習ひて、年久しく行

---

1 鼻長き僧のこと——"長き"，"長し"（形・ク）的连体形。"鼻"下的主格助词"が"，在文言中多被省略。
2 昔——这是《宇治拾遗物语》惯用起首之一。此外还用"今は昔""これも昔""これも今は昔"等为起首。
3 池の尾に——地名，位于今之京都府宇治市。
4 善珍内供——"善珍"，人名（也有本子写"禅珍""禅智"），其传不详。"内供"，"内供奉"之略。在禁中内寺供职，执掌祈祷等佛事的僧职。
5 といふ僧住みける——"ける"，过去助动词"けり"的连体形。此处表示传闻。"住みける"，等于口语"（…僧が）住んでいたそうだ"。本句以连体形"ける"结句，系文言"连体形结句"（連体止め）的用法。这种用法多用于和歌和会话，以表示余韵和委婉的结句。到了中世，它逐渐扩大至文章的叙事和说明部分（地の文）。
6 真言など——"真言"，指佛教"真言宗"（也称"密宗"）的秘法。此处指念诵"真言"（咒，秘咒），祈求佛力加护众生。

なひて、たふとかりければ⁷、世の人々、さまざまの祈りをせさせければ⁸、身の徳豊かにて⁹、堂も僧坊も、少しも荒れたる所なし¹⁰。仏供、御灯なども絶えず¹¹、折り節の僧膳、寺の講演、しげく行なはせければ¹²、寺中の僧房に、ひまなく僧も住みにぎはひけり¹³。湯屋には湯わかさぬ日なく¹⁴、あみののしりけり¹⁵。また、そのあたり¹⁶には、小家ども多くいできて、里もにぎはひけり¹⁷。

　さて¹⁸、この内供は鼻長かりけり¹⁹。五、六寸ばかりなりければ²⁰、おとがひより下がりてぞ見えける²¹。色は赤紫にて、大柑子の膚のやうに、粒だちてふくれたり²²。

---

7 年久しく行なひて、たふとかりければ——"年久しく"，等于口语"長年"。"行なひ"，"行なふ"（动・四）的连用形。"仏道修行する"之意。"たふとかり"，"たふとし"（形・ク）的连用形。"けれ"，"けり"的已然形。表示过去。"ば"，接续助词，此处接活用词已然形下，表示原因、理由。本句可译为口语"長年、修業を積んで尊い僧であったので"。

8 せさせければ——同口语"（…祈りを）させたので"。"せ"，"す"（动・サ变）的未然形。"させ"，使役助动词"さす"的连用形。接动词（除动词"四段""ラ变""サ变"外）的未然形下。"ければ"，见注7。

9 身の徳豊かにて——"身"，在此同"本人""自分自身"。"徳"，此处同"得"，表示"富"等意。"豊かに"，"豊かなり"（形动・ナリ）的连用形，加接续助词"て"，同口语"豊かで""豊かであって"等。本句等于口语"本人の生活も裕福で"。

10 堂も僧坊も少しも荒れたる所なし——"堂"，指佛堂。"僧坊"，也写作"僧房"，此处指僧侣的（一排排）房子。注13的"僧房"，指住的房间。"も"，系助词，在此表示并列。"荒れ"，"荒る"（动・下二）的连用形。"たる"，完了助动词"たり"的连体形，此处表示存续，同口语"…ている""…てある"。"荒れたるところなし"，等于口语"荒れている所がない"。

11 仏供、御灯なども絶えず——"仏供"，置于神佛前的供物。"御灯"，供神佛前的灯火，同"お灯明""みあかし"。"絶え"，"絶ゆ"（动・下二）的连用形。"絶えず"，同口语的"絶えなく"。

12 折り節の僧膳、寺の講演、しげく行なはせければ——"折り節"，此处同"四季おりおり"。"僧膳"，款待僧人的饭食。"講演"，此处指"説法"。"しげく"，"しげし"（形・ク）的连用形。同"しきりに""盛んに"。"行なは"是"行なふ"的未然形。此处"行なふ"，表示举行佛事之意。"行なはせければ"，同口语"行なわせたので"

13 僧房にひまなく僧も住みにぎはひけり——"僧房"，见注10。"ひまなく"，同"すきまもなく""あいている所がなく"。"住みにぎはひけり"，同口语"住んでにぎわっていた"。

14 湯屋には湯わかさぬ日なく——"湯屋"，同"浴室""湯殿"。"湯わかさぬ"，同口语"湯をわかさない"。

15 あみののしりけり——同口语"（寺の僧たちが）湯浴みをして騒いでいた"。此处"ののしる"，同"大声で騒ぐ"。

16 そのあたり——"その"，由代词"そ"与格助词"の"构成。"あたり"，指寺院周围，同"付近""近く"。

17 小家ども多くいできて、里もにぎはひけり——"小家"，同"小さな家"。"ども"，接尾词，表示复数。"いでき"，"いでく"（动・カ变）的连用形。"いできて"，同口语"できて"。"里"，指寺院周围的村落，同"村里""人里"。

18 さて——接续词，等于"そこで""ところで"。

19 鼻長かりけり——等于口语"鼻が長かった"。

20 五、六寸ばかりなりければ——"なり"表示断定，同口语"…だ""…である"。"なりければ"，同口语"…であったので"。

21 おとがひより下がりてぞ見えける——"おとがひ"，同"あご"。"ぞ"，系助词。此处用于句中，表示强调。根据系结规则，要求以连体形结句。"見え"，"見ゆ"（动・下二）的连用形。"ける"，"けり"的连体形。"下がりてぞ見えける"，等于口语"下がって見えた"。

22 赤紫にて、大柑子の膚のやうに、粒だちてふくれたり——"にて"，连语。由断定助动词"なり"的连用形"に"与接续助词"て"构成，同口语"…で""…であって"。"大柑子"，同"大きなみかん"。（转下页）

宇治拾遺物語

かゆがること限りなし²³。提に湯をかへらかして²⁴、折敷を鼻差し入るばかりゐり通して²⁵、火の炎の顔に当たらぬやうにして²⁶、その折敷の穴より鼻を差しいでて²⁷、提の湯に差し入れて、よくよくゆでて引き上げたれば²⁸、色は濃き紫色なり²⁹。それを、そばざまに臥して、下に物を当てて、人に踏ますれば³⁰、粒だちたる穴ごとに、煙のやうなる物いづ³¹。それをいたく踏めば、白き虫の穴ごとにさしいづるを³²、毛抜きにて抜けば³³、四分ばかりなる³⁴白き虫を穴ごとに取りいだす。そのあとは、穴だにあきて見ゆ³⁵。それをまた同じ湯³⁶に入れて、さらめかしわかすに³⁷、ゆづれば鼻小さくし

（接上页）"やうに"，助动词"やうなり"的连用形，其用法同口语"…ようだ"，此处表示比喻。"粒だち"，"粒だつ"（动・四）的连用形。"ふくれ"，"ふくる"（动・下二）的连用形。"ふくれたり"，等于口语"ふくれている"。

23 かゆがること限りなし——"かゆがる"，由"かゆし"（形・ク）的词干"かゆ"与接尾词"がる"（属于四段活用）构成，同"かゆく感じる"。"限りなし"（形・ク），同口语"限りがない"。

24 提に湯をかへらかして——"提"，一种有嘴带把儿的锅状的壶。"かへらかして"，等于口语"沸腾させて""煮立たせて"。

25 折敷を鼻差し入るばかりゐり通して——"折敷"，食具，一种用柏或杉木的薄片制成的四方托盘。"折敷"在此为"ゐり通して"的宾语。"差し入る"，"差し入る"（动・下二）的终止形。"鼻差し入るばかり"在此做"ゐり通して"的连用修饰语。此句可译为口语"折敷を鼻がはいるぐらいくり抜いて"。

26 火の炎の顔に当たらぬやうにして——"火の炎"下的"の"，同主格助词"…が"。"当ら"，"当る"（动・四）的未然形。"ぬ"，否定助动词"ず"的连体形。"やうに"，见注22。此处表示意图、目的。"し"，"す"的连用形。"て"，接续助词。此处"して"，不要与接续助词"して"相混。

27 穴より鼻を差しいでて——"より"，在此同口语"…から"。"差しいで"，"差しいづ"（动・下二）的连用形。

28 よくよくゆでて引き上げたれば——"よくよく"，副词，同"十分に"。"ゆで"，"ゆづ"（动・下二）的连用形。"引き上げ"，"引き上ぐ"（动・下二）的连用形。"たれ"，完了助动词"たり"的已然形。"ば"，接续助词，此处表示偶然条件。同"…と""…したところ"。"引き上げたれば"，同口语"引き上げると"。

29 濃き紫色なり——同口语"濃い紫色である"。

30 それをそばざまに臥して、…人に踏ますれば——"それ"，指"鼻"，在此为"踏ますれば"的宾语。"ざま"，接尾词。接体言下，表示方位、方向。同"…の方向""…向き"，如"南ざま""上ざま"。此句等于口语"（自分は）横向きに寝て、……それを人に踏ますと"。

31 粒だちたる穴ごとに、煙のやうなる物いづ——"粒だちたる"，同口语"粒だっている"。"ごと"，接尾词。在此以"…ごとに"的形式，表示"毎…"，等于"どの…も皆"。"やうなる"，同口语"…ような"，见注22。"いづ"（动・下二），同口语"でる"。在"…物"和"いづ"之间，可视为省略主格助词"が"。

32 いたく踏めば、白き虫の穴ごとにさしいづるを——"いたく"，"いたし"（形・ク）的连用形，在此同"強く"。"踏めば"，同口语"踏むと"。"…虫"下的"の"，在此同主格助词"…が"。"さしいづる"，"さしいづ"的连体形。"を"，宾格助词。接体言和活用词连体形下。在"さしいづる"和"を"之间，（文言中）不需要加形式体言"の"等。

33 毛抜きにてぬけば——"毛抜き"，名词，镊子。"にて"，格助词，在此表示工具、手段，同口语"…で"。"抜けば"，同口语"抜くと"。"抜け"，"抜く"（动・四）的已然形。

34 四分ばかりなる——"分"，一寸的十分之一，约三毫米。"なる"，断定助动词"なり"的连体形。

35 穴だにあきて見ゆ——"だに"，副助词。同"だって""…さえ"。"あきて見ゆ"，同口语"あいて見える"。

36 同じ湯——"同じ"，"同じ"（形・シク）的连体形（"同じ"有"同じき"和"同じ"连个连体形，前者多用于"汉文训读"，后者多用于"和文"）

37 さらめかしわかすに——"さらめかし"，"さらめかす"（动・四）的连用形。"さらめかす"，同口语"さらさらと音をたてる"。"に"，接续助词，接活用词连体形下，此处表示单纯接续，同口语"…が"。本句可译为"さらさらと音ができるほど沸かすのであるが"。

ぼみ上がりて³⁸、ただの人の鼻のやうになりぬ³⁹。また二、三日になれば、先のごとくに大きになりぬ⁴⁰。

　かくのごとくしつつ⁴¹、はれたる日数は多くありければ⁴²、物食ひける時は、弟子の法師に⁴³、平らなる板の一尺ばかりなるが、広さ一寸ばかりなるを⁴⁴鼻の下に差し入れて、向かひゐて、上ざまへ持て上げさせて⁴⁵、物食ひ果つるまではありけり⁴⁶。異人して持て上げさするをりは、荒らく持て上げければ⁴⁷、腹を立てて、物も食はず。されば⁴⁸この法師ひとりを定めて、物食ふたびごとに、持て上げさす。それに、ここち悪しくて、この法師いでざりけるをり⁴⁹、朝がゆ食はんとするに、鼻を持て上ぐる人なかりければ⁵⁰、「いかにせん。」など言ふほどに⁵¹、使ひける童の、「われはよく持

---

38 ゆづれば鼻小さくしぼみあがりて——"ゆづれば"，同口语"ゆでると"。"ゆづれ"，"ゆづ"的已然形。"しぼみあがりて"，同"しぼみ縮まって"。

39 ただの人の鼻のやうになりぬ——"ただの人"，"普通の人"。"なりぬ"，等于口语"…なってしまう"。

40 …なれば、先のごとくに大きになりぬ——"なれば"，同口语"なると"。"先"，在此同"もと"。"ごとくに"，助动词"ごとくなり"的连用形，其用法和接续法与"ごとし"同。此处同口语"ように"，表示类似。"大きに"，"大きなり"（形动・ナリ）的连用形，同口语"大きく"。"なりぬ"，见注39。"大きになりぬ"等于口语"大きくなってしまう"。

41 かくのごとくしつつ——等于口语"このようなことを繰り返して"。

42 はれたる日数は多くありければ——"はれたる"，同口语"はれている"。"あり"在此做补助动词，接形容词连用形下表示状态。"多くありければ"，同口语"多かったので"。

43 物食ひける時は、弟子の法師に——"食ひ"，"食ふ"（动・四）的连用形。"ける"，"けり"的连体形。"弟子の法師"，同"弟子である法師"。

44 平らなる板の一尺ばかりなるが、広さ一寸ばかりなるを——等于口语"平らな板で、（長さは）一尺ぐらいの板で、幅が一寸ぐらいなのを"。"が"，是格助词，接在活用词连体形和体言下。本句中的"の"和"が"，均表示同格，也就是，"平らなる板"，与"一尺ばかりなる"所修饰的（板）是同一物。"の"在此同口语"…で"，表示同格。"…一尺ばかりなる"所修饰的（板），与"広さ一寸ばかりなる"所修饰的（板）也是同一物，故"が"在此也表示同格。同"…で"。"の"和"が"的这种用法，常见于古典作品中，见注77。

45 向かひゐて、上ざまへ持て上げさせて——"ゐ"，"ゐる"（动・上一）的连用形。此处"ゐる"同"すわる"。"向かひゐて"，同口语"対座して""むかいあっていて"。"上ざま"，同"上の方"。"持て上げ"，"持て上ぐ"的（动・下二）连用形。

46 食ひ果つるまではありけり——"食ひ果つる"，"食い果つ"（动・下二）的连体形。"まで"，副助词。"ありけり"，同"そうさせていた""居らせた"。"あり"在此表示动作、状态的存续。

47 異人して持て上げさするをりは、荒らく持て上げければ——"異人"，同"他の人"。"して"，格助词。接体言等下，表示使役的对象，同口语"…に""に命じて"。"…さする"，"さす"的连体形。"荒らく"，"荒し"（形・ク）的连用形。同口语"荒々しく"。

48 されば——接续词，此处同"それで"。

49 それに、ここち悪しくて、この法師いでざりけるをり——"それに"，接续词，此处同"ところが""それなのに"。"ここち悪しくて"，同口语"気分が悪くて""病気で"。"いで"，"いづ"的连用形。"いでざりける"，同口语"出て来なかった"。"をり"，同"時"。

50 食はんとするに、鼻を持て上ぐる人なかりければ——"ん"（む），推量助动词"む"的终止形，接活用词未然形下，此处表示意志，同口语"…う""…よう"。"に"，接续助词，在此表示既定逆态条件，同口语"…が""…のに"。"食はんとするに"，同口语"食べようとするが"。"持て上ぐる"，"持て上ぐ"（动・下二）的连体形。"なかりければ"，同口语"なかったので"。

51 「いかにせん。」など言ふほどに——"いかにせん"，连语。同口语"どうしたらよかろう"。"ほどに"，连语，由名词"ほど"与格助词"に"构成，接活用词连体形下，此处同口语"…するうちに"。

て上げ参らせてん⁵²。さらにその御房にはよも劣らじ。」と言ふを⁵³、弟子の法師聞きて、「この童のかくは申す。」と言へば⁵⁴、中大童子にて、みめもきたなげなくありければ⁵⁵、上に召し上げてありけるに⁵⁶、この童、鼻持て上げの木を取りて、うるはしく⁵⁷向かひゐて、よきほどに、高からずひきからず持たげて⁵⁸、かゆをすすらすれば⁵⁹、この内供、「いみじき上手にてありけり⁶⁰。例の法師にはまさりたり。」とて⁶¹、かゆをすするほどに⁶²、この童、鼻をひんとて⁶³、そばざまに向きて鼻をひるほどに⁶⁴、手震ひて⁶⁵、鼻持たげの木揺ぎて、鼻はづれて、かゆの中へふたりとうち入

---

52 使ひける童の、「われはよく持て上げ参らせてん——"使ひける"，同口语"（侧に）使っていた"。"童"，即"童子"，系指出家前在寺院打杂的少年。根据年龄，有上、下、中大、中童子之别。接"童"下的"の"，在此同主格助词"…が"。"われ"，代词，同"わたし"。"参らせ"，"参らす"（动·下二）的连用形。"参らす"在此为谦让补助动词。同口语"お申し上げる""…てさし上げる"。"てん"（てむ），连语，由完了助动词"つ"的未然形"て"与推量助动词"む"（ん）构成。接活用词连用形下，此处表示强烈的意志，同口语"きっと…しよう"。"持て上げ参らせてん"，等于口语"持ち上げてさしあげましょう"。

53 さらにその御房にはよも劣らじ。」と言ふを——"さらに"，副词。此处同"まったく""けっして"。"御房"，僧人的尊称，同"お坊さん"。"よも"，副词，同"よもや""まさか"，多与"じ"等相呼应。"じ"，否定推量助动词"じ"的终止形，接活用词未然形下，此处表示否定的意志，同口语"…まい"。"よも劣らじ"，同口语"まさか劣りはしません"。"を"，宾格助词，在"…いふ"和"を"之间，可视为省略形式体言"の"。

54 「この童のかくは申す。」と言へば——接"この童"下的"の"，表示引用句中的主语，同"…が"。"かく"，副词，同"このよう"。"は"，系助词。"申す"，系"言ふ"的谦让语。本句等于口语"この童がこう申しますと言うので"。

55 中大童子にて、みめもきたなげなくありければ——"中大童子"，见注52。"にて"，同口语"…で"。见注22。"みめ"，同"見た目""容貌"。"きたなげなく"，"きたなげなし"（形·ク）的连用形。"きたなげなし"在此同口语"こぎれいだ"。"きたなげなくありければ"，等于口语"みにくくなかったので"。

56 上に召しあげてありけるに——"上"，此处同"奥座敷"。"召し上げ"，"召し上ぐ"（动·下二）的连用形。"…てありけるに"，等于口语"…ていたのだが"。

57 うるはしく——"うるはし"（形·シク）的连用形，同口语"行儀よく""きちんと"。

58 よきほどに、高からずひきからず持たげて——"よきほどに"，同口语"丁度よい適当な高さに"。"高から"，"高し"（形·ク）的未然形。"ひきから"，"ひきし"（形·ク）的未然形。"高からずひきからず"，同口语"高くなく低くなく"。"持たげ"，"持たぐ"（动·下二）的连用形。

59 すすらすれば——同口语"すすらせるので"。"すすら"，"すする"（动·四）的未然形。"すれ"，使役助动词"す"的已然形。

60 いみじき上手にてありけり——"いみじき"，"いみじ"（形·シク）的连体形。"いみじ"，在此同"すばらしい""すぐれている"。"上手"，名词。此处同"名人""その道の達人"。"に"，"なり"的连用形。"にてあり"，同口语"…であり"。"けり"在此表示感叹。同口语"…だなあ""…たことよ"。"にてありけり"，等于口语"…であったのだなあ"。

61 例の法師にはまさりたり。」とて——"例の"，同"いつもの""あの"。"まさり"，"まさる"（动·四）的连用形。"たり"，在此表示存续。"まさりたり"，同口语"まさっている"。"とて"，同"…と言って"。

62 ほどに——同口语"…するうちに"，见注51。

63 鼻をひんとて——"ひ"，"ひる"（动·上一）的连用形，"鼻をひる"，同"くしゃみをする"。"ん"（む），在此为终止形，表示意志。"とて"，此处同"…として"。

64 ほどに——此处同"…すると"。

65 手震ひて——等于口语"手が震えて"。

れつ⁶⁶。内供が顔⁶⁷にも、童の顔にも、かゆとばしりて、ひとものかかりぬ⁶⁸。内供、大きに⁶⁹腹立ちて、頭・顔にかかりたるかゆを紙にてのごひつつ⁷⁰。「おのれは、まがまがしかりける心持ちたる者かな⁷¹。心なしのかたゐとは、おのれがやうなる者を言ふぞかし⁷²。われならぬやごとなき人の御鼻にもこそ参れ⁷³。それには、かくやはせんずる⁷⁴。うたてなりける、心なしの痴れ者かな⁷⁵。おのれ、立て立て。」とて、追ひ立てければ、立つままに⁷⁶、「世の人の、かかる鼻持ちたるが⁷⁷おはしまさばこそ、鼻持

---

66 揺るぎて、鼻はづれて、かゆの中へふたりとうち入れつ——"揺るぎ"，"揺るぐ"（动·四）的连用形。"はづれ"，"はづる"（动·下二）的连用形。"鼻はづれて"，同"鼻がはずれて"。"ふたりと"，副词，同"ぽとん""ぽとりと"。"うちいれ"，"うちいる"（动·下二）的连用形。"つ"，完了助动词"つ"的终止形。同口语"…た""…てしまった"。

67 内供が顔——同"内供の顔"。

68 としばりて、ひとものかかりぬ——"とばしり"，"とばしる"（动·四）的连用形。"ひともの"，副词，同"いっぱい""ひとはた"。"ぬ"，完了助动词。"かかりぬ"，同口语"かかってしまった"。

69 大きに——见注40。此处同"たいそう""たいへん"。

70 かかりたるかゆを紙にてのごひつつ——"かかりたる"，同口语"かかっている"。"にて"，同"…で"，见注33。"のごひ"，"のごふ"（动·四）的连用形。"つつ"，接续助词，同口语"…ながら"。

71 おのれは、まがまがしかりける心持ちたる者かな——"おのれ"，代词，此处同"おまえ"。"まがまがしかり"，"まがまがし"（形·シク）的连用形。"まがまがし"，在此同"にくらしい""いまいましい"。"ける"，"けり"的连体形，在此表示感叹。"たる"，在此同"…た"。"心持ちたる者"，同口语"心を持った者"。"かな"，终助词，接体言和活用词连体形下，表示感叹，同"…だなあ""…ものだなあ"。

72 心なしのかたゐとは、おのれがやうなる者を言ふぞかし——"心なしの"，连语，同口语"物の理屈を知らない""道理をわきまえない""ばかな"等。"かたゐ"，骂人语。要饭坯子，同"乞食"。"おのれがやうなる者"，同口语"おまえのような者"。"ぞかし"，连语，由系助词"ぞ"与终助词"かし"构成，接活用词连体形和体言下，表示强意的断定，同口语"…なのである""…だぞ"。

73 われならぬやごとなき人の御鼻にもこそ参れ——"なら"，断定助动词"なり"的未然形。"われならぬ"，同口语"私でない"。"やごとなき"，"やごとなし"（形·ク）（"やむごとなし"的"む"脱落）的连体形。在此同"高貴な"。格助词"に"，在此表示动作的目的。在"…御鼻"和"に"之间，可视为省略"持ち上ぐ"的连用形"持ち上げ"。"もこそ"，由系助词"も"和"こそ"构成。用于句中，表示一种担心和不安，同口语"…したら大変だ""すると困る"。根据系结规则，要求以已然形结句。"参る"在此为"行く"的谦让语。本句等于口语"私などでなく、（もっと）尊いお方のお鼻（を持ち上げ）にでも参ったらたいへんだ"。

74 それにはかくやはせんずる——"それ"，代词。此处同"その時"。"かく"，副词。"やは"，系助词。此处表示反问，同口语"…だろうか、いや…ない"。要求以连体形结句。"せ"，"す"的未然形。"んずる（むずる）"，系推量助动词"むず"的连体形。"むず"，多用于镰仓时代，其接续法与用法同推量助动词"む"，见注50，但语气比"む"强。此处"むず"表示推量。"かくやせんずる"，等于口语"こんな（無茶な）ことが出来ようか"。

75 うたてなりける、心なしの痴れ者かな——"うたてなり"，"うたてなり"（形动·ナリ）的连用形。"うたてなり"，在此同"ひどい""よろしくない"。"ける"，在此表示感叹，见注71。"痴れ者"，此处同"ばか者""あほう"。"かな"，终助词，见注71。本句等于口语"なんともけしからぬ考えなしのばかものよ"。

76 とて、追ひ立てければ立つままに——"とて"，此处同"…と言って"。"追ひ立て"，"追ひ立つ"（动·下二）的连用形。"追ひ立てければ"，同口语"追い立てたので"。"ままに"，连语，由形式名词"まま"和格助词"に"构成。接活用词连体形和"体言+の"下，此处同"…につれて""…ながら"。"立つままに"，同口语"立っていきながら"。

77 世の人の、かかる鼻持ちたるが——"世の人"，同"世間の人"。"かかる"，连体词，同"こんな""このような"。"鼻持ちたる"，同口语"鼻を持っている"。"が"，主格助词。在"…持ちたる"和"が"之间，可视为省略名词"人"。接"世の人"下的格助词"の"，在此表示同格，同口语"…で"，见注44。即"世の人"，与"かかる鼻持ちたる"所修饰的（人）是同一物。本句可译为口语"世の人で、こんな鼻を持っている人が"。

たげにも参らめ⁷⁸。をこのことのたまへる御房かな。」と言ひければ⁷⁹、弟子どもは、物の後ろに逃げのきてぞ笑ひける⁸⁰。

长鼻僧的故事

很久以前，在池之尾住着一个（被人）称作善珍内供的僧人。他潜心学习"真言秘法"等，多年来念佛修行，是一个德高望重的僧人，所以人们（总）让他做各种各样的祈祷，因此他生活富裕，佛堂和禅房也（修缮得）十分美观、整齐。佛前的供物和灯火（终年）不断，内供还让（寺院）不间断地供给僧人四季应时的膳食，和在寺内举行说法讲经，因此全寺院的禅房里，住满了僧人，一派兴旺景象。寺院的浴室也每天烧水，（众僧们总是）喧闹地入浴净身。而且，在寺院的周围，盖起许多小屋，村落也（随着）热闹起来。

但是，这个内供的鼻子很长，约五六寸，所以看去像是耷拉在颚下似的。（鼻子）呈紫红色，（它表面）犹如大橘子皮，肿起（一粒粒的）小疙瘩。内供感到特别刺痒。他用壶煮沸热水，在方形托盘上挖一个可伸进鼻子的窟窿。为了不让火苗烫伤脸部，（先）将鼻子伸进那个托盘上的窟窿。再把它放入壶内的热水中，足足浸煮一阵后将其抽出。（此时）鼻子已是呈深紫色了。（接着）自己侧身躺在（地上），在鼻下垫上东西，让人在（上面）踩踏。只见每个粒状的小孔中，冒出烟雾状的东西，再使劲一踩，白色的虫子从每个孔中挤出，（于是）用镊子去夹，从每个孔中夹出约四分长的白色虫子。那（留下的）孔痕，连（一个个）眼儿都能看见。然后又将它放入同样的热水中，把水烧得沸腾，浸煮一阵后，鼻子缩短了，变得和常人的鼻子一样。但是，过两三天后，鼻子又（肿起来了），大得和原来一般。

---

78 おはしまさばこそ、鼻持たげにも参らめ——"おはしまさ"，"おはします"（动・四）的未然形。"おはします"在此为"おる""いる"的敬语，同"おいでになる""いらっしゃる"。"ば"，接续助词。此处接活用词未然形下，表示假定，同口语"もし…ならば""…たら"。"こそ"，系助词，见注73。根据系结规则，要求以已然形结句。"こそ"一般用于句中，表示强调。但使用"こそ"的句子，如意义上不中断而往下继续时，则表示逆态的意思，相当于口语"…けれども""…が"。"参ら"，"参る"的未然形。"め"，"む"的已然形，此处表示意志。本句同口语"（…人が）おいでになるなら、鼻持ち上げにも参上しましょうが（そんな人がいらっしゃるはずがありません）"。

79 をこのことのたまへる御房かな。」と言ひければ——"をこ"，名词。"をこのこと"，同口语"ばかなこと""ばかばかしいこと"。"のたまへ"，"のたまふ"（动・四）的已然形。"のたまふ"，是"言ふ"的敬语。同口语"おっしゃる"。"る"，完了助词"り"的连体形。接"四段"动词已然形和サ变动词未然形下，在此表示存续，同口语"…ている"。"言ひければ"，同口语"言ったので"。

80 逃げのきてぞ笑ひける——"逃げのきて"，同"逃げさって"。"ぞ"，系助词，见注21。"ける"，"けり"的连体形。此处表示传闻，见注5。"笑ひける"，同口语"笑ったということだ"。

这样的现象反复多次，而肿的日子要（比缩短的时候）多，所以内供用饭时，让一个法师，是他的弟子，坐在对面，用长一尺、宽一寸的平板插在鼻下，向上托起，直到他将饭用完。（一次）在他让别人托的时候，（此人）托得极其粗暴、失礼，致使内供十分恼火，（气得）什么也不吃。于是选定了这个法师一人，每次内供用饭时由他来托鼻子。但（某日）这法师因病没有来，这时，内供早晨想要喝粥，但没有托鼻子的人，正在他为难之际，（另一）法师，也是他的弟子，曾听到一个侍候过内供的童子说过"我会（把内供的鼻子）托得很好的，绝不比那位法师差"的话，于是就告诉内供："这个童子是这样说的"。这是一个中大童子，而且生得也还清秀，便将他唤到了内客厅。这个童子拿起托鼻子的木板，端端正正地坐在内供的对面，不高不低地（把鼻子）托到合适的高度，让他喝粥。内供（称赞地）说："你真是一个了不起的高手！比那个常侍候我的法师好得多"。当内供正喝着粥的时候，这个童子要打喷嚏，在他侧身打喷嚏时，手颤动了，托鼻子的木板晃了一下，鼻子滑离木板，"吧嗒"一声掉进粥里。内供的脸上和童子的脸上，都溅满了粥。内供（顿时）火冒三丈，一边用纸拭去沾在脸上的粥，一边说："你真是个可恶的家伙，'不知好歹的要饭坯子'这话，就是说你这种人的。假如不是给我（托），而是给（更）高贵的人去托鼻子的话，那就不得了了。那时，你是不会做出这种非礼之事的。真是个不知好歹的浑蛋！岂有此理！你这个家伙，给我滚！滚！"（这个童子）一边走一边说："假如世上真有（长）这种鼻子的（人），那我会去给他托的。（但，这是不可能有的）。真是个胡说八道的大师父"。弟子们（听了童子的话后），都躲到僻静处，大笑起来。

【原文】

信濃[81]の国の聖の事

今は昔[82]、信濃国に法師ありけり[83]。さる田舎にて法師になりにければ[84]、まだ受戒

---

81 信濃——旧国名，在今长野县。
82 今は昔——同口语"今では、昔のことであるが"，为日本古代说话、物语文学的惯用起首。
83 "…ありけり"——"あり"是"あり"（动・ラ变）的连用形。"けり"是过去助动词"けり"的终止形，此处表示传闻。"…ありけり"同口语"…（が）いたそうだ"。
84 "さる田舎にて法師になりにければ"——"さる"是连体词，同"そのような"。"にて"是格助词，同"で"，此处表示场所。"にけれ"是复合助动词"にけり"的已然形，此处表示过去完了。"ば"是接续助词，此处表示原因、理由。"…になりにければ"，同口语"…になったので"。

宇治拾遺物語

もせで⁸⁵、いかで京に上りて、東大寺といふ所にて受戒せむ⁸⁶と思ひて、とかくして上りて受戒してけり⁸⁷。さてもとの国へ帰らむと思ひけれども⁸⁸、よしなし⁸⁹。さる無仏世界のやうなる所に帰らじ⁹⁰。ここに居なむ⁹¹と思ふ心つきて⁹²、東大寺の仏の御前に候ひて⁹³、いづくにか行ひして、のどやかに住みぬべき所ある⁹⁴と、万の所を見まはしけるに⁹⁵、未申の方に当たりて山かすかに見ゆ⁹⁶に。そこに行ひて住まむと思ひて、行きて山の中にえもいはず行ひて過ぐすほどに⁹⁷、すずろに小さやかなる厨子仏を行ひ出だしたり⁹⁸。毘沙門にてぞおはしましける⁹⁹。そこに小さき堂を建てて据ゑ奉り

---

85 受戒もせで——"も"是系助词，在此表类推。同"…でさえ"。"せ"是"す"（动・サ变）的未然形。"で"是接续助词，表否定。此句同口语"受戒もしないで"。

86 いかで…、東大寺といふ所にて受戒せむ——"いかで"是副词。想方设法。同"どうにかして"。"東大寺"，系奈良的华严宗大本山，以大佛著名。"にて"同注84。"受戒せむ"，"む"是推量助动词，此处表示意志。"受戒せむ"同口语"受戒しよう（と思って）"。

87 とかくして上りて受戒してけり——"とかく"是副词，同"あれこれと"。"とかくして"系"とかく"加上连语"して"构成，同"どうにか都合をつけて"。"てけり"是复合助动词，此处表示过去完了，同"…てしまった"或"…た"。

88 …と思ひけれども——"けれ"是过去助动词"けり"的已然形。"ども"是接续助词，表示逆接。此句同口语"…と思ったけれども"。

89 よしなし——系"由無し"（形・ク）的终止形。无意义，无价值。在此意为：于修行佛道无益（无意义）。

90 さる無仏世界のやうなる所に帰らじ——"さる"，同前，见注84。"無仏世界"，指佛法不兴盛的地方。"やうなる"是比况助动词"やうなり"的连体形，同"…ような"。"じ"是否定推量助动词，接在活用词未然形下。此处是其终止形。同"…ないつまりだ（まい）"。此句同口语"そんな無仏世界のような所に帰るまい"。

91 ここに居なむ——"居"是"居る"（动・上一）的连用形。"なむ"是连语，由完了助动词"ぬ"的未然形"な"加上推量助动词"む"构成。在此表示强意，同"きっと…しよう"。此句同口语"ここに居ることにしよう"。

92 …と思ふ心つきて——"心"下省略格助词"が"。"つき"是"つく"（动・四）的连用形。"心つく"表示（开始）具有某种心情。此句同口语"…と思う気持ちになって"。

93 …の御前に候ひて——"候ひ"是谦让敬语动词"候ふ"（动・四）的连用形。侍奉，伺候。此句同"…の御前にお仕えして"。

94 いづくにか行ひして、のどやかに住みぬべき所ある——"いづく"同"どこ"。"か"，系助词。用于句中表示疑问，要求句末以连体形结句。"行ひし"是"行ひす"（动・サ变）的连用形。修行。"のどやかに"是"のどやかなり"（形动・ナリ）的连用形，在此作状语。恬静，悠闲，同"のどか（に）"。"ぬべき"是复合助动词"ぬべし"的连体形，接活用词连用形下，表示可能的趋势。此句同口语"どこかに修行して心穏やかに暮らすことのできそうな所がないかしら"。

95 万の所を見まはしけるに——"万"，言其多。"万の所"同"あちらこちら"。"ける"是过去助动词"けり"的连体形。"に"是接续助词，在此表示单纯接续。此句同口语"あちこち見回したところ"。

96 未申の方に当たりて山かすかに見ゆ——"未申の方"，指西南方向。"当たり"是"当たる"（动・四）的连用形。此处意谓位于…方位（方向）。"見ゆ"是"見ゆ"（动・下二）的终止形，同"見える"。

97 山の中にえもいはず行ひて過ぐすほどに——"に"是格助词。在此同口语中表示动作、行为发生场所的"で"。"えもいはず"是由连语"えも"加上"いふ"（动・四）的未然形"いは"，再加上否定助动词"ず"的连用形"ず"构成，在此做状语，同"何とも言いようのないほど"。"過ぐす"是"過ぐす"（动・四）的连体形，同"過ごす"。"ほどに"是接续助词，此处同"…するうちに"。

98 すずろに小さやかなる厨子仏を行ひ出だしたり——"すずろに"是"すずろなり"（形动・ナリ）的连用形，在此做状语，意谓偶然发生，同"そぞろに"。"小さやかなる"是"小さやかなり"（形动・ナリ）的连体形，同"いかにも小さいさま"。"厨子仏"，这里指放入厨子（用来盛放佛像、经文等的箱子）内的佛像。"行ひ出だし"是"行ひ出だす"（动・四）的连用形，意谓：由于修行积德之故产生某种结果。"たり"系完了助动词，终止形。此句同口语"偶然にいかにも小さな厨子仏を、修行の結果見つけ出したのであった"。

99 毘沙門にてぞおはしましける——"毘沙門"是"毘沙門天王"之略，是专司授予福德的善神（七福（转下页）

て¹⁰⁰、えもいはず行ひて年月経るほどに、この山の麓にいみじき下種徳人¹⁰¹ありけり。そこに聖の鉢は常に飛び行きつつ、物は入れて来けり¹⁰²。大きなる校倉のあるを開けて物取り出だすほどに¹⁰³、この鉢飛びて例の物請ひに来たりけるを¹⁰⁴、「例の鉢来にたり¹⁰⁵。ゆゆしくふくつけき鉢よ¹⁰⁶。」とて¹⁰⁷、取りて倉の隅に投げ置きて、とみに物も入れざりければ¹⁰⁸、鉢は待ち居たりけるほどに¹⁰⁹、物どもしたため果てて¹¹⁰、この鉢を忘れて、物も入れず、取りも出ださで¹¹¹、倉の戸をさして、主帰りぬるほどに¹¹²、とばかりありて¹¹³、この倉すずろにゆさゆさと揺るぐ。「いかに、いかに」と

（接上页）神之一）。"にて"是连语（由断定助动词"なり"的连用形"に"与接续助词"て"构成），同口语"だ"的连用形"で（ある）"。"おはしまし"是"おはします"（动·四）的连用形，此处为"あり"的尊敬补助动词，同"…（で）いらっしゃる"。"ける"是过去助动词"けり"的连体形。使用"ける"带有轻微的感叹语气。"ぞ"是系助词，此处用于句中，要求句末以连体形结句。此句同口语"…毘沙門でいらっしゃった"。

100 据ゑ奉りて——"据ゑ"是"据う"（动·下二）的连用形。放置，安放。"奉り"是"奉る"（动·四）的连用形，谦让补助动词。此句同口语"（その仏像を）安置し申し上げて"。

101 いみじき下種徳人——"いみしき"是"いみじ"（形·シク）的连体形，意谓程度不同一般，同"甚しい"。"下種徳人"指身份虽低但富裕的人。此句同口语"身分は卑しいが、大変に裕福な人（がいた）"。

102 飛び行きつつ、物は入れて来けり——"つつ"是接续助词，表示动作反复、持续。"飛び行きつつ"同"飛んで行っては"。"物"指粮食，"来"是"来"（动·カ変）的连用形，"けり"是过去助动词。"来けり"同口语"来た"。

103 大きなる校倉のあるを開けて物取り出だすほどに——"校倉"，日本上代仓库建筑样式之一。仓壁系用三角形或四角形或圆形木材垒成。"ある"是"あり"（动·ラ変）的连体形，其后省略了形式体言"の"，即"大きな校倉のあるのを開けて…"（等于"ある大きな校倉を開けて"）。"ほどに"是接续助词，此处同"…すると"。此句同口语"（自分の）所有している大きな校倉を開けて、物を取り出すと"。

104 例の物請ひに来たりけるを——"例の"是连体词，同"いつもの"。"物請ひ"在此为动作性名词，指索粮这件事。"たりける"是复合助动词"たりけり"的连体形，此处同"…た"。"を"是格助词。此句同口语"いつものように食糧をもらいに来た。それに対して"。

105 …来にたり——"にたり"是复合助动词，终止形。接活用词连用形下，表示状态的存续。此句同口语"（例の鉢が）やってきている"。

106 ゆゆしくふくつけき鉢よ——"ゆゆしく"，"ゆゆし"（形·シク）的连用形。用于贬义，可怕的，严重的。"ふくつけき"，"ふくつけし"（形·ク）的连体形。贪婪。"よ"是终助词，同"…だよ"或"…だぞ"。此句同口语"いまいましく欲の深い鉢だな"。

107 とて——系连语（由格助词"と"和接续助词"て"构成），此处同"と思って"。

108 とみに物も入れざりければ——"とみに"是副词，多与否定词相呼应。同"…すぐには"。"入れ"是"入る"（动·下二）的未然形。"ざり"是否定助动词"ず"的连用形。"けれ"是过去助动词"けり"的已然形。此句同口语"すぐには物（食糧）も入れなかったので"。

109 待ち居たりけるほどに——"待ち居"是"待ち居る"（动·上一）的连用形。"たりける"同注104，此处表示状态的存续。"ほどに"同97。此句同口语"鉢が（食糧を入れてくれるのを）待っているうちに"。此系拟人表达。

110 物どもしたため果てて——"物"指库存品。"ども"，接尾词，表复数。"したため果て"是"したため果つ"（动·下二）的连用形。整理完毕。此句同口语"（いろいろの物を）処理し終えて"。

111 取りも出ださで——"も"是系助词，表示强调。"で"，同注85。此句同口语"取りもしないで"。

112 帰りぬるほどに——"帰り"是"帰る"的连用形。"ぬる"是完了助动词"ぬ"的连体形。"ほどに"表示单纯接续。此句同口语"（主人が）帰ってしまったところ"。

113 とばかりありて——"とばかり"是副词。少顷，片刻。"あり"是"あり"（动·ラ変）的连用形，在此表示时间的经过。此句同口语"しばらくしてから"。

見騒ぐほどに¹¹⁴、ゆるぎゆるぎて¹¹⁵、土より一尺ばかり揺るぎ上がる時に、「こはいかなる事ぞ。」とあやしがりて騒ぐ¹¹⁶。「まこと、まこと¹¹⁷。ありつる鉢を忘れて、取り出でずなりぬる¹¹⁸、それがしわざにや¹¹⁹。」など言ふほどに、この鉢、倉よりもり出でて¹²⁰、この鉢に倉乗りて、ただ上りに空ざまに、一、二丈ばかり上る¹²¹。さて、飛び行くほどに¹²²、人々見ののしり、あさみ騒ぎあひたり¹²³。倉の主もさらにすべきやうもなければ¹²⁴、「この倉の行かむ所を見む。」とて、尻に立ちて行く¹²⁵。そのわたりの人々も皆走りけり。さて見れば¹²⁶、やうやう¹²⁷飛びて、河内国¹²⁸に、この聖の行ふ山の中に飛び行きて、聖の坊の傍にどうと落ちぬ。いとどあさましと思ひて¹²⁹、

---

114 「いかに、いかに」と見騒ぐほどに——"いかに"是副词，在此同"どうした"。"見騒ぐ"是"見騒ぐ"（动・四）的连体形。"ほどに"同注97。此句同口语"「どうした、どうした」と見て騒ぐうちに"。

115 ゆるぎゆるぎて——由动词"ゆるぐ"（动・四）的连用形"ゆるぎ"与原动词"ゆるぐ"重叠，表示强调、重复、连续等意。此句同口语"（倉は）ますます激しく揺れて"。

116 「こはいかなる事ぞ。」とあやしがりて騒ぐ——"こ"是指示代词，同"これ"。"いかなる"是"いかなり"（形动・ナリ）的连体形，同"どのような"。"あやしがり"，是"あやしがる"（动・ラ変）的连用形。感到奇怪。"て"，接续助词。在此表示轻微的原因。此句同口语「これはいったいどうしたことだ。」と不思議がって騒ぐ"。

117 まこと、まこと——这里"まこと"是感叹词，同口语"そうそう""ああ、そうだ"。

118 ありつる鉢を忘れて、取り出でずなりぬる——"ありつる"是连体词。刚才。"取り出で"是"取り出づ"（动・下二）的未然形。"ず"是否定助动词"ず"的连用形。"取り出でずなり"同口语"取りださなくなり"。"ぬる"是完了助动词"ぬ"的连体形。其下可视为省略终助词"は"，表示感叹。此句同口语"さきほどの鉢を（倉の中に）忘れて、取り出さないでしまった"。

119 それがしわざにや——"が"是格助词。此处用作连体格，同"（それ）の…"。"しわざ"意谓"…搞的鬼"。"にや"是连语（由断定助动词"なり"的连用形"に"与系助词"や"构成），其下省略了"あらむ"，表示推测，同"（そのしわざ）であろうか"。

120 倉よりもり出でて——"もり出で"是"もり出づ"（动・下二）的连用形。此处是脱出、钻出的意思。同"ぬけだす"。

121 ただ上りに空ざまに、一二丈ばかり上る——"ただ上りに"可视为副词，修饰后面的"上る"。径（笔）直向上。同"ぐんぐんと昇って"。"ざま"是接尾词，接名词下表示方位、方向。

122 …ほどに——这里的"ほどに"是接续助词，表示原因、理由，同"…ので（から）"

123 見ののしり、あさみ騒ぎあひたり——"見ののしり"，同"見てわいわいと騒ぎ立つ"。"あさみ騒ぎあひ"同"あきれて騒ぎ合う"。"たり"，完了助动词，同"…た"。

124 さらにすべきやうもなければ——"さらに"，是副词，与句末否定词呼应，同"全然""一向に"。"す"，是"す"（动・サ変）的终止形。"べき"，是助动词"べし"的连体形，在此表示可能。"やう"，接尾词。方法、方式。"も"是系助词。"なけれ"是"なし"（形・ク）的已然形。"ば"，同注84，在此表示原因。此句同口语"まったくどうしようもないので"。

125 「この倉の行かむ所を見む。」とて、尻に立ちて行く——"む"为推量助动词，上接"行か"的"む"是连体形，在此表示委婉语气。"行かむ所"，同"行くような所"。后一个"む"是终止形，在此表示意志。同"…（う）よう"。"尻に立ちて行く"，同口语"うしろについて行く"。

126 さて見れば——"さて"在此是接续助词，同"そうして"。"見れば"，同"見ると"。

127 やうやう——副词。渐渐地，同"だんだんと"。

128 河内国——旧国名，畿内五国之一，在今大阪府中部。

129 いとどあさましと思ひて——"いとど"，是副词。更加，越发。同"ますます""いよいよ"。"あさまし"是"あさまし"（形・シク）的终止形。惊愕，同"驚くほどだ""思いもよらない"。

さりとて、あるべきならねば¹³⁰、この倉主、聖のもとに寄りて申すやう¹³¹。「かかるあさましき事なむ候ふ¹³²。この鉢の常にまうで来れば¹³³、物入れつつ参らするを¹³⁴、今日まぎらはしく候ひつるほどに¹³⁵、倉にうち置きて忘れて、取りも出ださで、じやうをさして候ひければ¹³⁶、この倉ただ揺るぎに揺るぎて、ここになむ飛びてまうで来て落ちて候ふ。この倉返し給はり候はむ¹³⁷。」と申す時に、「まことに怪しき事なれど¹³⁸、飛びて来にければ、倉はえ返し取らせじ¹³⁹。ここにかやうの物もなきに¹⁴⁰、おのづから物をも置かむによし¹⁴¹。中ならむ物は、さながらに取れ」とのたまへば¹⁴²、主の言ふやう、「いかにしてか、たちまちに運び取り返さむ¹⁴³。千石積みて候ふな

---

130 さりとて、あるべきならねば——"さりとて"是表示逆接的接续助词。同"そうかといって""そうだからといって"。"あるべき"是连语，表示"应为…"或"可为…"。同"当然そうであるはずの…""そうあってしかるべき…"。"なら"是断定助动词"なり"的未然形。"ね"是否定助动词"ず"的已然形。此句同口语"そうかといって、そのままにしておけることではないので"。

131 申すやう——"やう"在此做形式名词。接"申す"下，表示下文系引用"申す"的内容，同口语"…こと（には）"。

132 かかるあさましき事なむ候ふ——"かかる"，连体词，同"このような""こんな"。"なむ"是系助词。表示强调，要求句末以连体形结句。"候ふ"是"候ふ"（动・四）的连体形。在此为"あり"（或"をり"）的郑重语，同口语"あります"（或"ございます"）。

133 この鉢の常にまうで来れば——"鉢"下的"の"系主格助词，同"が"。"まうで来れ"是"まうで来"的已然形。在此系"来"（动・カ変）的郑重语。同"参ります"。此句同口语"この鉢がいつもやってきますので"。

134 …参らするを——"参らする"是"参らす"（动・下二）的连体形。在此做"与える"（动・四）的谦让语。奉（呈）献。此处"を"是接续助词，表示逆接。此句同口语"（食糧を入れては）さしあげていたのに"。

135 まぎらはしく候ひつるほどに——"候ひ"是郑重补助动词"候ふ"（动・四）的连用形。"つる"是完了助动词"つ"的连体形。此句同口语"多忙に取りまぎれておりました間に"。

136 じやうをさして候ひければ——"じやうをさす"即上锁。"けれ"是过去助动词"けり"的已然形。"ば"是接续助词，此处表示顺接。此句同口语"錠をかけておりましたところ"。

137 この倉返し給はり候はむ——"給はり"，"給はる"（动・四）的连用形，在此做谦让补助动词。同"…していただく"。承蒙。"候は"是"候ふ"（动・四）的未然形，在此做郑重语。"む"表意志。这里用"給は（り）"表示对"返す"动作主即法师的尊重；用"候（は）"表示对听者亦即法师的尊重，由此构成重叠敬语。此句同口语"この倉をお返し頂きとうございます"。

138 …なれど——"なれ"，断定助动词"なり"的已然形。"ど"是接续助词，表示逆接。此句同"…ではあるが"。

139 え返し取らせじ——"返し取らせ"，是"返し取らす"（动・下二）的未然形。归还。同"返してあげる"。"え"是副词，这里"え"加上动词未然形，再加上"じ"（否定推量助动词），一起构成强烈的否定推量形式，同"とても…できないだろう"。此句同口语"（倉は）返してあげるわけにはいくまい"。

140 かやうの物もなきに——"かやう"，"かやうなり"（形动・ナリ）的词干，此处做名词。同"このよう"。"に"是接续助词，在此表示原因、理由。此句同口语"（ここには）このような物もないので"。

141 おのづから物をも置かむによし——"おのづから"，副词。碰巧，恰好。同"たまたま"。"も"是系助词，加在格助词"を"之后表示强调。"置か"是"置く"（动・四）的未然形。"む"在此为连体形，表示委婉语气，见注125。"に"是格助词。"よし"是"よし"（形・ク）的终止形。此句同口语"そのまま物を入れておくのに都合がよい"。

142「…。中ならむ物は、さながら取れ」とのたまへば——"なら"是断定助动词"なり"的未然形。在此表示所在（或存在），同"にあり"。"む"，同注141。"中ならむ物"同"中に入っている物"。"さながら"是副词。全部。"のたまへ"，是"のたまふ"（动・四）的已然形。在此为"言ふ"（动・四）的尊敬语。

143 いかにしてか、たちまちに運び取り返さむ——"か"是系助词，同注94。"いかにして"加上"か"构成反语形式。"運び取り返さ"是"運び取り返す"（动・四）的未然形。"む"在此为连体形（此系"か"的要求）。此句同口语"どのようにして、すぐに運び戻すことができましょうか"。

り¹⁴⁴」と言へば、「それはいと易き事なり。たしかに我運びて取らせむ。」とて¹⁴⁵、この鉢に一俵を入れて飛ばすれば¹⁴⁶、雁などの続きたるやうに、残の俵ども続きたる¹⁴⁷。群雀などのやうに、飛び続きたるを見るに¹⁴⁸、いとどあさましく、尊ければ、主の言ふやう、「しばし、皆な遣はしそ¹⁴⁹、米二三百はとどめて使はせ給へ¹⁵⁰。」と言へば、聖「あるまじき事なり¹⁵¹。それここに置きては何にかはせむ¹⁵²。」と言へば、「さらば、ただ使はせ給ふばかり、十、二十をも奉らむ¹⁵³。」と言へば、「さまでも、入るべき事のあらばこそ。」とて¹⁵⁴、主の家にたしかに皆落ちゐにけり¹⁵⁵。

---

144 …候ふなり——"候ふ"，"候ふ"（动・四）的连体形，在此为郑重补助动词，同注135。"なり"是断定助动词，终止形。此句同口语"（千石の米が積み込んで）あるのです"。

145「…たしかに我運びて取らせむ。」とて——"取らせ"是"取らす"（动・下二）的未然形。归还。同"与える"或"返してやる"。"む"在此表示意志。"とて"在此同"…と言って"。

146 飛ばすれば——"飛ば"是"飛ぶ"（动・四）的未然形。"すれ"是使役助动词"す"的已然形。"ば"为接续助词，在此表示单纯接续。此句同口语"（この鉢に一俵を入れて）飛ばすと"。

147 雁などの続きたるやうに、残の俵ども続きたる——接"など"下的"の"表示主格，同"が"。后一个"の"则起连体作用。"続き"，"続く"（动・四）的连用形。"やうに"，比况助动词"やうなり"的连用形，同口语"…ように"。"ども"，同前，接尾词，表复数。"たる"是完了助动词"たり"的连体形，接活用词连用形下。句末之所以是连体形结句（…たる），恐怕是因为到了中世，以连体形代替终止形结句比较盛行之故。也有的书作"続きたり"。

148 飛び続きたるを見るに——"に"在此为接续助词，表示单纯接续。此句同口语"（群雀などのように）飛び続いているのを見ると"。

149 しばし、皆な遣はしそ——"な"是副词，它与终助词"そ"呼应，以"な＋…＋そ"的形式表示禁止之意，语气较"な"要缓和。其间的动词（除カ变、サ变动词外）须以连用形出现。"遣はし"是"遣はす"（动・四）的连用形，同"行かせる""与える"。在此将米袋（飞）送回仓主家中。此句同口语"しばらく（お待ちください）。全部は飛ばさないでください"。

150 とどめて使はせ給へ——"とどめ"是"とどむ"（动・下二）的连用形。留下。"使は"是"使ふ"（动・四）的未然形。"せ"是尊敬助动词"す"的连用形。"給へ"是"給ふ"（动・四）的命令形。在此做尊敬补助动词。即"せ"和"給ふ"构成最高敬语。此句同口语"（…）残してお使い下さい"。

151 あるまじき事なり——"ある"，是"あり"（动・ラ变）的连体形。"まじき"是否定推量助动词"まじ"的连体形。表示禁止，同"…してはならない"。"なり"，是断定助动词，终止形。此句同口语"とんでもないことだ""あってはならないことだ"。

152 …ここに置きては何にかはせむ——"ては"为连语（由接续助词"て"与系助词"は"构成），在此表示顺接假定条件，同"…たら（なら）"。"かは"，为系助词（由两个系助词"か"和"は"结合而成），表示反语。"せ"是"す"（动・サ变）的未然形。推量助动词"む"在此为连体形（此系"かは"的要求）。此句同口语"（その米を）ここに置いては何になろうか（何にもならない）"。

153 さらば、ただ使はせ給ふばかり、十、二十をも奉らむ——"さらば"是接续助词，同"それならば"。"使はせ給ふ"，见注150。"ばかり"，副助词，表限定，同"…だけ"。"奉ら"是"奉る"（动・四）的未然形。在此做"与ふ"（动・四）的谦让语。"む"在此表示意志。"奉ら"同"さしあげましょう"。

154 さまでも、入るべき事のあらばこそ。」とて——"さ"是副词。"さまで"同"それほどまで"。"も"，系助词。"入る"是"入る"（动・四）的连体形。需要，同"入り用である"。"の"在此同"が"。"あらばこそ"是连语。一般与句末的推量表达相伴，构成与实际情况相反的假定条件句。即"…もし…であるならば…だろうが"。"とて"在此同"と言って"。

155 主の家にたしかに皆落ちゐにけり——"落ちゐ"，是"落ちゐる"（动・上一）的连用形。落下，同"落ち着く"。"にけり"，同注84。

【译文】

信浓国某高僧的故事

　　据说，从前信浓国有一法师。因在（像信浓）那样的乡下当上了法师，然而却还未曾受过戒，故意欲设法前去京城，到那个叫做东大寺的地方去受戒。于是，他便使出种种办法，终于去了京城，完成了受戒。之后，他虽一度有回原籍（信浓国）的打算，可又转念一想，回去于修行佛道无益。（索性就）不回那个几乎是无佛世界的地方去，就留在此地吧。于是，他便侍奉于东大寺佛前，一面四处寻觅可安稳度日、又可修行的住处。他发现在西南方向有一座山隐约可见，就决意在那里安身修行，遂前往，在山中开始了难以言喻的虔诚、刻苦的修行，年复一年，日复一日。一次，（因修行之故，使得他）偶然发现一尊极小的厨子佛像，（刻的）原来是毗沙门天佛爷。法师就在原处建起一小佛堂，将佛像放入佛堂内，又继续进行其难以言喻的虔诚、刻苦的修行，年复一年，日复一日。其间，在此山麓住着一个身份虽低但很富裕的人。法师的钵盂每次总是飞到他那里，盛上粮食后又飞回去。一次，这个财主打开自家仓库正欲取物时，这只钵盂又飞到，一如往常那样来索取粮食。见此，财主暗想，那只钵盂又来了。真是个贪得无厌的钵盂。遂用手抓住，扔至仓库一隅，而且也未马上盛入粮食，钵盂（只得）等在一旁。不多时，（财主）将库内物品整理完毕。此时，他已将钵盂（之事）忘之脑后，未盛入粮食姑且不说，甚至还忘了将它从库内取出便关好库门，继而就回去了。过不多久，仓库竟然莫明其妙地剧烈晃动起来。"怎么啦？！怎么啦？！"众人见状吵叫起来。这时，仓库摇晃得越发剧烈，竟然晃出地面上升至一尺多高。"到底是怎么一回事？"众人皆大惑不解，吵嚷声不断。"对了，对了。我把刚才那只钵盂忘在了仓库内未取出，恐怕是那只钵盂捣的鬼"。财主道。说话间，钵盂从仓库内破墙而出。这回是仓库搭乘在钵盂上，扶摇直上，升至一、二丈高的半空中。就这样，仓库乘在钵盂上向远处飞去。众人见此情景大声喧嚷起来，而且皆惊诧无比，彼此纷纷叫嚷不休。仓库主人（即那个财主）也是一筹莫展。他想，索性去看看仓库到底会飞到哪里去呢？遂紧跟其后，旁边的人群也跑动起来。只见仓库越飞越远，进入河内国，最后飞至法师修行所在的山里，"砰"的一声重重地落在了法师住所旁。（财主）越发感到惊奇。虽说事已至此，但也不能就此作罢呀。于是，他便来到高僧住所，说："发生了这么一桩让人惊奇的事情。这只钵盂平素总飞到我家里来，我每次总给它盛入粮食。可是，今日忙乱之中将此钵盂置入仓内忘记盛粮，而且还忘了将它从库内取出便上了锁。不料想，这座仓库竟一味剧烈晃动起来，竟然飞落到此地。我想恳求您将此仓库归还于我"。高僧道："真是件不可思议

118

的事情。不过，既然已飞到此地，那么仓库就不能再归还你了。（正好我）这里也缺这么一个物件，用以放东西甚便。（不过）库内物品请悉数拿走"。仓主道："我怎么可能在瞬间内（将其）全部运送回去呢？（仓库内积存的米）有千石之多"。高僧道："这有何难！？（我）保证将其全部送回去"。说罢，（他）将一只米袋放在钵盂之上使其飞起。这么一来，剩下的米袋也随即紧跟其飞起，就像成群结队的雁子一样，一只一只地飞向远处。米袋宛若群雀一般，一只继一只地飞行。见此景象，（仓主）越发惊诧不已。此时他又对法师萌生了尊仰之情。因此，仓主说道："稍等一下。请勿将米全部运送回去。留下二百石米请您自己享用"。高僧道："吾不能接受，将这么多米留于此又有何用？"仓主说："那么您能用多少就给您留多少吧。哪怕十石、二十石"。"我岂用得了那么多？"高僧道。果然米袋（最终）皆准确无误地落到仓主家中。

平家物语

【作家和作品简介】

《平家物语》是日本镰仓时代（1192—1333）"军记物语"中最杰出的、对后世文学产生过巨大影响的一部作品。它描述了以平氏一族盛衰为主线的源平两大武士集团的权力之争。该物语原为琵琶法师（以弹琵琶说唱为职业的盲僧）演唱的底本，流传甚广，故产生过诸种不同的版本，现流行于世的通行本为十三卷本。关于作者，尚无定说。据《徒然草》（吉田兼好著）所载，系信浓国前任国司（地方官）行长所作。成书年月可推至"承久之乱"（1221）前后。

《平家物语》以平安朝（794—1192）末期贵族社会日趋崩溃、新兴武士阶级登上历史舞台为背景，描写了一代霸主(平清盛)的兴衰。平清盛于"保元之乱"（1156）和"平治之乱"（1159）后，官至太政大臣，其女又被选为皇后，作为皇室外戚，独揽朝纲，平氏一族也荣华绝顶，扶摇直上。但好景不长，各地源氏族党纷纷举兵讨伐，势如破竹，而贵族化了的平氏一族已无回天之力，军事上节节失利，终在坛浦一战，葬身西海，被源赖朝兵将全歼。

这是一部反映历史重大转折时期的民族叙事诗般的巨著。作者一方面对不堪一击的旧贵族和贵族化了的平氏子孙表示惋惜和同情，另一方面他又以惊异赞叹的笔调，生动地描绘了胜利者源氏一方的众多英雄，特别是那些惊心动魄的大小战役，更使读者确乎感受到叱咤风云、驰骋战场的武士阶级跳动着的时代脉搏。这正是其成功之处。

本书在语言使用上也突破了以往的窠臼，摈弃了纤细缠绵的文体，代之以"和汉混淆文"（日汉文相交织），哀戚、质朴、铿锵有力，它不仅切合本书的主题和人物的描绘，而且还大大丰富了日本的文学语言。

《平家物语》尽管全书浸透了"诸行无常""生者必灭"等浓厚的佛教净土思想，并且在结构上尚有松散之处，但瑕不掩瑜，仍不失为一部具有艺术生命力的巨著。

"顿足捶胸、呼天哭地"一节，选自《平家物语》的第三卷。讲的是承安元年（1171），西光法师、大纳言藤原成亲等曾于"鹿谷山庄"密谋推翻平氏，后因行纲告密，西光问斩，成亲遭暗害，曾参与此阴谋的成经、

> 康赖和俊宽等三人（被）流放到荒无人烟的鬼界岛。翌年，平清盛为高仓天皇（1161—1181）的皇后、即其女德子的安产，特遣使者昼夜兼程，赶至鬼界岛宣布特赦。本文所选就是使者抵岛后的一段。这段文字文笔悲戚动人，流畅优美，是该书脍炙人口的章节。

【原文】

足摺(あしずり)

御使¹は、丹左衛門尉基康²と云ふ者なり³。急ぎ船より⁴あがり、「是に都より流され給ひし⁵丹波少将成経⁶・平判官康頼入道殿やおはす⁷」とこゑごゑにぞ尋ねける⁸。二人の人々は、例の熊野詣してなかりけり⁹。俊寛¹⁰一人ありける

---

1 御使——系对平清盛所遣使者之敬称。
2 丹左衛門尉基康——在古典作品中，凡第一次出现的人名常以地名、身份、姓氏、官职、本人名、尊称的顺序来称呼。此处"丹"为姓（系"丹波"之略）。"左衛門尉"，官职，系"衛門府"（执掌皇宫诸门警卫的机关）的三等官。"基康"，本人名。
3 いふ者なり——"いふ"，"いふ"（动·四）的连体形。"なり"，系断定助动词"なり"的终止形。接体言和活用词连体形下表示断定，同口语的"である"。
4 より——格助词。接体言下，表示动作的起点，同口语的"から"。
5 是に都より流され給ひし——"是"，代词。此处同"ここ"。"流さ"，"流す"（动·四）的未然形。"れ"，被动助动词"る"的连用形，接动词（四段、ラ变、ナ变）的未然形下，表示被动。同口语"れる"。"給ひ"，"給ふ"（动·四）的连用形。"給ふ"在此做补助动词，表示敬意。"し"，过去助动词"き"的连体形。接活用词（除カ变、サ变外）的连用形下，相当于口语"た"。此句可译为口语"ここに都からお流されになった"。
6 丹波少将成経——"丹波少将"，官职。"成経"，系新大纳言藤原成亲之子，藤原成経。他在流放前，官居丹波（旧国名，其大部在今之京都府）太守兼右近卫府（执掌皇宫警卫的机关）少将。
7 平判官康頼入道殿やおはす——"平"，姓。"判官"，官职，即为"検非違使"（执掌京中保安、监察等）的三等官。"康頼"，本人名。"入道"，系对皈依佛门僧人的尊称。"殿"，接尾词，接人名或官职下，表示敬意。"や"，系助词。此处用于句中，接体言下表示疑问，同口语"か"。要求句尾以连体形结句。"おはす"（动·サ变）系敬语动词，此处同"いらっしゃる"。根据系结规则，"おはす"应为连体形"おはする"。
8 こゑこゑにぞ尋ねける——"こゑこゑに"，副词。同"口々に"。"ぞ"，系助词，此处用于句中，可接副词、活用词连用形等下，表示强调。要求句尾以连体形结句。"尋ね"，"尋ぬ"（动·下二）的连用形。"ける"，过去助动词"けり"的连体形。接活用词连用形下，此处表示过去，相当于口语"た"。以连体形结句，同句中系助词"ぞ"呼应，这是根据文言语法的规则，此规则叫做"系结规则"。
9 例の熊野詣してなかりけり——"例の"，连体词，同"いつもの"。"熊野"，系指和歌山县熊野地方的三所（熊野神社、熊野速玉神社和那智神社）权现。所谓"权现"，系指神佛、菩萨为普救众生而临时显现的化身。相传十分灵验，故成経和康頼为早日获赦，在岛上设一祭处，恭请"三所权现"的神灵降临此岛，每天必去参拜。"詣(まう)"同"参詣"，系"詣づ"（动·下二）的名词形。"し"，"す"（动·サ变）的连用形。"て"，接续助词，接活用词连用形下，其用法大体与口语"て"相同，此处表示原因。"なかり"，"なし"（形·ク）的连用形。此处"なし"，同"家にいない""不在である"。"けり"，系"けり"的终止形，见注8。
10 俊寛——平安朝末期的僧人，系仁和寺法印寛雅之子，法胜寺之"执行"（僧职，执掌寺院事务及法事等）。此人生性不重信仰，故一人留在家中。"僧都"，俊寛的僧官名。

平家物語

が[11]、これを聞いて、「余りに思へば[12]夢やらむ[13]、又天魔波旬の[14]我が心を誑さむとていふやらん[15]、更に現とも覚えぬものかな」とて[16]、あわてふためき、走るともなく、倒るるともなく[17]、いそぎ、御使の前に行き向かって、「是こそ都より流されたりし俊寛よ[18]」と名のり給へば[19]、雑色が頸にかけさせたる布袋[20]より、入道相国の赦文取り出だいて奉る[21]。是を披きて[22]見給ふに[23]、「重科は遠流に[24]免ず。早く帰洛[25]の思ひ

11　ありけるが——"あり"，"あり"（动・ラ変）的连用形。此处"あり"同"いる"的连用形"い"。"ける"，见注8。"が"，接续助词。接活用词连体形下，表示既定的逆态条件，同口语"が""けれども"。

12　思へば——"思へ"，"思ふ"（动・四）的已然形。"ば"，接续助词。此处接活用词已然形下，表示原因，同口语"ので""から"。

13　やらむ——"にやあらむ"的约音。接活用词连体形和体言下，表示疑问的推量，相当于口语"であろうか"。"に"，断定助动词"なり"的连用形。"あら"，"あり"的未然形。"あり"在此做补助动词。"や"，系助词，接"に"下，表示疑问，见注7。"む"，推量助动词"む"的连体形。接活用词未然形下，此处表示推量，同口语"う""よう"。

14　天魔波旬の——"天魔波旬"，妨碍修心得道、扰乱人心的天界恶魔，名"波旬"。"の"，格助词。此处表示主语。

15　誑さむとていふやらん——"誑さ"，"誑す"（动・四）的未然形。此处"む"终止形，表示意志。"とて"，连语。由格助词"と"和接续助词"て"构成。此处同"として"。"いふ"为连体形。"やらん（む）"，见注13。此句口语可译为"（天界の魔王波旬が私の心を）迷わそうとしていうのであろうか"。

16　更に現とも覚えぬものかな」とて——"更に"，同"まったく"。"現"，同"現実"。"も"，系助词，此处接格助词"と"下，表示强调。"覚え"，"覚ゆ"（动・下二）的未然形。"ぬ"，否定助动词"ず"的连体形，接活用词未然形下，表示否定，同口语"ない"。"かな"，终助词，表示感叹。此处"とて"同"といって"，见注15。此句相当于口语"まったくこの世のこととも思われぬことよ"。

17　走るともなく、倒るるともなく——"走る"，"走る"（动・四）的连体形。"とも"，接续助词，表示假定逆接条件，同口语"ても"。"とも"，一般接动词的终止形下，但在日本中世时期可接动词连体形下。"倒るる"，"倒る"（动・下二）的连体形。"ともなく"，系由"とも"和"なく"（形容词"なし"的连用形）构成，此处同"でもなく"。

18　是こそ…流されたりし俊寛よ——"是"，在此为自称代词，同"私"。"こそ"，系助词，接体言下，此处表示提示，要求句尾以已然形结句。"流され"，见注5。"たり"，完了助动词"たり"的连用形。接活用词连用形下，此处表示完了，相当于口语"た"。"し"，系"き"的连体形，见注5。当"き"接在完了助动词"たり"的连用形"たり"的后面时，则表示过去完了，相当于口语"ていた"。"よ"，终助词，此处表示强烈的断定。按照系结规则，此句应为"是こそ…俊寛なれ（'なり'的已然形）"。因"俊寛"下接终助词"よ"，所以与"こそ"相呼应的词（なれ）也就自然消失了。例："われこそは新島守よ"《増鏡》（私こそは、この隠岐の島の新しい島守なのだ）。此在文言中称"系结关系的消失"。

19　給へば——"給へ"，"給ふ"（动・下二）的已然形，此处做补助动词，见注5。"ば"，接续助词，此处接活用词已然形下，表示前提接续。相当于口语"と""ところ"。

20　雑色が頸にかけさせたる布袋——"雑色"，侍奉于摄政大臣家之杂役，其衣着无定色，故得此名。"が"，格助词，此处同"の"。"かけ"，"かく"（动・下二）的未然形。"させ"，使役助动词"さす"的连用形。接动词（除四段、ラ変、ナ変外）的未然形下，同口语"させる"。"たる"，"たり"的连体形，见注18。"布袋"，存放书信等的文书袋。

21　入道相国の赦文取り出だいて奉る——"入道"，见注7。"相国"，此处同"太政大臣"。"入道相国"，即平清盛。"取り出だいて"，"取り出だす"（动・四）的连用形"取り出だし"和"て"相接时发生的イ音便。"奉る"，在此同"さしあげる"。文言中，表示宾语的格助词"を"常被省略。本句"赦文"下的"を"就是被省略的一例。

22　披きて——同口语"披いて"。

23　に——接续助词。接活用词连体形下，此处表示单独接续，相当于口语"と"。例："家にいたりて門に入るに、…有様見ゆ"。（《土佐日記》）（家に着いて門にはいると、…様子が見える。）

24　遠流に——"遠流"，重流放罪（当时的流放罪分近流、中流、远流三等。此"遠流"为最重）。"に"，格助词，此处表示原因，同"のために""によって"。

25　帰洛——同"帰京"。

を成すべし²⁶。今度、中宮²⁷御産の御祈りによつて、非常の赦行はる²⁸。然る間²⁹鬼界が嶋³⁰の流人、少将成経・康頼法師二人赦免」とばかり書かれて³¹、俊寛と云ふ文字はなし³²。礼紙にぞあるらんとて³³、礼紙を見るにも見えず³⁴。奥よりはしへ読み、はしより奥へ読みけれども³⁵、二人とばかり書かれて、三人とは書かれず。

　さる程に、少将や康頼法師も出で来たり³⁶。少将の³⁷取って見るにも³⁸、康頼法師が読みけるにも、二人とばかり書かれて、三人とは書かれざりけり³⁹。夢にこそかかる事はあれ⁴⁰、夢かと思ひなさむとすれば⁴¹、現なり、現かと思へば⁴²又夢の如し⁴³。其の上二人の人々のもとへは、都よりことづけたる文共⁴⁴いくらもありけれども、俊寛

---

26 べし——推量助动词"べし"的终止形，接活用词终止形（但ラ变、ラ变型活用词，则接连体形）下。此处表示命令，同口语"せよ"。

27 中宮——皇后，或同资格的皇妃。本处系指高倉天皇（1161-1181）的皇妃，平清盛之女徳子。

28 行はる——"行は"，"行ふ"（动·四）的未然形。"る"，系被动助动词"る"的终止形，见注5。

29 然る間——接续词。此处同"そんなわけで""そうだから"。来自汉文训读。由"然り"（动·ラ变）的连体形"然る"加"間"而来。

30 鬼界が嶋——位于日本鹿儿岛之西南，萨南诸岛中的一小岛，也称"硫黄岛"。

31 ばかり書かれて——"ばかり"，副助词。此处同"だけ"。"書か"，"書く"（动·四）的未然形。"れ"，被动助动词"る"的连用形，见注5。

32 なし——见注9。此处同口语"ない"。

33 礼紙にぞあるらんとて——"礼紙"，包在书信外的白纸。"に"，格助词，表示场所。"ある"，"あり"的连体形，表示存在。"ぞ"，见注8。"らん（らむ）"，推量助动词"らむ"的连体形（此系"ぞ"的要求）。接ラ变、ラ变型活用词的连体形（其他活用词则为终止形）下。此处表示对理由、原因的推量。同"のだろう"。此处"とて"，同"と思って"，见注15。

34 にも見えず——"にも"，连语。由格助词"に"和系助词"も"构成。接活用词连体形下，本处同"ても"。"見え"，"見ゆ"（动·下二）的未然形。"ず"，否定助动词"ず"的终止形，见注16。

35 けれども——"けれ"，"けり"的已然形，见注8。"ども"，接续助词。接活用词已然形下，表示既定的逆态条件，同口语"けれども""が"。

36 出で来たり——"出で来"，"出で来"（动·カ变）的连用形。"たり"，完了助动词"たり"的终止形，见注18。

37 の——格助词，此处表示主语（在日本中世"の"接官职下表示主语时带有敬意）。

38 にも——见注34，同"ても"。

39 ざりけり——"ざり"，否定助动词"ず"的连用形，见注16。"けり"，表示过去。"ざりけり"，相当于"なかった"。

40 こそかかる事はあれ——"こそ"，见注18。"かかる"，连体词，同"こういう""こんな"。"あれ"，"あり"的已然形，此系"こそ"的要求。

41 かと思ひなさむとすれば——"か"，副助词，表示不定。"思ひなさ"，"思ひなす"（动·四）的未然形。"思ひなす"，其意同"むりにおもいこむ"。"む"，推量助动词"む"的终止形，此处表示意志，见注13。"すれ"，"す"的已然形。"ば"在此处同"と"，见注19。此句可译为口语"（夢）かとむりに思おうとすると"。

42 ば——同"と"。

43 の如し——"如し"，比况助动词"如し"的终止形。接体言时，需在体言下加"の"。此处表示比喻，同口语的"ようだ"。

44 ことづけたる文共——"ことづけ"，"ことづく"（动·下二）的连用形。托付、捎带。"たる"，"たり"的连体形。此处的"文"，同"手紙"。"共"，接尾词，表示复数。

平家物語

　僧都のもとへは、事問ふ⁴⁵文一つもなし。されば⁴⁶我がゆかり⁴⁷の者共は、皆都の内に跡をとどめずなりにけり⁴⁸と思ひやるにも忍びがたし⁴⁹。「抑⁵⁰我等三人は罪も同じ⁵¹罪、配所も同じ所なり。いかなれば⁵²赦免の時、二人は召し帰されて、一人ここに残るべき⁵³。平家の思ひ忘れかや⁵⁴、執筆⁵⁵の誤りか⁵⁶。こはいかにしつる事共ぞや⁵⁷」と、天に仰ぎ、地に伏して、泣きかなしめどもかひぞなき⁵⁸。
　僧都少将の袂にすがり⁵⁹、「俊寛がか様になるといふも⁶⁰、御辺⁶¹の父、故大納言殿⁶²のよしなき⁶³謀反の故なり。されば、よその事と思ひ給ふべからず⁶⁴。ゆるされな

---

45 事問ふ——"事問ふ"（动・四）的连体形。其意同"安否を尋ねる"。
46 されば——接续词，同"それなら"。
47 我がゆかり——指"自分の親類""縁者たち"。
48 とどめずなりにけり——"とどめ"，"とどむ"（动・下二）的连用形。"ず"，否定助动词"ず"的连用形，相当于口语"なく"，见注16。"なり"，动词"なる"（动・四）的连用形。"に"，完了助动词"ぬ"的连用形，接活用词连用形下，此处表示完了。相当于口语"た""てしまう"。在"にけり"中的"けり"，与注8等不同，此处表示感叹，同口语"たなあ"。此句可译为口语"もういなくなっしまったのだ"。
49 にも忍びがたし——此处"にも"，同"につけても"。"忍びがたし"（形・ク）同"耐えられない""がまんできない"等意。
50 抑——接续词。同"いったい"。
51 同じ——"おなじ"（形・シク）的连体形（"おなじ"有"おなじき"和"おなじ"两个连体形，但多用"おなじ"）。
52 いかなれば——连语。同"どうして"，要求句尾以连体形结句。
53 べき——"べし"的连体形，见注26，此处表示推量，同"だろう（か）"。
54 平家の思ひ忘れかや——"平家"，系指平清盛。"思ひ忘れ"，"思ひ忘る"（动・下二）的名词形。"かや"，由系助词"か"和间投助词"や"构成，表示强烈的疑问，同"だろうか"。
55 執筆——同"書記"。
56 か——系助词。此处用于句末，表示疑问，同口语"か"。
57 こはいかにしつる事共ぞや——"こ"，代词，同"これ"。"いかに"，副词，同"どう"。"し"，"す"的连用形。"つる"，完了助动词"つ"的连体形。接活用词连用形下，此处表示完了，相当于口语"た"。"ぞや"，由系助词"ぞ"和"や"构成，此处接句末，同"のか"。本句等于口语"これはいったいどうしたことなのか"。
58 かひぞなき——"かひ"，同"効験""効果"。"ぞ"，见注8。"なき"，"なし"的连体形。"ぞ"要求以连体形结句。
59 僧都少将の袂にすがり——在文言中，表示主语的"が"可以省略。本句主语"僧都"下的"が"已被省略，阅读时需加注意。
60 か様になるといふも——"か様に"，系"か様なり"（形动・ナリ）的连用形。"いふ"系连体形。"も"，系助词，接活用词连体形和体言下表示提示。在"いふ"和"も"之间可视为省略一形式体言。此句口语可译为"（この俊寛が）こんな境遇になるというのも"。
61 御辺——代词，同"あなた"。
62 故大納言殿——"故"，接头词。冠于死者称号之上，表示已故。"大納言"，官职，系太政官之次官，又名"亜相"。"殿"，见注7。
63 よしなき——"よしなし"（形・ク）的连体形。"よしなし"，意同"意義がない"。
64 べからず——"べから"，"べし"的未然形，见注26。此处"べし"表示可能，同"できる"。"ず"。表示否定，见注16。"べからず"，在此同口语"てはならない"。

ければ⁶⁵、都までこそかなはずとも⁶⁶、此の舟に乗せて、せめて九国⁶⁷の地までつけてたべ⁶⁸。各の是におはしける程⁶⁹こそ、春は燕、秋は田面の雁の音づるる様に⁷⁰、おのづから古郷のことをも伝へ聞きつれ⁷¹。今より後は、いかにしてか聞くべき⁷²」とて⁷³悶絶えこがれ給ひけり。少将「誠にさこそは思し召され候ふらめ⁷⁴。我等が召し返さるる⁷⁵うれしさはさることにて候へども⁷⁶、御有様見置き奉るに⁷⁷、行くべき空も覚え候はず⁷⁸。此の舟にうちのせ奉て、上りたうは候へども⁷⁹、赦されもなきに⁸⁰、三人ながら⁸¹嶋の内を出でたりなど聞え候はば⁸²、中々あしう候ひなんず⁸³。其の上、都の御

---

65 ゆるされなければ——"ゆるされ"，名词，同"赦免"。"なけれ"，"なし"的已然形。"ば"，在此表示原因，见注12。在"ゆるされ"下，省略了表示主语的"が"。

66 こそかなはずとも——"かなは"，"かなふ"（动·四）的未然形。"ず"，系终止形。此处"とも"接活用词终止形下，见注17。按"こそ"的系结规则，应为"…こそ…かなはね"，因后续"とも"连接下文，故仍以"ず"结句，见注18。

67 九国——即九州。系指"筑前、筑后"等九国。

68 たべ——敬语动词"たぶ"的命令形，同"てください"。

69 各の是におはしける程——此处的"の"表示主语，同"が"。"おはし"，"おはす"的连用形，见注7。"つる"，"つ"的连体形，见注57。"程"在此同"あいだ"。此句可译为口语"あなたがたがここにおられた間"。

70 田面の雁の音づるる様に——"田面"，即"田の表面"。"雁"下面的"の"，在此表示主语。"音づるる"，"音づる"（动·下二）的连体形。"様に"，助动词"様なり"的连用形。接活用词连体形下，此处同口语"ように"。本句相当于口语"田圃の上に降りる雁がきまって訪ねてくるように"。

71 伝へ聞きつれ——"伝へ聞き"，"伝へ聞く"（动·四）的连用形。"つれ"，"つ"的已然形，此系"こそ"的要求。

72 いかにしてか聞くべき——"いかにして"，连语，同"どうして"。"か"，系助词，此处表示反问。要求句尾以连体形结句。"べき"，系连体形。在此表示可能推量，同"できるだろう"。本句系指成经在岛上期间，其岳父平教盛定期从肥前（今之佐贺县）送来衣食和书信。成经离岛后，故乡的消息势必断绝，故俊宽苦苦哀求。

73 とて——同"といって"。

74 さこそは思し召され候ふらめ——"さこそ"，由副词"さ"和系助词"こそ"构成。用于句中，要求句尾以已然形结句。此处同"そのように"。"は"，系助词，表示强调。"思し召さ"，"思し召す"（动·四）的未然形。"思し召す"，系"思ふ"的敬语。"れ"，系敬语助动词"る"的连用形，接活用词（四段、ラ变、ナ变）未然形下。"思し召され"，系对俊宽的动作表示尊敬。此处"候ふ"（动·四）为补助动词，表示说话人（少将成经）的郑重语气。"らめ"，推量助动词"らむ"的已然形，见注33。此处同"だろう"。本句可译为口语"それほどにもお思いでございましょう"。

75 るる——被动助动词"る"的连体形，见注5。

76 さることにて候へども——"さる"，连体词，同"そのような"。"にて"，由"なり"的连用形"に"和接续助词"て"构成，相当于口语"だ"的连用形"で"。"候へ"，"候ふ"的已然形。"候ふ"在此做补助动词。"ども"，见注35。

77 奉るに——"奉る"在此做补助动词。同"お（ご）…申し上げる"。"に"，此处同"と"，见注23。

78 空も覚え候はず——"空"，其意同"方角""場所"。"覚え"，"覚ゆ"（动·下二）的连用形。此处"覚ゆ"同"わかる""記憶する"。"候は"，"候ふ"的未然形。"ず"，见注16。

79 上りたうは候へども——"上り"，"上る"（动·四）的连用形。"たう"，系希望助动词"たし"的连用形"たく"的ウ音便，接活用词连用形下，同口语"たい"。"候へども"，见注76。

80 に——接续助词，此处表示逆接的确定条件。同口语"のに"，见注23。

81 ながら——副助词，同"（体言）とも皆"。

82 聞え候はば——"聞え"，"聞ゆ"（动·下二）的连用形。此处"聞ゆ"同"うわさにのぼる""伝わる"。"ば"，接续助词，在此接活用词未然形，表示假定。同口语"ば""たら"，勿与注12、19混同。

83 あしう候ひなんず——"あしう"，"あし"（形·シク）的ウ音便，见注79。"なんず"，连语。由"なむとす"约音而成。接活用词连用形下，表示确信的推量，同"きっと…だろう"。

平家物語

　使も叶ふまじき由⁸⁴を申す。成経先づ罷り上り候うて⁸⁵、人々にも能く能く申し合はせ、入道相国の気色をも伺ひ、迎へに人を奉らん⁸⁶。其の程は日来おはしつる様に思ひなして待ち給へ。命はいかにも大切の事なれば⁸⁷、縦ひ此のせ⁸⁸をこそ漏れさせ給ふ⁸⁹とも、終にはなどか赦免なうて候ふべき⁹⁰」となど、やうやうに⁹¹なぐさめおき給へども、堪へしのぶやう⁹²も見え給はず。

　さる程に⁹³、纜を解いて舟出ださんとしければ⁹⁴、僧都、舟にのっては下りつ⁹⁵、下りては乗っつ、あらまし事⁹⁶をぞし給ひける。少将の形見には⁹⁷夜の衾、康頼入道が形見には、一部の法花経⁹⁸をぞとどめける。既に纜解いて舟おし出だせば⁹⁹、僧都綱に執りつき、腰になり、脇になり、長のたつまではひかれて出づ。長も及ばずなりければ¹⁰⁰、僧都舟に執りつき、「さていかに¹⁰¹各、俊寛をば¹⁰²終に捨てはて給ふか。日来の情も今は何ならず¹⁰³。赦されなければ都までこそかなはずとも、此の舟に乗せて、せめて九国の地まで」とくどかれけれども¹⁰⁴、都の御使「いかにもかなひ候ふま

---

84 まじき由——"まじき"，否定推量助动词"まじ"的连体形。接活用词（除ラ変、ラ変型外）的终止形下。此处表示否定的意志，同"まい"。"由"，同"事"。

85 罷り上りて候うて——"罷り"，接头词。置于其他动词前表示谦让，"候うて"，系"候ふ"的连用形"候ひ"和"て"相接所发生的ウ音便。

86 奉らん——"奉ら"，"奉る"的未然形。此处"奉る"同"さしつかわす""行かせる"。"ん（む）"，推量助动词，此处表示意志。

87 ば——同"から"，见注12。

88 せ——同"おり""場合"。

89 漏れさせ給ふ——"漏れ"，"漏る"（动・下二）的连用形。"させ"，敬语助动词"さす"的连用形，接活用形（除四段、ラ変、ナ変外）的未然形下。此处"さす"又与尊敬补动词"給ふ"相接，构成二重敬语。此处同口语"お漏れになられる"。

90 などか赦免なうて候ふべき——"などか"，副词，表示反问，同"どうして…か"。要求句尾以连体形结句。"…なうて"，系"なくて"的ウ音便。此处"候ふ"系"あり"的郑重语，并非补动词。"べき"，表示推量。此句口语可译为"どうしてお赦しのないことがございましょう"。

91 やうやうに——系"様様なり"（形动・ナリ）的连用形。其意同"いろいろ"。

92 やう——名词，同"様子"。

93 さる程に——接续词。同"そのうちに"。

94 しければ——"し"，"す"的连用形。"けれ"，"けり"的已然形。"ば"，此处同"と"，见注19。

95 のっては下りつ——"ては"，接续助词。此处表示动作的反复。"つ"，见注57。在此表示并列，同"…たり…たり"。下句中的"（乗っ）つ"亦然。

96 あらまし事——名词。其意同"こうありたいと思うこと"。

97 には——同"としては"。

98 法花経——又写"法華経"，系"妙法蓮花経"之略。

99 ば——同"と"。

100 及ばずなりければ——同口语"及ばなくなると"，见注48。

101 さていかに——"さて"，接续词，同"それでは"。"いかに"，感叹词，同"おい""なんと"。

102 をば——为强调宾格助词"を"所表示的事物，常在"を"下接系助词"は"（因浊音化而成"ば"）。

103 何ならず——连语，同"なんにもならない"。

104 くどかれけれども——"くどか"，"くどく"（动・四）的未然形。"れ"，敬语助动词"る"的连用形。见注74。"けれども"，见注35。

じ¹⁰⁵」とてとりつき給へる¹⁰⁶手を引きのけて、舟をば終に漕ぎ出だす。僧都せんかたなさに¹⁰⁷、渚にあがりたふれふし¹⁰⁸、をさなき者の乳母や母などを慕ふやうに足ずりをして、「これ¹⁰⁹乗せてゆけ、具して¹¹⁰ゆけ」とて、をめきさけべども、漕ぎ行く舟のならひにて¹¹¹、跡はしら浪ばかりなり。いまだ遠からぬ¹¹²舟なれども、涙にくれて見えざりければ¹¹³、僧都高き所に走り上がり、沖の方をぞ招きける。彼の松浦小夜姫¹¹⁴がもろこし舟を慕ひつつ¹¹⁵、ひれふりけんも¹¹⁶、是には過ぎじとぞ見えし¹¹⁷。

舟も漕ぎかくれ、日も暮るれども、僧都あやしの臥所¹¹⁸へも帰らず、浪に足うち洗はせ、露にしをれて、其の夜はそこにぞあかしける。さりとも¹¹⁹少将は情ふかき人なれば¹²⁰、よきやうに申す事もや¹²¹と憑みをかけて、その瀬に身をだに¹²²投げざりし心の内こそはかなけれ¹²³。昔、早離・速離¹²⁴が、海巖山へ放たれたりけん悲しみ¹²⁵も今

---

105 まじ——"まじ"，系终止形，见注84。
106 給へる——"給へ"，"給ふ"的已然形。"る"，完了助动词"り"的连体形，接四段动词已然形和サ变动词未然形下。此处表示存续，同口语"ている"。
107 せんかたなさに——系由"せんかたなし"（形・ク）的词干"せんかたな"与"さ"（接尾词）相接而成的名词。"せんかたなし"，意同"しかたがない"。"に"，格助词，同"によって"，见注24。
108 あがりたふれふし——同口语"上がって倒れ伏し"。"たふれ"，"倒る"（动・下二）的连用形。
109 これ——感叹词。用于招呼、呼喊。同"こら"。
110 具して——同"連れて"。"具し"，"具す"（动・サ变）的连用形。
111 ならひにて——"ならひ"，同"常""きまり"。"にて"，同口语"で""であり"，见注76。
112 遠からぬ——"遠から"，"遠かり"（形・カリ）的未然形。"ぬ"，"ず"的连体形。
113 ざりければ——同口语"なかったので"。
114 松浦小夜姫——据《万叶集》和《肥前风土记》所载，松浦的小夜姫系肥前（今之佐贺县）松浦一美女。钦明天皇治世年间，大伴左提比古奉命去任那时，其妻小夜姫依依不舍，于是登松浦山向逐渐远去的"唐船"（系仿中国船只式样造的船）挥动披肩以示惜别。
115 つつ——接续助词。此处同"ながら一方では"。
116 ひれふりけんも——"ひれ"，日本古代妇女披在肩上用以装饰的布帛。"ふり"，"ふる"（动・四）的连用形。"けん"，系"ける"与系助词"も"相接而发生的拨音便。此处"ける"表示传闻，同口语"という"。本句同口语"ひれをふったという（悲しみ）も"。
117 過ぎじとぞ見えし——同口语"まさるまいと思われた"。"過ぎ"，"過ぐ"（动・上二）的未然形。"じ"，系否定推量助动词，接活用词未然形下，此处同口语"ないだろう""まい"。"し"，"き"的连体形，此系"ぞ"的要求。
118 あやしの臥所——"あやし"，同"粗末だ"。
119 さりとも——接续词。同"それでも"。
120 なれば——同"であるから"。
121 よきやうに申す事もや——"よき"，"よし"（形・ク）的连体形。"やうに"，见注70。"事もや"，系"事もやあらむ"之略。"や"，系助词。本句相当于口语"よいようにとりなしてくれる事もあろうか"。
122 だに——副助词。此处同"も"。
123 こそはかなけれ——"はかなけれ"，"はかなし"（形・ク）的已然形，此系"こそ"的要求。
124 早離・速離——人名。据《净土本缘经》所载，早离、速离兄弟俩系南天竺长那的两个孩子。当他们7岁和5岁时，被其继母弃于孤岛——海岩山，后均饿死在该岛上。"天竺"，印度的古称。
125 放たれたりけん悲しみ——同口语"棄てられたという悲しみ"。"放た"，"放つ"（动・四）的未然形。"れ"，被动助动词"る"的连用形。"たり"，见注18。"けん"，见注116。此处"けん"与"たり"相接，相当于口语"たという"。

こそ思ひ知られけれ[126]。

【译文】

顿足捶胸、呼天哭地

　　使者，乃是丹左门卫尉基康。（船抵岛后）他急速上岸，旋即（随从们）纷纷询问，打听："这里有从京都流放来的丹波少将成经和平判官康赖吗？"成经和康赖两人又照例去参拜岛上的熊野权现了，（家中）仅剩下俊宽僧都一个人。俊宽闻声后说："莫非是我过度思念（归京）而在做梦吧，或是天魔波旬想扰乱我的心而说的吧。这怎么也不会是真的"。他便慌慌张张，连跑带跌地急忙赶到使者面前，自报姓名说："我就是从京都流放来的俊宽啊！"使者便从挂在杂役颈项上的文书袋中取出入道相国（平清盛）的赦书，交给俊宽。他打开赦书一看，只见上面写着："今为祝愿中宫安产，颁行特赦。（尔等）已服刑远岛，故重罪予以赦免。可速作回京准备。为此，赦免鬼界岛流刑犯——少将成经、康赖法师两人"。而（赦书上）并无俊宽的名字。他寻思："也许（写）在礼纸上吧"。但查看礼纸也未见到（他的名字）。他从赦书开头读到末尾，又从末尾读到开头，然而，确实只写了两人，并未写着三人。

　　其间，少将和康赖法师也来到了。少将取过赦书来看了，康赖也读了，（赦书上）只写着两人，并未写三个人。只有在梦里才会遇到这样的事。但是硬说它是梦，却明明是现实；说它是现实吧，却又像在做梦。而且，使者还从京都带给成经和康赖好几封家信，而俊宽却连一封问候的信都没有。当他因此想到"自己的至亲好友都已不在京都了"的时候，再也克制不住了，他便说道："说起来，我们三人犯的是同样的罪，又发配在同一个地方，为什么赦免的时候，只召回两个人，而留下我一个人在这里呢？难道是平家将我忘了，还是书记写错了？这究竟是怎么回事呀？"他仰天俯地，放声痛哭，然而，这又何济于事呢？

　　僧都俊宽拉住少将的衣袖说："我俊宽落到这种地方，都是由于尊驾的父亲，已故大纳言公（策划的）那种无聊的谋反的缘故，因此，您别以为这事与您无关。纵然，我因未获赦免而不能回到京都，但至少也要让我乘这条船，带我到九州去吧。你们在这里的时候，犹如春天一到，就会飞来燕子；秋天一到，大雁就会降临在水田上似的，总可传来（一些）故乡的消息，可今后怎么能再听到这些消息呢？"其思念京都之情十分悲凉。

---

126 れけれ——"れ"，自发助动词"る"的连用形。其接续法同被动助动词"る"。"けれ"，"けり"的已然形，此系"こそ"的要求。

少将成经说:"您确实会这样想的。我们奉召回京,虽然非常高兴,但看到您这番光景,就(悲痛得)不知怎么回去了。我们很想让您乘这条船回京,可您又未获赦免,要是三个人一起乘船离开鬼界岛的事,一旦传了出去,反而会招致不幸。再说,京都来的使者也不会答应。所以,不如先让我成经回去,和大家仔细商量,探清入道相国的意向之后,再差人来接您吧。在此期间,请您一如既往,耐心等待着,最重要的是保住性命。纵然这次被遗漏了,但最终肯定会获得赦免的"。虽经多方安慰,但俊宽仍显得不胜悲痛。

少顷,即将解缆开船的时候,僧都上了船又下来,下了船又上去。他是多么想乘船回去啊!作为纪念,少将给他留下了被褥,康赖入道给他留下一部《法华经》。当船只解缆离岸时,僧都抓住缆绳(随着船只走到海里),起先海水没到腰部,后来没到腋下,最后被拖到水齐肩头,眼看将要没顶,于是他扒住船舷,说道:"怎么,你们竟(忍心)把我俊宽扔下不管吗?平日里的情义都到哪里去了。即使因我未被赦免而不能带我到京都,那至少也得让我乘这条船到九州去啊!"虽经他再三再四地诉说,但京都来的使者说:"这可万万不行!"于是他把俊宽扒住船舷的手掰开,终于将船划了出去。僧都无可奈何,就爬上岸去,伏在地上,犹如幼儿思念乳娘和母亲似地顿足呼号:"喂!让我坐船去吧!带我去吧!"可是这条(向海面)划去的船只跟往常一样,留下的痕迹仅有滔滔白浪而已。船只虽然划出不远,但僧都泪眼模糊,已经看不清楚了。于是他奔往高处,向海面上招手。传说中的那个松浦的小夜姬,一边怀念(离去的)唐船,一边挥动着披肩,其悲哀之情,也不过如此吧。

船已不见踪影,夜幕也已降临,但僧都并没有回到他那简陋的卧室里去,而是任凭海浪冲打着双脚,让夜露湿透(衣裳),就在海边度过了一夜。由于他相信少将是一个重情谊的人,当然会替他说情的,因此,当时没有投海自尽,这种心情实在令人悲哀。往昔,早离和速离被弃于海岩山的那种悲痛,他此刻也体会到了吧。

徒然草

【作家和作品简介】

《徒然草》是日本镰仓时代后期著名歌人兼好法师（约1283—1350）所写的一部随笔集。上下两卷，共二百四十三段，约成书于1330年至1331年之间。本书与清少纳言的《枕草子》一起，被誉为日本文学史上随笔文学之双璧。

作者俗名"卜部兼好"，因住京都吉田神社，又名"吉田兼好"。出家后法名为"兼好"（即将原"兼好"改成音读），故通称为"兼好法师"。兼好青年时代，在宫中供职，官至"左兵卫佐"（"左兵卫府"的次官），30岁左右出家为僧。之后，他隐居比睿山的横川等地，后由横川迁居京都。此时他作为二条派（中世和歌的一个流派）的歌人，与上层贵族交游。据载，他晚年是在京都仁和寺附近的双之冈度过的。

兼好学通神佛儒道，对王朝文化有很高的素养。他作为贵族阶级的一个知识分子，虽然感到本阶级正日趋没落，但又不能对新兴的武士阶级予以肯定，斥武士生活是"远离人伦，行近禽兽"（第八十段），感叹当代"百事唯古昔可慕"（第二十二段）。然而，武士阶级的政权，毕竟取代了贵族社会，这一不可抗拒的事实，使他大胆地肯定"变化之理"（第七十四段），强调"生与灭"的辩证关系。于是，他对日趋没落的贵族命运和现实世界，持以批判的态度。

《徒然草》的内容，可谓丰富多彩，涉及的社会面很广。如对文学、宗教、人生、恋爱、政治、教育、技能、居住、饮食、自然和掌故等均有所述。其中不少段落立意新颖，颇有见地；也有很多段落富有哲理，耐人寻味。本书的题材也是多种多样的，有杂感、短评、小故事和考据等。而且，语言洗练，文体优美。所以，它早在江户时代，已有"日本论语"之称，是人们最爱读的古典文学作品之一。

本书选其描写生动、简洁、寓意深远的四个小段，加以注释，供读者欣赏。

徒然草

【原文】

第五十一段

　亀山殿の御池に¹大井川の水をまかせられんとて²、大井の土民に仰せて³、水車を作らせられけり⁴。多くの錢を給ひて⁵、数日に営み出だして、掛けたりけるに⁶、大方廻らざりければ⁷、とかく直しけれども⁸、終に廻らで、いたづらに立てりけり⁹。

---

1 亀山殿の御池に——"亀山殿"，又名"亀山離宮"。位于京都市嵯峨亀山山麓的离宫。据载，此系后嵯峨上皇（1220-1272）所建。"御池"，指离宫内的水池。"に"，格助词。在此表示场所。

2 大井川の水をまかせられんとて——"大井川"，又写"大堰川"，是一条流经岚山山麓的河流。上游为"保津川"，下游为"桂川"，最后注入"淀川"。"まかせ"，"まかす"（动・下二）的连用形。"まかす"同"水を引く""水を導き入れる"。"られ"，敬语助动词"らる"的未然形。接动词（除四段、ラ变、ナ变动词外）和助动词"す""さす"的未然形下，对动作的发出者表示敬意，同口语"られる""お…になる"。"ん（む）"，推量助动词"む"的终止形，接活用词未然形下，此处表示意志，同口语"…う""…よう"。例："春まで命あらば、必ず来む"。（《更级日记》）（来年の春まで生きておりましたら、きっとまた参りましょう。）"とて"，连语。由格助词"と"和接续助词"て"构成。在此同口语"…として"。本句省略了主语，从本句以及下文所使用的敬语（"まかせられて""仰せて""給ひて""召して"等）来看，动作的发出者（主语）是一个身份相当高贵的人。注释家多认为，此"人"系指"后嵯峨上皇"。本文从此说。本句可译为口语："（後嵯峨上皇が、亀山離宮のお池に）大井川の水をお引き入れなさろうとして"。

3 大井の土民に仰せて——"大井の土民"，指大井川沿岸的当地居民。"仰せ"，"仰す"（动・下二）的连用形。"仰す"系"命ずる"的尊敬动词，同"お言いつけになる"。"て"，接续助词，接活用词连用形下，其用法与口语"て"大体相同，此处表示单纯接续。

4 作らせられけり——同口语"お作らせになった"。"作ら"，"作る"（动・四）的未然形。"せ"，使役助动词"す"的未然形。接动词四段、ラ变、サ变的未然形下，表示使役，同口语"せる"。例："人々に物語など読ませて、聞き給ふ"。（《源氏物语》）（女房たちに物語の本などを読ませてお聞きになる。）"られ"，见注2。此处为连用形。作者在此同样以"られ"对动作（"作らせ"）的发出者表示敬意。"けり"，过去助动词"けり"的终止形。接活用词连用形下，在此表示过去，同口语"た"。

5 錢を給ひて——"錢"，"銭"的异称。"給ひて"，同"下さって"。"給ひ"系尊敬动词"給ふ"的连用形。

6 数日に営み出だして、掛けたりけるに——"数日に"，同"数日の間に"。"営み出だし"，"営み出だす"（动・四）的连用形。"掛け"，"掛く"（动・下二）的连用形。"掛く"，在此同"とりつける"。"たり"，完了助动词"たり"的连用形。接活用词连用形下，此处表示完了，同口语"た""てしまう"。"ける"，"けり"的连体形，此处表示过去，见注4。当完了助动词"たり"的连用形"たり"与"けり"相接时，表示过去完了。同口语"た""ていた"。"に"，接续助词，接活用词连体形下，此处表示单纯接续，同口语"ところが""と"。本句口语可译为"数日間かかって作り上げてすえつけたところが"。

7 大方廻らざりければ——"大方"，副词，此处同"全然""少しも"。"廻ら"，"廻る"（动・四）的未然形。"ざり"，否定助动词"ず"的连用形，接活用词未然形下，表示否定，同口语"ない"。"けれ"，"けり"的已然形。"ば"，接续助词。此处接活用词已然形下，表示原因，同"…ので""…から"。"廻らざりければ"，同口语"廻らなかったので"。

8 とかく直しけれども——"とかく"，副词，此处同"あれやこれやと""いろいろと"。"直し"，"直す"（动・四）的连用形。"けれ"，见注7。"ども"，接续助词。接活用词已然形下，表示既定逆接条件，同口语"が""けれども"。

9 終に廻らで、いたづらに立てりけり——"終に"，副词，同"最後まで""とうとう"。"で"，接续助词，接活用词未然形下，表示否定意义，同口语"ないで""ずに"。例："十月つごもりなるに、紅葉散ら（转下页）

さて、宇治の里人を召して¹⁰、こしらへさせられければ¹¹、やすらかに結ひて参らせたりけるが¹²、思ふやうに¹³廻りて、水を汲み入るる事めでたかりけり¹⁴。
　万に、その道を知れる者は¹⁵、やんごとなきものなり¹⁶。

（接上页）で盛りなり"。（《更级日记》）（十月の末であったのに、紅葉が散らないでまだ盛りであった。）"いたづらに"，"いたづらなり"（形动・ナリ）的连用形，在此同"空しく""むだに"。"立て"，"立つ"（动・四）的已然形。"り"，完了助动词"り"的连用形。接四段动词已然形和サ变动词未然形下，此处表示完了，同口语"た"。当完了助动词"り"的连用形"り"与"けり"相接时，表示过去完了。此处同口语"…ていた"，见注6。本句可译为口语"とうとうまわらないでなんの役にもたたないで立っていたのであった"。

10 さて、宇治の里人を召して——さて，接续词。此处同"そこで"。宇治，系指京都府宇治桥附近的宇治川两岸。此处临急流，当地人多利用水车灌溉。所以，自古以来以水车多而闻名。"里人"，同"土地の人"。"召して"，同口语"お呼び寄せになって"。

11 こしらへさせられければ——"こしらへ"，"こしらふ"（动・下二）的未然形。此处"こしらふ"意同"工夫して作り出す"。"させ"，使役助动词"さす"的未然形。接动词（除四段、ラ变、ナ变动词外）的未然形下，表示使役，同口语"させる"。此处"られ"为连用形，同注4，表示对动作（こしらへさせ）发出者的敬意。"けれ"，"けり"的已然形。"ば"，接续助词，此处接活用词已然形下，表示偶然条件，同口语"…たところ"。例："石山にこもりたれば、夜もすがら雨ぞいみじく降る"。（《更级日记》）（石山寺にこもったところ、一晩中雨がひどく降る。）本句可译为口语"（そこで宇治の住民をお呼び寄せになって）お作らせになったところ"。

12 やすらかに結ひて参らせたりけるが——"やすらかに"，同"やすやすと""楽々と"。"結ひ"，"結ふ"（动・四）的连用形。此处"結ふ"同"組み立てる"。"参らせ"，"参らす"（动・下二）的连用形。"参らす"在此意同"献上する""さしあげる"。"たりける"，表示过去完了，同注6。"が"，格助词。接活用词连体形和体言下，在此表示主语。在"たりける"和"が"之间，可视为省略一名词"水车"。本句口语可译为"楽々と組みたてて差し上げた水车が"。

13 思ふやうに——同口语"思うように"。"思ふ"，"思ふ"（动・四）的连体形。"やうに"，系"やうなり"（由名词"やう"与断定助动词"なり"构成的助动词，属形容动词型活用）的连用形。"やうなり"，接活用词连体形和"体言＋の"下，同口语"ようだ"，在此表示比况。例："大人になり給ひてのちは、ありしやうに御簾の内にも入れ給はず"。（《源氏物语》）（成人式をお上げになってから後も以前とおなじように御簾の中へもお入れにならない。）

14 汲み入るる事めでたかりけり——"汲み入るる"，"汲み入る"（动・下二）的连体形。"めでたかり"，"めでたし"（形・ク）的连用形。此处"めでたし"同"結構だ""みごとだ"。"けり"，同"た"。文言中，主格助词"が"常被省略。本句中"…事"下的"が"，就是被省略的一例。本句口语可译为"（水を）汲み入れて池に入れることが、実にみごとなものであった"。

15 万に、その道を知れる者は——"万に"，副词。此处同"万事につけて"。"その"，连语，由代词"そ"与格助词"の"构成，相当于口语连体词"その"。"道"，在此指专门知识。"知れ"，"知る"（动・四）的已然形。此处"知る"，同"体得する""精通する"。"る"，完了助动词"り"的连体形，见注9。在此表示存续，同口语"ている""てある"。例："そのあたりに照り輝く木どもたてり"。（《竹取物语》）（そのあたりに、きらきら光る多くの木が立っている。）"は"，系助词。

16 やんごとなきものなり——"やんごとなき"，"やんごとなし"（形・ク）的连体形，同"貴重な""たいへん尊い"。"もの"，形式体言，在此表示轻微的感叹。"なり"，断定助动词"なり"的终止形。接体言和活用词连体形下，表示断定，同口语"である""だ"。本句口语可译为"（その専门をよくわきまえている者は）たいしたものである"。

徒然草

第九十二段

或人、弓射る事を習ふに[17]、諸矢をたばさみて[18]的に向ふ。師の云はく[19]、「初心の人、二つの矢を持つ事なかれ[20]。後の矢を頼みて[21]、始めの矢に等閑の心あり[22]。毎度、ただ、得失なく[23]、この一矢に定むべしと思へ[24]」と云ふ。わづかに二つの矢、師の前にて一つをおろかにせんと思はんや[25]。懈怠の心、みづから知らずといへども[26]、師これ

---

17 或人、弓射る事を習ふに——"或"，连体词。"射る"，"射る"（动・上一）的连体形。"弓射る"，即"弓を射る"。文言中，宾格助词"を"常被省略。此处"弓"下的"を"，就是被省略的一例。"習ふ"，"習ふ"（动・四）的连体形。"習ふ"在此同"稽古する"。"に"，格助词。接活用词连体形和体言下，此处表示时间。在"…習ふ"和"に"之间，可视为省略名词"折"或"時"。

18 諸矢をたばさみて——"諸矢"，指"甲矢"和"乙矢"两枝箭。射箭时，一般以两枝箭为一组。第一枝（甲矢）搭在弦上，第二枝（乙矢）用小指夹住箭头拿着。"たばさみて"，同"手にはさんで持って"。

19 師の云はく——同口语"（弓の）師の言うことには"。"師"，同"師匠""先生"。"云はく"，连语，由"云ふ"的未然形"云は"和接尾词"く"构成。文言中，表示引用他人说话时，多用"云はく…と云ふ"的形式。例："かぐや姫のいはく、「月の都の人にて父母あり。…」といひて…"。（《竹取物语》）（かぐや姫がいうには、「月の都の人である父母があります。…」といって…。）

20 初心の人、二つの矢を持つ事なかれ——"初心"，此处同"初步""初学"。"持つ"，"持つ"（动・四）的连体形。"なかれ"，"なし"（形・ク）的命令形。"なかれ"，多接形式名词"事"下，表示禁止，同口语"…てはならない""…するな"。

21 頼みて——同口语"たのみにして""あてにして"。

22 等閑の心あり——"等閑の心"，同"いい加減な心""おろそかにする気持ち"。"あり"，"あり"（动・ラ变）的终止形，在此意同"おこる"。在"…心"和"あり"之间，可视为省略主格助词"が"。本句口语可译为"（始めの矢を）いいかげんに射る気持ちがおこる"。

23 毎度、ただ、得失なく——"毎度"，此处意同"射るたびごとに"。"ただ"，副词。在此加强下文中"定むべし"的语气，相当于口语"とにかく""迷うことなく"等。"得失なく"，连语，由名词"得失"和"なく"（"なし"的连用形）构成，在此做连用修饰语。"得"，即"射当てること"。"失"，即"はずれること"。"得失なく"，即"第一の矢がはずれても、後の一本で射ればよいなどというような計算の心を持たずに"。

24 この一矢に定むべしと思へ——"に"，格助词。在此表示工具，同"…を用いて""で"。"定む"，"定む"（动・下二）的终止形，在此同"決める"。"べし"，推量助动词"べし"的终止形，接活用词终止形（但ラ变型活用词，则接连体形）下，此处表示意志，同口语"きっと…よう"。"思へ"，"思ふ"的命令形。本句口语可译为"この一本の矢で（成否を）決めようと思いなさい"。

25 師の前にて一つをおろかにせんと思はんや——"にて"，格助词。在此表示活动场所，同口语"で"。例："いとあやしく潮海のほとりにてあざれあへり"。（《土佐日记》）（たいへん見苦しく海のほとりでふざけあった。）"おろかに"，"おろかなり"的连用形，同"おろそかに"。"せ"，"す"（动・サ变）的未然形。"せ"下面的"ん（む）"，系推量助动词"む"的终止形，在此表示意志，见注2。"思は"，"思ふ"的未然形。"思は"下面的"ん"（む），系终止形，在此表示推量，同口语"だろう"。"や"，系助词。此处用于句末，接活用词终止形下，表示反语，同口语"だろうか、いや…ない"。本句口语可译为"（わずかに二本の矢で、しかも）師の前で先に射る一本をいいかげんにしようと思うだろうか"。

26 懈怠の心、みづから知らずといへども——"懈怠の心"，同"油断""おこたりの心"。"みづから"，副词，同"自分から""自分で"。"ず"，在此为终止形，见注7。"知らず"，同"知らない"。"いへども"，连语，由"言ふ"的已然形"いへ"和接续助词"ども"构成，常以"…といへども"的形式，接活用词终止形和体言下，此处表示假定逆接条件，同口语"…といっても"。例："露落ちて花残れり。残るといへども、朝日に枯れぬ"。（《方丈记》）（露が落ちて花が残る。しかし、花が残っても朝日にあうと萎んでしまう。）本句相当于口语"油断の心は、自分自身で意識しないといっても"。

を知る²⁷。この戒め、万事にわたるべし²⁸。

道を学する人²⁹、夕には朝あらん事³⁰を思ひ、朝³¹には夕あらん事を思ひて、重ねてねんごろに修せんことを期す³²。況んや、一刹那の中において、懈怠の心ある事を知らんや³³。何ぞ、ただ今の一念において、直ちにする事の甚だ難き³⁴。

第一百零九段

高名の木登りといひし男³⁵、人を掟てて、高き木に登せて、梢を切らせしに³⁶、い

---

27 知る——此处同"見ぬく""わかる"。

28 わたるべし——"わたる"。此处同"適用できる""あてはまる"。"べし"，在此表示推量。同口语"きっと…だろう""きっと…にちがいない"。

29 道を学する人——同"諸道を修業する"。关于"道"的解释，诸说不一。有的注释家认为此处仅指佛道。有的则认为，除了佛道，还应该包括学问、技艺之道。本文从后者。"学する"，"学す"（动・サ变）的连体形。

30 朝あらん事——此处"朝"，同"翌日の朝"。"あら"，"あり"的未然形。"ん（む）"在此为连体形，表示委婉的语气，相当于口语"ような"。例："恋しからむをりをり、取り出でて見給へ"。（《竹取物語》）（恋しくお思いになるような時々に、取り出してごらん下さい。）但是，这种委婉的语气，有时在口语中很难译出，只能意会。"事"，形式体言。在"朝"和"あらん事"之间，可视为省略主格助词"が"。本句相当于口语"夕方にはまた明るく朝があること（を思い）"。

31 朝——此处表示早晨，同"朝"（あさ）。

32 重ねてねんごろに修せんことを期す——"重ねて"，副词，"ねんごろに"，"ねんごろなり"（形动・ナリ）的连用形。同"丁寧に""念を入れて"。"修せ"，"修す"（动・サ变）的未然形。此处"ん（む）"为连体形，表示意志。"期す"，同"あてにする""期待する"。本句可译为口语"あとでもう一度丁寧に学ぼうと次回をあてにする"。

33 況んや、一刹那の中において…知らんや——"況んや"，副词，同"まして"。它与本句句末的"知らんや"的"んや"相呼应，构成反问句。"知ら"，"知る"的未然形。此处"知る"，同"自覚する"。"んや"，同口语"であろうか、いや…ない"，见注25。"刹那"，系佛教表示最短时间的单位，同"瞬間"。"おいて"，连语。由"おき"（四段动词"おく"的连用形）的イ音便形"おい"与接续助词"て"相接而成。它以"において"的形式，接体言和活用词连体形下，在此表示时间，同格助词"に"。本句口语可译为"ましてや一瞬の間に、（怠りの心が潜んでいることは）どうして知ろうか、まったく知らない"。

34 何ぞ、ただ今の一念において…難き——"何ぞ"，连语，由疑问词"何"和系助词"ぞ"组成，表示反语，同"どうして…であろうか"。但在本句中，以反语的形式表示感叹的语气，所以"何ぞ"在此相当于口语"なんとまあ"。根据系结规则，"ぞ"要求以连体形结句。"一念"，同"一瞬間"。"において"，见注33。"直ちに"，副词。"する"，"す"的连体形。格助词"の"，在此表示主语，同"が"。"甚だ"，副词，同"たいそう"。"難き"，"難し"（形・ク）的连体形。本句可译为"なんとまあ、この今の一瞬間において、ただちに事をするということがむずかしいことであろう"。

35 高名の木登りといひし男——"高名の"，同"有名な""名の高い"。"木登り"，指"巧みに木に登る人"。"いひ"，"いふ"的连用形。"いふ"在此同"名づける""呼ぶ"。"し"，过去助动词"き"的连体形。接活用词连用形（但カ变和サ变动词除外）下，表示过去，同口语"た"。例："にはかに御遷り侍りき。いと思ひの外なりし事なり"。（《方丈記》）（突然、遷都がありました。まったく思いかけなかったことです）。"いひし男"，同"（世間の人が）言った男""（世間の人から）言われた男"。在"男"下，省略了主格助词"が"。本句口语可译为"名うての木登りと世間の人が呼んだ男が"。

36 掟てて、…梢を切らせしに——"掟て"，"掟つ"（动・下二）的连用形。"掟てて"，同"指図して"。"高き"，"高し"（形・ク）的连体形。"登せ"，"登す"（动・下二）的连用形。"登す"，同"上らせる"。"切ら"，"切る"（动・四）的未然形。"せ"，使役助动词"す"的连用形，见注4。"し"，同"た"，见注35。"に"，格助词，在此表示时间。在"…せし"和"に"之间，可视为省略一名词"折"。

徒然草

と危く見えしほどは³⁷言ふ事もなくて³⁸、降るる時に、軒長ばかりに成りて³⁹、「あやまちすな。心して降りよ⁴⁰」と言葉をかけ侍りしを⁴¹、「かばかりになりては、飛び降るとも降りなん⁴²。如何にかく言ふぞ⁴³」と申し侍りしかば⁴⁴、「その事に候ふ⁴⁵。目くるめき、枝危きほどは⁴⁶、己れが恐れ侍れば、申さず⁴⁷。あやまちは、安き所⁴⁸に成

---

37 いと危く見えしほどは——"いと"，副词，同"非常に"。"危く"，"危し"（形・ク）的连用形。"見え"，"見ゆ"（动・下二）的连用形。"ほど"，名词，同"間"。"は"，系助词。"見えしほどは"，同口语"見えた間は"。

38 言ふ事もなくて——同口语"（何も注意を）言わないで"。"なく"，"なし"的连用形。接续助词"て"，在此表示逆接，同"…が""しかし"。

39 降るる時に、軒長ばかりに成りて——"降るる"，"降る"（动・上二）的连体形。"軒長"，同"軒の高さ"。"ばかり"，副助词。在此表示程度，同"ほど""ぐらい"。"なり"，"なる"（动・四）的连用形。"成りて"，同"成って"。

40 あやまちすな。心して降りよ——"あやまちす"，"あやまちす"（动・サ変）的终止形。同"やりそこなう""けがをする"。"な"，终助词，接活用词终止形（但ラ変型活用词，则接连体形）下，表示禁止。同口语"な""してはいけない"。例："竜の首の玉取り得ずば、帰り来な"。（《竹取物语》）（竜の首の玉が取れなかったら帰って来るな。）"心し"，"心す"（动・サ変）的连用形。"心して"，同"気をつけて"。"降りよ"，"降る"的命令形。

41 かけ侍りしを——"かけ"，"かく"（动・下二）的连用形。"侍り"，"侍り"（动・ラ変）的连用形。"侍り"在此做郑重补助动词，同口语"ます"，作者以此对读者表示敬意。"し"，"き"的连体形。"を"，接续助词，此处表示既定顺态接续，同"から""ので"。例："明日は物忌みなるを、門つよくささせよ"。（《蜻蛉日记》）（明日は物忌みだから、門をしっかり閉めさせよ。）

42 かばかりになりては、飛び降るとも降りなん——"かばかり"，副词。此处同"この程度""これぐらい"。"ては"，接续助词，接活用词连用形下，此处表示"…した以上は""…したからには"。"とも"，接续助词，接活用词终止形（但形容词则接连用形）下，表示假定逆接条件，同口语"ても"。例："かくさしこめてありとも、かの国の人来ば、皆あきなむとす"。（《竹取物语》）（このようにしめ切ってあっても、あの国の人が来たら、皆あいてしまう。）"なん（なむ）"，连语，由"な"（完了助动词"ぬ"的未然形）和"む"（推量助动词"む"）构成。接活用词连用形下，在此表示可能的推量，同口语"できるだろう"。本句口语可译为"これぐらいになったからには、飛び降りても降りられよう"。

43 如何にかく言ふぞ——"如何に"，副词，同"どうして"。"かく"，副词，同"こう""このように"。"ぞ"，在此为终助词。接活用词连体形和体言下，此处表示询问的语气，同"のか"。本句口语可译为"どうしてそんな事を言うのか"。

44 申し侍りしかば——"申し"，"申す"（动・四）的连用形。"申す"在此为"言ふ"的谦让动词，以此表示发问者（很多注释家推测，"发问者"系作者本人，本文从此说）对"高名の木登り"的敬意。"侍り"在此为郑重补助动词，以此表示作者对读者的敬意，见注41。"しか"，"き"的已然形。"ば"，此处表示偶然条件，见注11。本句同口语"申しましたところ"。

45 その事に候ふ——同口语"さあ、そこでございます""そこが大切なことです"。"に"，断定助动词"なり"的连用形。"候ふ"，"候ふ"（动・四）的终止形，在此做补助动词"あり"的郑重语。因为"木登り"身份低微（即"あやしき下﨟"），所以对发问者以"候ふ"表示敬意。

46 目くるめき、枝危きほどは——"くるめき"，"くるめく"（动・四）的连用形。"危き"，"危し"（形・ク）的连体形。在"目"和"枝"下主格助词"が"均被省略。"ほどは"，见注37。本句同口语"（高くて）目がくらんで、枝が折れそうで、危険なうちは"。

47 己れが恐れ侍れば、申さず——"己れ"，代词。此处同"自分自身"。"恐れ"，"恐る"（动・下二）的连用形。"侍れ"，"侍り"的已然形。"ば"，在此同"…ので""…から"，见注7。"申さ"，谦让动词"申す"的未然形。"ず"，同"ない"。本句同口语"自分自身が恐れて用心しておりますので、（一言も）申しません"。

48 安き所——"安き"，"安し"（形・ク）的连体形。"安き所"，同"危くない所""もう安心だと思うところ"。

りて、必ず仕(つかまつ)る事に候ふ⁴⁹」と言ふ。

あやしき下﨟(げらふ)なれども⁵⁰、聖人(せいじん)の戒(いまし)めにかなへり⁵¹。鞠(まり)⁵²も、難(かた)き所を蹴出(けいだ)して後(のち)⁵³、安く思(お)へば必ず落つと侍るやらん⁵⁴。

第一百八十五段

城(じやう)陸奥守泰盛(のむつのかみやすもり)⁵⁵は、双(さう)なき馬(うま)乗りなりけり⁵⁶。馬を引き出させけるに⁵⁷、足(あし)を揃(そろ)へて閾(しきみ)をゆらりと越ゆるを見ては⁵⁸、「これは勇(いさ)める馬なり」とて⁵⁹、鞍(くら)を置き換へさせけり⁶⁰。また、足(あし)を伸(の)べて閾(けあ)に蹴当(にぶ)てぬれば⁶¹、「これは鈍(にぶ)くして、過(あやま)ちあるべし」と

---

49 仕る事に候ふ——同口语"いたすものでございます"。"仕る"，系"す"的谦让动词。"に候ふ"，见注45。

50 あやしき下﨟なれども——"あやしき"，"あやし"（形・シク）的连体形。"下﨟"，指"身分の低い者"。"なれ"，"なり"的已然形。"ども"，接续助词，同口语"が"，见注8。本句同口语"卑しい下贱の者であるが"。

51 聖人の戒めにかなへり——"聖人の戒め"，据载，系我国《易经》"系辞下传"中的"君子安而不忘危……"等词句。"かなへ"，"かなふ"（动・下二）的已然形。"り"，见注9。在此表示存续，同口语"ている""…てある"。"かなへり"，同口语"一致している"。

52 鞠——此处同"蹴鞠"。它是日本古代贵族的一种踢球游戏。即在方形庭园的四角，栽上樱、柳、枫、松四种树，在树的两侧，各站一人，共八人，进行踢球比赛，不可使球落地。

53 難き所を蹴出して後——"難き所"，同"蹴りにくいところ""むずかしいところ"。"蹴出して後"，同口语"うまく蹴った後""うまく蹴当てたあとで"。

54 思へば必ず落つと侍るやらん——"思へ"，"思ふ"的已然形。"ば"，表示恒常条件，同口语"…と必ず"。例："老いぬれば、さらぬ別れもあり…"。（《古今集》）（年を取ってしまうと避けられない別れもある…。）"と"，格助词，在此表示引用。"侍る"，"侍り"的连体形。本句中"侍り"为"あり"的郑重语，在此意同"申す"。"やらん"，系"にやあらん"之约。接活用词连体形下，此处同"…ようだ""…とかいうことだ"。本句口语可译为"（もう安心だと）思うと、必ず（蹴り損ねて）鞠が地面に落ちるものだとか申すようです"。

55 城陸奥守泰盛——即"秋田城介兼陸奥守安達泰盛"，镰仓时代的名将。"城"，系"秋田城介"（あきたじやうのすけ）（秋田城守军的长官）的略称。泰盛父义景原为"秋田城介"。其父死后，由泰盛继承父职。弘安五年（1282）又兼任"陸奥"（旧国名,其大部在今之青森县）的太守（守），故而这样称呼。

56 双なき馬乗りなりけり——"双なき"，"双なき"（形・ク）的连体形，同"並ぶ者のないほどの""くらべる者のないほどの"。"馬乗り"，即"乗馬法の巧みな人""馬乗りの名手"。"なり"，断定助动词"なり"的连用形。"なりけり"，同"…であった"。

57 引き出させけるに——"引き出さ"，"引き出す"（动・四）的未然形。"せ"，使役助动词"す"的连用形。"ける"，"けり"的连体形。"に"，格助词，在此表示时间。本句同口语"（下僕に厩から馬を）ひっぱり出させた時に"。

58 閾をゆらりと越ゆるを見ては——"閾"，门槛，同"敷居(しきみ)"。这里指马棚（厩）的门槛。"ゆらりと"，副词，同"軽々と"。"越ゆる"，"越ゆ"（动・下二）的连体形。"を"，宾格助词，接活用词连体形和体言下。在"…越ゆる"和"を"之间，可省视为省略—形式体言"の"。"ては"，接续助词，在此同"と"。本句口语可译为"（馬が足を揃えたまま，）しきいをひらりと飛び越えるのを見ると"。

59「これは勇める馬なり」とて——"勇め"，"勇む"（动・四）的已然形。"る"，完了助动词"り"的连体形，此处表示存续，见注15。"なり"，同"である"。"とて"，在此同"…と言って"，见注2。本句同口语"これは気がはやっている馬であると言って"。

60 置き換へさせけり——"置き換へ"，"置き換ふ"（动・下二）的未然形。"させ"，使役助动词"さす"的连用形，见注11。"けり"，同"た"。

61 足を伸べて閾に蹴当てぬれば——"伸べ"，"伸ぶ"（动・下二）的连用形。"足を伸べて"，同"足を伸ばして"。"蹴当て"，"蹴当つ"（动・下二）的连用形。在此意同"けとばして当てる"。"ぬれ"，完了助动词"ぬ"的已然形。接活用词已然形下，此处表示完了。同口语"てしまう"。例："舟にて渡り（转下页）

138

て⁶²、乗らざりけり⁶³。

道を知らざらん人、かばかり恐れなんや⁶⁴。

【译文】

水车（第五十一段）

（后嵯峨上皇）欲将大井川之水引入龟山离宫内的水池，于是命大井川沿岸的居民制作水车。（上皇）赐予很多金钱，（当地居民）在数日内就将（水车）制成，安装（在河边），可（水车）根本不转，虽经多方修理，但最终还是不转，白白地搁（在河边）。

于是，（上皇）召宇治的居民，命其制作（水车），（宇治居民）毫不费力地将（水车）装成之后，献给（上皇），这（水车）转得轻快自如，（源源不断地）将水引入（池内），此景令人不胜赞叹。

万事，唯精通此道者，最为可贵。

射箭（第九十二段）

某人学习射箭时，手上拿着两支箭，对靶（练射）。他的师父说："初学（射箭）者，不可拿两支箭，（这样）会产生依赖后一支、忽视前一支箭的念头。（所以），每次（射箭），切不可有前一支箭不中，还有后一支箭的想法，而应以一支箭决定（成败）"。（按说）手里仅有两支箭，而且又在老师面前，谁会马虎大意地对待初射之箭呢？但是，这种怠惰之心，即使本人意识不到（它的产生），而师父却能一目了然。（师父的）这番教诲，也一定适用于（其他）一切事物吧。

学习各种专门知识和技能的人，（往往）到了傍晚想到还有明晨，到了早晨又想到

（接上页）ぬれば、相模の国になりぬ"。（《更级日记》）（川を舟で渡ってしまうと、相模の国になった。）"ば"，在此同"と"。本句口语可译为"足を伸ばしたままで、あげ方が足りず、しきいに蹴あててしまうと"。

62 鈍くして、過ちあるべし」とて——"鈍く"，"鈍し"（形·ク）的连用形。"して"，接续助词，接活用词连用形下，此处表示原因。"ある"，"あり"的连体形。"べし"，在此表示推量。"とて"，见注59。本句同口语"（これは）勘がにぶいから、まちがいがあるだろうと言って"。

63 乗らざりけり——同口语"乗らなかった"。

64 道を知らざらん人、かばかり恐れなんや——"道"，此处系指"馬術の道"。"ん（む）"，在此表示委婉的语气，同口语"ような"，见注30。"知らざらん人"，同口语"知らないような人"。"かばかり"，同"これほど"。"恐れ"，"恐る"的连用形。在此同"用心する""慎重にする"。"なん（なむ）"，连语，见注42。在此表示强烈的推量，同口语"きっと…だろう"。"や"，系助词，在此表示反语。"かばかり恐れなんや"，同口语"（この泰盛）ほどに用心するだろうか，决して用心しない"。

还有傍晚，总是期待以后再来认真学习。（连一朝一夕都尚且如此），更何况在短短的瞬间，怎么会意识到怠惰之心的产生呢？（由此观之，）欲在眼前一瞬间，（将该做的事）立即付诸实现，该是多么困难啊！

爬树（第一百零九段）

有一个被（人们）称为爬树能手的人，他命别人爬上高树，去砍树梢。此时，（该人身在高处，）看去非常危险。其间，（爬树能手）却一言不发。当（此人）下来，（下）到齐屋檐高时，（爬树能手）反而（提醒）说："别摔着了！下来要小心！"（我站在一旁）问道："既然下到离地不太高的地方，就是跳也能跳得下来，那为什么还要这样说呢？"（爬树能手）回答说："问题正在于此。（当此人身在树的高处时）头晕眼花，树枝（细而易折，）异常危险的时候，他自己会谨慎、小心的。所以，无须提醒。（所谓）失误往往产生于到了（自以为）万无一失的地方之后"。

（这个爬树能手）虽然出身卑贱，但（他的这一席话）却与圣人的教诲不谋而合。据说："踢球也是如此。当踢出一个险球后，以为无须留神了，那球肯定会掉在地上"。

骑马（第一百八十五段）

秋田城长官兼陆奥太守安达泰盛，是一个举世无双的骑马能手。当他让（仆人从马棚中）牵出马来的时候，这匹马齐着腿轻轻一跳越过门槛。泰盛见状说道"这是一匹急性子马"。于是（就让仆人）将马鞍换到（另一匹马上）。而（另一匹马）只是伸伸腿，踢碰着门槛。泰盛（见此状）说道"这是一匹驽马，（骑上后）肯定会摔跤的"。（所以他）也没骑这匹马。

不精通此道者，怎么会如此谨慎、用心呢！

奥州小路

【作家和作品简介】

　　江户时代中期的俳谐纪行文（游记）。作者松尾芭蕉（1644—1694），江户前期俳人，对俳谐进行改革，为集其大成者。名宗房，别号桃青、坐兴庵、栩栩斋、泊船堂、风罗坊。俳号自署为"はせを"。伊贺上野人，师事北村季吟，学习贞林俳谐，后赴江户学习谈林俳谐。37岁时移居深川芭蕉庵。历经数次旅行，确立了闲寂、余韵、玄妙、轻快的芭蕉风格。元禄7年（1694），在大阪的旅店中病死。时年51岁。

　　《奥州小路》成书于1694年，在其殁后的1702年出版。元禄2年（1689）3月27日，在门人曾良的陪伴下，芭蕉从江户深川出发，开始了长达五个半月的出游。本书即记录了全程经过。芭蕉师徒二人巡礼了奥州、北陆等名胜古迹，于同年9月6日，从美浓的大垣上船出发要去伊势，芭蕉在此收笔。此次出游跨关东、奥羽、北陆、东海23国，行程约2400公里。同行的曾良也有日记留存下来。二者相较，《奥州小路》并非忠实地记录了旅程，有些出入，也有芭蕉润色之处，反映出作者对纪行中的跌宕起伏和整体平衡感的处理要求，从中也可窥伺到作者的文艺意识和创作意识。

　　以下所选系《奥州小路》著名的开首序言。

【原文】

月日は百代の過客（序）

月日は百代の過客にして[1]、行き交ふ年もまた旅人なり[2]。船の上に生涯を浮かべ、

---

　　1 月日は百代の過客にして——"にして"，由断定助动词"なり"的连用形"に"加上接续助词"して"构成，表示顺接，等于"…で""…であって"。出自李白《春夜宴桃李园序》（《古文真宝后集》）中的诗句"夫天地者万物之逆旅也，光阴者百代之过客也，而浮生若梦"。只不过"光阴"被改成了"月日"。此处的"月日"不单指岁月时光，也包含了月亮、太阳的实质意思。"百代の過客"，指永远没有停歇、一直不断云游的旅人。

　　2 行き交ふ年もまた旅人なり——"行き交ふ"，"行き交ふ"（动·四）的连体形。去了又来，循环往复，不断移转。"年"，年月，岁月。"も"，系助词。也。"また"，副词。仍，亦然。"なり"，断定助动词"なり"的终止形。同"…だ""…である"。"旅人"，旅人，游客。

奥州小路

馬の口とらへて老いを迎ふる者は、日々旅にして旅を栖とす³。古人も多く旅に死せるあり⁴。予も、いづれの年よりか⁵、片雲の風に誘はれて、漂泊の思ひやまず、海浜にさすらへ⁶、去年の秋、江上の破屋に蜘蛛の古巣を払ひて⁷、やや年も暮れ、春立てる霞の空に⁸、白河の関越えんと、そぞろ神の物につきて心を狂はせ⁹、道祖神の招き

―――――――――

3 船の上に生涯を浮かべ、馬の口とらへて老いを迎ふる者は、日々旅にして旅を栖とす——"に"，格助词。"浮かべ"，"浮かぶ"（动・下二）的连用形。"船の上に生涯を浮かべ"，喻指船夫，以行旅为日常生活。"馬の口"，牵马的缰绳。"とらへ"，"とらふ"（动・下二）的连用形。抓，抓住。"迎ふる"，"迎ふ"（动・下二）的连体形。迎，迎来。"馬の口とらへて老いを迎ふる者"，喻指马夫，以行旅为日常生活。"は"，系助词。"日々"，多认为此处做主语。"にして"，见注1。"日々旅にして"，同"毎日が旅であって"。也有人认为，每天旅行即是将其视为日常生活的场所，故认为"日々"是副词。"にして"，由格助词"に"加上サ变动词"す"的连用形"し"，再加上接续助词"て"构成，在此表示场所，同"…において""…にあって"。这里相当于"日々旅にありて"，即"毎日旅に身を置いていて"的意思。"栖"，住处，栖身地。"を"，格助词。"…を…とす"同"…を…とする"，把……当作……。此句同口语"船頭として船の上に生涯を浮かべ、馬子として馬の轡を引いて老いを迎える者は、毎日旅をして旅を住処としているようなものである"。

4 古人も多く旅に死せるあり——"古人"，此处并非仅仅泛指故去了的人。芭蕉所敬慕的客死旅途中的古代文人主要有西行、宗祇、李白、杜甫等人。西行，平安末至鎌倉时期的歌僧，周游诸国。文治六年（1190）客死于河内国（今大阪府）的弘川寺，终年73岁。宗祇，室町时代的连歌师，游历诸国。文亀二年（1502）死于相模国（今神奈川县）箱根汤本旅宿，终年82岁。李白、杜甫分别客死于安徽当涂和岳阳，终年64岁和59岁。"死せ"，"死す"（动・サ变）的未然形。"る"，完了助动词"り"的连体形。接在活用词已然形或サ变动词未然形下，表示状态的存续，"死せる"，同"死んでいる"。"死せる"和"あり"之间可认为省略了体言"人"。

5 予も、いづれの年よりか——"予"，第一人称代词。我。"も"，系助词。也。"いづれ"，指示代词，同"どの"。"より"，格助词，表起点。"か"，副助词，表示不确定。

6 片雲の風に誘はれて、漂泊の思ひやまず、海浜にさすらへ——"片雲"，名词。断云，浮云，碎片云。"の"，助词，表主格，同"が"。"誘は"，"誘ふ"（动・四）的未然形。"れ"，被动助动词"る"的连用形，"誘はれて"同"誘われて"。这里"誘ふ"的对象除了指"片雲"，也包括作者芭蕉的心，一语双关。"思ひ"，名词。想法，愿望。"漂泊の思ひ"，系指作者打算出门漂泊的想法。"やま"，"やむ"（动・四）的未然形。停止，止住。"ず"，否定助动词"ず"的连用形，上接活用词未然形表否定。"さすらへ"，"さすらふ"（动・下二）的连用形。漂泊，流浪。此句同口语"ちぎれ雲が風に吹かれて大空を漂うのを見るにつけ、旅に出てさまよい歩きたいという願望がしきりに起こり、海辺の地方をあちらこちら放浪し"。"海浜にさすらへ"，具体指的是貞享四年（1687）10月下旬，芭蕉从位于江户深川的芭蕉庵出发，直到翌年4月，游历了尾张、三河、大和、纪伊、摄津、播磨等地（《負笈小文》所述）。其间他曾到过鸣海、伊良古崎、和歌浦、须磨、明石等海滨。

7 去年の秋、江上の破屋に蜘蛛の古巣を払ひて——"去年の秋"，指的是貞享五年（1688）8月，为了欣赏中秋明月，芭蕉与蕉门越人一起从岐阜出发到信浓国更科出游（《更科纪行》所述）。当年9月30日，改元为"元禄"。"江上の破屋"，指芭蕉的第二个茅屋，位于小名木川汇入隅田川的交汇口附近。"江"，指隅田川。"上"，指岸边。"蜘蛛の古巣"，旧蜘蛛网。"払ひ"，"払ふ"（动・四）的连用形。掸掉，去掉。

8 やや年も暮れ、春立てる霞の空に——"やや"，副词。渐渐地，同口语"漸く""次第に"。"も"，系助词。"暮れ"，"暮る"（动・下二）的连用形。（年）结束，过去。"立て"，"立つ"（动・四）的已然形。"る"，见注4，同"…ている"。此处的"立てる"为双关语的用法，即"春立てる"和"霞立てる"。"に"，格助词。在此表契机，缘由。"春立てる霞の空に"，同"春霞のたちこめている空を見るにつけて"。从"去年の秋"，不久"年も暮れ"，如今又到了"春立てる"，反映了时序的流转变化。

9 白河の関越えんと、そぞろ神の物につきて心を狂はせ——"白河関"，系古代为了防止虾夷人南下及对过往人员、货物进行盘查而设，地址位于今日本福岛县白河市大字旗宿，系古代奥羽三关之一，另两个是勿来关（菊田关）和念珠关。当时早已废弃，常用作歌枕。"越え"，"越ゆ"（动・下二）的未然形，下接推量助动词"む（ん）"。"と"为表引用的助词，后面省略了动词"思って"。"そぞろ神"，据推测是芭蕉自己创造的词，意指使人心神不安的神。"そぞろ神の物につきて"与后面的"道祖神の招きにあひて"形成对句（对偶）。"の"，主格助词，等于口语"が"。"物"，此处指人（芭蕉自己）。"つき"，"つく"（动・四）的连用形。附着。"そぞろ神の物につきて"，同口语"そぞろ神が自分に取り付いて（乗り移って）"之意。"狂は"，"狂ふ"（动・四）的未然形，下接使役助动词"す"的连用形，同"心を混乱させて"。

にあひて取るもの手につかず¹⁰、股引の破れをつづり、笠の緒付けかへて、三里に灸すうるより¹¹、松島の月まづ心にかかりて¹²、住めるかたは人に譲り、杉風が別墅に移るに¹³、

　草の戸も住み替はる代ぞ雛の家¹⁴

表八句を庵の柱に掛け置く¹⁵。

---

10 道祖神の招きにあひて取るもの手につかず——"道祖神"，守路神，多放在岔路、村头或山口等处的小石像，据说可避灾驱邪、保佑旅途平安。"招き"，名词。召唤，邀请。"あひ"，"あふ"（动・四）的连用形。"取る"，"取る"（动・四）的连体形。"つか"，"つく"（动・四）的未然形。"手につかず"，同口语"手につかない"。无法专心做事，心不在焉。

11 股引の破れをつづり、笠の緒付けかへて、三里に灸すうるより——"股引"，自日本江户时期起，手工艺人、农民等穿的细筒裤。"破れ"，破损处。"つづり"，"つづる"（动・四）的连用形。缝补。"笠の緒"，斗笠（草帽）绳子。"付けかへ"，"付けかふ"（动・下二）的连用形。重装，换新。在"笠の緒"和"付けかへて"间可视为省略了格助词"を"。"三里"，足三里，针灸穴位之一，据说在此进针能治百病。"すうる"，"すう"（动・下二）的连体形。"灸すう"，灸治，扎针。"より"，格助词，接活用词连体形后，表示做完一件事后马上做下一件，同"…するやいなや""…と同時に"。

12 松島の月まづ心にかかりて——"松島"，日本三景之一，位于日本宫城县仙台市附近，特指松岛湾内大小二百余岛和沿岸的风景名胜。"まづ"，是芭蕉用于表示"首先"（其他姑且不论）这种强烈语气的词，使用频率较高。"かかり"，"かかる"（动・四）的连用形。"心にかかり"，担心，挂念。此处恐怕具体是指担心天气。

13 住めるかたは人に譲り、杉風が別墅に移るに——"住め"，"住む"（动・四）的已然形。"る"，见注4。"住める"，同"住んでいる"。"かた"，名词。场所，地点。此处指芭蕉迄今为止的住所，即芭蕉的第二个茅屋，也就是前文出现的"江上の破屋"。"譲り"，"譲る"（动・四）的连用形。让与，转让。"杉風"，指江户中期俳人"杉山杉風"（1647-1732），入芭蕉门下，从物质和精神两方面帮助芭蕉。"が"，表示连体格，等于口语助词"の"。"杉風が別墅"即"杉風の別墅"，位于深川平野町采茶庵。"移る"，"移る"（动・四）的连体形。此处指芭蕉搬至杉风别墅暂住。据说，在芭蕉踏上行旅的一个月之前（即元禄二年1月末），芭蕉已将茅屋转让与人，自己搬到杉风别墅，这一个月就是在杉风别墅度过的。"に"，格助词。可视为在"移る"和"に"之间省略了"とき"。

14 草の戸も住み替はる代ぞ雛の家——"草の戸"，茅屋。此处指芭蕉之前所住的茅屋。"住み替はる"，"住み替はる"（动・四）的连体形。指茅屋易主，换了住家。"代"，名词。（某）时节，时候。"雛"，指三月。"雛の家"，当时正值三月三日的"雛祭，芭蕉推测（已转让出去）由别人居住的那家茅屋是否会用人偶等饰物装饰（前文交代了芭蕉移居杉风别墅，与其所住的旧茅屋大异其趣）。"も"，系助词。芭蕉感叹，日月更替，世事变迁，就连其之前所住过的破旧茅屋也会易主，迎来新的主人，这与芭蕉的人生譬如旅途的思想是一脉相承的。

15 表八句を庵の柱に掛け置く——"表八句"，首八句。俳谐连句中，吟百韵（百句）时，写在第一张怀纸（和歌用纸）正面的八句。"庵の柱"，茅舍柱。"掛け置く"，"掛け置く"（动・四）的终止形，同"かけておく"。悬挂。

【译文】

岁月如百代过客(序)

　　岁月如百代过客,经年亦如旅人。于船上度过浮生,衔马口迎来老衰,皆是在行旅之中,以羁旅为栖身之所。古人客死异乡者,亦不在少数。余不知何时起,受空中飘云所召唤,出门漂泊,踟蹰流离于海滨。去岁秋日,掸去江上破茅草屋的蜘蛛尘网,(此时)已近年关。(如今)余望春霞满空,深感受神的指引与召唤,已身不由己,无暇他顾,一心即想穿越白河关(踏上陆奥之旅)。余补缀筒裤,换上笠绳,针灸三里。松岛的月亮让我挂念,遂将住所让与他人,移至杉风别墅。

　　茅舍易他人,已换新人家。
　　三月三将至,当用人偶饰。

且将此句作为八句之首,(写于怀纸上)悬挂于茅舍柱前。

日本外史

【作家和作品简介】

　　江户时期儒学家、历史学家赖山阳（1780—1832）撰著的史书，共22卷12册，1827年成书，1836—1837年前后出版。作者20多岁蛰居广岛起便开始执笔此书，大约于50岁完成。该著模仿中国司马迁著《史记》的体裁形式，用汉文体分别记述了从源平二氏到德川氏13个有代表性的武家盛衰兴亡的历史。因其多以军纪物语类为依据，史实记述方面错误较多，但文章语言流畅、笔力雄劲，并夹以史论，贯穿大义名分、尊皇攘夷的思想，故对幕末尊皇思想产生了很大影响，幕末明治初期得到广泛阅读。

　　这里选了两个脍炙人口的故事。其一是"给敌人送盐"（所争不在米盐）。记述的是武田信玄因今川、北条断盐而陷入苦境，上杉谦信虽为宿敌，但却送盐于他，帮他解困的故事。后"所争不在米盐"成为谚语。第二个是"桶狭间之战"，也是日本三大奇战之一。永禄三年，今川义元率领四万人直指京都。出来迎击的织田信长仅有三千人。信长不顾群臣反对，在尾张桶狭间这个地方，遵照父亲的遗训，采取先发制人的手段，一举攻破敌阵，取得了胜利。

【原文本】

　　信玄国不浜海。仰塩於東海。氏真与北條氏康謀。陰閉其塩。甲斐大困。謙信聞之。寄書信玄曰。聞氏康氏真困君以塩。不勇不義。我与公爭、所爭在弓箭、不在米塩。請自今以往。取塩於我国。多寡唯命。乃命賈人平価給之。

【原文】

争ふ所は米塩に在らず

信玄[16]の国、海に浜せず[17]。塩を東海に仰ぐ[18]。氏真、北条氏康と謀りて[19]、陰かに其の塩を閉づ[20]。甲斐大いに困しむ[21]。謙信之を聞き、書を信玄に寄せて曰く[22]、「聞く、氏康・氏真、君を困しむるに塩を以てすと[23]。不勇不義なり[24]。我公と争へども、争ふ所は弓箭に在りて、米塩に在らず[25]。請ふ今自り以往、塩を我が国に取れ[26]。多寡は唯だ命のみ」[27]と。乃ち賈人に命じ、価を平にして之に給せしむ[28]。

---

16 信玄——武田信玄（1521-1573），战国时代武将。

17 海に浜せず——"浜せ"，"浜す"（动・サ变）的未然形，下接否定助动词"ず"。同口语"海に面していない"。

18 塩を東海に仰ぐ——"東海"，此处泛指日本战国时代太平洋沿岸诸国。"仰ぐ"，"仰ぐ"（动・四）的终止形。依赖，仰仗。意为（信玄国）仰仗东海诸国（供盐）。

19 氏真、北条氏康と謀りて——"氏真"，今川氏真（1538-1614），战国时代武将。"北条氏康"，北条氏康（1515-1571），战国时代武将。"と"，格助词。"謀り"，"謀る"（动・四）的连用形。谋划，策划。

20 陰かに其の塩を閉づ——"陰かに"，副词。悄悄地。"其の"，指信玄方。"閉づ"，"閉づ"（动・上二）的终止形。切断。此处"閉づ"意为断其盐路，即让东海诸国勿供盐于武田信玄方。

21 甲斐大いに困しむ——"甲斐"，即现在日本山梨县。因武田信玄以甲斐为根据地，故此处以"甲斐"代称武田信玄。"大いに"，副词。很，非常。"困しむ"，"困しむ"（动・四）的终止形。（精神）痛苦，难受。

22 謙信之を聞き、書を信玄に寄せて曰はく——"謙信"，上杉谦信（1530-1578），战国时代武将。"之"，代词。指武田信玄一方因被敌方断了盐路而受困之事。"聞き"，"聞く"（动・四）的连用形。听，听说。"書"，此处指书信。"寄せ"，"寄す"（动・下二）的连用形。寄送。"曰く"，连语，由"言ふ"（动・四）的未然形加接尾词"く"而来，表示"言うことには"。

23 聞く、氏康・氏真、君を困しむるに塩を以てすと——"聞く"，同上。置于句首系来自汉文的习惯。"氏康・氏真"，即今川氏真和北条氏康。"困しむる"，"困しむ"（动・下二）的连体形，表示使……受困。"に"，格助词，此处表示目的。"以て"，"以ちて"的促音便，多以"…を以て"形式表示手段，同"…を使って""…によって"。"す"，"す"（动・サ变）的终止形。"と"，格助词，表示引用（听说写的内容）。

24 不勇不義なり——"なり"，断定助动词。同口语"である""だ"。

25 我公と争へども、争ふ所は弓箭に在りて、米塩に在らず——"我"，指上杉谦信一方。"公"，指武田信玄一方。"と"，格助词。"争へ"，"争ふ"（动・四）的已然形。争斗。下接接续助词"ども"，表逆接。"争ふ"，"争ふ"的连体形，修饰"所"。"弓箭"，喻指战事。"に"，格助词。"在り"，"在り"（动・ラ变）的连用形。在，在于。"て"，接续助词。"在ら"为"在り"的未然形，下接否定助动词"ず"。

26 請ふ今自り以往、塩を我が国に取れ——"請ふ"，"請ふ"（动・四）的终止形。置于句首系来自汉文的习惯。"自り"，格助词。自（从）……。"以往"，副词。（从今）以后。"取れ"，"取る"（动・四）的命令形。

27 多寡は唯だ命のみ」と——"多寡"，名词。多少。"唯だ"，副词。"唯だ命のみ"，（所需盐量多少）惟命（是从）。同口语"（塩）の分量は仰せの通りにする"。

28 乃ち賈人に命じ、価を平にして之に給せしむ——"乃ち"，副词。马上。"賈人"，商人。"命じ"，"命ず"（动・サ变）的连用形。命令，下令。"価"，指盐价。"平に"，"平なり"（形动・ナリ）的连用形。平，没有高低貌。"し"，"す"（动・サ变）的连用形。"て"，接续助词。"価を平にして"，将盐价降至平价，以平价（……）。"之"，此处指武田方。"給せ"，"給す"（动・サ变）的未然形，下接使役助动词"しむ"，表示使役。让……给予（出售）。

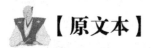【原文本】

　　信長因命酒与飲。酒酣天明。信長自起舞。謡古謠、曰、「人世五十年、乃如夢与幻。有生斯有死。壮士将何恨。」舞畢、即被甲上馬、単騎挙鞭而出。騎能属者十余人。比及熱田祠得千人。自祈戦勝、陰使祠官鳴甲龕中。信長顧軍士、曰「神助我也。」乃取山路、行収諸城兵。兵凡三千騎。東望見両城火起、将兵逡巡。信長益鞭其馬而進。

【原文】

桶狭間の戦い

　　信長、因って酒を命じて与に飲む[29]。酒酣にして天明く[30]。信長自ら起って舞ひ、古謡を謡って曰く[31]、「人世五十年、乃夢与幻との如し[32]。生有れば斯に死有り[33]。壮士将何をか恨みんと[34]。」舞畢り、即甲を被り馬に上り[35]、単騎鞭を挙げて而出づ[36]。

---

29 信長、因って酒を命じて与に飲む——"信長"，织田信长（1534—1582），战国时代武将。"因って"，接续词，同"それゆえに""だから""それで"。"命じ"，"命ず"（动・サ変）的连用形。命人（饮酒）意（唐白居易《琵琶行》序："遂命酒，使快弹数曲"）。"与に"，同"といっしょに"。"飲む"，"飲む"（动・四）的终止形。

30 酒酣にして天明く——"酣"，"酣なり"（形动・ナリ）的连用形。"して"，接续助词，接形容动词连用形后面，表示单纯接续。同"…で"。"明く"，"明く"（动・下二）的终止形。天亮，天明。

31 信長自ら起って舞ひ、古謡を謡って曰く——"自ら"，副词。亲自。"起っ"，"起つ"（动・四）的连用形"起ち"的促音便。站起身。"古謡"，指幸若舞的"敦盛"歌，即"人間五十年。下天のうちを比ぶれば、夢幻の如くなり。一度生を受け、滅せぬもののあるべきか"。"曰く"，同注 22。

32 人世五十年、乃夢与幻との如し——"乃"，接续助词。即。"如し"，比况助动词"如し"的终止形。宛若……。

33 生有れば斯に死有り——"有れ"，"有り"（动・ラ変）的已然形，下接接续助词"ば"，表示顺接恒常条件，同口语"…すると必ず…"。"斯に"，接续词。故此，才。同口语"それで""それゆえ"。

34 壮士将何をか恨みんと——"将"，副词。"か"，系助词。"恨み"，"恨む"（动・上二）的未然形。"ん"，即推量助动词"む(ん)"。"と"，格助词，表引用。此句口语"ますらをが生死のことで何か後悔することがあろうか"。

35 舞畢り、即甲を被り馬に上り——"畢り"，"畢る"（动・四）的连用形。完了，结束。"即"，副词。马上。"被り"，"被る"（动・四）的连用形。披（甲）。"上り"，"上る"（动・四）的连用形。骑（马）。"甲を被り馬に上り"，即披甲上马。

36 単騎鞭を挙げて而出づ——"単騎"，名词。只身匹马，独自一人骑马。"挙げ"，"挙ぐ"（动・二）的连用形。举（鞭）。"而"，不读字。"出づ"，"出づ"（动・下二）的终止形。此处为出发意。

騎能く属する者十余人[37]。熱田の祠に及ぶ比千人を得たり[38]。自ら戦勝を祈り、陰に祠官をして甲を龕中に鳴ら使む[39]。信長軍士を顧みて、曰く「神我を助くる也と[40]。」乃ち山路を取り、行諸城の兵を収む[41]。兵凡三千騎[42]。東両城に火起るを望見し、将兵逡巡す[43]。信長益其の馬に鞭うちて而進む[44]。

【译文】

所争不在米盐

信玄国不靠海，吃盐倚依东海诸国。今川氏真与北条氏康密谋，秘密断其盐路。甲斐武田信玄大为发愁。上杉谦信听说后，送信于信玄，曰："近闻氏康、氏真用盐来对付你，乃不勇不义。吾与你争斗，所争在弓箭，不在米盐。自今往后，请用吾国盐，要多少给多少"。于时，他命商人平价售盐于信玄。

桶狭间之战

信长故命酒与众人一起喝。酒酣天明。信长跃身起舞，吟唱古歌谣："人世五十年，

---

[37] 騎能く属する者十余人——"能く"，此处系来自汉文训读的用法，表示（竟）能……。"属する"，"属す"（动·サ变）的连体形。跟从，从属。"能く属する者"，同"ついてこられたもの"。《史记·项羽本纪》中有"项王渡淮，骑能属者百余人耳"。

[38] 熱田の祠に及ぶ比千人を得たり——"熱田の祠"，指位于名古屋的热田神宫。"及ぶ"，"及ぶ"（动·四）的连体形。到达。"比"，名词。大概某个时候。"得"，"得"（动·下二）的连用形。得到，获得。此处指收千人归于属下。"たり"，完了助动词"たり"的终止形，表示状态的持续。

[39] 自ら戦勝を祈り、陰に祠官をして甲を龕中に鳴ら使む——"自ら"，副词。亲自。"祈り"，"祈る"（动·四）的连用形。"陰に"，副词。悄悄地。"祠官"，神社里的神官。"をして"，指示使役对象。"龕中"，指内殿中。"鳴ら"，"鳴る"（动·四）的未然形，下接使役助动词"使む"。鸣（甲）意。

[40] 信長軍士を顧みて、曰く「神我を助くる也と。」——"顧み"，"顧みる"（动·上一）的连用形。回头看。"曰く"，同注22。"助くる"，"助く"（动·下二）的连体形。帮助，佑助。"也"，断定助动词"なり"的终止形。"と"，格助词，表引用。

[41] 行諸城の兵を収む——"行"，副词。末了，最终。"收む"，"收む"（动·下二）的终止形。"行收兵"是行军中沿途收纳兵员的意思。《史记·陈涉世家》中有"行收兵。比至陈，车六七百乘，骑千余，卒数万人"。此处不过在"兵"前加了限定语"諸城"。

[42] 兵凡三千騎——"凡"，副词。大体，大致。

[43] 東両城に火起るを望見し、将兵逡巡す——"東"，表示东边的方向。"起る"，"起る"（动·四）的连体形。"火起る"，即起火之意。"望見し"，"望見す"（动·サ变）的连用形。远望，眺望。"逡巡す"，"逡巡す"（动·サ变）的终止形。逡巡，犹疑不定。

[44] 信長益其の馬に鞭うちて而進む——"益"，副词。愈加。"鞭うち"，"鞭うつ"（动·四）的连用形。扬鞭。鞭笞。"進む"，"進む"（动·四）的终止形。前进，行进。

乃如梦与幻。有生斯有死。壮士将何恨。"舞罢，即披甲上马，单骑举鞭而出。后有十余人跟进，及至热田神社时，又有千人加入。为祈求胜利，偷偷让神官敲响甲龛。信长环顾军士，曰："神助我也"。乃取山路，边走边收诸侯城兵。兵达三千骑。远望东边，见两城火起，将兵犹豫不决。信长愈益鞭马前行。

扩展阅读

古今日语有何不同 / 153

文言语法的难点与对策 / 160

古代日语语法的变迁 / 170

文言的体裁与文体 / 176

汉文训读及对后世的影响 / 183

文言的"音便"及相关问题 / 193

无处不在的"あり"及其融合作用 / 200

系助词"や""か"的沉浮消长与演变 / 208

表强调的系助词"ぞ""なむ""こそ"之异同 / 217

现代日语中的文言残留 / 221

古今日语有何不同

在现代日语的语境中，表示古代日语的词至少有三个，分别是"古語""古典語"和"文語"，后者专门指称本书所涵盖的古代日语。

所谓"文語"，本为"文章語"，即书面语之意。如单就此意而论，用现代日语撰写的文章，即所谓"口语文"也属于"文語"的一种了。但"文語"还有一个更为限定的意思，就是指"古典語"（古典文学作品中的语言）。在此意义上，"文語"是与"口語"相对立的概念，后者应称为"白话"[1]，"口语文"就是"白话文"，而"文語"就是文言，用"文語"书写的"文語文"就是文言文了。因此，我们现在使用"文語"或"文語文法"这些术语时，主要是指见之于日本古代文献及一些特殊的现代文学作品（诗歌等）中的语词变化及遣词造句的规则。严格说，"文語"是指以平安时代语言为基础，同时加入其后各个时代的语言要素而形成的书面语，包含近世到明治前期的书面语（《大辞林》）。所谓文言语法（文語文法），是以平安时代中期（10、11世纪）的日语语法（其核心为当时的"和文"和"汉文训读文"中的语法）为基础，再加上其他时代出现的一些语法上的变化要素，由此整理、建构起来的拥有独自系统的古代日语语法。另有"古語"一词，用于泛指现代一般已不用的古代语词，与"文語"所涵盖范围有所交叉重叠，但它只是一个普通词，不是严格意义上的术语，多用于诸如"古語辞典"等的称谓上。"古語"另有一个狭义用法，即指古人语录，如"古語にいはく"。

日本使用文言的时代，主要是从奈良时代（710年）至江户时代（1867年）的一千多年间，也有人认为一直延续到近代（1945年）。因为直到1946年，日本政府才规定在法律条文、公告、公函等正式场合不再使用文言文。为了有所区别，文言也有新旧之分，新文言主要指进入明治时代后的文言，也称近代文言。

在日语史上，直到平安时代，书面语与口语还是基本保持一致的，但大约从12世纪开始，即从平安末期的院政时代及其后的中世开始，日语发生了剧烈的变化。另一方面，平安时代是一个政治安定、文化发达、文学繁荣，各方面都给后世留下巨大影响、被尊奉为古典的时代。即使到了中世，文化的创造者依然是贵族以及贵族出身的僧侣、隐士，他们力图忠实维护平安时代中期语法规则的原貌。近世江户时代出现的拟古文等也都是以平安时代的语法为规范创作的。其结果是书面语和口语逐渐脱节，直到近代言文一致运动兴起才告结束。因此，文言虽用于指称古代日语，但主要指平安时代为核心

---

[1] 明治时代前各个时期用当时口头语撰写的文章有时也可称为"口語"（白话）。

时期的古代书面语。当然，细分起来，根据时代不同，文言语法又可分为上代的奈良语法、中古的平安语法、中世的镰仓语法和室町语法、近世的江户语法。近代文言与之前各时代的文言也有所不同[2]。

一般来说，口语变化大，而文言较稳定、规律性强。故此，这里我们将古代日语的范围限定为文言（文語）。另外，为叙述和行文的方便，将现代日语简称为口语。

文言和口语的区别主要表现在以下三大方面：

一、语法不同

在语法上，文言与口语之间存在着很大差别，具体表现在用言的活用、助词和助动词的用法、系结规则等方面。这是我们学习掌握文言的主要难点之一。

（1）用言的活用

在文言中，动词活用有9种类型，分别是四段活用动词（書く）、ナ行变格活用动词（死ぬ）、ラ行变格活用动词（あり）、下一段活用动词（蹴る）、下二段活用动词（受く）、上一段活用动词（見る）、上二段活用动词（起く）、カ行变格活用动词（来）和サ行变格活用动词（す），较之口语多了4种。

具体说，口语中的五段动词基本上等同于文言中的四段动词，只是因为文言使用历史假名拼写规则的缘故，其活用落在"ア・イ・ウ・エ"4个段上。至现代，它被现代假名拼写规则所取代，故动词活用落在了"ア・イ・ウ・エ・オ"5个段上面，从而变成了五段动词。例如，"書く"的未然形"書か（む）"本为"ア"段活用，"書かむ"又读"書かん""書かう"，最后形成"書こう"形式。此时，多出一个推量形"書こ（う）"，即多出一个在"ウ"段上活用的类型。另外，在院政、镰仓时代，出现了二段动词向一段动词过渡的趋势，这一过渡迟至江户时代始告完成，即最终由上二段动词变成了上一段活用动词，由下二段动词变成了下一段活用动词。再有，文言中之所以有ナ变、ラ变这两类较为特殊的所谓变格活用动词，只是因为它们的连体形（死ぬる）、终止形（あり）较为特殊[3]。然而至中世，由于"连体形终止法"（连体形代替终止形结句）的成立，使得它们的这种差别消失，最终变成了均按四段动词活用的动词类型。カ变动词和サ变动词虽然自古就有，但活用与口语也有所不同。

此外，活用种类发生变化的还有以下几个动词。"生く"在上代、中古为四段活用，至中世出现了上二段活用。"帯ぶ"在上代本为四段活用，中古以后变为上二段活用。"隠る""忘る"除了下二段活用外，还可以用于四段活用。"恐る"原有上二段活用、四段活用两种活用类型，至中古还出现了下二段活用，中世以后仅剩下二段活用一种了。

---

2 具体可参看古田島洋介『日本近代史を学ぶための文語文入門：漢文訓読体の地平』（2013，吉川弘文館）中的相关内容。

3 ナ变活用动词"死ぬ"的已然形是"死ぬれ"，但口语中没有已然形，故无法比较。

"おはす"原有四段和下二段两种活用类型,后来逐渐变为サ变活用了。"恨む"原为上二段活用,至江户时代变为四段活用动词。进入江户时代后,出现单字サ变动词五段动词化(訳する→訳す)和一段动词化(案ずる→案じる)的现象,至江户后期这样的词越发增多了。

再看一下形容词。远自上代起,形容词就有了ク活用(良し)和シク活用(美し)这两种活用类型。由于连体形终止法的成立,形容词的连体形"き"和"しき"的音便形"い"和"しい"逐渐能够结句,从而具有了终止形的功能。至室町时代,二者的区别消失,合并为一类。另外,由于形容词本身在活用、接续上的局限性,早在上代就已出现了形容词的连用形加上"あり"的表达形式。由于音韵融合的结果,进而产生了诸如"カラ・カリ・カル・カレ"式的活用,即形容词カリ活用。カリ活用在平安时代趋于发达,至中世只有未然形、连用形、连体形仍在使用,而到了近世,仅剩下"かろう(から)""かっ"两种形式。

日语中本无形容动词。形容动词是为了弥补形容词造词能力不强(非能产)这一缺陷而发达起来的。文言形容动词拥有ナリ活用和タリ活用两种活用类型。前者最初是由具有体言性质的、表示事物的性质或状态的词,如"静か"加上格助词"に",再加上"あり"形成"静かにあり",继而由于音韵融合的缘故,成为"静かなり"而产生的。平安时代ナリ活用臻于发达。タリ活用同样也是由格助词"と"接在汉语名词如"堂々"之后,再加上"あり"形成"堂々とあり",然后由于音韵融合,变成"堂々たり"的。タリ活用是在镰仓时代大量涌现的。ナリ活用有部分来自日语本身,タリ活用几乎全部来自汉文(训读)。

总之,与口语相比,文言中的形容词有カリ活用,而口语中没有(有"悪しからず""かっ"等残留)。另外,文言形容词和形容动词均有命令形,这也是口语所不具备的。

(2)助词和助动词

拥有助词和助动词是日语作为黏着语的一个显著特征。在日本,自古以来就有探讨助词、助动词等的意义用法及功能的所谓"テニヲハ"的研究。助词和助动词也是我们学习文言语法的一个难点和重点。

首先,同口语相比,文言助词的种类多。除了今天仍沿用的以外,格助词有"とて、にて、して"等,接续助词有"ども、を、で"等,系助词有"ぞ、なむ(なん)、や(やは)、か(かは)",副助词有"だに、し(しも)"等,终助词有"ばや、しが、もがも、なむ(なん)、かし"等。即便是口语中仍然使用的助词,有的也在接续、意义及功能上与口语不尽相同。

另外,在文言中,上代语言中对主格、宾格一般不使用格助词。宾格助词是到了室町末期后才开始使用的,即文言中"が""を"常被省略。如下例:"花(が)咲く""花

（を）見る""山（が）高し"。文言中还常常省略体言和相当于体言的"の"（准体助词）。如下例："雨降る（とき）に出で行く""梅の白き（のが）、咲く"。

文言中系助词发达，并且在使用这些系助词时，谓语往往要用特殊的活用形结句，即须遵守所谓的"系结规则"。如下例："虫の音ぞ（なむ、や、か）聞ゆる""虫の音こそ聞ゆれ"。按规则，"ぞ"（なむ、や、か）要求活用词连体形结句，"こそ"要求活用词已然形结句。

系结规则在平安时代十分发达，频见于像《古今和歌集》《源氏物语》之类的和文体作品中。平安时代后期渐趋衰退，到了中世已逐渐不再被人遵守了。系结规则的存在说明，日语句法中，除了有格关系之外，在古代还有另一层关系，即系结关系。这种前后照应、助词与谓语相呼应的原则是日语文言语法的一个特殊现象，对它的正确理解有助于我们准确把握现代日语中像"は"这样的提示助词的用法和意义。

文言助动词极为发达，其中有许多在口语中已经不用了，如表示可能的"ゆ·らゆ"；表示使役的"す·さす·しむ"；表示尊敬的"す"；表示推量的"む·むず·らむ·けむ·めり"等；表示否定推量的"じ·まじ"；表示过去的"き·けり"；表示完了的"つ·ぬ·たり·り"等。

文言助动词不仅种类多，接续复杂，而且一般来说，在语义表达方面也较口语助动词更为细腻、严密。这是文言助动词的最大特点。在某种意义上，日语文言文章的微妙之处，正是靠助动词和前述助词的恰当使用来表达的。例如："き"和"けり"是文言中表示过去的两种常见助动词，但二者在用法上有所不同。简言之，前者表示直接体验，用于叙述、回忆自己亲身经历过的事情（也称回想助动词），如"さやうの人の祭り見し様、いとめづらかなりき（そのような人が祭りを見た様は実に奇妙なものだった）"。（《徒然草》）；后者表示间接经验，用于叙述、回忆听别人说过去的事情，如"昔、男ありけり（昔、ある男がいたそうだ）"。（《伊势物语》）而口语表示过去的助动词只有一个"た"，自然无此意义上的区别。

（3）活用形的使用

活用形的使用方面，文言与口语也有区别。从活用类型上说，二者有一个明显的不同：文言中没有假定形，口语中没有已然形。接续助词"ば"，文言中接在未然形后面，表示假定顺接条件（如"雨降らば"）。口语中则必须接在动词假定形后面，表示假定（如"雨が降れば"）。另外，文言中"ば"若前接活用词已然形时，至少可表示：1）原因、理由（…ので、…から）；2）偶然的条件（…したところ、…（する）と）；3）恒常的条件（…のときはいつでも、…すると必ず…）。

总之，口语语法体系（现代日语语法）是在文言语法的框架下构拟的，所以有很多地方与语言事实不尽相符（不能系统地总结与反映口语的语法现象）。反过来说，在一定意义上，文言活用形的名称与其功能用法在逻辑上的统一性上要高于口语。

以上简单地归纳了文言语法与口语语法上的不同。从中我们可以发现：

1）文言语法中用言变化复杂，附属词（助词和助动词）种类繁多，使用规则严密，黏着语特征尤为明显。严格、细密的语法规则和比较完备的语法手段使得文言具有形式虽简短、但语义表达准确细腻的特点。

2）日语发展到今天，语法上发生了很大变化。同口语相比，文言在语义表达上更依赖于语法。换言之，如1）所述，文言的语法手段完备、规则严密，但随着时代的推移，以运用语法以外的，或更为简洁的语法形式为特征的所谓"分析性表达方式"逐渐占主导地位，具体表现在助动词的衰退上。如表示尊敬意，在现代日语中与其是说像文言中那样使用繁复的敬语动词，或动词累加助动词的形式，不如说是在很大程度上依赖补助动词或其他形式。再有，表示完了的文言助动词有"たり・り・つ・ぬ"，而口语中只剩下一个"た"。它与表示过去的"き・けり"合并为一个"た"。助动词衰退更为典型的莫过于推量助动词（"む、らむ、けむ、らし、まし、めり、べし"）。应该说，较之文言，口语中表示推量的助动词大大萎缩了。

如上所述，日语从古到今的发展趋势是：语法的表现力抑或说是束缚力不断减弱，而词汇、上下语境及其他相关语义手段的作用不断加强。这恐怕不是日语这一种语言所特有的现象，也是世界上大多数语言的共同趋势吧。

二、文字表记不同

文言与口语在文字、表记上也有着明显的不同。主要表现在以下方面：

（1）假名拼写规则不同

文言中使用"历史假名拼写规则"。口语中使用"现代假名拼写规则"（前身是1946年颁布的），它颁布于1986年，其特点是按照日语的实际发音书写假名（但保留了部分传统用法），以克服前者书写与语音不一致的缺点。例如（左为历史假名）：

をばさん＝おばさん　　　　うぐひす＝うぐいす
はうこく＝ほうこく　　　　いうじん＝ゆうじん
えいきう＝えいきゅう　　　かいきふ＝かいきゅう
きやうだい＝きょうだい　　とうへう＝とうひょう

（2）音便不同[4]

文言与口语相同，也有音便，发生イ音便、ウ音便、促音便和拨音便。口语（东京话）中一般没有ウ音便，而文言中有。另外，发生音便时，口语中一定要用音便形，不能用原来的活用形，而在文言中既可用音便形，也可用原来的活用形。换言之，文言中的音便是一种临时现象。反过来说，起初文言中音便形和非音便形两种形式并存。到后

---

[4] 详见本书"文言的'音便'及相关问题"一文。

来，音便形逐渐成为主流，最后到口语中只剩下音便形一种，原来的活用形被淘汰。

（3）训读字不同

日语中汉字有音读和训读之分。文言中，训读词表记用字的选择也较口语要自由些，即同训异字的现象十分常见。口语中训读表记用字的确定是战后日本颁布实施了一系列文字政策的结果，具体说是人为规范音训的产物。例如，文言中"あふ"这个词至少有5个表记字："逢·遭·合·会·遇（ふ）"。又如"つい（に）"这个词至少可写成以下6个字："遂、終、竟、毕、卒、迄（に）"。而在口语中"あう"只保留下"会、合（う）"两个表记字，"つい（に）"则一般只写作"遂（に）"，或者干脆不用汉字做表记。

三、词汇不同

词汇方面，文言与口语也有很大的不同。具体可分为以下三种情况：

（1）文言中使用而口语中已不用的，即所谓的"古语"。

除了上举助词、助动词等附属词之外，在实词当中，这类词也存在，即已成为所谓"死語"一类的词。

（2）文言和口语中均有，但语义的宽窄不同。有的词，如"衣"（ころも）在文言中泛指衣服，而口语中词义变窄，成了僧衣、道袍的意思。有的词，如"花"在文言中有时专指梅花或樱花，而口语中该词的词义则要宽泛得多。还有的词（特别是表示心理状态的形容词）的词义和口语词汇中的词义不同。如"うつくし"在口语中意为美丽，而在文言中则是（小而）可怜、可爱的意思。"ののしる"原是大声喧闹的意思，至中世才多用于骂人意。"さらに"还有与句末否定表达相呼应的用法，表示"一定也（不）…"的意思。

（3）口语中有而文言中没有的词汇

主要指外来词及新词、流行词。在（1）、（2）、（3）这三类中，此类词所占数量最多。顺便提及，有些词文言中使用，但一般小型古语辞典不收，这是因为古今词义差别不大。

以上粗略地比较了一下文言与口语的不同。在现代日语中，仍然保留着一些文言的成分，除了一些熟语（成语、谚语等）之外，在现代小说和诗歌、报纸杂志的标题中，常常能够见到文言表达形式。在各种文章和讲话中，也时常加进一些文言的说法或残留性的表达方式，如"とは""ならではの""相違なる""惜しむらくは"等等[5]。恰当地使用文言，可以使语言更加简洁、生动，富于表现力，进而提升语言表达的文化品位与内涵。

---

[5] 详见本书"现代日语中的文言残留"一文。

【参考文献】

湯沢幸次郎（1959）『文語文法詳説』右文書店

林巨樹（1965）『国文法の研究』文研出版

小西甚一（2015）『古文研究法』筑摩書房

王曰和（1987）《文言口语对照——日语语法》上海译文出版社

谢秀忱、陈靖国编著（1993）《口语对照日语文言语法》北京师范大学出版社

文言语法的难点与对策

文言语法与现代日语即口语的语法有较大差异。特别是用言的活用、助词助动词的接续、意义及功能等方面知识着实让人头痛。本文拟对此做一解析，并尝试给出一些可行的学习方案及对策。

一、活用

在文言语法中，用言的活用、特别是动词的活用较为复杂，堪称是入门阶段摆在广大初学者面前的一大难题。

先说动词。首先是种类多，多达9种，分别是四段动词、ナ行变格活用动词、ラ行变格活用动词、下一段活用动词、下二段活用动词、上一段活用动词、上二段活用动词、カ行变格活用动词和サ行变格活用动词。并且，在不查古语辞典的前提下，似乎一时很难判别其所属类型。

但细分析起来，虽说是9种，其实并不太难，不会加重学习者太多的负担。分辨活用类型时，我们可以采取排除法。首先，除了个别词外，口语的五段动词在文言中为四段动词。所谓个别词，包括"足りる""借りる"和"ある""蹴る""死ぬ"等。"足りる""借りる"在文言中系四段活用，为"足る""借る"（今关西方言仍保留此用法）。而"ある"在古代为ラ变活用动词（"あり"）。"蹴る"为唯一一个下一段活用动词。"死ぬ"则属于ナ变活用动词。

ラ行变格活用动词以"あり"为代表（其他词由此派生，且数量有限，主要还有"居り""侍り""いま（す）かり"[1]），其唯一与四段活用不同的是，终止形为"あり"，因此也不难记。

カ行变格活用动词只有一个词"来"。同ラ行变格活用动词，其终止形与连体形不一样，后者为"来る"。サ行变格活用动词以"す"为代表。同上，终止形与连体形不一样，后者为"する"。

文言下一段活用动词只有一个"蹴る"，现代日语中其为五段，但在文言中为下一段[2]。在现代日语中有"蹴飛ばす"这个词。在日语中，两个动词在复合成新的动词时，一般前项动词要用连用形。如果"蹴る"按现代日语五段动词活用，那么理应是"蹴り

---

[1] 另有几个词形，分别为"いますがり、いましかり、いまそがり、みまそがり"，属同一词。
[2] 上代时则为"蹴（く）う"（动・下二）。

文言语法的难点与对策

飛ばす",但这个词不存在。显然,"蹴飛ばす"的形成来自于其下一段活用类型,连用形是"蹴"。与之对应的上一段动词,数量上较之下一段要多一些,但常用的也不过10余个,且多为词干为一个音节的动词,如"着る、似る、煮る、干る、見る、顧みる、射る、鋳る、居る、率る"等。其特点是,词干的最后一个音节都是落在イ段上(き、に、ひ、み、い、ゐ)。

词例	未然形	连用形	终止形	连体形	已然形	命令形
起く	起き	起き	起く	起くる	起くれ	起きよ
受く	受け	受け	受く	受くる	受くれ	受けよ

比较麻烦的是上二段和下二段动词。二者有共性,即未然、连用和命令三个活用形的词干在イ段或エ段上活用,与口语相同。其他三个活用形均在ウ段上活用。关键是如何辨别其类型。其实不难辨别,可根据与之对应的该词在现代日语中的活用类型予以判断。口语中上一段活用动词,除了前述10余个文言中为上一段活用的动词之外,其余的基本上都属于上二段活用。如"起く"等。同理,口语中为下一段动词,文言中基本上均属于下二段活用。如"受く"等。

最后只剩下了ナ行变格活用动词。此类词数量较少,只有两个:"死ぬ"和"往ぬ"。活用上,每一个活用形都不同,稍显另类,但也有规律可循。以"死ぬ"为例,与口语比较,突出的一点是连体形为"しぬる",此外,还有口语中所没有的已然形"しぬれ"(下二段活用),其余四个活用形与口语一致(四段活用)。换言之,其为四段活用与下二段活用混合类型。

词例	未然形	连用形	终止形	连体形	已然形	命令形	活用类型
死ぬ	死な	死に	死ぬ	死ぬる	死ぬれ	死ね	ナ变活用(古)
死ぬ	死な	死に	死ぬ	死ぬ	死ね[3]	死ね	四段活用(今)

综上所述,主要的难点在于上二段和下二段活用动词的分辨上。并且,由于历史假名的存在,有时也会让人望而却步,心生迷惑,特别是在辨别某活用所在的"行"时也需用心。例如:"教ふ""詣づ""絶ゆ"等。首先,"を"在现代日语中只能作为助词使用,但文言则可作为构词成分。口语中的"教える"是按照ア行下一段活用,但文言中却是ハ行下二段活用。因此,其活用型需在"へ、ふ"两个段上进行。"詣づ"中的"詣"读"まう",涉及历史假名的问题,但属词干,不影响对活用型的判别。而"づ"

---

3 口语中的假定形同文言已然形。

是活用词尾，按ダ行活用（—で、—で、—づ、—づる、—づれ、—でよ）。但在现代日语中，几乎见不到用"づ"做词尾的活用词，因此做到完全习惯还需要有一段适应期。类似的还有"閉づ""愛づ"等。含"ゆ"的上二段活用动词只有3个："老ゆ""悔ゆ""報ゆ"，下二段活用则有"覚ゆ""超ゆ""消ゆ""絶ゆ"等，均按ヤ行活用。以"覚ゆ"为例，口语中与之对应的词是"覚える"，为ア行下一段活用，但文言中其活用形须落在"え、ゆ"两个段上。所以，现代日语中"覚える"与"教える"虽均为ア行下一段活用，但文言中各自活用所在的行却不同。再如，与口语"植える"对应的文言动词是"植う"。该词属于ワ行下二段活用，即其活用需在"ゑ、う"两个段上进行。此类词较常用的还有"飢う""据う"。唯一在ア行上活用的下二段活用动词是"得"和"心得"这两个词，即活用需在"え、う"两个段上进行。

词例	活用类型	未然形	连用形	终止形	连体形	已然形	命令形
得	ア行下二段	え	え	う	うる	うれ	えよ
教ふ	ハ行下二段	をしへ	をしへ	をしふ	をしふる	をしふれ	をしへよ
覚ゆ	ヤ行下二段	おぼえ	おぼえ	おぼゆ	おぼゆる	おぼゆれ	おぼえよ
植う	ワ行下二段	うゑ	うゑ	うう	ううる	ううれ	うゑよ

另外，有3个常用的单音节下二段活用动词，即词干词尾合二为一的词，也需注意，分别是"得""経""寝"。

有一类词本身具备两种活用，分别与口语中各自独立的自动词和他动词（用法）对应。如"焼く"用于四段活用时，为他动词（焼かず）；用于下二段活用时，为自动词（焼けず）。但在口语中则是作为不同的动词处理的。此类词还有"切る、破る、抜く、立つ、並ぶ、向かふ、進む"等。

形容词的活用较为简单，虽有ク活用和シク活用之别，但不至于产生大的学习障碍。形容词的カリ活用、形容动词的ナリ和タリ活用比照ラ变动词活用类型活用，因为它们的产生是借助了"あり"的融合作用。而各类助动词则比照所对应的用言活用类型活用，因为助动词基本上都来自用言。

二、接续

助动词是文言语法学习的又一大难点。一般按照意义、活用类型和接续法将助动词进行分类。其中，接续法是难中之难，但也有一定的规律可循。

首先，按意义分类，如按过去（完了）、推量等表意范畴分类。这是我们最熟悉的分类，在此不赘述。

文言语法的难点与对策

其次，仔细观察按活用类型或接续法分出的助动词类别，我们可尝试从中找到一些理据（线索），以便在理解的基础上记忆，因为形式和内容也就是语义（功能）之间存在一定的内在对应规律。

（一）按活用类型分类：

1）四段型　む・らむ・けむ

2）下二段型　つ・る・らる・す・さす・しむ

3）ナ変型　ぬ

4）ラ変型　けり・たり・り・めり・なり

5）形容动词型

　　ナリ活用型　なり（断定）（ごとくなり・やうなり）

　　タリ活用型　たり（断定）

6）形容词型

　　ク活用型　べし・たし・ごとし

　　シク活用型　まじ・まほし

7）特殊型

　　特別型　き・まし・ず

　　无变化型　らし・じ

"あり"这个词之所以终止形为"あり"，是因为其主要功能在于表示存在或状态（不表动作行为，故与形容词词尾一样，终止形落在了イ段上）。也正为此，"あり"与其他词的部分元素结合，构成其特有的融合作用。如与形容词的连用形"く"融合成"カリ活用"等[4]。接助动词"べし"时，要求活用词用终止形，但对ラ变动词或ラ变活用类型的助动词有特殊要求，要求以连体形"…る"（如"ける"）接续，原因就在于，ラ变动词的终止形落在イ段上，状态性强。只有以连体形接续"べし"，使其落在ウ段上，才能与其他活用型动词一样，具有了动作性。

以上各活用类型中，属于下二段活用型的助动词，除了"つ"外，其余是表被动、可能、自发和尊敬意的"る、らる"以及表使役、尊敬意的"す、さす、しむ"。现代日语仍沿用这些助动词，只是活用类型有所不同，均属下一段活用型，即终止形为"れる、られる、せる、させる、しめる"。如前所述，现代日语中的下一段活用类型，在文言中基本上都是下二段活用。动词、助动词概莫能外。其次，属于ラ变活用类型的助动词有"けり、たり、り、めり、なり"。从起源看，这些词皆与"あり"的融合作用有关，故此亦属ラ变活用类型。属于形容动词型活用的"なり、たり"亦然，因为其形

---

[4] 详见本书"无处不在的'あり'及融合作用"一文。

成也是有赖于"あり"的融合作用[5]。

(二)按接续法分类：

1) 接未然形：り（サ变に）　む・むず・まし・ず・じ・る・らる・す・さす・しむ・まほし
2) 接连用形：き・けり・つ・ぬ・たり・けむ・たし
3) 接终止形：べし・らむ・らし・めり・まじ・なり（但接续ラ变或ラ变型活用词时要用连体形）
4) 接连体形：なり（断定）・ごとし（ごとくなり・やうなり）
5) 接已然形：り（四段に）
6) 接其他（体言、副词、助词）：なり・たり（断定）・ごとし（ごとくなり・やうなり）

接终止形的助动词有"べし、らむ、らし、めり、まじ、なり"。这些词虽然语义各异，但也有共通之处，如皆属对句子命题（素材、内容）的意义附加，如推量、推定，而非对某具体动作或行为的意义附加。接连体形的助动词有"なり、ごとし"。助动词"なり"接终止形时，如上所示，表示传闻或推定的意义；而接连体形时则表示对某一事实的断定，这同口语中"のだ"是存在一致关系的，口语"のだ"前也须接动词连体形，如此参照现代日语的用法类推，则可帮助记忆。而"ごとし"的接续法比较复杂，其主要功能是提示比况的对象，所以接体言或活用词的连体形（准体法），有时还可插入"が"或"の"，显然就不是终止形了。当然，也有例外。"まほし、たし"均表示愿望，但"まほし"接未然形，"たし"接连用形。愿望属于未实现的事物，所以"まほし"接未然形似乎更合道理。并且，"まほし"源自推量助动词"む"的未然形"ま"加接尾词"く"和形容词"ほし"形成的"まくほし"（后"く"脱落）。由此，从起源上亦可帮助我们理解其缘何接活用词未然形的理由了。反之，比照现代日语"たい"的接续，那么"たし"须接连用形的规则当然也就不难记住了。

三、意义

与口语语法相比较，文言语法的复杂之处表现在，表示过去完了范畴和推量范畴的助动词较多。这是文言语法的一大特点，在现代日语中也有充分的表现，只不过口语主要采取分析性的表达方式而已。但在文言中，采取的是综合性方式，即用更多的单一词汇手段对应不同的时体或包括推量、推定、示证在内的诸多语法范畴。如"まい→ないだろう（否定推量）""たろう→ただろう（过去推量）"。

---

[5] 详见本书"无处不在的'あり'及融合作用"一文。

文言语法的难点与对策

具体说来，表示过去完了的助动词有6个，即三组成对[6]。"き、けり"组为过去助动词。前者"き"表示亲身经历，而"けり"则是间接了解，还能表示发现后，或初次注意到后生发感叹的语气。二者又被称为"回想助动词"，表义上"き"为"目睹"（直接经验），"けり"为"伝承"（间接经验）。其他的两组"たり、り"和"つ、ぬ"均被称为完了助动词。"たり、り"组，二者的差异十分微妙，但"り"的接续十分特殊，只接四段动词的已然形（一说为命令形）或サ变动词的未然形。"つ、ぬ"组，前者"つ"多表示带有意志的动作行为，后者"ぬ"则非也，多是表示不受人的意志支配的动作行为（也有例外）。在文言语法中，"つ、ぬ"和"たり、り"虽同样名为"完了"助动词，但此二组意义上有所区别。"つ、ぬ"又称作"確述"助动词，即是强调事情已经发生的意思，所表意义与客观时态无关，更多表示的是一种"確述"的语气。表现在，"ぬ"的连用形"に"同"き、けり、けむ、たり"等一起使用时，是为了强调这些助动词所表达的意思，功能相当于副词、感叹词[7]。其未然形"な"同助动词"む、まし"和助词"ば"一起使用。同助动词"む"一起使用时，容易与系助词"なむ"相混。其终止形"ぬ"同"べし、らむ、めり、らし"等一起使用，也是为了强调这些助动词所表达的意思，功能相当于副词。"つ"亦然，如"てむ"，即为"つ"的未然形"て"接推量助动词"む"。其未然形"て"同助动词"む、まし"和助词"ば"一起使用，其连用形"て"[8]同助动词"き、けり"一起使用，其终止形"つ"同"べし、らむ"等一起使用，同样表示强调后者所表达的意思，功能等同副词。如上所示，文言中往往两个助动词叠加在一起，构成所谓的复合助动词。下面是本书中出现的使用上述部分复合助动词的例句。

（1）其の兄の失せ<u>にし</u>鉤を罰りし状の如く[9]（古事记）

（2）舟こぞりて泣き<u>にけり</u>（伊势物语）

（3）例の鉢来<u>にたり</u>（宇治拾遗物语）

（4）三年の間に必ず其の兄貧窮しくなり<u>なむ</u>（古事记）

（5）ここに居<u>なむ</u>と思ふ心つきて（宇治拾遗物语）

（6）指もそこなはれ<u>ぬべし</u>（土佐日记）

（7）ふと射殺して、頸の珠は取り<u>てむ</u>（竹取物语）

（8）とかくして上りて受戒し<u>てけり</u>（宇治拾遗物语）

（9）楊貴妃のためしも引き出で<u>つべう</u>なり行くに[10]（源氏物语）

（10）いまだ残りやあり<u>つらむ</u>（今昔物语集）

---

[6] 参看潘金生"比较日本文言完了助动词'つ'与'ぬ''たり'与'り'以及'つ、ぬ'与'たり、り'之间的主要异同"一文（收入《日本文言助动词用法例释》，北京大学出版社，2014年）。

[7] 所谓"功能相当于副词、感叹词"是指可以用副词、感叹词译出。

[8] "つ"的未然形和连用形同形，需注意。

[9] "にし"是"にし"的连体形。

[10] "つべう"是"つべく"的ウ音便。

"たり、り"又称为"存続"助动词，表示动作行为的结果存续的状态。助动词"たり"容易同タリ形容动词相混。从来源和接续法看，后者来自"と＋あり"，接体言后面。而完了助动词"たり"来自"て＋あり"，接动词后面使用，且タリ形容动词出现较晚，主要用于汉文训读文那样比较生硬的文体中。

四、分辨

我们一般是先学习现代日语，也就是口语，然后再学习文言语法。因此，当我们遇到现代日语中也有的词（词形一致），容易受现代日语的影响，不经意间忘记了古今日语的区别。

例如，现代日语中"に""を"主要用于格助词，但在文言语法中，二者常作为接续助词使用，既能表示顺接确定条件，又能表示逆接确定条件（同"…けれども、…のに"）。前者又可细分为：1）表因果必然关系（同"…ので、…から"），如"引き出でつべうなり行くに"（源氏物语）、"「あやまちすな。心して降りよ」と言葉をかけ侍りしを"（徒然草）；2）偶然条件结果关系（同"…と、…たところ、…てみると、…につけて"）。此类用法本书一般称作单纯接续，例子非常多，如"あやしがりて寄りてみるに、筒の中光りたり"（竹取物语）等。表逆接确定条件的例子，如有"門の下に待ち立てりけるに"（今昔物语集）、"かくしつつまうでつかうまつりけるを（伊势物语）"等。

对此，可从接续和上下文两个方面来判断。接续上，"に"接用言连体形（个别时接形容词终止形），"を"接用言连体形（个别时接体言）。但二者做格助词时，除了接体言外，也能接用言连体形，故此还需看上下文，然后做出判断。此外，同为"に"，除了格助词"に"，还容易与助动词"なり"的连用形"に"和形容动词连用形"に"相混。并且，在文言中"を"做格助词的用法是后来多了起来，中古时主要用作间投助词或接续助词，因此，时代的变迁也是据以判断的重要参考因素之一。

此外，还有一些形式上相同、但存在质的区别的词。如文言中的完了助动词"ぬ"十分常用，但否定助动词"ず"的连体形也为"ぬ"（另有"ざる"），如在作家堀辰雄的小说『風立ちぬ』中，"ぬ"就容易被误以为是表否定的助动词。首先，从接续看，否定助动词"ず"必须前接未然形（"立た（ない）"）。其次，表否定的"ぬ"一般做连体形，终止形用"ず"。这两点决定了此处的"ぬ"不是"ず"的活用形。符合本身为终止形、且前接连用形（"立ち"）条件的只能是完了助动词"ぬ"。再如"なむ"这个词形。1）前接用言连用形时，为完了助动词"ぬ"的未然形"な"接推量助动词"む"[11]；

---

[11] 也有例外。接在a）ク活用形容词、b）形容词型活用的助动词、c）否定助动词"ず"等这几类词的连用形后所接的"なむ"则为系助词。

2）前接用言未然形时，为表愿望的终助词；3）前接体言或准体言、副词或其他助词时，为系助词；4）前接ナ变动词未然形时，如"（死）なむ"或"（往）なむ"，则为普通的动词接推量助动词"む"的形式。后者如"御送りして、とく往なむと思ふに"（伊势物语）。另外，"なむ"（同"なも"）还是上代东国方言，相当于中央语言中的助动词"らむ"，表示推量，接动词终止形。动词"なむ"（並む）也是同一个词形。此外，尽管前述接续时的活用形差异可以给我们提供判断的依据，但上一段、上二段、下一段和下二段动词的未然形与连用形同形，遇到这种情况只能靠上下文帮助理解和分辨了。类似情况很多，如"「いと心苦しくもの思ふなるは、まことか。」と仰せたまふ"。（竹取物语·升天）中的"思ふ"为四段动词，连体形与终止形同形，但紧跟其后的"まことか"。的疑问语气给了我们暗示，此处的"なる"当为推定助动词"なり"（非断定助动词）的连体形，因此，此处的"思ふ"就是终止形了。

再补充几个容易混淆的例子[12]：

⎡A 昨日こそ早苗取りしか（过去助动词"き"的已然形，与"こそ"呼应）
⎣B 誰に問ひしか（过去助动词"き"的连体形"し"加终助词"か"）

⎡A 波こそ高けれ（形容词"高し"的已然形，与"こそ"呼应）
⎣B 夢にこそ見けれ（过去助动词"けり"的已然形，与"こそ"呼应）

⎡A 所持の品を捨つ（动词"捨つ"的词尾）
⎣B 見るべきものは見つ（完了助动词"つ"的终止形）

⎡A 船は次第に沈むめり（推量助动词"めり"的终止形）
⎣B 船は水中に沈めり（动词"沈む"的已然形"沈め"加完了助动词"り"）

⎡A 世を捨てたる人（完了助动词"たり"的连体形）
⎣B 堂々たる優勝をかちえたり（形容动词"堂々たり"的连体形"堂々たる"的词尾）

其实，从表意功能上看，文言活用类型的名称，较之现代日语要更为贴切。反过来说，客观上是先有文言语法（人为总结），然后才有了现在通用的学校语法体系。虽然目的是为了解释口语语法，但口语与文言不同，故此产生了不甚贴切妥当之处，这也正是为后人所诟病之处。例如，未然形的名称，在文言中没有假定形，为表示假定，须用活用词的未然形加接续助词"ば"的形式表示，如"雨降らば"。"未然"即非现实之意，用于假定范畴，名称与其用法十分贴切匹配。文言中还有"已然形"这个活用类型。既为"已然"，理应表示确定发生的事情，细考察其用法，其实也是名实相符的。如"雨降れば"，表示的就是"雨が降るので"的意思。但现代人看了古今词形一致的形式，若没有学过文言语法，对诸如"住めば都""…もあれば…もある"中的"住め"和"あれ"这样的用法，难免会产生误解或心生疑惑，其实二者均是已然形，皆非表假定条件。

---

12 引自朱立霞（2010）。

最后，当辨别和理解文言语法的本质时，还需要联系以下几个因素。首先是体裁和文体。[13]前者体裁因素，如表强调的系助词"なむ"不用于和歌，但用于物语中的会话部分；后者文体因素，如汉文训读文或带有训读调的文体中，包括动词、形容词、形容动词以及助动词、助词等的使用上，与其他文体、特别是和文体都有所区别。[14]其次，需注意语体的差别。文言的语言措辞有时会根据其出现在叙事部分（地の文）还是会话部分（会話文）而有所不同；即便是同一文本中，叙事部分和会话部分中的措辞表达也不尽相同。第三，有些助动词本为多义词，究竟何意应看其所处的位置。如推量助动词"む"，当其后接体言或"に・には"时，"む"为连体形，多半表委婉（避免断定）之意，同"…ような…"。如本书所选"信浓国某高僧的故事"（《宇治拾遗物语》）中，就有"この倉の行かむ所を見む""おのづから物をも置かむによし"的例子。另外，当助动词"す"或"さす"后接"たまふ"时，即以"…せたまふ"或"…させたまふ"的形式复合使用时，此时的"す"或"さす"多表尊敬意，在此与"たまふ"一起构成双重敬语。如本书"富士山"（《竹取物语》）中，就有"…と問はせたまふに""嶺にてすべきやう教へさせたまふ"的例子。所处位置因素之所以重要，也是因为在一定意义上，可视作文言有时会以固定格式或某一惯用形式呈现其语义功能，故此也存在一定的规律性。

总之，要学好文言，还需多读作品，勤于思考。在接触和沉潜把玩具体的文言文本的过程中，不断增强自己的辨识理解能力，即是将具体的语词和语法还原至文言文本语境中，依靠上下文语境和尝试构建在此语境基础之上的确切语义来加深对语法的理解和体会。特别是如前所述，有时候当活用形已无法给予我们判断的客观依据时，那么此时只能依托具体的文本语境，靠上下文语义的勾连帮助我们理解。

《日语文言文基础知识》一书向初学者提出了学习文言的两个阶段，一个是掌握基础知识的阶段，还有一个是培养应用能力的阶段。此外，还总结出默记、归纳、对比和反复这四种重要的方法。其中，如古人所强调的"读书百遍，其意自见"，反复环节很重要。很多学过文言语法的学习者的体会是，有一段时间不看文言语法，就容易遗忘。因此，只有养成长期保持关注、适时复习文言语法的习惯和较浓厚的兴趣才行，最主要的方法就是不时地适当读一些文言作品，帮助恢复或巩固记忆，或者在读现代日语文章的过程中，善于捕捉文言语法残留的痕迹，尝试解释其来源及变化机制。这方面的材料可谓比比皆是，如报刊标题、歌词等。[15]

一句话，做一个有心人最重要。要仔细观察，细细揣摩；更要善于总结，举一反三。

---

13 详见本书"文言的体裁与文体"一文。
14 详见本书"汉文训读及对后世文体的影响"一文。
15 详见本书"现代日语中的文言残留"一文。

【参考文献】

小西甚一（2010）『古文の読解』筑摩書房

小西甚一（2015）『古文研究法』筑摩書房

小西甚一（2016）『国文法ちかみち』筑摩書房

吴川、饭塚敏夫编著（1983）《日语文言文基础知识》商务印书馆

金裕雪（1985）"古今日语动词的对应"《日语学习与研究》（2）

铁军编著（2006）《日语古典语法：基础学习及难点解析》北京大学出版社

朱立霞（2010）"日语文言语法教学难点分析"《洛阳理工学院学报》（3）

潘金生编著（2014）《日本文言助动词用法例释》北京大学出版社

古代日语语法的变迁

文言语法是文言学习的重要内容，也是我们学习文言的难点之所在。对文言语法的变迁作一回顾性的扫描，有助于我们更加准确把握各个时代的语法特征，理解语言变迁的轨迹与内涵，加深对文言语法的认识和把握。以下按时代顺序做一简述。

在上代，下一段动词尚未出现（"蹴る"的前身"蹴う"为下二段活用），共有8类活用动词，分别是四段活用、上一段活用、上二段活用、下二段活用、カ变活用、サ变活用、ナ变活用和ラ变活用（如表1）。有些动词的活用和今天不同，如"生く""帯ぶ"（四段活用）、"隠る""忘る"（下二段或四段活用）。已然形可不带"ば"直接表示确定条件，这表明活用形在早期具有较大的独立功能。形容词有"ク活用"和"シク活用"两种。用于将活用词体言化的"ク语法"[1]和表示理由或根据的"ミ语法"[2]是上代所特有的。

表1[3]　上代动词活用表

	語例	語幹	未然	連用	終止	連体	已然	命令
四段	行く	ゆ	か	き	く	く	け	け
上一段	着る		き	き	きる	きる	きれ	き（よ）
上二段	起く	お	き	き	く	くる	くれ	き（よ）
下二段	受く	う	け	け	く	くる	くれ	け（よ）
カ行変格	来		こ	き	く	くる	くれ	こ
サ行変格	す		せ	し	す	する	すれ	せ（よ）
ナ行変格	往ぬ	い	な	に	ぬ	ぬる	ぬれ	ね
ラ行変格	あり	あ	ら	り	る	る	れ	れ

助动词方面，包括上代特有的表示被动和自发等意义的"ゆ""らゆ"和"ましじ"（否定推量）、"ふ"（继续）、"す"（尊敬）。格助词尚不发达，有"つ"（＝の）、"な"（＝"へ"或"に"）、"ゆ""ゆり""よ"（＝"より・から"或"で"等）

---

[1] 是指在活用词词尾加上"く"，使之体言化。如"思はく""願はく""見らく""散らまく"等。上代主要见之于汉文训读文中。此处所谓"语法"指构词和语义。"ミ语法"亦同。

[2] 是指在形容词词干下接一个接尾词"み"，其功能是给前面那个形容词添加上表示原因、理由的意思，大致等于"～なので・だから"。例如"都を遠み"。现代日语中的"重んず"即由"重みず"而来。

[3] 引自坂梨隆三・月元雅幸（2001）。

古代日语语法的变迁

和系助词"なも"、副助词"い"（表示强调）等上代特殊的助词。

中古的动词活用为9种，即增加了下一段活用（只有"蹴る"一个词）。形容词活用体系臻于完备。形容词"カリ活用"源自"（形容词连用形）く＋あり"，虽产生于上代，但因方便接续助动词，大大拓宽了形容词的使用范围，在中古趋于发达。形容动词中"ナリ活用"出现较早，而"タリ活用"是在汉语词大量进入日语后形成的，主要用于汉文训读文当中，在中古时期甚为发达。日语吸收大量来自汉语的形容动词，主要是用来弥补日语固有形容词较少，且不好接续活用词的缺点。音便也产生于这个时期，动词有イ音便（咲きて→咲いて）、拨音便（読みて→読んで）和促音便（知りて→知って），形容词也出现了"ウ音便"（早くて→早うて）。

助动词在中古时期十分完备，如表示过去、完了的助动词就有："き""けり""つ""ぬ""たり""り"，其中只有"き""けり"表示过去，后4个表示完了，分工很细。另外，还有表示被动的助动词"る、らる"（也可表示可能[4]、自发）、表示使役的"す、さす"以及"しむ"，三者均可表示尊敬。这个时期推量形式高度发达，有很多表示推量语气的助动词，如"む""らむ""けむ""らし""めり""なり""じ""まじ""べし"等。

在句子构造方面，"系结"（係り結び）规则虽产生于上代，但到了中古时期臻于高度发达。系结规则是指在古代文言的句子中出现系助词或疑问词（也可视为系助词）时，句尾要以相应的活用形来呼应。如句子里面出现"や"，句尾就要使用连体形。系结规则的存在体现了古代日语是以"断续"为特征的语法结构形式。

　　ぞ、なむ（なん）、や（は）、か（は）　──　连体形
　　こそ　　　　　　　　　　　　　　　　──　已然形

中世是古代日语和现代日语的重要分界线。中世语言变化表现最明显的是在语法上。主要包括（1）连体形与终止形的合一；（2）二段活用出现一段化；（3）系结规则的衰退。

首先是连体形与终止形的合一。起初用连体形结句是为了克服终止形的单调特点而产生的，如在《源氏物语》中就有"雀の子を犬君がにがしつる"。其中的"つる"为完了助动词"つ"的连体形。一般认为这来自于系结规则中的"連体止め"，在修辞效果上等同于"体言止め"，旨在添加诸如"感動・詠嘆・余情"之意，意思就是"ススメの子を犬君が逃してしまった"。后来由于过多地使用连体形，这种表达上的特殊效果逐渐丧失，这样使得连体形彻底代替了终止形。[5] 这一现象具有连带性，又导致了其

---

4 中世以前的"る、らる"几乎都表示不可能。
5 本书所收《宇治拾遗物语》中的两篇作品皆有此现象，反映出中世时期的语言特征。如："昔、池の尾に、善珍内供といふ僧住みける"。（长鼻僧的故事）中的"ける"，"雁などの続きたるやうに、残の俵ども続きたる"。（信浓国某高僧的故事）中的"たる"以及《伊势物语》中的"枕とて草ひき結ぶこともせじ　秋の夜とだに頼まれなくにと詠みける（小野之雪）"中的"ける"皆用连体形结句。之前的《方丈记》中的"棟を並べ、甍を争へる"亦然。

他一系列现象的产生,如导致二段活用出现一段化的趋势。如现代日语"起きる"(上一段)这个词在平安时代是上二段动词(图1),终止形是"おく",活用形式为"—き,—き,—く,—くる,—くれ,—き(よ)"(A)。到了镰仓时代,由于连体形代替了终止形,所以活用变成了"—き,—き,—くる,—くる,—くれ,—き(よ)"(B)。其中的未然、连用和命令形姑且不论,终止形、连体形和已然形受一段动词活用(如"见る"(上一段动词)等)全部带有同一个词干[6]的影响(D),也至晚在江户时代由"—くる,—くる,—くれ"变成了"—きる,—きる,—きれ"(C)。即一般来说,活用形有了共同项才更容易稳定,这里的"起く"受到一段动词的影响而发生了转化。

	未然形	連用形	終止形	連体形	已然形	命令形	
平安時代	—き	—き	—く	—くる	—くれ	—き(よ)	A
鎌倉時代 (一段化の前に)	—き	—き	<u>—くる</u>	—くる	—くれ	—き(よ)	B

(連体形と終止形の合一化)

| 江戸時代 | —き | —き | —きる | —きる | —きれ | —き(よ) | C |
| 一段動詞 | —み | —み | —みる | —みる | —みれ | —み(よ) | D |

图1　二段动词活用一段化示意图

此外,由于连体形与终止形的合一,使得ラ变活用动词开始向ラ行四段活用动词转变。因为二者的唯一区别在于终止形和连体形不同。由于连体形与终止形的合一,这种区别随即消失,ラ变活用动词独立成类的理由便由此丧失,但ラ变活用动词全部完成向四段活用的转换则要等到进入近世之后。连体形与终止形的合一还使得中古时期兴盛的系结规则在具体运用上出现了混乱(始自院政时代),到了室町时代趋于衰退,唯有"こそ…已然形"形式还残留至今。同时,还促使形容词的"ク活用"和"シク活用"的区别消失(见表2)。"ク活用"和"シク活用"的区别原来在于终止形,"シク活用"的终止形是"—し",即词干和词尾合二为一[7],但由于中世连体形与终止形合一,使得"シク活用"形容词的每一种活用形都具有了共同项"し",这样"し"缩进词干部分,其余的词尾部分活用与"ク活用"别无二致,二者的区别遂消失。"カリ活用"在中世也

---
[6] 有的著作认为,一段动词如"见る"没有词干词尾之分。
[7] 有的语法书认为"シク活用"终止形中的"し"是词干,没有词尾。

开始衰退，形容动词タリ活用衰退，ナリ活用连体形"る"脱落，仅剩下"な"，与现代日语相同。

表2　上代形容词活用表

	語例	語幹	未然形	連用形	終止形	連体形	已然形	命令形
ク活用	高し	たか	け	く	し	き	け けれ	○
シク活用	美し	うつく	しけ	しく	し	しき	しけ しけれ	○

中世后期，过去、完了助动词"き、けり、つ、ぬ、り"消失，只剩下了"たり"，变成了"た"。推量助动词"めり""まし""けむ"衰退，"む"变成了"う"。表示断定的"である"分化出了"であ""ぢゃ"形式。此时，开始使用表示否定的"ぬ"和过去否定的"なんだ"形式。另外，在平安时代几乎全部表示不可能的助动词"る、らる"，到了中世也出现了表示可能的用法，这在《徒然草》中尤其明显。可能动词也是在中世出现的。在句法方面，系结规则原本是因为古代日语中格关系表达不完备，故采用这种旨在强调的形式以作补偿。但随着社会的发展，逻辑性强的语言必然要成为主流。此时，代替系助词发挥统领句子作用的是格助词以及包括接续助词在内的接续表达形式的完备。中世承上启下的一面还表现在，很多与现代日语直接相关的语言现象均萌芽于这个时期，如助词方面，"の""が"分别向连体格和主格方向转变，这主要是由于当时日本人主格意识的产生所致[8]。

至江户时代，二段动词的一段化进一步推广和普及。前期上方语中二者并用，二段动词在向一段化过渡的过程中呈现出明显的位相特征。关东地区一段化出现较早，到了后期江户语阶段则完成了一段化。助动词的一段化较晚一些。活用形表示假定的方法由原来的"未然形＋ば"在后期江户语中变成了"已然形＋ば"的形式，已然形遂演变为假定形，如近松门左卫门的『心中天網島』里就有"親はないかも知らねども、もしあれば不幸の罰"的用法。ナ行变格活用在上方语中继续使用直至幕末，到了江户语中则变成了四段动词，即终止(连体)形"死ぬる"→"死ぬ"、已然(假定)形"死ぬれ(ば)"→"死ね(ば)"。这样动词活用种类就变成了5种，同今天日语口语一样（见表3）。后期江户语中还有一些特色，如ラ行四段动词的连用形和命令形与其他四段动词不同（"なさる""くださる"）、サ变动词发生四段化（"愛す""訳す"）和上一段化（"案じる""通じる"）。助动词也有很大变动，特别是出现了一些仅限于当时使用的敬语助动词，如："しゃる""さしゃる""やしゃる""しゃんす""さしゃんす""や

---

8 参看山口明穗（1997）。

しゃんす""んす""さんす""やんす""やす""やる"等。之前表示推量的"む"到了中世后期变成了"ん"，后来又变成了"う"，在中世末期在与诸如"居る""見る"等一段动词相接时成了"居う""見う"，此时发音为 [ju：] 或 [jo：]，表示推量的"よう"由此独立了出来。另外，这个时期还出现了过去否定形式"なかった"、比况形式"ようだ"等，表示推量样态的"そうな"加入了今天的传闻意义。助词方面，"が"和"の"的用法接近今天，接续助词"ゆゑに""さかいに""で""ので""から"以及"が""けれど"使用非常频繁。

表3　动词活用种类变化表[9]

四段・ラ変・ナ変・下一段	→ 五　段
上一段・上二段	→ 上一段
下二段	→ 下一段
カ　変	→ カ　変
サ　変（す）	→ サ　変

〈古代語〉[10]　　　　　　　　　　　〈現代語〉

四段活用（例：書く）――――――五段活用（例：書く，死ぬ，ある，蹴る）
ナ行変格活用（例：死ぬ）
ラ行変格活用（例：あり）
上一段活用（例：見る）――――――上一段活用（例：見る，起きる）
上二段活用（例：起く）
下一段活用（例：蹴る）
　　　　　　　　　　　　　　　　下一段活用（例：捨てる）
下二段活用（例：捨つ）
カ行変格活用（例：来）――――――カ行変格活用（例：来る）
サ行変格活用（例：す）――――――サ行変格活用（例：する）

最后需要指出的是，时代分期是基于很多因素而定的，但语言的演变和发展却有着自己的发展轨迹和规律，与时代不一定完全吻合。再者，很多语言现象的变化不是一朝一夕一蹴而就的，有一个渐进演变的过程。不仅在地域上，在时间上也是如此，尤其表现在语音、语法系统的变化上。例如，动词活用的变迁虽然萌芽于中世，但最后完全实现过渡，变成现代日语活用体系则是近世江户时代（见表4）。

---

9 引自玉村文郎（1992）。
10 引自『日本語史探求法』（小林賢次、梅林博人著，朝倉書店，2005年）。

表 4　动词活用的时代变迁[11]

	読む	見る	落つ	蹴る	告ぐ	来	す	死ぬ	あり
奈良時代	四段	上一段	上二段		下二段	カ変	サ変	ナ変	ラ変
平安時代	四段	上一段	上二段	下一段	下二段	カ変	サ変	ナ変	ラ変
鎌倉時代	四段	上一段	上二段	下一段	下二段	カ変	サ変	ナ変	ラ変
室町時代	四段	上一段	上二段	下一段	下二段	カ変	サ変	ナ変	ラ変
江戸時代	四段	上一段	上一段	四段	下一段	カ変	サ変	四段	四段
明治以後	五段	上一段	上一段	五段	下一段	カ変	サ変	五段	五段

【参考文献】

築島裕（1982）『講座国語史〈4〉文法史』大修館書店

沖森卓也編（1989）『日本語史』桜楓社

玉村文郎編（1992）『日本語学を学ぶ人のために』世界思想社

山口明穂ほか編（1997）『日本語の歴史』東京大学出版会

高山善行・青木博之編（2010）『ガイドブック日本語文法史』ひつじ書房

---

[11] 引自沖森卓也（1989）。

文言的体裁与文体

学习文言语法，必然会接触到不同体裁的文本，如物语、和歌、日记、随笔、纪行文（游记）等。而对于物语，学者们则又有进一步的分类，如创作物语、歌物语、历史物语、军记物语等，这些体裁类别在日语中被称为"ジャンル"，但分类上其实并不十分严格，主要看形式和内容两个方面。如有的形式上虽都称为物语，但内容上却各不相同。像《源氏物语》这样的创作物语属于虚构，而历史物语如《荣花物语》（也作《荣华物语》）则又是以史实为基础。此外，不同的体裁，其文体也不相同。这里所指的文体不是文学文体，而是指诸如和文体、汉文体、汉文训读体、和汉混淆文等这样的以文字表记特征为主要划分标准的文体（文章样式）分类。了解体裁、文体等知识，可以在很大程度上帮助我们从整体上更为深刻、准确地把握住各个具体文本的面貌特征，并对其源流、变迁等相关知识有一定程度的了解。

以"日记"为例，这一体裁所包含的内容十分丰富。《土佐日记》虽名为日记，但从内容上看，却属于纪行文（游记）。其与《奥州小路》（俳文）所载内容一样，然而却（被认为）与《蜻蛉日记》同伍。而《蜻蛉日记》看上去反而更像是后来的私小说。《伊势物语》也叫《在五中将日记》，可《竹取物语》《源氏物语》却没有被冠以日记之别名，原因在于后者是虚构物语。但同样是以事实为依据的历史物语（如《荣花物语》）、军记物语（如《平家物语》），却又不被称作《××日记》。日本语言学家小西甚一认为，界定平安时代的日记，需要满足三个条件：1）以个人为中心；2）随时间铺叙；3）采用实录形式。照此标准，唯《蜻蛉日记》当属最为典型的日记。

《枕草子》，也叫《枕册子》，室町时期出现的《御伽草子》及后来出现的《浮世草子》《草双纸》的名称皆来自"さうし"这个词，区别只是音同而字不同。"册子"为其鼻祖，原意是装订成册的意思。但这只是从作品的形式上着眼，随着时代的不同，其内涵也有所变化，所选表记用字的不同（"草子""草紙""双紙"）恰好反映了作品各自内容上的差异。室町时期出现的《御伽草子》就与《枕册子》性质上完全不同。近世则有"假名草子"出现，带有启蒙的性质。之后盛行的从"浮世草子""草双纸"（含赤本、黑本、青本、合卷、黄表纸）到"洒落本""人情本""滑稽本""读本"等一系列作品均属于"册子"作品，它们与《枕册子》《无名草子》《花月草纸》很不一样。后者非虚构，对此类作品，现代人习惯上称之为"随笔""评论"。所谓"纪行"，也是镰仓时代才出现的名称，故此之前的《土佐日记》才被归入了"日记"体裁。同样，物语的各分类中，唯有"创作物语"才是平安时代就有的名称，其他诸如歌物语、历史

物语、军记物语都是今人的称谓。歌物语（即和歌物语）看似非虚构，但即便含有虚构成分，文本内容也以真实的口吻铺叙展开，宛若发生过的真事一样。

此外，要注意的是一般性的通称不等于体裁，如"五山文学"，包含了汉文、汉诗两种体裁。所谓的"镜もの"包括了《大镜》《水镜》《今镜》《增镜》，但这只是从形式上做的归类（同前述"册子""草子"），不算严格上的体裁分类。《荣花物语》与《大镜》在文体、内容上相同，却被排除在外，也不恰当。

再者，文体与体裁也非一一对应（体裁分类详见文后附表）。同为物语，历史物语如《荣花物语》《大镜》等系用和文体撰写，而军记物语如《平家物语》《太平记》则采用和汉混淆文的形式。《今昔物语集》其实属于说话文学，不妨视为"说话物语"，但在文体上，其与采用和文体的《竹取物语》《源氏物语》截然不同，大异其趣。再如，《枕草子》《方丈记》和《徒然草》被誉为古代三大随笔，但却分别属于和文体、汉字片假名混合文（也有观点认为是"和汉混淆文"）和拟古文。

文体一词，在日语语境中有多重意义。在日本传统的国语学当中，"文体"这个词主要指与文字的运用即表记手段相关的书写形式，它不同于文学作品中文体的概念。在日语特别是书面语（文章）的形成过程中，汉文汉字起到了关键性的作用。文体不同，从词汇到语法乃至修辞手法等都不尽相同，表记手段也不会相同。在一定意义上说，表记堪称是一种文体最显著的标志之一，故此文体才多以文字使用的特征为标准。或许，反过来说更为准确，文体分类就是基于这种表现在文字（表记）、词汇乃至语法上的特征归纳起来的综合体。

在日语史研究中，文体的演变是一个极为重要的考察领域，究其原因，恐怕是日本书面语（文）体的形成很大程度上是来源于对汉文的吸收和改造；反过来说，汉文及训读要素对现代日语文体的形成具有至关重要的作用。古代日本文体繁多，除了和文体外，还有（日本）汉文体、变体汉文（也称"和化汉文"）、和汉混淆文、汉字片假名混合文等。学习文言，固然需要学习代表日本古典文学高峰的《万叶集》《源氏物语》《枕草子》《蜻蛉日记》等所谓的王朝文学鼎盛期的和文体，但也须关注其他文体的文学作品，特别是在今天，我们学习古文的根本目的，不仅仅是为了深入了解和认识日本古典文学，也需要着眼于为学生将来进一步学习日本的历史、思想和文化打下基础。基于此，我们文言教学还应关注此前关注甚少的日本汉文、变体汉文（记录体）乃至候文等系列文体。

汉文体包括汉诗、汉文。日本在9世纪发明假名之前，主要就是汉文体。如7世纪前，有《三教义疏》以及"金石文"。8世纪有《律令》《日本书纪》《常陆国风土记》《怀风藻》。平安时代初期，出现了"国风暗黑时代"，汉文学大行其道，包括有《经国集》《凌云集》《文华秀丽集》在内的三大汉诗集及藤原明衡编《本朝文粹》等，空

海著《三教指归》《文镜秘府论》、菅原道真著《菅家文草》等。史书则有《续日本纪》《日本后记》等所谓"六国史"。本书所选的赖山阳著《日本外史》也是近世一度流行甚广的汉文体史书。

变体汉文也称"和化汉文",指揉入比较多的和文体要素的一种文体。构成《古事记》主体的就是变体汉文,与汉文体《日本书纪》不同。变体汉文在中古主要作为实用文体,特别多用在公私文书、公家日记等中,如《贞信公纪》《御堂关白记》,还用来记录贵族礼仪、公家的各种活动,如《吾妻镜》等,因此也被称为记录体。除此之外的变体汉文文献,还有《日本灵异记》、高山寺本《将门记》《古往来》等。变体汉文介于典型的汉文体与和文体之间,但融入了更多的和文要素。记录体最后发展成了中古以后的候文。候文源自书简,后成为一种用来撰写公文的实用文标准形式,一直延续到近世。候文彻底消失则是二次大战以后,候文是此前男性书简文的标准形式。

到了中世,和文体和汉文训读体、记录体等汉文系文体发生融合,产生了和汉混淆文。有人将《今昔物语集》视为最早的和汉混淆文,也有人认为是《徒然草》和《方丈记》。如《徒然草》(132段)中的"元良親王、元日の奏賀の声、甚だ殊勝にして、大極殿より鳥羽の作道まで聞えけるよし、李部王の記に侍るとかや"这段话,"甚だ"系训读词[1],此处"殊勝"的用法也特别有汉文的特点,但"侍り"则原来只有和文体中才使用,可见和汉融合(混合)于一体了。一般认为,以《平家物语》为代表的军记物语才是最早(典型)的和汉混淆文。换言之,《今昔物语集》初露端倪,《徒然草》和《方丈记》是进一步融合,最终完成则是《平家物语》。和汉混淆文为汉字假名混合表记,汉字使用量比和文体明显要多。词汇方面,以汉语词为主,和语词为辅,语法上带有强烈的汉文训读文色彩,后来和文体要素逐渐增强。因为其产生是受到汉文体特征明显的说话(唱导)文的影响,作者在一边说的同时,一边融入包括和语词在内的口语要素,文体逐渐变得接近口语,更趋柔和。直至近世,和汉混淆文由于兼有汉文的紧迫感与和文的优雅魅力,被用于读本及启蒙读物里,如《雨月物语》《南总里见八犬传》等。

有学者指出,和汉混淆即混合是日本古代文体的共同特征,和汉混淆文的涵盖范围有较大伸缩性,与汉字片假名混合文等有重叠之处。因此,其具体内涵以及所指还有待于进一步深入探究。从表面上看,汉字片假名混合文是以所用表记特征为命名依据,但其主要来源于汉文训读。中古中世的说话文学,如《今昔物语集》等就属于该文体,在一定意义上也属于和汉混淆文的范畴。但近代明治以来曾大行其道的汉文训读体(也称普通文),形式上虽是汉字片假名混合形式,但一般不算作和汉混淆文,恐怕也不属于狭义的汉字片假名混合文。

追本溯源,汉字片假名混合文最初源自汉文训读,即将训读的结果写下来,以"書

---

1 关于"训读词"及稍后出现的"和文词"的概念,详见本书"汉文训读及对后世文体的影响"一文。

き下し"的形式成文，此为汉字片假名混合文的雏形，最早见于《东大寺讽诵文稿》。其后的佛教说话，如《三宝绘词》《今昔物语集》《打闻集》也是此形式，连《方丈记》的文体也被认为是汉字片假名混合文。甚至像《小右记》《台记》等记录体中，也包含了一部分汉字片假名混合文形式。以上为狭义上的汉字片假名混合文，主要发生于平安初期和院政时期。其后，汉字片假名混合文形式仍长期广泛使用，特别是明治以后的敕诏、法令等国家正式公文以及学术著作采用汉文训读体，即为汉字片假名混合文。第二次世界大战前，日本的数学及理科教科书以及英和辞典等以横写为特征的文本均采用此文体，用途十分广泛。此为广义上的汉字片假名混合文。但因其从表记特征角度命名，所涵盖范围较大，故容易给人模糊笼统、所指不确定的印象。这其实也在提示我们，从所用表记（文字）特征出发命名文体的做法，恐怕难以概括其主要特征，文本的语言特征及渊源演变关系才是比较可靠的依据。[2]

简言之，古代日本人在学习借鉴汉文的过程中，历经汉文、变体汉文（和化汉文）阶段，后析出以口语体为特征的和文体，并在此基础上与汉文训读体、记录体等融合形成和汉混淆文，初步达成了和汉融合。近世以来，在浮世草子、净琉璃、俳文等体裁中形成了以和语为主的所谓雅俗折中体，即会话部分用口语体，而叙事部分仍用文言体。至近代明治时期，在西方言文一致运动的影响下，日本也出现了力求口语与书面语保持一致的言文一致运动，历经波折，最后终于形成了今天普遍使用的汉字平假名混合文。

在阅读每一部古典作品前，先了解一下其体裁及文体，进一步理解该文体的由来及历史变迁，会有助于我们更加准确深入地把握与领会作品的原貌及其他本质特征。就具体文本而言，有时情况十分复杂。如《古事记》包含了3种文体。太安万侣所撰序文是汉文，而主体是采用变体汉文。此外，记录和歌需要一个音对应一个假名，故用"万叶假名文"。《风土记》也是汉文，但也有人视为变体汉文。《平家物语》之所以被称为和汉混淆文，是因为其总体上融合了和汉两种文体的特征。但有时即便同一个文本，如《徒然草》一般被称为拟古文，但其不同部分所呈现出来的文体特征也不同。更何况像《今昔物语集》中所示，源自天竺（印度）、震旦（中国）、本朝（日本）三地的"说话"题材，其文体特征也各不相同。《今昔物语集》以第20卷为分水岭，前卷训读词较多，后卷则是和文词较多。这是因为前卷所收的是以汉译佛典为来源的佛教说话，后一半收的是以假名文学为出典的日本本国的世俗说话。

即便到了近代明治时期，文体知识的重要性仍然十分突出。在幕末乃至明治初期，汉文体是最正式的文体。《解体新书》是兰学译著，在当时这样的医学著作必须用汉文

---

[2] 日本现行文体名称有的比较含混模糊，如"和文脉（调）、训读脉（调）"中的"脉（调）"就比较暧昧，折射出判断文体类别时有时会有一定难度。再如"和汉混淆文"，有时也被叫作"和汉混淆体"，恐怕所指无甚差别，只是称谓没有统一。但"汉文训读文"和"汉文训读体"也有人混用，其实本来应有所区别。区别在于，前者是训读后的"书き下し"（先有汉文），后者是一种写作文体。详见下文。

体翻译才算正式，汉文的地位堪比西方的拉丁文。日本第一部近代国语（语文）辞典《言海》的序文由时任文部省编辑局长的西村茂树用汉文体撰写（A），西村作序是代表国家政府的行为，所以非汉文不能也，以示正式。宫内大臣、子爵土方久远写给编者大槻文彦的指示（御達し）用的是候文（B），以示郑重。辞典正文用的却是当时学术著作普遍使用的汉字片假名混合文（C），以示权威。三种不同的文体分别代表了正式、郑重和权威的特点。特别是汉字片假名混合文即汉文训读体，在近代使用极为普遍，堪称学术书的惯例。明治时期的《西国立志编》的序也是汉文体，正文用训读体撰写。著名的《米欧回览实记》以及法律条文也都是用汉文训读体写的。

（A）文明者何。自単之複自粗之精之謂也。自日用衣食。以至政事法律之大。莫不皆然。然則。若辞書。亦不外於此理者。盖民生之初。有言語而無文字。民智漸進。始有文字。文字有二。一曰有義。一曰無義。主言辞之国。用無義之字。主文字之国。用有義之字。人文日闢。言辞日繁。於是。言辞之国作辞書。文字之国作字書。以利民生。……

（B）日本辞書　言海　四部
右今般編輯ノ趣ヲ以テ
天皇陛下
皇太后陛下
皇后陛下
皇太子殿下ヘ献上被致候ニ付夫々
御前ヘ差上候右ハ斯道ニ裨益不少善良ノ辞書ニシテ精励編輯ノ段　御満足ニ被思召候此段申入候也
明治二十四年七月二十三日

　　　　　　　　　　　　　　　　　　宮内大臣子爵土方久元

（C）あ　五十音図、阿行（アギャウ）第一ノ仮名。此ノ一行ノ仮名、あ、い、う、え、おノ五音ハ、喉ヨリ単一ニ出デ、又発声ノ韻（ハツセイヒビキ）トモナリテ、熟音（ジュクオン）ヲ成サシム。故ニ単音（タンオン）、又母韻（ボキン）ノ称アリ。あハ、下ニう、或ハふ（うニ転ジテ呼ブモノ）ヲ受クルトキハ、おノ如ク呼ブコトアリ、あうむ（鸚鵡）、あふぎ（扇）ノ如シ。

第二次世界大战结束以后，日本的口语体得到了最大程度的普及和应用，真正实现了近代开启的言文一致运动的目标，但在法律等个别权威性领域仍沿用汉文训读体，日本刑法10多年前才终于改成了口语体。直至2005年4月前的民法还采用"権力ノ行使及ヒ義務ノ履行ハ信義ニ従ヒ誠実ニ之ヲ為スコトヲ要ス"这样的文体，现在改成了"権力の行使及び義務の履行は、信義に従い誠実に行わなければならない"。

文言的体裁与文体

法律条文长期沿用汉文训读体，可谓充分折射出该文体所具有的重要符号特征。日本是一个新旧文化等多元素杂糅并存的国家，语言上也不例外。表现在古今日语文体上的多样性，在一定程度上就反映了这一文化特征。因此，文体知识值得我们去认真学习与研究。

【参考文献】

湯沢幸次郎（1959）『文語文法詳説』右文書店

齋藤稀史（2007）『漢文脈と近代日本—もう一つのことばの世界（NHK ブックス）』

小西甚一（2010）『古文の読解』筑摩書房

沖森卓也編集（2010）『日本語史概説』朝倉書店

齋藤文俊（2011）『漢文訓読と近代日本語の形成』勉誠出版

沖森卓也ほか（2013）『漢文資料を読む』朝倉書店

文言体裁分类表[3]

〔 〕書名
（ ）人名
【 】説明

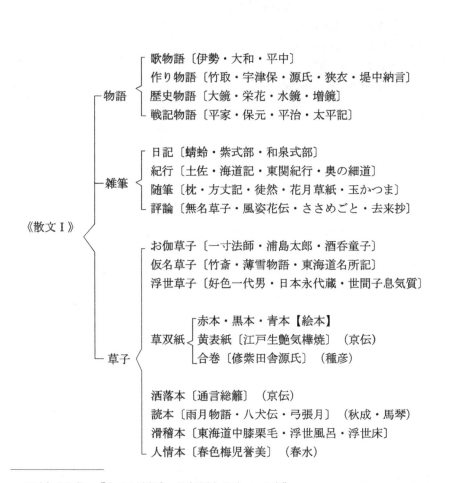

---

[3] 引自小西甚一『古文の読解』，原标题为"ジャンル表"。

日本古代文言文选

《散文Ⅱ》
- 戯曲
  - 謡曲　┐
  - 浄瑠璃　├【韻文散文混合】（世阿弥）（近松門左衛門）
  - 狂言
  - 歌舞伎（鶴屋南北・河竹黙阿弥）
- 神話
- 伝説　〔古事記・日本書記〕
- 説話　〔今昔・宇治拾遺・十訓抄・古今著聞集〕
- 法文　〔往生要集・歎異抄・正法眼蔵〕
- 漢文　〔本朝文粋〕

《韻文》
- 和歌
  - 短歌（赤人・貫之・俊成・西行・定家）
  - 長歌（人麻呂・憶良）
  - 旋頭歌
- 連歌／俳諧　【発句・連句】（宗祇・心敬）（芭蕉・蕪村）
- 雑俳
  - 川柳〔誹風柳樽〕（柄井川柳）
  - 冠付・沓付・折句・小倉付
- 歌謡
  - 催馬楽・神楽歌・風俗歌・東遊
  - 今様〔梁塵秘抄〕
  - 宴曲〔宴曲十七帖〕
  - 小歌〔閑吟集〕
- 漢詩（空海・菅原道真・頼山陽）

汉文训读及对后世的影响

汉文训读是古代日本人为了学习汉文、吸收中国文化而发明的一种方法，不晚于推古朝就已开始，至平安时代臻于鼎盛。汉文训读的特征在于，尽量保留原有汉字（词），通过加上诸如返点、雁点等辅助符号，使其按照日语语序读下来，由此形成汉文训读文，也叫"読み下し"（書き下し）。训读文既非汉语，与固有日语亦有区别，可谓是一种特殊的文本。同时，日本人还利用训读手段，模仿训读文，创造了传达信息、表达思想的一种新文体——汉文训读体。

训读的形式一直持续到近世乃至近现代，绵延不绝。训读给日语带来的影响是广泛而又深远的。进入明治时代，汉文训读体独立出来，成为代替汉文的正规实用文体，广泛用于政府公告及法律条文等场合，为现代日语的形成奠定了基础。虽然现代日语的标准文体是汉字平假名混合文，但从日语书面语形成的历史看，汉文自进入日本的一瞬间起便已开始了和化。从某种意义上讲，没有汉文，就没有和文。汉文传入日本前，日本没有书面语。在学习汉文和受汉文语法的刺激下，和文体意识才开始萌发，逐渐形成以口语为特征的和文体。但历史上，日本的汉文以及汉文的诸种变异体，如变体汉文（记录体）、候文以及汉文训读体等一直都是起到承载日本权威思想文化作用的主要文体，这些文体无不以汉文训读为基础。

本书选读的《吾妻镜》为"记录体"，属于"变体汉文"（或称"和化汉文"）的一个子类，《日本外史》则是近世的"汉文体"。二者都保留了浓重的汉文训读的痕迹。下面拟从文字表记、词汇、语法和文体几个方面说明训读对后世日语及文体方面的影响。

一、文字表记的影响

日本书面文体的产生是以训读为媒介，先后经历过汉文体、变体汉文，之后在与汉文的对比中析出和文体，其后又历经和汉混淆文等数个阶段，逐步吸收汉文因素，揉入和文要素，最终形成了现代日语的汉字平假名混合文。其中，汉字的训有一个逐渐整理、合理化的过程。然而，只学习过现代日语的人一旦接触古文，就会发现文言中很多汉字的读法与今天不同，主要是文言中的训与常用汉字所规定的读法有所不同。因为常用汉字的训是人为规定的结果，而在古代则没有一个国家制定的"规范"标准。因此，相对于今天，汉字与和语词的对应、即"训"较为宽松，同训异字和同字异训十分普遍。如"いふ"，除了"言"之外，还可以对应"謂・曰・云"等字，尤其在古代日本的汉文

体、变体汉文中，更毋庸说汉文训读体了，此现象十分多见。如在本书所节选的《吾妻镜》"承久之乱"中的"寔に是れ、『忠臣、国危きに見る』とは、此の謂か"这句话，"いひ"就用"謂"来表记。再者，有一些较为少见的汉字训，如此处的"寔"作"まこと"的表记字。

二、词汇的影响

平安时代，特别是前期是日本举国吸收汉文化的时代，汉文训读获得了空前的发展。在表达同一个意思时，汉文训读中所用词语与普通和文体中意思相近的和文词之间形成显著对立，这些在平安时代仅限于汉文训读时使用的词又被称为训读词。这些所谓的训读词在更早的奈良时代本属口语词汇，但因用于训读语境，被保留到了平安时代，遂被符号化，成为一种特殊的、专用于训读的词语，与当时新生的其他口语词汇产生了隔阂。如下所示（右为训读词）：

飽く	→	倦む	憤る	→ 憤る
至る	→	及ぶ	いと	→ 甚だ
消つ	→	消す	やうなり	→ 如し
競ふ	→	競ふ	やがて	→ 即ち
来	→	来る	歩く	→ 歩く
退く	→	退く	学ぶ	→ 学ぶ
休む	→	憩ふ	すべて	→ 悉く

后来二者混淆起来，界限越来越不分明。和文体原本没有接续词，正是汉文（训读词）给日语带来了接续词。如"ただし、しかも、ならびに"等原为汉文训读词，至中世作为接续词融入了和文体中，特别是和汉混淆文的出现加快了二者的混用，渐渐抹平了表义上的细微差异，被用于《徒然草》《方丈记》等中，如："十月、諸社の行幸、その例も多し。ただし、多くは不吉の例なり"。（《徒然草》202）、"ゆく河の流れは絶えずして、しかももとの水にあらず"。（《方丈记》）。不过，尽管出现了融合趋势，但时至今日我们仍可看到其间曾有区别的蛛丝马迹，影响可谓波及至今，如在"朋有り遠方より来るまた楽しからずや"等来自汉语的成语、熟语等中仍然保留这种差别。其中的"来"的读法就是训读词"きたる"，而不是和文体常用的"く"。

古代日语中还有所谓的来自汉语的翻读词。因为在古代和歌中有尽量采用和语词的习惯。在将来自汉语词或佛教词语的意象化入和歌中的时候，日本人不得不采取变通的方法，也就是用和语语素进行拆分式翻译，于是便有了诸如"紫の雲、鷲ノ山、跡垂れし"等之类的新词。即便不是和歌，也有不少翻读汉语而形成的和语词，如用"小"和"春"这两个语素来翻读汉语的"小春"，由此形成训读词"コハル"。类似的还有

"白雪""秋風"等。再如，《源氏物语》作者即是以"かの岸"翻读"彼岸"。本居宣长曾指出过，"春をむかふる"这种用法也是来自对"迎春"这个汉语词的和译。本书中的《竹取物语》中的"血の涙"也是出自同一手法，来自于"血涙"这个汉语词，亦可理解为是作者将"血の涙"缩略后形成这样一个词。

三、语法的影响

山田孝雄认为，汉文训读给现代日语语法带来了很大的影响，山田所说的"语法"属于语言的使用层面，涉及构词、语义。大概分两种情况，一是古代日语构词法通过汉文训读流传至今（如"ク语法"和"ミ语法"），另一个是日本原本没有的词语或构词法通过汉文训读产生出来，译成日语，这等于给日语带来了新的语义。山田总结有3类：1）由于汉文训读，古语得以流传至今（ごとし、いはゆる、しむ、いはく、おもへらく、あるいは）；2）受到所表记汉字意义性质的感化，词本身没有变化，但词义上产生了原本日语没有的意义性质（かつて、すでに、ゆゑに、いまだ、ために、のみ、以て、ところ、これあり、これなし）；3）训读用来表记的汉字，产生了原本日语没有的新词（および、ならびに、ゆゑん）。如下例[1]：

　然れども慈悲いたりて深き故に、（著聞集）

　五月十一日にぞ左大将天下及び百官施行といふ宣旨くだりて（栄花物語）

　朱雀院ならびに村上のおぼぢにておはします（大鏡）

这三个画线部分语句都是原来日语没有的，由于将汉语中的虚词训读（近似翻译）过来，才有了这样的表达形式，如相当于汉语中的"至深""至厚""至高"中的"至"在日语中读作"いたる"。在训读过程中，用其连用形式"いたり"再加上一个"て"，使之成为一个副词。"及"和"並"相当于日语表示并列事项的助词"と"。由于日语中"及"和"並"分别读作"およぶ"和"ならぶ"，故在训读上述文本时用它们的连用形"および"和"ならび"加"に"的形式"ならびに"，从而分别形成了两个表示并列事项意的新词。这些属于上述3）类情况。而"慈悲いたりて"及"国を挙げて"则属于"产生了原本日语没有的意义性质"，故属上述2）类。再以"すでに"为例。现代日语受到汉文训读的汉字（既/已）的影响，表示过去发生的事情，但古语则不然，表示"全く""ことごとく"之义。古代汉语中的"既"也能表示类似义，如"日有食之所既"中的"既"表示"尽"（春秋），也就是有两个意思，日语选用这个字取的是"尽"的意思。后来，训义扩展，吸收了"既"的表示过去既往之义。镰仓时代前还是两个意思并用，但后来"すでに"的本义作为古义衰退，而另外一个来自汉文训读的表示过去的意思延续至今，作为副词使用。

---

[1] 引自山田孝雄『漢文訓読によりて伝えられたる語法』（宝文館出版，復刻版第二刷，1979年），p.33。

但一般我们所说的语法概念多指句法。古代的汉文训读文有很多迥别于同时代和文体的特征，这些特征也影响到了汉文训读体以及带有训读调的其他各种文体，在结果上塑造了现代日语语法的部分特征。

1. 词语层面[2]

以助动词为例。训读文中所使用助动词较之和文体要少得多。如"受身：ル、ラル；△ユ・△ラユ""使役：シム""過去：キ；△ケリ""完了：ツ・ヌ・タリ・リ""打消：ズ""指定：ナリ・タリ""伝聞・推定：△ナリ""推量：ム・マシ・ベシ・ジ・マジ；△ケム・△ラム・△ムズ・△ベラナリ"。而不用于汉文训读的助动词则有"使役：ス・サス""推量：メリ""比况：ヤウナリ"。（标△为少用或不用）

结合文体考察，如"しむ"这个词表示使役，亦可表示尊敬，用于"汉文训读系"文中。"しむ"在平安末院政期后，作为男性用语多用于公卿日记（变体汉文）和《大镜》《今昔物语集》等中的汉文训读文中。及至中世镰仓时代后，由于"しむ"承袭了前代多用于汉文训读系文本的传统，故作为书面语盛用于《方丈记》《平家物语》等和汉混淆文中，然而一般不用于日常用语中。

再如，表示过去的助动词"き、けり"。在训读文中主要用前者"き"，不用"けり"，即便用"けり"，也只是用其表示感叹的意思。因为，较之"き"，"けり"更带有主观性特点，这也影响到了后世的训读系文章中。如真名本等中一般不出现"けり"，说明古代日本人对和文与汉文有着明显的区别意识。

与此相关的是，古代和文体的推量表达非常发达，所用助动词种类多，语义区别微妙，但在训读文中却十分有限。"べし"主要用于汉文训读文和和汉混淆文中，而在平安时代的和文中，几乎不用"…べからず"，而多用"…まじ"等。

在否定表达中，"ざる"主要用于汉文训读文和和汉混淆文中，可表连体法、准体法。虽说也可用于系结法，但用例并不多见。已然形"ざれ"的用例最早见于上代，进入平安时代后主要用于汉文训读文以及日后兴起的和汉混淆文中，很少见于和文。它可表示顺接确定条件、恒常一般条件、逆接确定条件等。否定接续方面，"ずして"和"ず て"早在奈良时代就已出现（见本书《古事记》《万叶集》）。到了平安时代，"ずして"主要用于汉文训读调文章当中（见本书《今昔物语集》《方丈记》），"ずて"仅用于和歌，而在平假名撰写的散文中则用"で"（见本书《竹取物语》《伊势物语》《枕草子》《宇治拾遗物语》《徒然草》）。此外，在可能表达中，"连体形＋こと＋能はず""连体形＋に＋能はず"的形式主要用于汉文训读文[3]中，这一用法一直绵延至近代。

---

[2] 参见月本雅幸（1987）。
[3] 变体汉文中也能看到，如本书所收《吾妻镜》中。

2. 句式层面

古代日语的判断句"～は～なり"即来自汉文"～者～也"的影响。此外，近代日本学人学习西方语言时也采用汉文训读的方法，在翻译西方典籍时采用了汉文训读体，使得包括"～は～なり"的句式通过西文的翻译在现代日语中固定成型了下来，这也可以看作是汉文训读对日语的间接影响。特别是在近代宪法等法律条文中，由于翻译西方法律的缘故，多采用"～は～なり"句式，并影响到了其他文本[4]。再如，由于直译西文文本中的关系名词，所以形成了诸如"～するところの"的句式。在欧文直译体中还出现了日语此前不曾有的表达进行时的"～つつある"以及其他带有明显翻译调的"要するに""～あるにはあまりに""～かのように""～にもかかわらず""～やいや""～よりは寧ろ"等形式，产生了特有的副词性表达，如"一般に言へば""概して言へば""然る後に""換言せば"等。由于欧文直译体的逐字（逐语）翻译原则，所以甚至连"私自身"中的"～自身"的用法也被带入了日语中，现代日语常用的"～に関して""～に対して"等惯用表达形式也是来自于此。

日语的知觉动词、言说动词一般置于句尾。但在汉文训读调较强的文言文本中，除了常用"曰く"形式外，有时也会采取模仿汉文语序、将动词置于句首或主语后的办法，如本书所收作品中就有若干这样的例子。如："<u>知らず</u>、生れ・死ぬる人、何方より来りて、何方へか去る。また<u>知らず</u>、仮の宿り、誰がためにか心を悩まし、何によりてか目を喜ばしむる"（方丈记）、"主の<u>言ふやう</u>、「いかにしてか、たちまちに運び取り返さむ。千石積みて候ふなり」と言へば"（宇治拾遗物语）。这些"另类"形式显然是受汉文（训读）的影响。

3. 语篇层面

当一个类似熟语（惯用语）的带有汉文训读调的表达形式在文章中使用时，可能仅仅属于修辞层面上的东西，但当此类表达形式呈群状分布时，也即蔓延至语篇层面的时候，甚至通篇皆是的话，那么就与其极端的表现形式即汉文训读体不远了。近世的读本即是和汉混淆文，被视为对传统的回归。和汉混淆文由于兼有汉文的紧迫感与和文的优雅魅力，在近世被用于读本及启蒙书里，如曲亭马琴的《南总里见八犬传》、上田秋声的《雨月物语》等。如下文：

例（1）松柏は奥ふかく茂りあひて、青雲の軽靡日すら、小雨そぼふるが如し。児が嶽という険しき嶽、背に聳だちて、千仞の谷底より雲霧おひのぼれば、咫尺をも鬱悒ここ地せらる。

——《雨月物语》

---

4 详见柳父章（2004）。

江户时代有不少小说采用翻案中国白话小说的方式，读本为其典型，因为在当时只有和汉混淆才被视为"美"文体的典范。这种意识也影响到了固有的文学作品创作中，如在近代被作为美文代表的德富芦花和中岛敦的作品就带有这种特征。

早稻田大学的铃木义昭曾通过考察德富芦花的《自然与人生》和中岛敦的《山月记》，论述了对日本人来说所谓美文的标准，并提出了若干须满足的条件。如1）使用独特的训读词，如"いまだ～ず""まさに～せんとす"；2）少用表示时制的词和敬语助动词、补助动词，反之使用汉语特有的时态词和表示敬意的词，前者如"かつて""すでに"，后者如"上""帝"等等，还特别提出了汉字使用多于普通文章的条件。

例（2）秋冬風全く凪ぎ，天に一片の雲なき夕，立つて伊豆の山に落つる日を望むに，世に斯る平和のまた多かる可しとも思はれず。初め日の西に傾くや，富士を初め相豆の連山，煙の如く薄し。日は所謂白日，白光爛々として眩しきに，山も眼を細ふせるにや。日更に傾くや，富士を初め相豆の山次第に紫になるなり。

——《自然与人生》

例（3）己の珠に非ざることを懼れるが故に，敢て刻苦して磨かうともせず、又、己の珠なるべきを半ば信ずるが故に，碌々として瓦に伍することも出来なかつた。

——《山月记》

四、文体的影响

本书所选篇目除了有和文体外，还选了汉文体、变体汉文（记录体）、和汉混淆文。《日本外史》是汉文体。《古事记》分为3种文体，包括汉文体（序）、变体汉文（正文）以及万叶假名文（和歌）。记录体有《吾妻镜》。和汉混淆文的定义有宽窄之分，广义包括本书所选的《今昔物语集》《方丈记》，窄义上的和汉混淆文是指包括《平家物语》在内的"军记物语"。也可换一种说法，和汉混淆的雏形肇始于《今昔物语集》。

概言之，日语古代书面语是以古代中国的汉文为基础，在长期的历史发展过程中一点点地纳入和文体要素而形成的。训读起到了关键的中介作用。甚至可以说，正因为有了训读，日语书面语才得以成立。根据因训读带来的要素多少及深浅程度，历史上才分别诞生了日本汉文、变体汉文（也称和化汉文）、和汉混淆文、候文等文体。进入近代以后，汉文训读体从汉文中独立了出来，作为书面权威文体风靡一时，被称为普通文，即通行天下的意思（普く通じる）。其间，汉文或曰训读要素无不参与其间，构成强大的推动作用。因为自古至今支撑日本人读解和创作书面文体的汉文训读这一获取汉文滋养的介质形式从没有中断过；加之，汉文训读体及其他诸如候文（往来物）等拟汉文与和文体等口语要素较强的其他文体长期并存，前者对后者产生了显著的影响。日语文体

的发展一直呈现这样一种趋势：一方面力图排斥汉文的影响，致力于实现言文合一；另一方面又不断吸收汉文的要素养分，渗入到固有文体中，遂造成这种可谓不即不离却又对立统一的关系。

总之，汉文之于日语文体形成的作用可分为以下两方面：1）在对立统一的过程中形成和文体等偏向口语要素较强的文体；2）作为汉文滋养作用的重要手段——汉文训读绵绵不断，包括汉文训读体在内的各种拟汉文体持续不断地为日语书面语提供养分。所以，从形式上看，对现代日语文体产生塑造作用的可分为训读手段和汉文训读体这两种介质。

如"稻荷山古坟铁剑铭"[5]（471年）等古代金石文所示，最初日本人用汉文体（只有专有名词用万叶假名），到"法隆寺药师佛像造像记"[6]（7世纪后半期）佛像铭文所示，开始用变体汉文，掺入了日语文体要素，即日本人在用外来文体"翻译"本民族语言时，特别是随着训的发达，它们逐渐注意到汉文与和文的差异。在一定的语境（文体）和表达需求驱动下，逐渐刻意表示出和文的语序、书画上呈现敬语的使用，同时还试图明确标示助词、助动词。大约在7世纪出现了大量的和文，也就是口语文。

诚然，不能说汉文传入日本之前日本就没有固有文体意识（书面语与口语尚未分化，因为没有文字），但至少是在他者汉文的触动下，日本人的和文意识才渐渐苏醒，在与汉文的对比乃至对立的过程中，特别是当出现了表音为主的万叶假名后，才有可能逐渐析出和文体。之后，在适应表达需求的前提下，又不断地与汉文体及其他拟汉文体相互融合，而且这种融合也是在吸收和排异的过程中实现的。在此过程中，和文体也得到了改造，如古代文言推量助动词和表示完了过去（回想）助动词繁多，语义表达细微，但后来逐渐简化则是受到了汉文语法的影响。

和文体产生于和歌语境，最早男性使用，后来使用主体转向女性。和歌属于韵文，需准确记录每一个音节，于是多用万叶假名，遂形成万叶假名文。在用万叶假名文撰写和歌、日记过程中，日本人的音节意识得到加强，最终促成了平假名和平假名文的诞生。平假名文也用于书信、日记等个人场合。对于和文体，日本人一直都有比较清晰的与其他文体的区别对比意识，尤其表现在词汇、语法等层面上。如在中古时期尤为明显，同样是和语词，就有训读词与和文之区别。因前者虽然在奈良时期就是当时的口语词，但由于只用于训读这一特殊语境，故而被赋予了某种符号意义，使其脱离了日常性。再如在真名本等当中，在将原有文本改写成真名本时，文本貌似汉文体，但在语言实质上

---

[5] 铭文有分表里两面。（表）"辛亥年七月中記乎獲居臣上祖名意富比詭其児多加利足尼其児名弖已加利獲居其児名多加披次獲居其児名多沙鬼獲居其児名半弓比"。其中只有专有名词（人名地名）是用万叶假名表记的。如"乎獲居（ヲワケ）、意富比詭（オホヒコ）、多加利足尼（タカリスクネ）等。

[6] 铭记为"池辺大宮治天下天皇大御身労賜時歳次丙午年召於大王天皇与太子而誓願賜我大御病太平欲坐故将造寺薬師像作仕奉詔然当時崩賜造不堪者小治田大宮治天下大王受賜而歳次丁卯年奉仕"。其中"薬師像作仕奉""造不堪"为日语语序。"大御身労賜""太平欲坐故""作仕奉""崩賜""受賜"则是典型的日语敬语表达形式。

却是和文体，如不用"けり"等，这与汉文训读体文章中一般不用"けり"的特点是一致的。但是，和文体之所以没有成为最终适合日本人表达思想的文体形式，是由于其固有的缺陷造成的，如其本身原为口语体，是在和歌的基础上发展而来，长于风花雪月、儿女情长的日常描写，但缺乏抽象词汇，表达空间十分有限。而来自于汉文训读的汉字片假名混合文由于其具备明晰的逻辑性、兼揉表意文字和表音文字的各自长处等特点，最终战胜了和文体。和文体（平假名文）虽然在后世被作为拟古文（美文）等使用，但仍然没有摆脱作为普通写作文体最终被淘汰的命运。

在平安时代，除了汉文、变体汉文（记录体）外，还有处于两极的和文体和汉文训读体。院政时期出现了一种新的文体，即和汉混淆文。滥觞于院政时期的和汉混淆文（《今昔物语集》）可谓开启了现代日语文体"汉字平假名混合文"的开端。日语中的混淆等于"混合"之意，带有记录体、说话体、物语体、合战记性质的文体要素。说话体其实就是汉字片假名混合文，带有汉文训读体的特点。物语体就是和文体。平安时代4种文体并存，至中世逐渐融合溶解，加入俗语后遂形成了和汉混淆文。

从原理上说，这种混合源自于内容、形式以及表达修辞上的需要，不是简单拼接，而是有机地利用各自的长处。以军记物语的代表《平家物语》为例，作品中的描写紧张战争场面和刻画人物内心世界时所适用的文体要素各不相同，前者讲究节奏和韵律，适合用汉文体，而描写日常生活乃至儿女情长的内容则非和文体莫属，因为和文体本来就是来自日常口语。由此一来，使得带有不同符号特征的文体、词汇等语言要素融入一个文本中。

从路径上看，该文体在形成过程中，继承了中古平安时期说话文学的特点，如《徒然草》就带有浓重的说话文学特点。同时，中世讲谈文艺（如平曲）的兴盛也是一个重要媒介。平安中期，日本的汉文学发生了质的转变，表现为汉诗由生硬模仿中国六朝唯美主义的文体转向记录白描风格，汉文由骈文转向散文。文体上一改此前追慕六朝文风的特点，但另一方面，遭否定的骈文由于训读的关系，却以另一种形式在中世得以再生，成为中世讲谈文艺的大动脉。也就是说，汉文体的说话文学、表白愿文等唱导文学在说法现场被赋予一种灵活的形式进行训读和翻译，不断地实现日本化，成为中世纪讲谈文艺和汉混淆文的源泉。具体说，诞生于中古的《和汉朗咏集》留下了很多"読み下し文"，其语言及节奏扩散渗透于所有题材的文学中，使得业已衰微的四六骈体获得新生，后来在中世采用和汉混淆文形式的军记物语中得以回归，甚至影响到了近世乃至近代。例如，《方丈记》夹杂着汉文中特有的对仗形式，但却以和汉混淆文的形式呈现，其实就是撷取了早期的汉文体《池庭记》的"読み下し"后形成的。

关于"变体汉文"，其实是一个比较笼统的称呼，有很多类似的称呼，如汉式和文、东鉴体、记录体、候文等，其实都代表了命名者不同的立场和看法，但它们有一个相似

的特征，就是该文体介于典型的汉文体与和文体之间，在这一点上与汉文训读体相仿，表面上看像汉文，因基本用汉字书写而成，但融入了更多的和文要素，如遵从日语语序，包含和文独有的敬语表达等。不论如何，变体汉文与和文等其他文体的长期并存在一定程度上象征性地说明了汉文对日语文体的滋养作用和权威价值，因为古代记录体及后来候文的长期使用，都是将汉文奉为权威文体的这一固有思想直接作用于书面文体的结果。

在日本，一般所说的汉文是规范汉文，变体汉文被轻视，但后者其实是一种变异了的汉文，其背后的支撑自然是汉文训读。从最初的金石文、《古事记》直至被称为记录体的变体汉文，以及后来的所谓候文均属于这一类型。特别是候文，从私人文体发展到实用文体，最后甚至发展到了江户时代的公文文体，可谓充分凸显了这一权威作用。候文的产生有一定的必然性，因为日本人有通过尺牍文学习汉文的历史。较之汉文体，变体汉文包含较多的和文要素，代表了一种语境，因此其用词、用字也有一定的特殊性。记录体还用于公卿日记，所以兼具公文和私密文章两种性质，后者导致汉语词的语义也发生微妙的变化。如果说汉文体是由于政治、外交及权威性使然，那么记录体则有所区别，当用于私人日记时，这种文体具有私密性和一定的随意性，这就为汉文的日本化提供了一定的条件，因为记录体是基于自己或子孙备忘目的而写的，具有很强的日常生活记录之性质。以《今昔物语集》为代表的说话文学虽为汉字片假名混合文，但其被当作广义的和汉混淆文的鼻祖，文体上与和文更为靠近，汉语词日本化程度进一步加深。而用于正式权威场合的汉文体中的汉语词，相对来说发生日本化的语境不如前二者。日语狭义上的所谓和制汉语词很多就是来自中世的记录体。假借字和国字也是多起源于该文体。所以，变体汉文堪称是产生各种汉字汉语词变异体的温床。前述和汉混淆文吸收了很多记录体的要素，也就是融入了这些变异体。如语法方面，作为记录体的《吾妻镜》中就有很多来自汉文的表现形式，本书所选"承久之变"中的"義村返報に能わず"，即是受到汉文训读的影响，以"…こと能はず、…に能はず"的形式表示否定，即表示不能。"名を惜むの族は"中的"の"即是汉文的"之"，表示前文为定语（连体修饰语），等等。"の"的这种用法在近代的汉文训读体文章中也普遍存在。

综上所述，如果不了解日本书面语的形成历史，不领会汉文训读在其中所起到的作用，那么对古代日语各类文体的本质特点也不可能理解深入。因此，日语史和古代文体知识的欠缺，会在很大程度上制约我们对文言语法特点的深刻理解与把握。

【参考文献】

山田孝雄（1979）『漢文訓読によりて伝えられたる語法』宝文館出版（復刻版第二刷）

月本雅幸（1987）"漢文訓読文の文法"『国文法講座4 時代と文法』明治書院

鈴木義昭（1999）"徳富蘆花『自然と人生』——美文としての漢文訓読調"『早稲田大学大学院文

学研究科紀要』（第 44 輯，第 3 分冊）

鈴木義昭（2004）"現代日本語に伏流する漢文脈——中島敦『山月記』——"『早稲田大学日本語研究教育センター紀要（17）』

柳父章（2004）『近代日本語の思想——翻訳文体成立事情』法政大学出版局

金文京（2010）『漢文と東アジア——訓読の文化圏』岩波書店

齋藤文俊（2010）『漢文訓読と近代日本語の形成』勉誠出版

古田島洋介（2013）『日本近代史を学ぶための文語文入門：漢文訓読体の地平』吉川弘文館

苅米一志（2015）『日本史を学ぶための古文書・古記録訓読法』吉川弘文館

马斌、潘金生编（1993）《日本近代文言文选》商务印书馆

潘钧（2013）"汉文训读与日语词汇的形成"《华西语文学刊》四川文艺出版社

潘钧（2017）"试论汉文训读在日本文言语法教学中的重要性"《日本语言文化研究11》学苑出版社

文言的"音便"及相关问题

日语语音有一种特殊的语言变异现象，叫"音便"，不仅现代日语中随处可见，在古代文言中也大量存在，但二者的原理及规则皆有所不同。对此，有必要对文言的音便及相关问题做一梳理。

所谓音便，简言之，就是指出于发音方便的需要，词的一部分发生变音的现象。主要有イ音便、ウ音便、促音便和拨音便4种。较之现代日语，古代文言多了一个"ウ音便"。但现代日语也保留有部分痕迹，如"問うた""おはよう（〔おは〕よう←〔おは〕やう←〔おは〕やく）ございます"。日语的语音构造相对简单，发音较易掌握，没有见诸其他诸多语言中的复杂拼写规则，也没有法语那样的"联诵"现象。多数情况下，一个假名对应一个音节，但仍会在一定的条件下发生语言的改变，音便即是其中一种。

广义的音便包括了"月立（つきたち）→ついたち、かくて→かうて、まをす→まうす"这样的名词、副词乃至动词层面的语音变化，但一般是指在一定语音环境下的活用词尾的变化。本质上是为了便于发音，导致辅音或元音脱落或转化的结果；或者，也可以说是由于发音器官的肌肉张驰所导致。

音便最早见于奈良时代，但例子极少，成体系大量出现则是到了平安时代。进入9世纪，先出现イ音便（"鳴いて""高い"）、ウ音便（"給うて""広う"），之后才是拨音便（"読むで""あ（ん）なり"）、促音便（"持つて"）。因属于语音变异现象，所以出于正统规范意识，最初书面语中很少出现音便。当书面语中也出现音便时，则表明音便现象已发生了一定程度的固化。和歌属于韵文，所用的是诗歌语言，与日常生活用语距离较大，故不大会出现音便。此外，平安时代的和文体里没有促音便出现，汉文训读文中的音便出现比较多，一个说法是受汉语的影响。还有人认为，因属于翻译文体，难免会将日常语言带入文本之中。至16世纪末，音便形表记的数量超过了非音便形表记。直到18世纪（江户中期）以后，音便才成为普通的表记形式固定下来。

表1　音便[1]

動詞連用形末尾の音	音便の種類	例
き・ぎ・し	イ音便	鳴いて・次いで・指いて
ひ	ウ音便	給うて
び・み*1	撥音便（平安時代m）	喜むで・読むで
に・り*2	撥音便（平安時代n）	死（ん）じ子・あ（ん）なり
ち・ひ*3・り	促音便	放つて・失つて・切つて・あつて
動詞連体形末尾の音	音便の種類	例
る（ラ変のみ）	撥音便（平安時代n）	あ（ん）べし・な（ん）めり
形容詞連用・連体形語尾の音	音便の種類	例
く〔連用形語尾〕	ウ音便	広う・恐ろしうて
き〔連体形語尾〕	イ音便	若い（心地）・苦しい（こと）

*1　鎌倉時代を中心に「び・み」も「呼うで・読うで」のようにウ音便になる。
*2　後続の音節がナ・ヌ・シ・セ・ソの場合に撥音便となる。
*3　「ひ」は平安時代では「失うて」となる。

上表中的所谓"平安时代 m"和"平安时代 n"分别是指唇内拨音便和舌内拨音便。起初 n 音便和促音便均不表记。m 音便可用"む（ん）"来表记，但 n 音便则没有用于表记的文字手段。后来二者发生混淆，至 11 世纪后半期，n 音便也逐渐用"む・ん"来表记了（"ん"的表记据说出现在平安时代末）。同拨音便一样，促音便本身虽也出现于平安后期，但用于促音表记的符号"ツ"则是到了院政时期、即 12 世纪末或 13 世纪初才有的。

中田祝夫在著作『考究古典文法』中举出了动词、形容词、形容动词和助动词的音便规则和例子。引用如下：

【动词】
音便只发生在四段动词、ナ变动词、ラ变动词上。反过来，也可藉此推断某动词是否是四段活用动词。

A、连用形接"て、たり"发生各种音便

此为最常见的音便类型，见于各行四段动词及ナ变动词、ラ变动词。接"て、たり"的情况最多，但当"けり""し（き的连体形）""つ""ぬ"等助动词，以及"たまふ""たてまつる"等接续动词时，也会发生音便。

イ音便
カ行、ガ行、サ行四段动词的连用形词尾"き""ぎ""し"变成"い"。

カ行　○ よく書いたる女絵の　←「書きたる」（枕草子）
ガ行　○ なげいたまふらむにも　←「なげきたまふ」（源氏物語）[2]

---

[1] 引自『日本語史概論』（冲森卓也编著，朝倉書店，2010），p.87。
[2] 该例中的「なげき」其实非ガ行，可举的例子有"漕いで（←漕ぎで）、注いで（←注ぎで）"等。

サ行　○ 雨降り暮らいたる夜　←「降り暮らしたる」（更级日记）

ウ音便

ハ行、バ行、マ行四段动词的连用形词尾"ひ""び""み"变成"う"。

ハ行　○「……」とこそのたまうけれ　←「のたまひけれ」（大镜）

バ行　○ 暇を賜うで　←「賜びて（←たまひて）」（平家物语）

マ行　○ 六弥太をつかうで　←「つかみて」（平家物语）

促音便

タ行、ハ行、ラ行四段动词及ラ变动词连用形词尾"ち""ひ""り"变成"つ"。

タ行　○よろひに立ったる矢目を　←「立ちたる」（平家物语）

ハ行　○昔、陶淵明と言っし者　←「言ひし」（史记抄）

ラ行　○叡感にあづかっし上は　←「あづかりし」（平家物语）

ラ变　○法皇それを叡覧あって　←「ありて」（平家物语）

拨音便

バ行、マ行四段动词及ナ变动词连用形词尾"び""み""に"变成"ん"。

バ行　○ 中を割られじと立ち並んで　←「立ち並びて」（平家物语）

マ行　○ 橋の上にぞ進んだる　←「進みたる」（平家物语）

ナ变　○ 去んじ安元三年四月二十八日かとよ。　←「去にし」（方丈记）

B ラ行四段动词的连用形接"ぬ"时发生拨音便（一般多为促音便）

○ 預け置きをはんぬ　←「をはりぬ」（平家物语）

○ 去んぬる保元に、　←「去りぬる」（平家物语）

也有如下例外，如：

○ かはりにものしたまうぬるを　←「たまひぬるを」（宇津保物语）

此处"たまふ"接"ぬ（る）"却发生了ウ音便，与接"て、たり"时一样，但这种情况不多见。

C ラ变动词的连体形在接"めり""なり""べし"时发生拨音便。

○ 世の中に物語といふもののあんなるを　←「あるなるを」（更级日记）

○ 西方浄土にてあんなり　←「あるなり」（平家物语）

但此时"あんなり"的"ん"一般不表记，多写成"あなり""あめり""あべし"。这是因为，此类音便出现于平安前期，但当时还没有发明表记"n"音的"ん"，但读的时候，须读成"あンなり""あンめり""あンべし"。其中，"あめり""あなり"使用频率很高。

○ いとにくくゆゆしき者にこそあなれ。　←「あるなれ」（枕草子）

○ 心苦しき程になむあめりける。　←「あるめりける」（源氏物语）

○ またあべしと思へば、←「あるべし」（枕草子）

【形容詞】

1. 連用形"—く""—しく"发生ウ音便（做连用修饰语修饰其它词、或用于中止法及接"て""して"时）

○ よろしうよみたると思ふ歌を、←「よろしく」（枕草子）

○ 月くまなう、あはれなり。←「くまなく」（宇津保物語）

○ いとうつくしうてゐたり。←「うつくしくて」（竹取物語）

2. 連体形"—き""—しき"发生イ音便（接体言、助词"かな"时）

○ いと暗い夜 ←「暗き」（更级日记）

○ うちとけず苦しいことと＊おぼいたり。←「苦しき」＊「おぼしたり」的イ音便（源氏物語）

○ 悲しいかな。←「悲しき」（沙石集）

3. カリ活用連体形与"めり""なり"等连接时发生拨音便。

○ 人の志ひとしかんなり。←「ひとしかるなり」（竹取物語）

○ そはよかめり。=「よかんめり」←「よかるめり」（枕草子）

【形容動詞】

形容动词的连体形与"めり""なり"等连接时，有时发生拨音便。

○ 年ごろのみ心ばへのあはれなめりしなどをも、=「あはれなんめりし」←「あはれなるめりし」（源氏物語）

同上述形容词相仿，形容动词在与"めり""なり"等相接时也有上述问题，即"ん"一般不标记，如"美しかなり""静かななり"，但要读出来。

【助動詞】

助动词活用比照用言的活用方式。

1. ラ変、ラ変复合型（形容动词型、形容词型カリ活用等）助动词的连体形与"なり""めり"等连接时发生拨音便（比照前述动词音便C）。

○ 文もて来たなり。←「来たるなり」（土佐日記）

○ うつくしとおぼしためり。←「おぼしたるめり」（源氏物語）

○ さはくらげのななり。←「なるなり」（枕草子）

○ 子になりたまふべき人なめり。←「人なるめり」（竹取物語）

○ しばしも生きてありぬべかめり。←「べかるめり」（枕草子）

○ くちをしくはものしたまふまじかめり。←「まじかるめり」（源氏物語）

○ ただごとにもはべらざめり。←「はべらざるめり」（竹取物語）

2. 形容词型助动词，连体形有时发生イ音便，连用形有时发生ウ音便

○ はしたなくもあべいかなど、←「あるべきか」（源氏物語）

文言的"音便"及相关问题

  ○ 引き出<u>で</u>つ<u>べう</u>なりゆくに、←「引き出でつべく」（源氏物语）
  ○ え宿る<u>まじうて</u>、←「まじくて」（更级日记）
  ○ 下り<u>まほしう</u>なりにたらむ。←「まほしく」（枕草子）

中田认为，决定文言当中音便是否发生，不看前后或词义，而是根据说话人或作者的心情。如下例所示，"鳴く"有时发生イ音便（鳴い←"鳴き"），有时则不发生イ音便（鳴き）。修饰该动词的形容词连用形也是如此，有时发生ウ音便（和う←"和く"），有时则不发生ウ音便（高く）。

  ○ 猫のいと<u>和う鳴い</u>たるを、（更级日记）
  ○ 烏の<u>高く鳴き</u>て行くこそ、（枕草子）

这么说，似乎毫无规律可言，但有时候根据文体类别或使用者的个性特点，还是有一些规律可循的。如山口仲美《写给大家的日语史》认为，中世武士们有反映他们喜好的发音：促音"ッ"和拨音"ン"。他们不说"がしがしと歩み"而说"がっしがっしと歩み"；不说"むずとつかむ"，而说"むんずとつかむ"。"捨ててけり"让人感觉语气懦弱，因此他们说"捨ててンげり"。他们还喜欢用促音便和拨音便。他们不说"さかむなりし人々（＝壮年）"，而说"さかむなッし人々"；不说"をはりぬ"（＝終る），而说"をはンぬ"。促音"ッ"和拨音"ン"能够表现出力量的强大，所以镰仓、室町时代的武士频繁使用。故此，中田之所以举出很多来自《平家物语》的例子，可能也是为此缘故吧。

本书所收作品中也有不少音便的例子。列举如下：

1) ウ音便

ウ音便大量出现在和文体中，包括诸如《伊势物语》《源氏物语》这样的物语作品以及像《土佐日记》这样的纪行文以及随笔《枕草子》中。此外，也出现于和汉混淆文如《平家物语》中。虽有文本内容上的差异及所选段落长短等因素存在，难以得出带有一定确定性的结论，但就本书所收作品而言，《伊势物语》和《平家物语》中的ウ音便例最多，包括形容词（暗し、白し、いみじ、いたし、おそし、あぢぎなし、あし、なし）以及助动词（べし、たし）、补助动词"給ふ、候ふ"做连用修饰语、副词"かく、よく"等几种情况[3]。

  ○ いと<u>暗う</u>細きに、←「暗く」（伊势物语）
  ○ 雪いと<u>白う</u>降れり ←「白く」（伊势物语）
  ○宮に帰り<u>給う</u>けり ←「給ひ」（伊势物语）
  ○ 大殿ごもらで明かし<u>給う</u>てけり ←「給ひ」（伊势物语）

---

[3] 一般不把副词音便现象归入狭义的"音便"下属类别中。

○ かうやうなるを見てや　←「かく」（土佐日记）
○ すべていみじう侍り　←「いみじく」（枕草子）
○ 風いたう吹きて　←「いたく」（枕草子）
○ 空いみじうくろきに　←「いみじく」（枕草子）
○「かうてさぶらふ」といへば、　←「かく」（枕草子）
○ げにけふのけしきにいとようあひたる　←「よく」（枕草子）
○ おそうさへあらむは、　←「おそく」（枕草子）
○ やうやう天の下にもあぢきなう　←「あぢきなく」（源氏物语）
○ 引き出でつべうなり行くに　←「べく」（源氏物语）
○ 上りたうは候へども　←「たく」（平家物语）
○ あしう候ひなんず　←「あしく」（平家物语）
○ 罷り上りて候うて　←「候ひ」（平家物语）
○ などか赦免なうて候ふべき　←「なく」（平家物语）

2）拨音便
拨音便则要少得多，见之于以下五例：
○駿河の国にあなる山の頂に持てつくべき由仰せたまふ　←「あるなる」（竹取物语）
○海月のななり　←「なるなり」（枕草子）
○神代より神もよん給び　←「よむ」（土佐日记）
○降り着きにたるなめり　←「なるめり」（今昔物语集）
○ひれふりけんも　←「ける」（平家物语）

其中，"よん給び"的"よん"是"よむ"接尊敬补助动词"給ぶ"发生音便所致。"けんも"的"けん"是完了助动词"けり"的连体形"ける"接系助词"も"发生的音便。

3）イ音便
○ 入道相国の赦文取り出だいて奉る　←「取り出し」（今昔物语集）
○ 一刹那の中において　←「おき」（徒然草）

4）促音便
○ 秋田城介景盛を以つて　←「以ち」（吾妻镜）
○ 君を困しむるに塩を以てすと　←「以ち」（日本外史）
○ 信長自ら起って舞ひ　←「起ち」（日本外史）

文言的"音便"及相关问题

总之，音便虽然很早就已存在，但在文本中出现与否取决于多种因素。音便形不是文言文本中必然要出现的语言现象。如上所示，音便形出现与否，既有位相因素，有时也会出于一定的表达需求而使用。

【参考文献】

中田祝夫（1974）『考究古典文法』新塔社

中村菊一（1978）『基礎からわかる古典文法』日栄社

沖森卓也編（2010）『日本語史概説』朝倉書店

无处不在的 "あり"
及其融合作用

　　我国日语界的老前辈、南开大学的李树果先生曾写过题为《试谈"あり"的融合作用》的论文，读后深受启发。在此引用其主要内容，并结合自己学习和教学的体会，进一步探讨一下。

　　"あり"是一个文言中十分常用的动词，也是ラ变活用动词的代表形，"をり、侍り、いまそかり"皆由它派生而来。很多助动词的活用也是比照ラ变动词的活用形式（けり、たり、り、めり、なり）。随着文言语法学习的深入，就会发现："它好像'万能胶'一样，根据语言发展的需要和其他词黏合在一起，为独立词增添了语尾，使它具有活用词的黏着作用；或使一些语尾变化不完备的活用词，扩大了活用范围"。[1] 所谓融合作用，是指日语ア行以外的音和ア行音相遇，元音会发生约音现象，即出现音韵上的融合性变化。通过这种融合，使其具备了万能胶的作用。故此，桥本进吉称之为补助用言，其活用叫作补助活用，山田孝雄称之为存在词。

　　所谓的约音，如"来・至る"（ki-itaru）中的两个"i"合二为一，压缩成了"来至る"（kitaru）。再如，"吾・妹子"（waga-imoko）中的"a"脱落，压缩成了"吾妹子"（wagimoko）

一、扩大了形容词的活用范围

　　大野晋认为，最开始形容词词干直接接名词作定语，如"タカヤマ（高山）、タカミ（高波）"，或接动词做状语，如"タカ飛ブ、タカ光ル"。后来增添了语尾，如"タカキ山""タカク飛ブ""波タカシ"。到了奈良后期，《万叶集》中出现了已然形的例子。

　　　　今もかも大城の山に霍公鳥鳴き響むらむ　われ無けれども　（万叶集・1474）

　　"無けれども"是形容词"無し"的连体形"なき"加上"あり"的已然形"あれ"，经过音韵变化而来的。即"なき（naki）"+"あれ（are）"→"なけれ（nakere）"。

　　但与动词相比，接续上仍然不方便，形容词一般不能直接接续助动词。于是，利用"あり"的融合作用，在主活用之外多加一个"カリ活用"。二者相辅相成，具备了和动词一样的活用功能。"カリ活用"源自形容词的连用形"く+あり"而来。以"悪し"

---

[1] 引自李树果（1986），p.18。

为例。"悪しくあり"，就成了"あしかり"。未然形用法有"あしからず、あしからむ、あしからまし"，连用形用法有"あしかりぬ、あしかりき"，连体形用法有"あしかる（らし、べし）"，命令形用法有"あしかれ"。山田孝雄称"カリ活用"为形容存在词，以示与主活用的区别。[2]

二、借以创造了形容动词

日语固有的形容词匮乏，形容动词的产生是为了弥补这一不足，从奈良时期到平安时期逐渐形成的。所谓形容动词，其语义上为形容词，但活用上则与动词相仿。其中，"あり"起到了重要作用。"ナリ"源自下接"ニ"可做副词的词为词干，再后接"アリ"而来。如"あきらか"→"あきらかニアリ"，"つね"→"つねニアリ"。因为下接动词"あり"，所以可以按动词活用了。最初以未融合的形式出现，如《万叶集·52》中"日の御陰の　水こそは　常にあらめ"。平安时代该类词大量出现，融合为"なり"，即为"ナリ活用"，广泛用于《源氏物语》等散文作品中。

"タリ活用"是由"トアリ"转化而来。日本人在训读汉文时把"泰然、赫赫、堂々"等一类词作为副词读成"泰然ト、赫赫ト、堂々ト"。为了加强其语法功能，加上"アリ"，就变成"泰然トアリ（toari）"。"ト"和"アリ"融合成"たり（tari）"。"タリ活用"在镰仓时代的军记物语中大量出现。如："涼風颯々たりし夜半"（平家物语·卷7）、"蒼海漫々として"（平家物语·卷10）、"行く先さらに冥々たり"（保元物语·卷2）。桥本进吉称之为"形容动词"，与"カリ活用"区分开。

三、融合成ラ变型助动词

从词源角度看，ラ变型助动词是由其他词（主要是动词词干）与"アリ"复合而成。如完了助动词"り、たり"、断定助动词"なり、たり"、传闻、推断助动词"なり"[3]、过去助动词"けり"、推量助动词"めり"等。

（1）完了助动词"り"

从词源上看，系由动词连用形和"あり"融合而成。如四段动词的连用形"咲き"+"あり"（saki-ari），"ia"被压缩为"e"，遂变成"咲けり（sakeri）"。サ变动词的连用形"し（為）"+"あり"（si-ari）变成了"せり（seri）"。由此，分离出了完了助动词"り"。只与四段动词已然形和サ变动词未然形相接。几乎不与カ变动词和上一段动词相接。由于音韵关系，不能与上下二段动词相接。

天の川橋渡せら〈"り"的未然形〉ば　その上ゆもい渡らさむを　秋にあらずとも（万叶集·4126）

梅の花それとも見えず　久方の天霧る　雪のなべて降れれ〈已然形〉ば（古今

---

[2] 文言常见的"なかれ"系"なし"的命令形，也属于カリ活用。
[3] 也叫传闻、推定助动词。

集・卷6）

山田孝雄认为其为动作存在词，系存在词"あり"的一个用法。

（2）完了助动词"たり"

其原形是"テ・アリ"。"テ"是完了助动词"ツ"的连用形。下接"アリ"，元音（e）脱落，即"teari→tari"，遂融合成了"たり"。在《万叶集》中，原形"テ・アリ"和"タリ"二形并存。

　　われはもや　安見児得たり　皆人の得離にすとふ安見児得たり（万叶集・95）
　　重き馬荷に　表荷打つと　いふことのごと　おいにてある　わが身の上に　病を
　　と　加へてあれば（万叶集・897）

"てある"和"てあれ"分别是连体形和已然形，皆为"たり"的前身。"り"和"たり"既然由存在动词"アリ"融合而成，不仅表示完了，还表示动作的存在状态，说明这个动作在继续，或结果尚存。"り"主要用于奈良，平安时代后逐渐被"たり"所代替。及至镰仓末期，"たり"的"り"脱落，成了"た"。

（3）断定助动词"なり、たり"

"なり"的原形是"ニアリ"。《万叶集》中有29个表记为"爾有"或"爾在"的例子。今多训作"なり"，即为其原形。

　　1）吉野爾有〈训读作"ナル"〉夏実の河の川淀に鴨ぞ鳴くなる山陰にして（万
　　　叶集・375）
　　2）うつせみの世の事爾在者〈今训读作"ナレバ"〉外に見し山をや今はよすか
　　　と思はむ（万叶集・482）

但也有的是用"なり"的假名表记的。如：

　　3）梅の花今佐加利奈利〈盛リナリ〉百鳥の声の恋しき春来るらし（万叶集・
　　　834）

这个"なり"就是由"ニアリ"（ni-ari→nari）融合而来的。1）或可认为是表示场所、方向的格助词，2）、3）是"…デ、…デアル"的意思。这个"ニ"本身就带有判断的意思，又加了个"アリ"以赋予活用的功能。大野晋认为，在判断表达上介入动词"あり"是表达上的一大突破。日语最初只能用"…は…そ"的形式单纯表示肯定的判断，此后有了"あらず、あらむ、ありき、ありけり"，可表否定、推量、回想等，从而使训读得以顺利进行。

断定助动词"たり"是由原形"トアリ"（to-ari→tari）融合而成。这个"ト"与上述"ニ"一样具有判断的性质，与"アリ"融合在一起变成表示判断的助动词。此"たり"是在中古后期的和汉混合文[4]中发展起来的，中古和文体几乎不用。

---

4 即和汉混淆文。

君、君たらずとも、臣もって臣たらずばあるべからず（平家物語）

山田孝雄称此二者为"说明存在词"。

（4）传闻、推断助动词"なり"

由表音响意的"な""ね（音）"和"あり"融合而成。即"音(na)+あり(ari)"→"なり(nari)"。在《万叶集》中，断定助动词多用"爾有""爾在"表记，而此"なり"则多用"成""鳴"表记。如前引"鴨ぞ鳴くなる"中的"なる"就表记为"成"。这说明，其与断定助动词"なり"不同，接续上也有所区别。因为是由"音+あり"构成，故表示根据声音而得到的判断。

楫の音ぞほのかにすなる　海をとめ沖つ藻刈りに舟出すらしも（万叶集・1152）

駿河の国にあるなる山なむ、この都も近く、天も近く侍る（竹取物語）

（5）推量助动词"めり"

据推断，"めり"是由"見・あり"融合而来的（mi-ari→meri）。上述"なり"通过听觉判断，此为通过视觉来判断，用以表述视觉的印象，而译作"（見タトコロ）…ノヨウダ"。如下例：

かぐや姫の皮衣を見ていはく「うるはしき皮なめり。別きて誠の皮ならむとも知らず」（竹取物語）

"めり"在《万叶集》中还很少见，但在平安时代散文中开始大量使用，特别是女流文学。以其语感温柔，被广泛用于委婉表达，到了镰仓时代后逐渐衰退。

（6）过去助动词"けり"

由"来"的连用形"来"+"あり"融合而来（ki-ari→keri）。用以表示自古以来传到现在。如：

山城の久世の鷺坂　神代より春は萌りつつ秋は散りけり（万叶集・1707）

富士の嶺に降り置く雪は　六月の十五に消ぬれば　その夜降りけり（万叶集・320）

此二例均表示自然界从古至今的道理（如"春华秋实"等），由此转化用于表示自古以来的传闻。如：

今は昔、竹取の翁といふ者ありけり。（竹取物語）

"けり"多用于物语的故事叙述。此外，对过去没有意识到的事情、发现后稍有感叹的意思，也用"けり"表达。如：

心なき身にもあはれは知られけり　鴫立つ沢の秋の夕暮（新古今集・西行法師）

四、介入近似形容词的助动词扩展其语尾变化的功能

部分助动词也要借助"あり"的接续作用。即在其连用形下融合"あり"，变成"カリ活用"，用此补助活用去接续其他助动词。

（1）希望助动词"まほし"→"まほしく"+"あり"→"まほしかり"

"まほし"来自推量助动词"む"的名词形"まく"接形容词"ほし（欲）"的"まくほし"，出现在奈良时代。如：

み吉野の滝もとどろに落つる白波　留(とま)りにし妹に見せまくほしき（万叶集・3233）

到了平安时代，"まくほし"的"く"脱落，成了"まほし"。用于表示自己希望之意，大量用于和歌、物语等文学作品。其为形容词型"シク活用"，在接助动词时语尾则变为"カリ活用"，如：

秋の虫をいはば、くつわ虫などのここちして、うたてけ近く聞かまほしからず（枕草子・笛は）

（2）希望助动词"たし"→"たく"+"あり"→"たかり"

"たし"系形容词"いたし（甚）"的"い"脱落而成。由表示程度"极其……"意转化为表示主观愿望的助动词。出现于平安时代末期，最初"まほし"用于和歌（雅词），"たし"用于俗语。到了镰仓时代后，逐渐由"たし"代替了"まほし"。为形容词型"ク活用"，下接助动词时也需要"カリ活用"，如：

敵にあうてこそ死にたけれ〈已然形〉、悪所におちて死にたからず　（平家物语）

（3）否定助动词"ず"→"ず"+"あり"→"ざり"

"ず"的活用型是由3个活用系列合并而成。

"ず"系统　　　ず　　ず　　ず　　○　　○　　○（无变化）
"ざり"系统　　ざら　ざり　○　　ざる　ざれ　ざれ（"ず"和"あり"的融合）
"ぬ"系统　　　（な）（に）○　　ぬ　　ね　　○（四段型）

虽然在奈良时代就有"ずけり""けらずや"的用法，可直接与"き""けり""けむ"等助动词相接，但到了平安时代以后，皆是用"ざり"来下接助动词。如：

思ひつつぬればや人のみえつらん　夢と知りせばさめざらましを　（古今集・小野小町）

"ざる"和"ざれ"在和文体中不大使用，而多用于汉文训读或和汉混合文。

（4）推量助动词"べし"→"べく"+"あり"→"べかり"

"べし"是形容词"うべし（宜）"的"う"脱落而成。用以表示肯定的推量，为纯粹的形容词性质助动词，故有两套活用，用"カリ活用"接续助动词。如：

人の命久かるまじきものなれど、残の命一二日をも惜しまずはあるべからず（源氏物语・手习）

いとど忍びがたくおぼすべかめり（源氏物语・匂宫）

（5）否定推量助动词"まじ"→"まじく"+"あり"→"まじかり"

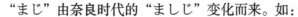
无处不在的"あり"及其融合作用

"まじ"由奈良时代的"ましじ"变化而来。如：

堀江越遠き里まで送り来る　君が心は忘らゆましじ（万叶集・4482）

这个"ましじ"是由表示推量的助动词"まし"接否定助动词"じ"而来。"じ"为形容词型"シク活用"，活用既不完全，且只能用于推断不可能的状态。到了平安时代则变成"まじ"，与"べし"相对应，表示有确信的否定推量。"べからず"主要用于汉文的训读，"まじ"用于和文。下接助动词时需用"カリ活用"。如：

朝臣はた不用の人なめれば、ただ今のごとわが位はえあるまじか（る）めり（宇津保物語）

五、与"あり"合成的其他ラ变动词

主要是由副词与"あり"融合变成自动词的情况。

（1）かかり

由"かく"和"あり"融合而成。"斯く"是副词。"这样地"之意。"かかり"则变成处于这种状态的自动词。如：

かからずもかかりも神のまにまにと（万叶集・904）

船にも思ふことあれどかひなし。かかれど、この歌をひとりごとにしてやみぬ（土佐日記・一月九日）

（2）しかり

由"しか"和"あり"融合而成。"しか"是副词。"那样地"之意。"しかり"则成了处于那种状态的自动词。如：

人皆か、吾のみやしかりか（万叶集・892）

しかれどもひねもすに波風たたず（土佐日記）

多用于汉文训读，"しかれども"也可看作是接续助词。

（3）さり

由"さ"和"あり"融合而成。"さ"是副词。"是"，或"是那样地"之意。"さり"则变成"是这样"的自动词。如：

さりけり、さりけり。ものな言ひそ（宇治拾遺物語）

されば親子ある者は定まれることにて親ぞ先き立ちける（方丈記）

在现代日语中，"あり"的后代"ある"其融合（补助）作用只保留在表示判断的助动词"である"和表示存续的补助动词"てある""ている"中。由"あり"融合的化身也只剩下了形容词的连用形"かつ"和推量形"かろ"。

在此，笔者还想补充一下。形容词、形容动词或断定助动词"なり"在接敬语补助动词时，有时需要采用其连用形"く"或"に"加"あり"的办法，也即使其还原回去。

（1）形容词连用形"く"加"あり"

形容词连用形的活用来自"く"加"あり"，因此在接尊敬补助动词"おはす"（"あり"的尊敬语）等时，则使用"くおはす"的形式。也即，"おはす"替代了"あり"的位置。如本书例句：

"くおはす"　　"御心賢くおはします人"（今昔物语集）

同理，接郑重补助动词"さぶらふ"时，也采用类似的方法，如：

"くさぶらふ"　　"まぎらはしく候ひつるほどに"（宇治拾遗物语）

（2）断定助动词"なり"连用形"に"加"あり"

断定助动词"なり"来自"に"加"あり"。

A 在接尊敬补助动词"おはす"（"あり"的尊敬语）等时，使用"におはす"的形式。如：

"におはせ"　　"とばかりぞ、左兵衛督の中将におはせし、語り給ひし"（枕草子）

"におはす"　　"例の狩りしにおはします供に"（伊势物语）

　　　　　　　"各の是におはしける程こそ"（平家物语）

B 在接郑重补助动词"さぶらふ"时，使用"にさぶらふ"的形式。如：

"にさぶらふ"　　"こは何ぞの平茸にかさぶらふ"（今昔物语集）

　　　　　　　　"現に御損にさぶらふ"（今昔物语集）

　　　　　　　　"たよりにさぶらはむ物をば"（今昔物语集）

　　　　　　　　"たれにさぶらふとも"（今昔物语集）

　　　　　　　　"用ひ使はせたまふことにさぶらへば"（今昔物语集）

　　　　　　　　"その事に候ふ"（徒然草）

　　　　　　　　"必ず仕る事に候ふ"（徒然草）

C 表示疑问时，在"に"和"あり"之间插入"や""か"；表示强调时，插入"こそ"。如：

"にやあら（む）"　　"これは若し鬼にやあらむ"　　　　　（今昔物语集）

"にやあり（けむ）"　　"恨みを負ふ積りにやありけむ"　　（源氏物语）

"にかある"　　　　　"いかやうにかある"　　　　　　　（枕草子）

"にこそある（めれ）"　"軽きにこそあるめれ"　　　　　　（今昔物语集）

D 使用省略形式。

（1）"やらむ""やらん"源自"にやあらむ"，中世后开始使用，如：

　　"やらむ"　　"余りに思へば夢やらむ"　　　　　　（平家物语）

　　"やらん"　　"我が心を誑さむとていふやらん"　　（平家物语）

　　　　　　　　"必ず落つと侍るやらん"　　　　　　（徒然草）

现代日语"どうやら"中的"やら"（副助词）也是来自"やらん"（演变为"やらう"，后"う"脱落）。

（2）此外，还有"にや""にか"。如：

"にや"　"それがしわざにや（あらむ）"　（宇治拾遗物语）

"にか"　"いづれの御時にか（ありけむ）"　（源氏物语）

另外，属于"ラ变活用"的以下3个动词也是借助"あり"的介入作用才得以形成的。

をり　←　ゐ（居）＋あり

はべり　←　はひ（這）＋あり

いまそがり　←います（坐）＋が＋あり

【参考文献】

李树果（1986）《试谈'あり'的融合作用》《日语学习与研究》（6）

山田孝雄（1948）『日本文法学概論』宝文館

時枝誠記（1950）『日本文法（口語篇）』岩波書店

時枝誠記（1951）『国語学原論』岩波書店

大野晋（1978）『日本語の文法を考える』岩波書店

大野晋（1980）『日本語の成立、日本語の世界1』中央公論新社

津之地直一（1958）「万葉集における「あり」融合の助動詞―り・たり・なり攷」『愛知大学文学論叢』（16）

橋本進吉（1936）「助動詞の分類について」『国語と国文学』第13巻第10号

北原保雄（1979）「ありの構文的機能について論じ、助動詞の構文論的考察に及ぶ」『論集日本語研究：助動詞』有精堂出版

系助词"や""か"的沉浮消长与演变

系助词"や""か"在文言中十分常用，但对于二者的异同初学者较难掌握。二者均有表疑问和反问的用法。那么，表示疑问或反问的"や-连体形"和"か-连体形"有没有什么不同呢？

据山口仲美所著《写给大家的日语史》，在奈良时代，"か-连体形"比"や-连体形"用途更加广泛，但到了平安时代却发生了逆转。"や-连体形"势力增强，而"か-连体形"只在特定的情况下使用——只用于当句子前面出现"いかに""いかで""なに""など""いつ""いづれ""いくつ""たれ"等疑问词的时候。那么，二者意思上究竟有何差别呢？

（1）世界の人のいひけるは、「大伴の大納言は、龍の頸の玉や取りておはしたる。」

（世間の人が言うことには、「大伴の大納言は、龍の頸の玉をとっていらっしゃったのか。」）　（『竹取物語』）

这是《竹取物语》里的故事。大伴大纳言跟妻子们离婚，紧锣密鼓地准备跟辉夜姬的婚事，最后却遭遇了如此倒霉的事情，成为世人津津乐道的谈资笑料。人们一问一答，纷纷取笑大伴大纳言。有人问："大伴大纳言大人最后取下了龙头上的彩珠了吗？"有人附和道："虽然龙头上的彩珠没有取下来，不过两只眼睛倒像是安上了两个李子般的彩珠哦"。

"や"与"たる"这一连体形相呼应，构成疑问句。但是，被问及的事情到底是什么？这是最重要的。在这里被问及的是"大伴大纳言大人最后取下了龙头上的彩珠"整个句子的内容，而不是"彩珠"或者"取下了"等句子中的某一部分。

但"か-连体形"则不同。

（2）「いかに思ひてか、汝らかたきものと申すべき」

（「どう思って、お前たちはそれを困難だと申すのか。」）

（『竹取物語』）

这句话是当家臣回答"从龙头上取下彩珠是不可能的"的时候，大伴大纳言对他们提出质问。"か-连体形"跟在疑问词"いかに"的后面。"いかに思ひてか"对应哪

系助词 "や" "か" 的沉浮消长与演变

一部分呢？对应"申す"。这句话是问如此说的理由是什么，并不是把全句内容作为疑问的对象，而是将句子的一部分"申す"作为对象，质问如此说的理由，这才是关键之所在。虽说都是表示疑问，"や－连体形"是将整个句子的内容作为疑问的对象，而"か－连体形"是将句子中的某一部分作为疑问的对象。这就是两者的不同之处。

下面探讨一下反问表达形式。所谓的反问表达是指说话人心中有明确答案，但表面上仍采用疑问的形式来询问对方的表达形式。所以，通常是将整个句子内容作为询问的对象，因此，两者之间不会出现像"や－连体形"和"か－连体形"表示疑问时那样的差异。那么，区别到底在哪里呢？

（3）「この女のたばかりに<u>や</u>負け<u>む</u>」と思して、仰せたまふ、
　　　（「この女の計略に負けられようか。（負けられない）」とお思いになり、
　　　ご命令をお出しになる、）　　　　　　　　　　　　　　　　（『竹取物語』）

前文说道，辉夜姬连天皇的使者都没有见，就将他逐了回去。面对这种情况，天皇反而涌起了征服之心。虽然形式上用了"向这个女人的计谋举手投降吗"这一疑问形式，但答案却是确定的，即是"不会向这个女人的计谋举手投降"。对方的回答已经事先预想到了，只是通过使用疑问的形式来强调自己想要表达的观点而已。接下来，请注意一下强调的程度，体会下面这个由"か－连体形"构成的反问句的例子。

（4）「帝の御使をばいかで<u>か</u>、おろかにせ<u>む</u>。」
　　　（「帝のお使いをどうしておろそかにできようか。（できっこないのよ）」）
　　　　　　　　　　　　　　　　　　　　　　　　　　　　　　　（『竹取物語』）

这是婆婆劝说竟敢藐视天皇使者的辉夜姬的一句话。正因为这句话出现了疑问词"いかで（如何）"，相应地更加强调了可以预测的回答，实际上是以反问形式强烈地表达出"是万万不能藐视天皇使者的"这一语气。因此，"や－连体形"和"か－连体形"作为反问表达形式，他们的区别在于语气的强弱。通常与疑问词"いかで""など"等疑问词一起出现的"か－连体形"比"や－连体形"语气要强。据说，镰仓、室町时代的武士们喜欢语气强的表现形式。

但之后发生了变化。首先，来看一下"や－连体形"。举《平家物语》中的例子，书中有许多催人泪下的故事，其中的"足摺"[1]（意"顿足捶胸、呼天哭地"）一篇便是如此。

成经、俊宽、康赖三人因谋反被流放孤岛，但成经和康赖二人因亲戚们的殊死请命，得到平清盛的赦免，得以返回都城。

下面是使者带着清盛的赦免文书，到达三人所在的鬼界岛时的情景。

---

[1] 参看本书"13《平家物语》'顿足捶胸、呼天哭地'"部分。

（5）舟よりあがって、「是に都よりながされ給ひし、丹波少将殿、法勝寺執行御房、平判官入道殿やおはする」と、声々にぞ尋ねける。

（使いは、船から上陸して、「ここに都からお流されになった、丹波少将（成経）殿、法勝寺執行（俊寛）御房、平判官入道（康頼）殿はいらっしゃいますか」と口々に叫んで尋ねた。）　　　　　　　　（『平家物語』巻三、足摺）

"や"与"おはする"这一连体形相呼应，构成疑问句。在军记物语中，经常会用"や－连体形"来表达疑问语气。

另一方面，"か－连体形"使用得也很多，多构成反问句。御佛前不请自来，平清盛本不想见她，但经祇王再三说情，很不情愿地召见了她，并说了下面这番话：

（6）「見参するほどにては、いかでか声をも聞かであるべき。今様一つ歌へかし。」

（「会ったからには、どうしておまえの声を聞かないでおられようか。今様を一つ歌ってくれ。」）　　　　　　　　　　　　（『平家物語』巻一、祇王）

御佛前奉平清盛之命唱了"今様歌"[2]，歌声动人心弦，她因此得宠，祇王却反而失宠被抛弃了。"か"与连体形"べき"相呼应，表达了反问的语气。

大家请再看一下例句，在"か－连体形"前使用了疑问词"いかで"。我们在前面的平安时代的例子中已经指出，"か－连体形"与疑问词一起使用时，作为反问表达形式，其语气比"や－连体形"还要强。但军记物语选择语气更强的"系结"，而且倾向于使用语气表达最强的搭配类型，即"いかでか－べき""などか－べき""なにか－べき"，这些表达形式都突出表现了武士的喜好。

如上所述，"や－连体形"和"か－连体形"这两种系结，虽然在平安时代均表达疑问和反问，但在军记物语中二者开始分担不同的作用。大体上说，"や－连体形"表疑问，"か－连体形"表反问。但是，在其他作品中这种区别并不显著。将"や－连体形"与"か－连体形"区别开来使用，这体现了武士们在语言上的喜好。总之，这两种表达形式在南北朝时代之后用例减少，在室町时代完全消失。

山口仲美的这一段分析提示我们，在对二者进行比较时，还需注意历史的变化，特别是平安时代与军记物语盛行的中世文化上的不同。二者的浮沉消长伴随在历史演变的过程当中。

回顾历史，文言系助词"や"与"か"最早见于奈良时代，用于表示疑问、反问之意，在意义和用法上大体相同抑或相近，但也存在一定差异，其差异尤在二者用于句末时表现得更为明显，即"や"表询问意，"か"表疑问意。

迄今主要有以下说法：

---

[2] 当时的流行小调，由八句或十二句七五调的句子构成。

系助词 "や" "か" 的沉浮消长与演变

1. "や"表询问意，"か"表疑问意，其差异尤在二者用于句末时表现得最为明显。
2. "や"与"か"均表疑问意，因"や"的语感（一说为"音调"）柔和，"か"硬、强，故而，原则上"や"分担表示询问意，"か"则分担表示疑问意。
3. "や"柔和地向他人表示疑问意，"か"强烈地对在其前面的词或事表示疑问意。
4. "や"对叙述的全体表示询问意，"か"则对叙述的部分表示疑问意。
5. "か"自奈良至平安时代多与疑问词并用，而"や"极少用于疑问词下，但进入中世后"や"也始用于疑问词下。

综合以上诸说，虽略有不同，但大体相近。其在意义上的差异并不在于均表反问，而是明显地集中表现在二者虽都表示疑问之意，但"や"宜表询问（＝問い），而"か"宜表疑问（＝疑い）之意。在用法上，中世前"か"多与疑问词并用，而"や"极少用于疑问词之下。对此差异，学者多以为，此与二者不同的基本功能（意义）以及与在时代的影响下所发生的若干社会语言变迁有关。

一

所谓疑问，是指为了得到自己想要的知识或信息、而向对方或自己所提出的一种要求，其中包含疑问和询问两种表达类型。在文言中一般使用系助词"や""か"及疑问词"幾""いづれ"等来完成。

具言之，所谓疑问表达，系指表示说话人心中的疑问点，但并不特别需求对方的回答。例如：

1. 荒磯やに生ふる玉藻のうちなびき一人や寝らむ吾を待ちかねて。（《万叶集·十四——3562》）
2. ……嘆きつつわが泣く涙有間山雲ゐたなひき雨に降りきや。（《万叶集·三——460》）
3. 酒折宮に坐しし時に、歌曰ひたましく、新治筑波を過ぎ幾夜か寝つるとうたひぬ。（《古事記·中·景行·歌謡26》）
4. 燕の巣くひたらば、告げよ」とのたまふを、うけたまはりて、「何の用にかあらむ」と申す。（《竹取物语·燕之子安贝》）

所谓询问表达，系指向对方提出疑问、并要求对方作出有关的说明、选择、判断等的回答。例如：

5. 相見ては千年や去ぬる否をかもわれや然思ふ君待ちがてに。（《万叶集·十一——2539》）
6. 父母はありや。家所はありや。（《宇津保物语·嵯峨院》）
7. 大臣、上達部を召して、「いづれの山か天に近き」と問はせ給ふに、ある人奏す。（《竹取物语·升天》）

8. 外よりきたる者なるぞ。「殿はなににかならせ給ひける」などとふに、いらへには、「なにの前司にこそは」などぞかならずいらふる。（《枕草子・25》）

诚然，不论疑问还是询问皆属疑问表达，而且大多也不予区别地将二者归入疑问表达中。但如上诸例所示，疑问表达和询问表达在意义上确实存有细微的差异，这可以从所持不同的基本功能方面来进行考查。

（一）多认为系助词"や"与其同源的表示感叹、呼唤等意的间投助词"や"有关。例如：

9. 石見のや（世）高角山の木の間よりわが振る袖を妹見つらむか。（《万叶集・二——132》）

10. 春の野に鳴くや（夜）鶯なつけむとわが家の園に梅が花咲く。（《万叶集・五——837》）

从以上诸例中的间投助词"や"所显示的特点可以看出：它对事物尤表指示的心情。而此种心情适宜于表示询问的语调。其所表指示、强调和感叹等意，为系助词"や"的基本功能。正因这一功能，"や"方宜于表示"全体的"询问之意。例如：

11. 世界の人の言ひけるは、「大伴の大納言は、龍の首の玉や取りておはしたる。」……。（《竹取物语・龙首珠》）

12. 名にし負はばいざこと問はむ都鳥わが思ふ人ありやなしやと。（《伊势物语・9》）

如上所示"や"虽宜于表示询问之意，但其同样也可表示疑问意，例如：

13. 朝戸出の君が姿をよく見ずて長き春日を恋ひや暮らさむ。（《万叶集・十——1925》）

14. 大納言、南海の浜に吹きよせられたるにやあらむと思ひて、いきづき伏し給へり。（《竹取物语・龙首珠》）

（二）多认为系助词"か"与接续词"かれ"、副词"かく"等有所关联，故而指示说话人对于特定事物所持的疑问为其基本功能。正因为这一功能，"か"方宜于对其前面的词或事表示疑问，即表示所谓"部分的"疑问意。例如：

15. たらちしの母が目見ずておほほしくいづち向きてか吾が別るらむ。（《万叶集・五——887》）

16. わが夫人はいづく行くらむ奥つもの名張の山を今日か越ゆらむ。（《万叶集・一——43——3779》）

如上所示"か"虽宜于表示疑问意，但同样也可表示询问意，例如：

17. いくばくの田を作ればか郭公しての田長を朝な朝な呼ぶ。（《古今集・杂体——1013》）

18. 殿より、使ひまなく賜はせて、「子安貝取りたるか」と問はせたまふ。(《竹取物语·燕之子安贝》)

综上(一)(二)所述，"や"与"か"均属"疑问表达"，但由于二者基本功能不同，故而在意义上确实存在着细微的差异，即"や"宜表询问意，而"か"则宜表疑问意。

(三) 也许正由于上述"疑问表达"上所存细微的特点，才将疑问表达和询问表达不予以区别地归入其间，故而在说明"や"与"か"的意义时，除部分辞书及有关论述明确地提出二者可表示疑问、询问和反问外，大多仅提表示疑问、反问二意而已。诚然，"疑问"与"询问"意的区别极其细微，有时因说话人的要求或语调等细微的原因而易于混淆，难以识辨。但正如上述(一)、(二)所示，"疑问"与"询问"在意义上毕竟是有差异的。不仅如此，当"や"与"か"在句中表示疑问时，与二者呼应的"结词"(＝結びの語)也有所不同。

A. "や"与"か"在表示疑问意时，原则上其"结词"下接"む""らむ""けむ"等推量助动词。

"……や……推量助动词"

19. 思ひつつ寝れば<u>や</u>人の見えつら<u>む</u>夢を知りせばさめざらましを。(《古今集·恋二——552》)

20. これ<u>や</u>わが求むる山なら<u>む</u>と思ひて、さすがに恐ろしくおぼえて、山のめぐりをさしめぐらして、……。(《竹取物语·蓬莱玉枝》)

"疑问词……か……推量助动词"

21. 煙立ち燃ゆとも見えぬ草の葉を誰<u>か</u>わら火と名づけるそめ<u>けむ</u>。(《古今集·物名——453》)

22. <u>いかなる</u>願を<u>か</u>心に起こしし<u>けむ</u>、とゆかしければ、……。(《源氏物语·嫩菜上》)

B. "や"与"か"在表示询问意时，原则上其"结词"不与"む""らむ""けむ"等推量助动词相接。

"……や……"

23. 春<u>や</u>とき花<u>や</u>おそきと聞きわかむ鶯だにも鳴かずもあるかな。(《古今集·春上——10》)

24. 夕されば螢よりけに燃ゆれども光見ねば<u>や</u>人のつれなき。(《古今集·恋二——562》)

"疑问词……か……"

25. 花散らす風の宿りはたれか知るわれに教へよ行きて恨みむ。(《古今集·春下——76》)

26. これを見て、船より下りて、「この山の名を何とか申す」と問ふ。(《竹取物语·蓬莱玉枝》)

如上(一)、(二)、(三)所示，二者在意义上确实存有细微的差异。故此，宜将"询问"表达从"疑问表达"独立出来，作为一种与疑问、反问相并列的用法予以单列为妥，即如同上述部分辞书及有关论述那样，即"や"与"か"二者均可表疑问、询问和反问之意。

二

关于用法上的最大差异，诸说大体相同，即"か"从奈良至平安时代多与疑问词并用，而"や"则极少用于疑问词下。但需注意，其用法上的差异，除了与二者不同的基本功能有关外，还与在时代的影响下出现的若干语言变迁现象有所关联。

(一)"や"与"か"作为表示疑问意的助词最早见于奈良时代，而"や"已侵占了"か"在句中用法的领域。这一现象在《万叶集》的后期作品中表现得尤为明显。当时，"か"多与"幾""いづれ""いかで""いつ"等疑问词并用，表示疑问和反问意。例如：

27. 一つ松幾代か経ぬる吹く風の声の清きは年深みかも。(《万叶集·六——1042》)

28. 常知らぬ道の長手をくれくれといかにか行かむ糧来はなしに。(《万叶集·五——888》)

但"か"在这一期间的用法较前宽松，除多与疑问词并用外，也可不与疑问词并用，单独予以表示。例如：

29. 流らふるつま吹く風の寒き夜に我が夫の君はひとりか寝らむ。(《万叶集·一——59》)

30. 松浦川川の瀬速み紅の裳の裾濡れて鮎か釣るらむ。(《万叶集·五——861》)

但，"や"与"か"有所不同，其基本上不用于疑问词下，表示疑问和反问意。例如：

31. 潮早み磯みに居れば潜きする海人や見らむ旅行く我れを。(《万叶集·七——1234》)

32. 人皆の見らむ松角の玉島を見ずてや我は恋ひつつ居らむ。(《万叶集·五——862》)

系助词"や""か"的沉浮消长与演变

自进入平安时代后，一说因"や"的语感要比"か"柔和，广为时人所好。故而"や"对于"か"在句中用法的侵占也就更为明显了。这个时期，原则上在句中若无疑问词时则用"や"而不用"か"。譬如《万叶集·四——765》"一重山隔れるものを月夜好み門に出で立ち妹か待つらむ"中的一句，即"……妹か待つらむ"。若此句在平安时代，依据上述"在句中无疑问词时则用'や'的原则"，它当写为"……妹や待つらむ"了。故而，"や"于此时期表示疑问和反问的用例也随之日益增多了。如：

33. 久方の月の桂も秋はなほ紅葉すれば<u>や</u>照りまさるらむ。（《古今集·秋上——194》）
34. 秋の夜のあくるも知らず鳴く虫はわがごと<u>や</u>かなしかるらむ。（《古今集·秋上——197》）

但与"や"相反，"か"却更显日益衰微之倾向，其用法也随之变窄，原则上仅与疑问词并用，表示疑问和反问之意。例如：

35. <u>誰</u>が為の錦なれば<u>か</u>秋霧の佐保の山辺をたちかくすらむ。（《古今集·秋下——265》）
36. <u>いづれ</u>の御時に<u>か</u>〈ありけむ〉、女御·更衣あまたさぶらひたまひけるなかに、……。（《源氏物語·桐壶》）
37. 花に鳴く鶯、水に住む蛙の声を聞けば、生きとし生けるもの、<u>いづれか</u>歌をよまざりける。（《古今集·假名序》）（反问）
38. 世の中に<u>なにか</u>常なるあすか川昨日の淵ぞ今日は瀬になる。（《古今集·杂下——933》）（反问）

若将奈良时代的《万叶集》与平安时代的《古今集》中有关"や"与"か"的使用概数做一比较，《万叶集》中的"や"计220，"か"计450，"か"约为"や"的两倍。及至《古今集》，其中的"か"计60，"や"计140，"や"则约为"か"的两倍半。由此可见"や"的势力确实获得很大的发展，故而有平安时代为"や"的全盛期之说。

（二）进入中世镰仓时代后——

A. "や"也开始在句中用于疑问词下。例如：

39. <u>何者</u>のしわざに<u>や</u>ありけむ。落書をぞしたりける。（《平家物語·四——南都谍状》）
40. 薩摩守忠度は<u>いづく</u>より<u>や</u>かへられたりけん。侍五騎、童一人。わが身共に七騎取って返し、……。（《平家物語·七——忠度出奔》）

及至镰仓至室町时代期间，上述用于句中疑问词下的"や"的用例日益增多。在"疑问词—○—连体形"的这一句式中，"や"（如《御伽草子·饮酒童子》"<u>など</u>や連れては行かざりし"。）在量上大大地超过了"か"（如《谣曲·安宅》"いかに、<u>た</u>

れかある")。

　B. 由于受到初见于奈良时代、盛用于平安时代中期的带有感叹、委婉等感情色彩的"连体形终止法"及其大量用例的影响，从平安末"院政期"后出现了用于文章叙事部分（＝地の文）的、以连体形表示单纯结句的用例。在进入中世镰仓时代后，上述以连体形表示单纯结句的用例增多（此时也始用于对话），并遂得日益普及。及至室町时代中期后几乎取代了终止形，多以连体形表示结句。"や"自镰仓时代起也逐渐可接活用词的连体形下，如"来たりしや""知りたるや""あるや""ただしきや"等。

　另一方面，也同样由于上述"以连体形表示单纯结句"的影响，在进入镰仓时代后"系结规则"也随之日益混乱。"か"除有意保持传统语法的书面语外，其在句中的用法已日渐衰微。及至室町时代末"や"与"か"已失去作为系助词的功能了。

　"か"在此期几不见其用于句中，"や"在句中的用例也日益减少，二者遂皆用于句末。其间，"か"扩大了它在句末的用法，侵占了"や"在句末用法的领域。此一现象恰与奈良至平安时代的"や"侵占了"か"在句中的用法一事正相反，诚可谓带有戏剧性的变化吧。不久，仅存"か"用于句末表示疑问之意。而且，原用于句中表示疑问的"か"也转为表示不定、不明之意的副助词，遂失去了系助词的功能。以下为其接疑问词下的用例：

　41. 何事カアツテ秦ヘキタ。（《史记抄・三》）
　42. いやいや今迄幾たびかたらされた。（《净琉璃・生玉情死》）
　43. 御用に立てばわたくしも、なくぼうかうれしいもの。（《净琉璃・冥途的信使・下》）
　44. どなたかお出でなさっさうな。（《洒落本・游子方言》）

　而"や"等除见于特殊的成语和拟古表达外，也几从口语中消失。

【参考文献】

松村明編（1976）『古典語現代語助詞助動詞詳説』学燈社

湯沢幸次郎（1977）『文語文法詳説』右文書院

松村明編（1983）『日本文法大辞典』明治書院

此島正年（1993）『助動詞・助詞概説』桜楓社

山口仲美（2012）《写给大家的日语史》（潘钧译，原著『日本語の歴史』岩波書店，2006）

表强调的系助词"ぞ""なむ""こそ"之异同

在日语文言语法学习过程中，系助词及系结规则的学习是一个难点，其中特别是"ぞ""なむ""こそ"这三个词的区别差异尤其难以辨别。

三者的系结形式分别为"なむ—连体形""ぞ—连体形""こそ—已然形"，即当句子中分别出现以上系助词时，句尾要使用相应的活用形来呼应。山口仲美在所著《写给大家的日语史》一书中进行了辨析。山口把"なむ、ぞ、こそ"的强调功能分为"叮嘱性强调、指示性强调、凸显性强调"。

（1）叮嘱性强调

山口举出了《竹取物语》的例子。

その竹の中に、もと光る竹なむ一筋ありける。

（その竹の中に、根元の光る竹がネ、一本あったんですよ。）

这是伐竹老翁发现辉夜姬时开头部分的一句话。若为"もと光る竹一筋ありけり（=根元の光る竹が一本あった"，这句话只是直观地叙述事实的句子。可如果加上"なむ"，语气就不一样了。"なむ"有一种意识到对方、注视对方眼睛、反复叮嘱、寻求同意这样一种平稳叙述的语调。所以，山口认为"なむ—连体形"是一种叮嘱式的强调表达形式。

（2）指示性强调

若将"なむ—连体形"的句子换成"ぞ—连体形"，即：

その竹の中に、もと光る竹ぞ一筋ありける。（自造例）

（その竹の中に一本あったのは、根元の光る竹だった。）

这一句话要强调的是，"ぞ"后面的"一筋ありける"这一状态的发生，正是建立在有"もと光る竹"的状况下。"もと光る竹"作为"一筋ありける"的对象，被予以指示和强调。再举一个例子：

これを見たてまつりてぞ、国のつかさもほほゑみたる。（『竹取物語』）

（国司も苦笑いをしたのは、まさにこれを見申しあげた時だった。）

这句话出自《竹取物语》，采自大伴大纳言按照辉夜姬所希望的那样去摘龙头上的彩珠、结果却狼狈而归的故事。大伴大纳言不放心让家臣去摘龙头上的彩珠，于是就亲

自去了。[1] 故事至此没什么特别，可没曾想大纳言在海上遇到风暴，最后漂流到岸边才捡回一条命。两只眼睛肿得大大的，像是结着两只李子似的。这句话强调的是，国司"ほほゑみたる"不为别的，正是因为"これ（＝スモモを二つくっつけたような腫れた眼）を見たてまつりて"的意思。与现代日语不同的是，"ほほゑむ"表达的意思是苦笑或不由得发笑。

"ぞ—连体形"表示的是，"ぞ"后面的动作或状态之所以发生，是由于"ぞ"前面的内容所致，因此，山口认为这是一种指示性的强调表达形式。

（3）凸显性强调

再将开头举的例子换成"こそ—已然形"，即：

その竹の中に、もと光る竹こそ一筋ありけれ。

（その竹の中に、根元の光る竹こそ、一本あったのだった。）

竹林中有根部是灰褐色的竹子，也有根部被折断的竹子等等，虽然各式各样，但其中竟然有一根根部发光的竹子，这还是很稀奇的。所以，这句话特别强调举出这根"根部发光的竹子"（根元の光る竹），以区别于其他的竹子。

下面从《竹取物语》中再举一个实例作进一步说明。

「我こそ死なめ」とて、泣きののしること、いと堪えがたげなり。

（「私こそ、死んでしまいたい」と言って、おさえきれない様子で泣き騒いでいる。）

这句话是伐竹老翁听到辉夜姬打算回月亮时的反应。"こそ"表达的是从众多事物中特别举出前面所述事物为例，以示强调。句子强调"想死"的人不是"你"，也不是"婆婆"，不是别人而是"我"。因此，山口认为"こそ—已然形"是凸显的强调表现形式。

总之，"なむ—连体形""ぞ—连体形"和"こそ—已然形"这三种系结虽然都表示强调，但是所强调的内容（也可说是功能）不同，分别是叮嘱性强调、指示性强调和凸显性强调。其他日本学者的观点也大致如此，请看下表[2]。

	「ぞ」	「なむ」	「こそ」
宮坂和江 1952	写す強調	語る強調	主観的に・論理的に最高度の強調
伊牟田経久 1981	一つを特別に指定する強調	情を込めて相手に持ちかける強調	対照的な強調
近藤泰弘 2000	卓立の強調（文中の一要素への注目を示す強調）	卓立の強調に聞き手への強い呼びかけが加わっている	——

---

1 参看本书所选"4《竹取物语》'杳无音信'"部分。
2 引自高山善行・青木博史編『ガイドブック日本語文法史』（ひつじ書房，2010），p.90.

表强调的系助词"ぞ""なむ""こそ"之异同

　　这里再做一些补充。"ぞ"前可以是未知信息，而"なむ""こそ"只能是已知信息。故此，"ぞ"前可以是疑问词，其他二者不能。如有"～誰ぞある"的用法，但没有"誰なむある""誰こそあれ"的用法。究其原因，恐与上述分析相关。现代日语中的副助词"なんぞ"即为其残留。据研究，"ぞ"还用于终助词，其实应该反过来说才对，"ぞ"用于句中的系助词用法恐怕来自于其做终助词的用法，即来自倒装的结果，因"～誰ぞある"源于"～あるのは誰ぞ"，故"ぞ"可用于疑问句。此时若用于句中，便是"ぞ"的未知用法了。"こそ"的用法，不论是凸显式强调还是对照式强调，其背后都隐含着一个参照项。如果确定含"こそ"的句子是作为前置句或插入句使用的，则就不能只看这句话，继续往下读，很多时候下面的句子带有转折意，这也是"こそ"使用上的一个特点，现代日语常用的"こそ…ものの""程度の差こそ…あれ""あらばこそ"即是对这一特点的直接继承。

　　总之，"ぞ"用于指定（指示）时，语气比"は"要强，用于指定或疑问。而"なむ"如前述"叮嘱性强调"所示，会话要素明显，多用于口语会话，几乎不出现在和歌里。较之"ぞ"，"なむ"主观性要强。二者均为说明，但有主客观之分。大体上说，"なむ"属于"語る強調"，而"ぞ"属于"写す強調"。至于所要说明或强调的内容，"なむ"强调的是观念（主观）事物，而"ぞ"强调的是客观事物。"ぞ"是明示表达主体指定判断的助词，有时候不是对上接成分，而是对整个句子短语进行强调，此时就同放在句末是一样的了。而"なむ"是对某一确定事物向对方叙述时才用。"こそ"是排除，而非指定。不论具体用法，单就三者的强调程度而言，"ぞ""なむ""こそ"依次增强。这也不难理解，因为"なむ"主观性强，"こそ"旨在排除其他，语气更强。

　　从历史上看，"なむ"几乎仅用于中古平安时期，进入中世后，先于其他系助词衰退。使用时，结词往往省略，如见于《源氏物语·桐壶》中的"目も見えはべらぬに、かくかしこき仰せごとを光にて<u>なむ</u>"〔（悲しみで）目も見えないのですが、畏れ多いお言葉を光りにしまして（読ませていただきます）。〕此外，"こそ""ぞ"的结词有时候是"らむ、けむ、まし、む"等推量助动词，"なむ"则无此用法。与"ぞ"不同，"なむ"没有句尾用法。

　　最后，三者的相通之处，首先表现在具有强调的功能，但日本很多文言教科书或古语辞典使用"強意"一词。不论"强调"还是"強意"，所指意义差别不大，都表示加强语气。其次，当"ぞ""なむ""こそ"出现在句子中时，与之呼应的"あり""はべり""言ふ"等词语常常省略。第三，当含有"ぞ、なむ、や、か、こそ"的句子后续成分未断开,或后续接续助词作分句时,系结现象不成立,日语称之为"結びの消滅"（结词消失）。如本书中的"年ごろ、よくくらべつる人々<u>なむ</u>、別れ難く思ひて、日しきりにとかくしつつ、<u>ののしる</u>うちに、夜更けぬ"（土佐日記）这句话，本应在"のの

しる"处出现与"なむ"呼应、构成系结规则的"结",但因为此句未断开,故自然消失。再如,在"母北の方なん古への人のよしあるにて、親うち具し、さしあたりて世の覚え花やかなる御方々にも劣らず何事の儀式をももてなし給ひけれど"(源氏物语)这句话中,出现了系助词"なん",本应是"(母北の方なん)…もてなし給ひける",但后接接续助词"ど",故结词消失。

【参考文献】

宮坂和江(1952)「係り結びの表現価値——物語文章論より見たる——」『国語と国文学』27-3

大野晋(1974)『岩波古語辞典』岩波書店

金田一春彦(1977)『新明解古語辞典』三省堂書店

伊牟田経久(1981)「ゾ・ナム・コソの差異——蜻蛉日記を中心に——」『馬渕和夫博士退官記念国語学論集』大修館書店

中田祝夫ほか編(1993)『小学館古語大辞典』小学館

山口仲美(2006)『日本語の歴史』岩波書店

近藤泰弘(2000)『日本語記述文法の理論』ひつじ書房

现代日语中的文言残留

现代日语是古代日语不断发展、变化，历经长时期的变迁、演化而来的产物。从古代日语到现代日语，虽然从量到质均发生了很大变化，但仍有不少古代文言（语法）的残留，这是一个不争的事实，也是研究古语的重大价值之所在，对此前人已有研究成果。[1]

首先，从分布领域看，可作如下分类：

（1）和歌、俳句、歌词

在和歌、俳句及歌词等韵文体中，简洁、凝练和高度凝缩成为采用文言形式的理由。故此，多出现文言。例如，与谢野晶子的《乱れ髪》中"やは肌のあつき血汐にふれも見てさびしからずや道を説く君（君唯说道寂寞否，柔肌热血不动情）"。再如，现代著名女俳人稻畑汀子的俳句"なほ燃ゆる色を尽して冬紅葉（寒冬尚尽燃烧色，红叶余晖尤灼灼）"。脍炙人口的《四季歌》中有"匂いぞ いづる"（美丽芬芳香四季）的歌词。这里的"ぞ"是系助词，"いづる"是下二段动词"いづ"的连体形。根据系结规则，句尾须用连体形呼应。

（2）谚语

谚语也追求形式简洁，使用文言语法的例子不胜枚举。如"言わぬが花"（不说为妙）、"知らぬが仏"（眼不见心不烦）、"初心忘るべからず"（不忘初心）、"赤貧洗ふが如し"（一贫如洗）、"矢を射るが如し"（飞也似的）、"楽あれば苦あり"（有苦就有乐）、"敵は本能寺にあり"（声东击西；醉翁之意不在酒）、"持ちつ持たれつ"（相互依靠；互相帮助）、"我が仏尊し"（敝帚自珍）、"鳥なき里の蝙蝠"（山中无老虎，猴子称大王）、"天は自ら助くる者を助く"（天助自助者；苍天不负苦心人）。

（3）现代小说、报纸、杂志标题

现代小说、报纸和杂志的标题中经常出现文言形式。如小说名『遥かなる山の呼び声』（远山的呼唤）、『風立ちぬ』（起风了）、『城の崎にて』（在城崎）、『貧しき人々の群れ』（贫穷的人们）、『君死にたまふことなかれ』（君勿死）、『人権を軽く、国権を重し』（轻人权，重国权）。

（4）惯用型

文言在现代日语的惯用型中经常出现，但人们习以为常，已没有文言意识了。如"認めざるを得なかった""浮きつ沈みつの危ない状態""向上しつつある""許すべか

---

[1] 主要来自邵艳姝（2006）和李东哲（1988）。

らざる行為""努力せねばならぬ""教育たるものは""経済的であるのみならず""議員にならんがため"。

其次，从语法层面，主要从以下四个词类中的文言语法残留看。

（1）动词

文言サ变动词的连用、连体两个形式与现代日语一样，未然、终止、命令三形则不同。如："危険を生ぜしめたものは""変更せざるをえなかった""幕政に反映せられなかった"（未然）、"辞任すべきだと思うか"（终止）、"「政治倫理法」を制定せよという運動の旗揚げ"（命令）。现代日语"する"的终止形是"する"，"す"不用，但却用于"すべき"，故可看作固定形式。如"どう対処すべきか""問題とすべき時期""歓迎すべき精神"。

ラ变动词的未然和终止形与现代日语不同。"あり"相当于现代日语中的"ある"，但与之对应的否定形式是形容词"なし"，没有未然形。而在文言中，"あり"为终止形，未然形则为"（に）あら（ず）"。如："われチャンピオンにあらず""応接に暇あらず"（未然）、"話すことあり、聞くことあり""われに秘策あり"（终止）。

文言语法中，比较难掌握的是二段动词。如下二段动词"得"。在现代日语中，该词为下一段动词，连体形和终止形皆为"える"。但保留至今、常见的却是"うる"或"う"。这是文言下二段动词"う"的连体形和终止形。如"大いにうるところがある""なしうることは""有害がありうるのである"（连体）、"ありうべからざる話""ありうべき事実"（终止）。有些形式已固化为一种固定说法，虽不符合文言语法，如"そんなことはありうる""大地震が起こりうる""実現しうる"。因为文言中"う"的终止形是"う"，不是"うる"。此类固定说法可视为是一种惯用用法。在文言二段动词中，还有几个词的连体形或终止形在现代日语书面语中有时可以看到，如"海に生くる人々""人は金のみに生くるものにあらず""白髪を責むるの文""取り上ぐべき議題について"。"生くる"是上二段动词"生く"的连体形。"責むる"是下二段动词"責む"的连体形。其后的"の"恐怕是来自汉文训读的影响，用来表示"之"。此用法一直延续至近现代。[2]"取り上ぐ"是下二段动词"取り上ぐ"的终止形。

其他，如"死ぬる覚悟"之类的用法。文言"死ぬ"为特殊的"ナ变活用"。还有如"蹴る"在现代日语中为五段活用，但作为复合动词的前项，其为"け"，而不是连用形"けり"。这是因为，文言中"蹴る"是唯一一个下一段动词，连用形为"け"。例如"蹴落とす""蹴返す""蹴込む""蹴倒す"等。

（2）形容词（形容动词）

文言形容词有"ク活用"和"シク活用"两种活用，还有补助性活用"カリ活用"。

---

2 详见本书"汉文训读及其对后世的影响"一文。

并且，形容词的终止形和连体形与现代日语不同，还有口语中不见的命令形。如"報道活動な<u>し</u>には""国権は<u>重し</u>""心<u>清き</u>人""<u>うれしき</u>遠足の日""<u>やさしき</u>乙女の<u>清き</u>思い""<u>楽しかるべき</u>毎日の生活""<u>多かれ少なかれ</u>""<u>おそかれ早かれ</u>""<u>よしあしだ</u>""老いも<u>若きも</u>"。还有个别シク活用形容词的词干直接加名词的用法，如"わが<u>うるはしの</u>友""<u>懐かしの</u>わがケンタッキーの家"。形容动词的连体形和终止形与现代日语不同，也有"ナリ活用"和"タリ活用"两套活用。如"遥<u>かなる</u>山の呼び声""<u>偉大なる</u>大人""<u>さっそうたる</u>馬上の英姿""人は<u>奇妙なり</u>"。文言タリ活用形容动词绝大部分作为タルト形容动词使用于现代文章中。

（3）助动词

否定助动词"ず"在现代日语中非常多见。如"どこにも行か<u>ず</u>に""一個月足ら<u>ず</u>""値上げせ<u>ず</u>""ハジをかか<u>ぬ</u>ための""足ら<u>ねば</u>""思わ<u>ざる</u>失敗""とら<u>ざる</u>ところ"。还促成了很多固有形式的产生。如："恥知らず／无耻之徒、猫いらず／耗子药、見ず知らず／素不相识"（以上名词）、"思わず／不由得、相変わらず／照旧、絶えず／不断地、我知らず／不知不觉"（以上副词）、"当らず障らず／不关痛痒、怖_おめず臆_{おく}せず／毫不畏惧、止むに止まれず／万不得已"（以上接续词）。

"べし"也是常现身于现代日语中的文言助动词。如"残る<u>べく</u>して""す<u>べき</u>こともせず""ておく<u>べし</u>""<u>べからず</u>""かちとる<u>べきだ</u>"。也促成了一些惯用形式，如"なるべく"（尽量）、"べくんば"（可能的话）、"べくして"（可以，应该）、"ありうべき"（可能有）、"ありうべからざる"（不可能有的）等。

推量助动词"む"也保留在了现代日语中，如"ドアを開か<u>ん</u>とした時""もとの状態にもどさ<u>ん</u>とする""あら<u>ん</u>かぎりの知恵を絞る"。可见，其一般只用于"动词未然形＋んとす"。"あら<u>ん</u>かぎり"中的"ん"则已作为固定的词保留了下来。

断定助动词"なり、たり"是常见的文言助动词，它们在现代日语中也经常出现，如"のみ<u>ならず</u>""医者<u>たらん</u>とする决意""学生<u>たる</u>ものは""上野公園<u>なる</u>西郷隆盛の銅像""一刻<u>たり</u>とも忘れたことはなかった""だって願い<u>なれば</u>、できるだけやって上げよう"。

"り"和"ぬ"是文言表示完了的助动词，前者如"怒れ<u>る</u>アメリカ""眠れ<u>る</u>獅子""踏破せ<u>る</u>道のり""今やシルクロードの輝け<u>る</u>街"。"ぬ"在现代日语中很少出现，但有时以终止形出现，如"風立ち<u>ぬ</u>"（小说名）。

"しむ"是表使役的助动词。如"一段と不快を感ぜ<u>しめ</u>られた""不正を根絶せ<u>しめる</u>""ひとしい加速度を持た<u>しめる</u>"。

其他，还有比况助动词"如し"的连体形和连用形残留在现代日语中。如"国旗の<u>ごとき</u>ものである""図の<u>ごとく</u>"。其终止形在惯用句（熟语）中也常用。如"光陰矢の<u>如し</u>""人生は航海の<u>如し</u>"。

偶尔也出现表示被动的文言助动词"る""らる"的连体形接"べし"的情况，如"読まるべき"。

（4）助词

如"12月5日より発売""川の上流よりの泥砂""小舟にて川を渡る""山のいただきにて写真をとる""そのことは言わずして""私の方をば振り向こうともしなかった""どんな非難を受けようとも""静かでただ波の音のみきこえる"。

何为文言残留？古代日语与现代日语之间是有联系的。古代日语发展至今，固然已发生了很大的变化，但文言不会一下子完全销声匿迹，必然存在新旧交替（或叠加）的现象。除了某些被弃之不用的语言外，至少有两个方向，一个是改头换面，"潜伏"下来，这一类属于形式变了、但意思没变（或基本没变），姑且可称之为语言的变迁。如"だっけ"中的"け"。另一个是不动声色地保留下来，这一类形式仍在、意思没变，姑且称之为文言的残留，亦可称为活化石，如"いわゆる""なり""よし"等。当然，也有形式没变、但意思改变了的例子。例如，很多词汇的古今义有不少变化，像"美し""めでたし""をかし""ののしる""さらに"等。再有，如某些活用形，特别是文言中的已然形，到了近代日语中，被假定形所替代，因其形式本身没有变，故而带有一定的迷惑性，好在其存在于某些特定格式中，数量也不是很多。如"住めば都""～もあれば～もある"。最后，日语发展的历史虽是一个循时间线条发生的流动变化，在空间上、即日本发达的各地方言当中也保留了文言残留或变迁的痕迹，值得归纳总结，这也有助于我们更好地认识日语和日语变迁的规律。

作为对前人研究的补充，下面拟从历史变迁、活用形、词汇义及各地方言残存的角度进一步列举和考察文言残留现象。

（1）历史变迁

属于形式变了，但意思没变（或基本没变）的文言残留现象。例如，"だっけ"中的"け"为"けり"的脱落。"けり"可表示过去的事情在现在这个时空当中显现。进入镰仓时代后，"けり"不用于口语，但在东国方言中却保留了"け"这个终助词，现代东京话的"たっけ""だっけ"即来自于此。

再如，"む"为推量助动词，后发生演变。其接四段动词，变"ん"（如"ゆかん"），之后又变为"う"（"ゆかう"）。"か"和"う"一约音，又变成了"こう"，由此多出一个う段活用来。因此，大多数四段动词变成了现代日语五段动词。接一段动词后，则演变为"よう"。

再举一个例子，断定助动词"なり"的连用形"に"加上接续助词"て"，成了"で"。

后接上万能补助动词"ある"[3]，遂成"である"。"である"在近世用于讲义等说教场合，较为生硬。后期用于兰学翻译，特别是明治中期以后，因用于口语性强的白话文中而势头大增。另一方面，室町时代"である"的"る"脱落，成了"であ"，因 dea—dya，遂成了"ぢや"。到了中央语言区，则因 dya—ya，演变成"や"。现在西日本方言中"や"即来自于此。另一方面，到了东国方言中，因 dya—da，遂演变为"だ"。"だ"在近世江户语中得到广泛使用，直至今日。

此外，"寒かった""寒かろう"中的"か"都与文言形容词的"カリ活用"有密切关系。"多かれ少なかれ"也是"カリ活用"的结果，此处为命令形。"あしからず""べからず"等皆是，系形容词未然形接否定助动词"ず"。"ならでは"是现代日语书面语较为常用的表达形式。其中"なら"是断定助动词"なり"的未然形。"で"为接续助词，同"…ずに、…ないで"。"は"是系助词。由此"ならでは"才有了"除非……、只有……才"的意思，多与否定相呼应。同"…でなくては、…でなければ、…以外には"。再如，"（动词连用形）つつ（ある）"中的"つつ"即是文言中的接续助词（来自完了助动词"つ"的重叠用法，表反复或继续），表示"正在……"的意思，源自于近代日本人翻译英语动词进行式"ing"时所做的处理。此处的"ある"作为表示状态的万能动词，充分发挥了其融合作用（功能）。还有，"やら"也是来自"やらん"（にやあらむ，表推量），用于中世以后。至中世末期，词形演变为"やらう"，最后"う"脱落，转为现代日语的副助词"やら"。

当然，这些形式的变化有重有轻，有的甚至已面目全非，但理解这一点可以帮助我们进一步认清现代日语的本质特点。

（2）活用形

现代日语中诸如"急がば回れ""あらばこそ"（二者均为"急ぐ""あり"的未然形"急が""あら"加"ば"表假定）这样、包含文言用言活用形的谚语、熟语并不少见。但有些则因为词形相同，难以分辨。例如，对"住めば都"这句谚语，现代人容易搞错。因为在现代日语中，五段动词"住む"的假定形为"住め"，和此处的"住め"同形，这样便容易想当然以为，此处的"住め"就是假定，且意思上也似乎能通，但其实不然。此谚语形成较早，当时处于文言时代，恰好四段动词"住む"的已然形为"住め"，已然形接"ば"表示既定条件，也就是表示"（暫く）住んでみると"的意思，译成汉语就是"久居为安"，而不是视为假定意的"随处为安"了。

顺便提一句，日本人的姓名中很多字是用文言汉字（动词）的训来读的，如"生田"这个姓就读"生田"（いくだ）（"生く"为下二段动词，此处为原形）。

---

[3] 详见本书"无处不在的'あり'及其融合作用"一文。

(3) 构词

很多复合词形成于文言时代，因此在构词上也保留有文言的痕迹。如"飛び交う"这个词，其中的"かう"表示交错，如"戦う"为"たたかう"，"た"是手的意思。手手交错，即为战斗。再如，"蹴飛ばす"中的"蹴る"在现代日语中是五段动词，连用形为"蹴り"，与其他动词构成复合词时，一般用连用形，可"蹴飛ばす"却读作"けとばす"，这是因为"蹴る"在古代文言中是唯一一个下一段动词，连用形为"け"。

再举一个例子。"出入り""入り口"均为"入り"与名词"口"复合而来。现代日语中表示"进入"意的动词为"入る"，但文言中没有这个词，说明这个词出现较晚（"入る"由"這入る"这个词而来）。因此，构成复合词时也是用"入る"。再如，"生け花"是由"生け"和"花"这两个词复合而来。"生け"是下二段动词"生く"的连用形。这样的例子俯拾即是，不胜枚举。

"あらゆる""いわゆる"为上代就已出现的词。"ゆ、らゆ"为上代特有的助动词，至中古，则出现了"る、らる"以代替之，也即相当于现代日语中的"れる、られる"，用于表示被动、自发、可能、尊敬等意。"あらゆる"是"あり"的未然形"あら"加上"ゆ"构成，此为连体形，表示能有的、也就是所有的意思，后凝固为连体词。"いわゆる"同理，系四段动词"言ふ"的未然形"言は"加上"ゆ"构成，"いわゆる"为连体形，表示被说的、也就是所谓的意思，后凝固为连体词。此外，"見ゆ""覚ゆ""聞ゆ"也分别来自"見る""思ふ""聞く"的未然形"見""思は""聞か"后接"ゆ"的结果，由此带上了自发的意思。"思はゆ""聞かゆ"后来分别演变为"思ぼゆ（→おぼゆ）""聞こゆ"。因系ヤ行下二段活用，"見ゆ""思ぼゆ""聞こゆ"这几个词最终演变为"見える""覚える""聞こえる"。"す"是上代特有的尊敬助动词，文言敬语动词"おぼす"也是循着"思はす→思ほす→おぼす"的路径演变而来的。

上代另有一个表继续、反复意的助动词"ふ"，接未然形。"住まふ""むかふ""かたらふ""佇まふ"以及本书出现的"呼ばふ"（今昔物语集）即为其残留。

"曰く""思惑""すべからく"均来自上代特有的"ク语法"。系指活用词的未然形加上"く（らく）"，使之体言化。"曰く"就表示"言うことには"的意思。"曰く"源自于汉文训读，在汉文中表示言说意的动词"曰"在前，故不得不采取此变通形式。"思惑"来自文言四段动词"思ふ"的未然形"思は"加"く"。"惑"这个字系假借字，读成"わく（はく）"。有意思的是"すべからく"这个词。在汉文训读过程中，汉文副词"須"出现在动词前，而日语除了副词外，还须在句尾加上表示语气的成分。因此，训读时有一些汉文副词要在句末再次出现与副词相呼应的语气表达，此被称为"再读"，即二次读。就"須"而言，除了句尾用"すべし"与之呼应外，副词的位置上还要有一个副词。日本本无此类词，故造了"すべからく"这个词来。即"すべし"

的"カリ活用"形式"すべかり"的未然形"すべから"加一个"く"（ク语法），表示"すべきことには"的意思。即"すべきことには…すべし"。结果上看，可谓画蛇添足了，但也是不得已为之。"ク语法"之所以消失，是因为在中古平安时代出现了连体形准体法的缘故。

如下所示，所谓"ク语法"包含两种构词方式，除了用言的未然形接"く"这种常见的一类外，还有一种是用言的终止形接"らく"[4]。

◇ 未然形 + "く"

〔例〕・曰く　　＝「いふ」未然形「いは」+「く」
　　・以為く　＝「おもふ」已然形「おもへ」+完了「り」未然形「ら」
　　　　　　　　+「く」
　　・聞説く　＝「きく」終止形+伝聞推定「なり」未然形「なら」+「く」
　　・願はくは＝「ねがふ」未然形「ねがは」+「く」+係助詞「は」

◇ 終止形 + "らく"

〔例〕・疑ふらくは＝「うたがふ」終止形+「らく」+係助詞「は」
　　・老いらく　＝「おゆ」終止形+「らく」→ 転音「い」
　　・恐らくは　＝「おそる」終止形+「らく」+係助詞「は」→ 縮約「ら」
　　・惜しむらくは＝「をしむ」終止形+「らく」+係助詞「は」

其中，"曰く""願はくは""恐らくは""惜しむらくは"至今仍在使用。甚至有人认为，"しばらく"也是来自"しまる"的未然形"しまら"下接"く"后，之后发生转音后形成的。

（4）"あり"的融合作用[5]

如文言形容词"カリ活用"所见，在文言语法中，"あり"的作用非常巨大，这也是李树果（1986）全文的主旨所在。该文高屋建瓴，全面详细地概述了"あり"的作用。具体概括为：① 扩大了形容词的活用范围；② 借以创造了形容动词；③ 融合成ラ变型助动词；④ 介入近似形容词的助动词扩展其语尾变化的功能；⑤ 与"あり"合成其他ラ变动词。

（5）方言

如前所述，日本方言当中保留了大量古语。在日本，方言研究非常兴盛，这也是由于日本古代方言现象复杂，特别是到了江户时期，出现了最早的方言词汇集《物类称呼》。关于日本方言，早期有"方言周圈论"和"东西方言说"两种理论。前者是指，在今天日本东北地区和九州地区保存了大量古语，并呈波状向四周扩散开。如口语助动词"タ"

---

[4] 引自古田岛洋介（2013），p.88。
[5] 详见本书"无处不在的'あり'及其融合作用"一文。

来自文言完了助动词"タリ"。在日本东北方言中，如有人到邻居家访问，问"居タカ"，里面传来"居夕、居夕"，此处的"夕"表示的是动作完了的意思。在青森县，常有人说"オラ、覚エタ"，改用标准语说，就是"僕は知っているよ"。再如，在北奥羽地区，当地人不用主格助词"が"，直接说"オレ行く""馬走る"。在日本东北地区全境，表示目的格都不用"を"，说成"酒飲む"。在南部的纪伊、九州方言中，可以看到下二段动词形式的残存，如"見ゆる"。后者"东西方言说"则指关东和关西之间的语言差异。如"借りる"和"足る"在文言中分别是四段活用动词"借る"和"足る"，而今天的关西方言即是如此，关西地区可谓继承了江户上方地区的语言，部分保留了文言语法。再如，今天日本爱媛县松山市的方言中，形容动词终止形为"な"，如说"ここは静かな"，这也是保留古语痕迹的一种说法。关于"こそ"的用法，在西日本至今还能见到传统的系结用法，而在东日本只有一般性用法了。[6]

现代日语之中，为何有如此之多的文言残留现象？首先是历史传承。今天日本的标准语是东京话，其形成较晚、较新。对外国人来说，作为学习对象的语言素材，尤其带有一定的人工选择的痕迹，因而接触机会较少。其次，文言语法有着其他语言表达形式所不可替代的功能，主要指文言残留部分。如前文所示，文言多出现在诗歌、谚语、报刊标题及其惯用型等领域。一般来说，用文言形式表达，带有简洁、有力且概括性强的特征，有的甚至还具有特殊的文学表现力。当然，还有一点是，日语和日语表达对文言语法的需求度较高。日语是一种开放、感性的语言。开放，则便于容纳带有各种符号和感情色彩的语言。与汉语不同的是，日语又是一种形式标志和形态比较发达的语言，这也是能够容纳不同类型、不同时段、不同形态的语言并存的条件和理由。这里主要指语法形式上的文言残留。至于感性，日语的位相特征十分明显，视场合和需要而用，以达到微妙语感的表达。文言的表达效果正好契合了这种需要和场合性。新旧并存不悖，这不仅是日语的特点，也是日本文化的特点。

有一句话，叫"让历史告诉未来"。努力发现和揭示文言残留现象，并找出一定的规律性，至少可以接近完成这一目标。语言学家小松英雄1999年出版的『日本語はなぜ変化するか——母語としての日本語の歴史』一书，就是想告诉读者，语言时刻在发生变化。除了"ら抜き"（食べ〈ら〉れる、来〈ら〉れる）现象外，现在被称为"サ入れ"（読まさせて下さい）和"れ足す"（読めれる）等新语言形式的使用也非常普遍。

当然，对于我们广大的日语学习者来说，其目的可能要更具体些，就是"让历史解释现在"。例如，"は"在文言语法中属于系助词，作为系助词（现代日语语法称为"提示助词"）的功能在现代日语中仍然发生作用。除了普通的文言语法之外，我们最好还

---

6 具体参看沼田善子·野田尚史（2003）。

要了解一些有关古代文体、特别是汉文训读的知识。汉文训读对现代日语的影响比比皆是，涉及文字、词汇、语法、文体等各个方面。文体上，包括候文在内的变体汉文的残留堪称比比皆是，如"於北京大学""不許複製""含消費税"等用法。在语法上，"にして"（且）、"やむをえない""言わざるを得ない""少なからぬ影響"等形式在现代日语书面语中十分常见。特别是近代，日本人用汉文训读文的方式翻译，在翻译西方典籍上采用了汉文训读体，使得包括"～は～なり"的句式通过西文的翻译在现代日语中固定成型了下来，在欧文直译体中还出现了日语此前不曾有的表达进行时的"～つつある"以及其他带有明显翻译调的"要するに""～あるにはあまりに""～かのように""～にもかかわらず""～やいや""～よりは寧ろ"等，还产生了特有的副词性表达，如"一般に言へば""概して言へば""然る後に""換言せば"等。由于欧文直译体的逐字（逐语）翻译原则，所以甚至连"私自身"中的"～自身"的用法也被带入了日语中。

为此，我们需要有意识地留意文言残留现象，善于总结规律，举一反三，这样不仅可以促进日语学习，还能使我们对日语历史乃至日本文化有一个更为全面的了解和把握。

【参考文献】

金裕雪（1985）"古今日语动词的对应"《日语学习与研究》（2）

李树果（1986）"试谈'あり'的融合作用"《日语学习与研究》（6）

李东哲（1988）"现代日语中一些常见的文言语法表现形式"《日语学习与研究》（2）

郑保垒（1989）"古语残余"《日语学习与研究》（2）

陈东生（1989）"动词未然形＋ばこそ"《日语学习与研究》（5）

邵艳姝（2006）"现代日语中的文言表现"《日语知识》（6）

王建民（2009）"析日语文言断定助动词'なり'的演变及其残留现象"《外语学刊》（2）

沖森卓也編著（2010）『日本語史概説』朝倉書店

古田島洋介（2013）『日本近代史を学ぶための文語文入門：漢文訓読体の地平』吉川弘文館

沼田善子・野田尚史（2003）『日本語のとりたて——現代語と歴史的変化・地理的差異』くろしお出版

附录一　日语中的文言残留[1]

番号	種別	例	備考
1	あいさつ	さようなら、すまん	
2	ことわざ	百聞は一見にしかず、急がば回れ	
3	慣用句	在りし日の、招かれざる客、役立たず	
4	方言	そんなんよう知らんわ、行ぐべ。	
5	役割語	わしは心配しておるのじゃ	
6	歌詞	うさぎ追ひしかの山、こぶな釣りしかの川 青葉もゆるこのみちのく 春を愛する人は心清き人	「ふるさと」 東北大学学生歌 「四季の歌」
7	作品のタイトル	風たちぬ 阿修羅のごとく ハヤテのごとく	堀辰雄の小説のタイトル 　→シブリの映画のタイトル 向田邦子のテレビドラマ脚本のタイトル 漫画のタイトル
8	新聞の見出し	国道トンネル　10年点検せず 枕木交換の基準なし　JR北 働けど貧困	特集タイトル
9	論文などの書き言葉	…解明されておらず、… かかる 上のごとき	
10	短歌、俳句、川柳	片曽根山に遠き花火の光見えかすかに音のやがて聞へ来 訪ぬれば秋草生けてをられけり 東京に取られやせぬか人・資材	2013年10月16日朝日新聞による 同上 同上
11	おみくじ	待人　来たらず	
12	仏典	生を明らめ死を明らむるは仏家一大事の因縁なり、生死の中に仏あれば生死なし。但生死即ち涅槃と心得て、生死として厭ふべきもなく、涅槃として欣ふべきもなし、是時初めて生死を離る分あり、唯一大事因縁と究尽すべし。	「修証義」（曹洞宗）

---

[1] 佐藤勢紀子（2014）留学生を対象とする古典入門の授業——日本語学習者のための文語文読解教材の開発を目指して——『東北大学高等教育開発推進センター紀要』第9号。

附录二　主要文言作品年表

时代	年代	主要作品	体裁	文体
奈良时代	712	古事记	史书	变体汉文
	720	日本书纪	史书	汉文体
	721	常陆国风土记	地方志	变体汉文
	733	出云国风土记	地方志	变体汉文
	733前后	肥前国风土记	地方志	变体汉文
		丰后国风土记	地方志	变体汉文
	751	怀风藻	汉诗集	汉文体（韵）
	759？771	万叶集	和歌集	和文体（韵）
平安时代	797	续日本纪	史书	汉文体
		三教指归	佛教书	汉文体
	814	凌云新集	汉诗集	汉文体（韵）
	818	文华秀丽集	汉诗集	汉文体（韵）
	820前	文镜秘府论	艺术论	汉文体
	822	日本灵异记	说话集	变体汉文
	830	东大寺讽诵文稿	佛教书	汉字片假名混合文
	847	入唐求法巡礼行记	游记	汉文体
	9世纪后半叶	竹取物语	创作物语	和文体
	900	菅家文草	汉诗文集	汉文体
	900前后	伊势物语	歌物语	和文体
	905	古今和歌集	和歌集	和文体（韵）
	935	土佐日记	游记	和文体
	940	将门记	军记物语	变体汉文
	951	后撰和歌集	和歌集	和文体（韵）
	10世纪中叶	作文大体	汉诗文	变体汉文
	965	平中物语	歌物语	和文体
	973	落洼物语	创作物语	和文体
	974	蜻蛉日记	日记	和文体
	10世纪后半叶	宇津保物语	创作物语	和文体

续表

平安时代	982-1032	小右记	日记	变体汉文
	984	大和物语	歌物语	和文体
		三宝绘词	说话集	汉字片假名混合文
	985	往生要集	佛教书	汉文体
	998-1021	御堂关白记	日记（记录）	变体汉文
	1000后	枕草子	随笔	和文体
	1004	和泉式部日记	日记	和文体
	1007	拾遗和歌集	和歌集	和文体（韵）
	1008	源氏物语	创作物语	和文体
	1010	紫式部日记	日记	和文体
	1012	和汉朗咏集	汉诗、和歌	和文体、汉文体
	1028	荣花物语	历史物语	和文体
	1050	浜松中纳言物语	创作物语	和文体
	1055	堤中纳言物语	创作物语	和文体
	1058	明衡往来	书简文集	变体汉文
	1060	本朝文粹	汉诗文集	汉文体
		更级日记	日记	和文体
	1063	陆奥话记	军记物语	变体汉文
	1086	狭衣物语	创作物语	和文体
	1104	江谈抄	说话集	变体汉文（记录体）
	1111	打闻集	说话集	汉字片假名混合文[1]
	1115	今昔物语集	说话集	汉字片假名混合文
	1134前	大镜	历史物语	和文体
	1170	今镜	历史物语	和文体
	1179	梁尘秘抄	歌谣集	和文体
		宝物集	说话集	汉字片假名混合文
	1180-1235	明月记	日记	变体汉文
	1180-1266	吾妻镜	记录	变体汉文（记录体）
	1185	松浦宫物语	拟古物语	和文体

---

[1] 广义的和汉混淆文从《今昔物语集》算起，狭义的指以《平家物语》为代表的军记物语。

附录二 主要文言作品年表

续表

镰仓时代	1195	水镜	历史物语	和文体
	1196-1202	无名草子	评论	和文体
	1205	新古今和歌集	和歌集	和文体（韵）
	镰仓初期	保元物语	军记物语	和汉混淆文
		平治物语	军记物语	和汉混淆文
	1212	方丈记	随笔	汉字片假名混合文
	1213-1221	宇治拾遗物语	说话集	汉字片假名混合文
	1219	每月抄	歌论	和汉混淆文
	1219-1243	平家物语	军记物语	和汉混淆文
	1220	愚管抄	史书	和汉混淆文
	镰仓初期	住吉物语	拟古物语	和文体
	1223	海道记	游记	变体汉文
	1232	贞永式目	法律	变体汉文
	1242	东关纪行	游记	和汉混淆文
	1252	十训抄	说话集	汉字片假名混合文
	1253	正法眼藏	佛教书	和文体
	1254	古今著闻集	书简集说话集	汉字片假名混合文
	1280	十六夜日记	游记	和文体
	1283	沙石集	说话集	汉字片假名混合文
	1330	徒然草	随笔	拟古文
室町时代	1339	神皇正统记	史书	和汉混淆文
	1356	菟久波集	连歌集	和文体（韵）
	南北朝中期	曾我物语	军记物语	和汉混淆文
	南北朝至室町前期	庭训往来	书简集	候文体[2]
	14世纪中叶	狂言	脚本	口语体
	1374	太平记	军记物语	和汉混淆文
	1376	增镜	历史物语	和文体
	1400	风姿花传	评论	和汉混淆文
	室町中期	义经记	军记物语	和汉混淆文
	1463	私语（ささめごと）	评论	和汉混淆文
	1518	闲吟集	歌谣集	和文体（韵）
	1587-江户初	一寸法师	御伽草子	和汉混淆文
	1592	天草本伊曾保物语	物语	口语体

---

2 属于广义上的变体汉文。之前如《明衡往来》等中就出现候文，但至《庭训往来》大量出现，可视为集大成。

续表

	年代	书名	类别	文体
江户时代	1623	竹斋	假名草子（小说）	和汉混淆文
	1624	薄雪物语	假名草子（小说）	和汉混淆文
	1659	東海道名所记	假名草子（小说）	和汉混淆文
	1682	好色一代男	浮世草子（小说）	雅俗折中体
	1688	日本永代藏	浮世草子（小说）	雅俗折中体
	1690	幻住庵记	俳文	和汉混淆文
	1692	世间胸算用	浮世草子（小说）	雅俗折中体
	1694	奥州小路	游记	和汉混淆文
	1702-1704	去来抄	俳论	和汉混淆文
	1703	曾根崎情死	净琉璃	口语体[3]
	1715	国姓爷合战	净琉璃	口语体
	1716	折焚柴记	传记	和汉混淆文
	1768	雨月物语	读本（小说）	和汉混淆文
	1773	解体新书	医学译著	汉文体
	1785	江户生艳气桦烧	黄表纸（小说）	口语体
	1787	通言总离	洒落本（小说）	口语体
	1796 后	花月草纸	随笔	和汉混淆文
	1801	玉胜间	随笔	拟古文
	1802	东海道徒步旅行记	滑稽本（小说）	口语体
	1807	椿说弓张月	读本（小说）	和汉混淆文
	1809	浮世澡堂	滑稽本（小说）	口语体
	1811	浮世理发馆	滑稽本（小说）	口语体
	1814	南总里见八犬传	读本	和汉混淆文
	1819	おらが春（我之春）	俳文	和汉混淆文
	1826	日本外史	史书	汉文体
	1829	偐紫田舍源氏	合卷（小说）	口语体
	1831	春色梅历	人情本（小说）	口语体

3 江户时代的净琉璃、洒落本、滑稽本和人情本的会话部分（会話文）用口语体，叙事部分（地の文）仍是用文言体。

附录三　国内文言教材一览

【一般教材】

1）日语文言文基础知识（吴川、饭塚敏夫），商务印书馆，1983

2）日本文言文法入门（马斌），北京大学出版社，1983

3）日语文言语法（刘耀武），黑龙江人民出版社，1985

4）日本文言语法详论（吕永清编），商务印书馆，1987

5）文言口语对照日语语法（王曰和编）上海译文出版社，1987

6）日本古典文选与文法（王军编著），商务印书馆，1990

7）日本古典文法（金曙编著），吉林教育出版社，1991

8）口语对照日语文言语法（谢秀忱、陈靖国编），北京师范大学出版社，1993

9）概说古典日语语法（彭广陆编译），吉林教育出版社，1997

10）日语古文入门（吴侃、户部守编著），大连理工大学出版社，2000

11）日本古典文法（崔香兰编），大连理工大学出版社，2001

12）日本文言文法（马斌编著），北京大学出版社，2001

13）日本语古典文法（王雪松），武汉大学出版社，2005

14）日语古典语法：基础学习及难点解析（铁军），北京大学出版社，2006

15）日语古典文法（徐曙），上海交通大学出版社，2007

16）标准日语古典语法教程（陈访泽、刘小姗），华南理工大学出版社，2010

17）日语古典文法入门：美文佳作助学读本（于鹏、刘向红），南开大学出版社，2010

18）新编日本古典文法（崔香兰、孙佩霞主编），大连理工大学出版社，2010

19）日语文言语法（第2版）（王廷凯、丁旻），四川大学出版社，2010

20）简明日本语古文教程（第2版）（梁海燕），华东理工大学出版社，2011

21）日本古典文法（崔春兰、孙佩霞），外语教学与研究出版社，2012

22）例释日语古典语法（李延坤），大连理工大学出版社，2012

23）古典日语语法应试指南（席卫国），陕西师范大学出版社，2012

24）古典日语文法精粹（邹文），华中师范大学出版社，2013

25）日语古典语法（吴素兰），上海外语教育出版社，2014

26）日本语古典文法教程（苏民育），外文出版社，2014

27）日本文言助动词用法例释（潘金生），北京大学出版社，2014

28）日语古典语法及古文选读（黄建香），上海交通大学出版社，2016

29）日语古典文法（徐曙），上海交通大学出版社，2016

【古典文学教材】

1）日本古典文学作品选注（张正文等译注），上海译文出版社，1986

2）译注日本古典文学名著选（吕永清著），吉林大学出版社，1987

3）日本近代文言文选（马斌、潘金生编），商务印书馆，1993

4）日本古典文学（崔香兰编），大连理工大学出版社，2001

5）日本古典文学（王健宜、刘伟编著），上海外语教育出版社，2002

6）日本古典文学读本（刘瑞芝等主编），浙江古籍出版社，2002

7）日本古典文学赏析（刘德润等著），外语教学与研究出版社，2003

8）日本古典文学（刘伟、王健宜编著），南开大学出版社，2006

9）日本古典文学作品选读（高文汉编著），上海外语教育出版社，2006

10）日本古典文学入门（张龙妹主编），外语教学与研究出版社，2006

11）日本古典文学作品选读（武德庆、吴鲁鄂主编），武汉大学出版社，2008

12）日本古代文学作品选析（恩田满著，徐仙梅译），安徽大学出版社，2011

13）日本古典文学史（关立丹主编），北京语言大学出版社，2013

14）日本和歌物语集（张龙妹等译），外语教学与研究出版社，2015

附录四　文言用言的活用表

文言动词活用表

活用类型	行	基本形	词干	未然形	连用形	终止形	连体形	已然形	命令形
四段	カ	咲く	咲	か	き	く	く	け	け
	サ	押す	押	さ	し	す	す	せ	せ
	タ	打つ	打	た	ち	つ	つ	て	て
	ハ	買ふ	買	は	ひ	ふ	ふ	へ	へ
	マ	住む	住	ま	み	む	む	め	め
	ラ	乗る	乗	ら	り	る	る	れ	れ
上一段	カ	着る	(着)	き	き	きる	きる	きれ	きよ
	ナ	似る	(似)	に	に	にる	にる	にれ	によ
	ハ	干る	(干)	ひ	ひ	ひる	ひる	ひれ	ひよ
	マ	見る	(見)	み	み	みる	みる	みれ	みよ
	ヤ	射る	(射)	い	い	いる	いる	いれ	いよ
	ワ	居る	(居)	ゐ	ゐ	ゐる	ゐる	ゐれ	ゐよ
下一段	カ	蹴る	(蹴)	け	け	ける	ける	けれ	けよ
上二段	カ	起く	起	き	き	く	くる	くれ	きよ
	タ	朽つ	朽	ち	ち	つ	つる	つれ	ちよ
	ハ	恋ふ	恋	ひ	ひ	ふ	ふる	ふれ	ひよ
	マ	恨む	恨	み	み	む	むる	むれ	みよ
	ヤ	悔ゆ	悔	い	い	ゆ	ゆる	ゆれ	いよ
	ラ	降る	降	り	り	る	るる	るれ	りよ
下二段	ア	得	(得)	え	え	う	うる	うれ	えよ
	カ	助く	助	け	け	く	くる	くれ	けよ
	サ	乗す	乗	せ	せ	す	する	すれ	せよ
	タ	捨つ	捨	て	て	つ	つる	つれ	てよ
	ナ	尋ぬ	尋	ね	ね	ぬ	ぬる	ぬれ	ねよ
	ハ	答ふ	答	へ	へ	ふ	ふる	ふれ	へよ
	マ	改む	改	め	め	む	むる	むれ	めよ
	ヤ	覚ゆ	覚	え	え	ゆ	ゆる	ゆれ	えよ
	ラ	流る	流	れ	れ	る	るる	るれ	れよ
	ワ	植う	植	ゑ	ゑ	う	うる	うれ	ゑよ

续表

		基本形	词干	未然形	连用形	终止形	连体形	已然形	命令形
ナ変	○	死ぬ	死	な	に	ぬ	ぬる	ぬれ	ね
ラ変	○	あり	あ	ら	り	り	る	れ	れ
カ変	○	来（く）	（来）	こ	き	く	くる	くれ	こ（こよ）
サ変	○	為（す）	（為）	せ	し	す	する	すれ	せよ

文言形容词、形容动词活用表

词类	活用类型	基本形	词干	未然形	连用形	终止形	连体形	已然形	命令形
形容词	ク活用	高し	高	く	く	し	き	けれ	○
				から	かり		かる	○	かれ
	シク活用	激し	激	しく	しく	し	しき	しけれ	○
				しから	しかり		しかる	○	しかれ
形容动词	ナリ活用	静かなり	静か	なら	なり	なり	なる	なれ	(なれ)
					に				
	タリ活用	堂々たり	堂々	(たら)	たり	たり	たる	(たれ)	(たれ)
				○	と		○	○	○

文言助动词活用表

种类	基本形	未然形	连用形	终止形	连体形	已然形	命令形	活用类型	接续	意义
过去	き	(せ)	○	き	し	しか	○	特殊型	连用形（及カ変、サ変未然形）	过去（直接体验）
	けり	(けら)	○	けり	ける	けれ	○	ラ変型		过去（间接经验＝传闻）
完了	つ	て	て	つ	つる	つれ	てよ	下二段型	连用形	完了（意志性动作）
	ぬ	な	に	ぬ	ぬる	ぬれ	ね	ナ変型		完了（非意志性动作）
	たり	たら	たり	たり	たる	たれ	(たれ)	ラ変型		完了（或动作结果存续）
	り	ら	り	り	る	れ	(れ)	ラ変型	动词サ変未然形、四段已然形	完了（或动作持续）

附录四　文言用言的活用表

续表

推量	む	（ま）	○	む	む	め	○	四段型	未然形	推量 意志（「べし」肯定程度高于「む」）
	べし	べく べから	べく べかり	べし	べき べかる	べけれ	○	形容词型	终止形（ラ变连体形）	
	らむ	○	○	らむ	らむ	らめ	○	四段型	终止形（ラ变连体形）	现在推量
	けむ	○	○	けむ	けむ	けめ	○		连用形	过去推量
	らし	○	○	らし	らし（らしき）	らし	○	特殊型	终止形（ラ变连体形）	推定
	めり	○	（めり）	めり	める	めれ	○	ラ变型		推定 委婉
	まし	ましか（ませ）	○	まし	まし	ましか	○	特殊型	未然形	反事实假设
打消	ず	ず ざら	ず ざり	ず	ぬ ざる	ね ざれ	ざれ			否定
打消推量	じ	○	○	じ	（じ）	○	○		终止形（ラ变连体形）	否定推量
	まじ	まじく（まじから）	まじく まじかり	まじ	まじき まじかる	まじけれ	○	形容词型		
断定	なり	なら	なり に	なり	なる	なれ	（なれ）	形容动词型	体言，活用词连体形	判断 指定
	たり	たら	たり と	たり	たる	たれ	（たれ）		体言	
传闻 推定	なり	○	なり	なり	なる	なれ	○	ラ变型	终止形（ラ变连体形）	传闻 推定
被动 尊敬 可能 自发	る	れ	れ	る	るる	るれ	＊れよ	下二段型	动词未然形（四段、ナ变、ラ变）	被动 尊敬 可能 自发（表可能和自发时没有命令形）
	らる	られ	られ	らる	らるる	らるれ	＊られよ		动词未然形（四段、ナ变、ラ变之外的类型）	
使役 尊敬	す	せ	せ	す	する	すれ	せよ		动词未然形（四段、ナ变、ラ变）	使役 尊敬
	さす	させ	させ	さす	さする	さすれ	させよ		未然形（四段、ナ变、ラ变之外的类型）	
	しむ	しめ	しめ	しむ	しむる	しむれ	しめよ		未然形（所有动词）	

续表

愿望	たし	たく たから	たく たかり	たし	たき	たけれ	○	形容词型	动词、助动词连用形	愿望 希望
	まほし	まほしく まほしから	まほしく まほしかり	まほし	まほしき まほしかる	まほしけれ	○		动词、助动词未然形	
比况	ごとし	ごとく	ごとく	ごとし	ごとき	○	○		体言，用言连体形，助词「が」「の」	比况 例示

奈良时代助动词活用表

种类	基本形	未然形	连用形	终止形	连体形	已然形	命令形	活用类型	接续	意义
尊敬	す	さ	し	す	す	せ	せ	四段型	未然形（四段、サ变）	尊敬
自发 可能 被动	ゆ	え	え	ゆ	ゆる	○	○	下二段型	未然形（四段、ナ变、ラ变）	自发 可能 被动
	らゆ	らえ	○	○	○	○	○		未然形（四段、ナ变、ラ变之外）	
反复 继续	ふ	は	ひ	ふ	ふ	へ	へ	四段型	未然形（四段）	反复 继续

索引

ア行

あ（僕・朕）（代）9, 10, 19
あ（代）31
愛す（动・サ変）
　愛する（連体形）100
相尋ぬ（动・下二）
　相尋ぬる（連体形）92
あいなし（形・ク）
　あいなく（連用形）67
我が（連语）17
赤し（形・ク）
　赤き（連体形）42
あかす（明）（动・四）
　あかし（連用形）44, 128
飽かず 52, 66
県（名）50
暁（名）101
昧爽（名）20
赤紫（名）106
あがる（上）（动・四）
　あがり（連用形）83, 86, 122, 128
　あがれ（已然形）82
秋（名）44, 126, 143
秋田城介（名）94
あきつ島（名）25
明く（动・下二）149
　明くる（連体形）20
あく（空）（动・四）
　あき（連用形）107
開く（动・下二）
　開け（連用形）114
挙ぐ（动・下二）

挙げ（連用形）149
挙げて（副）20
朝顔（名）99
朝がゆ（名）108
浅し（形・ク）
　浅から（未然形）94
　浅き（連体形）80
朝日（名）99
あさまし（形・シク）115
　あさましく（連用形）117
　あさましき（連体形）116
あさみ騒ぎ（名）115
朝夕（名）66
脚（足）（名）42, 128, 138
銭（名）133
悪し（形・シク）
　悪しく（連用形）108
　悪しかり（連用形）67
　悪しう（連用形ウ音便）126
足ずり（名）128
朝（あした）（名）99, 136
校倉（名）114
按察使光親卿 92
遊び（名）32
遊ぶ（动・四）
　遊び（連用形）42
価（名）148
能ふ（动・四）
　能は（未然形）19, 93
与ふ（动・下二）10
　与へ（連用形）10
あたら（形容词"あたらし"词干）100
あたり（名）106

当る（动・四）
　　当ら（未然形）107
　　当たり（连用形）113
あぢきなし（形・ク）
　　あぢきなう（连用形ウ音便）67
当つ（动・下二）
　　当て（连用形）107
あつかふ（动・四）
　　あつかふ（连体形）76
あつし（形・シク）
　　あつしく（连用形）66
熱田の祠 150
あづま（地名）38
集まる（动・四）
　　集まり（连用形）82,84
あと（名）107,126
跡（名）101,125,128
甚（感叹）19
穴（名）107
あなかま（感叹）81
あなる（"あるなり"的连体形）33
並せて（合せて）（副）9,19
あはれがる（动・四）
　　あはれがら（未然形）32
あはれなり（形动・ナリ）
　　あはれなる（连体形）66
相易ふ（动・下二）
　　相易へ（连用形）3
間（あひだ）（名）8,78,91,92
相議る（动・四）
　　相議ら（未然形）5
あふ（动・四）
　　あひ（连用形）59,115,144
婚ふ（动・四）
　　婚は（未然形）7
堪ふ（动・下二）
　　堪へ（未然形）16
あふ（会ふ）（动・四）
　　あは（未然形）40
　　あひ（连用形）40,86

あふ（连体形）33
遇ふ（动・四）
　　遇ひ（连用形）16
仰き見る（动・上一）
　　仰き見れ（已然形）6
扇（名）57,58
棟（名）26
あへて（敢）（副）17,80
阿倍仲麻呂（人名）52
あまた（副）33,65,75,83
天津日高（名）7,9
あまり（余り）（名）50,123
余る（动・四）
　　余り（连用形）21,76
阿弥陀仏（名）102
あみののしる（动・四）
　　あみののしり（连用形）106
天（名）20,25,32,33,149
天地（名）17
乾坤（名）20
天の下 67
御宇しめす（动・四）
　　御宇しめし（连用形）19
あやし（名）128
あやし（異奇・奇・異・怪）（形・シク）6,20,75
　　あやしき（连体形）30,116,138
あやしがる（动・ラ変）
　　あやしがり（连用形）115
危し（形・ク）
　　危く（连用形）137
　　危き（连体形）95,137
あやまち（過ち）（名）137,138
あやまちす（动・サ変）137
誤り（名）125
細鱗（名）19
年魚（名）19
開墾（名）20
荒し（形・ク）
　　荒く（连用形）108
　　荒き（连体形）10

索 引

争ふ（动・四）99
    争ふ（连体形）148
    争へ（已然形）98,148
現なり（形动・ナリ）
    現に（连用形）84
見（あらは）る（动・四）95
あらまし事（名）127
贔物（名）3
あり（有・在）（动・ラ変）6,7,8,20,38,41,75,
    92,93,135,143,149
    あら（未然形）5,17,20,31,38,65,69,75,80,86,
        117,136,148
    あり（连用形）6,8,38,41,45,52,65,66,78,82,
        84,98,112,114,122,124,148
    ある（连体形）7,30,32,52,82,98,113,114,
        117,124,136,138
    あれ（已然形）25,39,82,124,149
あり（补助）
    あら（未然形）42,58,60,97
    あり（连用形）41,52,108,109
    ある（连体形）57,59,76,79,81,82
ありさま（有様）（名）80,126
ありつる（连体）115
ありやなしや（连语）42
ある（或）（连体）32,39,50,67,82,135
荒る（动・下二）
    荒れ（连用形）106
或は（连语）98,99
歩く（动・四）
    歩き（连用形）31
主（名）76
主人（名）99
あるべき（连语）116
我（吾・朕）（代）4,5,8,18
荒れ廃つ（动・下二）
    荒れ廃て（连用形）21
泡（名）99
あわてふためく（动・四）
    あわてふためき（连用形）123
青海原（名）53

以往（副）148
以下（名）94
伊賀（地名）92
いかが（副）58,80,100
活かす（动・四）
    活かし（连用形）9
いかで（副）40,59,85,113
いかなり（形动・ナリ）
    いかなる（连体形）115
    いかなれば（连语）125
いかに（如何に・奈何に）（副）8,60,82,86,114,125,
    127,137
いかにして（连语）116,126
いかにせん（连语）108
何ぞ（连语）4
いかやうなり（形动・ナリ）
    いかやうに（连用形）57
生涯（名）17
行く（动・四）115,126
    行か（未然形）115
    行き（连用形）38,74,78,80,113
生く（动・上二）
    生き（连用形）78,81
幾日（名）9,51
数千（名）20
的（名）21
いくら（名）124
いくらばかり（连语）79
池（名）105
息ふ（动・下二）
    息へ（连用形）86
射殺す（动・四）
    射殺し（连用形）31
いざ（感）42
いささか（副）79
いささかなり（形动・ナリ）
    いささかに（连用形）50
勇む（动・四）
    勇め（已然形）138
功（名）18

石（名）18
いそぐ（急）（动・四）
　　いそぎ（連用形）69, 122, 123
板（名）108
いだかふ（动・下二）
　　いだかへ（連用形）83
いたし（形・ク）
　　いたく（連用形）32, 107
　　いたう（連用形ウ音便）58
いたづらなり（形动・ナリ）
　　いたづらに（連用形）133
頂（名）33
出だす（动・四）
　　出ださ（未然形）51, 127
　　出だし（連用形）9, 10
いたる（至・到）（动・四）
　　いたり（連用形）5, 8, 16, 38, 39, 101
　　いたる（連体形）7, 10, 18
一期（名）100
一同（名）94
一二丈　115
一人（いちにん）（名）122, 125
一念（名）136
一の御子 69
一部（名）127
いつ（代）41
出づ（动・下二）107, 127, 149
　　出で（連用形）6, 7, 50, 51, 52, 53, 108, 126
　　出づる（連体形）52
往づ（动・下二）
　　往で（連用形）5
何方（代）99
いづく（代）113
いつしか（副詞）69
一尺（名）108, 115
一寸（名）108
一刹那（名）136
五年（名）50
一俵 117
五文字（名）39

いづれ（代）32, 65, 143
いでく（出で来）（动・カ変）
　　いでき（連用形）106, 124
　　いでくる（連体形）52
行でます（动・四）
　　行でまし（連用形）16, 18
　　行でます（連体形）5
出幸でます（动・四）
　　出幸でまさ（未然形）9
いと（甚）（副）6, 30, 31, 32, 39, 40, 41, 44, 51, 59,
　　60, 65, 66, 67, 86, 117, 137
糸（名）18
いとど（副）115, 117
営み出だす（动・四）
　　営み出だし（連用形）133
いにしへ（古）（名）45, 68, 98
往ぬ（动・ナ変）
　　往な（未然形）43
去ぬる（連体）91
戌の時（名）50
命（名）31, 94, 127
祈り（名）106, 124
祈る（动・四）
　　祈り（連用形）150
いはく（云・曰・言）4, 5, 6, 7, 8, 9, 30, 39, 91, 92,
　　93, 94, 101, 135, 148, 149, 150
況んや（副）136
謂（名）95
言ひ出づ（动・下二）
　　言ひ出で（連用形）59
言ひ伝ふ（动・下二）
　　言ひ伝へ（連体形）34
飯粒（名）18
いふ（言・云・謂）（动・四）4, 5, 10, 19, 20, 31,
　　41, 59, 60, 135, 138
　　いは（未然形）84, 99
　　いひ（連用形）3, 4, 5, 7, 8, 9, 19, 20, 38, 39, 52,
　　　76, 80, 81, 82, 84, 86, 94, 111, 136
　　いふ（連体形）21, 33, 38, 39, 40, 41, 42, 50, 78,
　　　81, 82, 105, 108, 109, 110, 113, 115, 116, 117,

索引

　　　122, 123, 124, 125, 137
　いへ（已然形）4, 6, 16, 58, 81, 82, 84, 85, 99, 101,
　　　109, 117, 135
家（名）98, 117, 144
いへども（雖ども）（连语）19, 135
五百鉤（名）4
庵（名）103, 144
いま（副）83
いま（今）（名）4, 9, 10, 18, 19, 21, 26, 52, 80, 81,
　　　94, 100, 126, 127, 128, 148
汝（代）4, 16, 17, 20
汝命（代）5, 8, 10
戒め（名）136, 138
います（坐）（动・サ変・四）6
　いまさ（未然形）5
　いまし（连用形）6
　いまする（连体形）40
　いませ（已然形）7
坐す（动・下二）
　坐せ（连用形）7
いまだ（未）（副）20, 26, 34, 74, 84, 128
今に（副）10
今は昔（连语）74, 78, 112
いみじ（形・シク）
　いみじく（连用形）75, 81, 83, 85
　いみじう（连用形ウ音便）57, 58
　いみじき（连体形）57, 84, 109, 114
芋・芋草（名）20
妹（名）26
寝もねず 51
弥（接头）17
賤し（形・シク）
　賤しき（连体形）98
いよいよ（副）66
稍愈（副）10
甍（名）98
いらへ（名）59
いりめく（动・四）80
入る（动・下二）117
　入れ（未然形）114

入れ（连用形）6, 58, 82, 84, 107, 114, 116, 117
入る（动・四）
　入ら（未然形）39
　入り（连用形）84
射る（动・上一）
　射る（连体形）135
色（名）106, 107
魚鱗（名）5
兄（いろせ）（名）3, 4, 8
弟（いろど）（名）4, 93
魚（名）42
得（う）（动・下二）
　得（え）（未然形）3, 4, 5, 6, 18, 75
　得（え）（连用形）19, 57, 150
浮かぶ（动・四）
　浮かぶ（连体形）33, 97
浮かぶ（动・下二）
　浮かべ（连用形）142
伺ふ（动・四）
　伺ひ（连用形）127
受く（动・下二）
　受け（未然形）4, 5
祝ふ（动・四）
　祝ひ（连用形）18
右京兆（官名）92, 93
うけたまはる（承・奉）（动・四）94
　うけたまはり（连用形）33
動く（动・四）
　動か（未然形）66
失ふ（动・四）
　失ひ（连用形）3, 4, 5
失す（动・下二）
　失せ（连用形）8, 76
後ろ（名）111
後見（名）68
歌（名）52
右大将（官名）92
右大将軍（官名）94
右大臣（官名）69
うたかた（名）97

疑ひ（名）69
うたてなり（形动・ナリ）
　うたてなり（連用形）110
うたふ（謳・歌・謡）（动・四）
　うたひ（連用形）17, 18
　うたっ（連用形促音便）149
うち（内・中）（名）7, 9, 50, 58, 85, 98, 125, 126, 128, 136
宇治（地名）134
うち洗ふ（动・四）
　うち洗は（未然形）128
うち入る（动・下二）
　うち入れ（連用形）110
うち置く（动・四）
　うち置き（連用形）116
うち具す（动・サ変）
　うち具し（連用形）68
うち散る（动・四）
　うち散り（連用形）58
氏真（人名）148
討ち取る（动・四）
　討ち取り（連用形）94
宇津（名）40
征伐つ（动・四）
　征伐た（未然形）18
　征伐ち（連用形）18
孟夏四月（名）19
宇津の山（名）39
うつつ（現）（名）40, 123, 124
移る（动・四）
　移る（連体形）144
菟名手（人名）19, 20
海原（名）25
畝（名）21
右幕下（官名）92
上つ国（名）9
奪ひ取る（动・四）
　奪ひ取り（連用形）76
うへ（上）（名）5, 6, 7, 39, 42, 77, 83, 101, 109, 124, 126, 142

上人（官名）67
馬（名）78, 79, 83, 138, 149, 150
うまし（味）（形・シク）5, 25
馬頭（官名）43
馬の口（名）143
午の刻（名）91, 92, 93
馬の鼻向け 52
馬乗り（名）138
生る（动・下二）
　生れ（連用形）69, 99
　生るる（連体形）99
海（名）3, 4, 6, 31, 52, 148
海さち（名）3, 4
海さちびこ（海幸彦）（名）3
海辺（名）4
憂へ嘆く（动・四）51
占ふ（动・四）94
恨み（名）66
恨み泣く（动・四）
　恨み泣き（連用形）16
うらむ（恨怨・恨）（动・四）
　うらみ（連用形）9, 149
うる鉤（名）8
うるはし（麗）（形・シク）
　うるはしく（連用形）109
　うるはしき（連体形）6, 7
うれしさ（名）126
愁へ言ふ（动・四）
　愁へ言へ（已然形）8
愁へ請ふ（动・四）
　愁へ請は（未然形）9
　愁へ請へ（已然形）10
魚（名）8, 19
云々（名）92
え（得）（副）3, 6, 8, 30, 32, 45, 57, 66, 77, 116
要なし（形・ク）
　要なき（連体形）100
えうなし（形・ク）
　えうなき（連体形）38
枝（名）82, 83, 137

索 引

えもいはず（连语）113, 114
老い（名）143
追い返す（动・四）
　　追い返し（连用形）93
おいて（於）（连语）93, 136
応ず（动・サ変）92
　　応じ（连用形）93, 94
嫗（名）75, 76
凡（副）150
拝み奉る（动・四）
　　拝み奉ら（未然形）44
　　拝み奉る（连体形）44
沖（名）128
起き上がる（动・四）
　　起き上がら（未然形）32
置き換ふ（动・下二）
　　置き換へ（连用形）138
掟つ（动・下二）
　　掟て（连用形）136
翁（名）31, 43
気長足姫尊 18
奥（名）124
置く（动・四）
　　置か（未然形）116
　　置き（连用形）17, 76, 77, 117
送り（名）50
送り出す（动・四）
　　送り出し（连用形）9
送る（动・四）9
　　送り（连用形）9
遅る（动・下二）
　　遅れ（连用形）83
起す（动・四）
　　起し（连用形）10
行ひ（名）101
行ひ出だす（动・四）
　　行ひ出だし（连用形）113
行ひす（动・サ変）
　　行ひし（连用形）113
行ふ（动・四）

行は（未然形）101, 106, 124
行ひ（连用形）106, 113, 114
行ふ（连体形）115
起り（名）67
奢る（动・四）
　　奢り（连用形）21
起る（动・四）
　　起る（连体形）150
おし出だす（动・四）
　　おし出だせ（已然形）127
押し流す（动・四）
　　押し流さ（未然形）5
押松丸（人名）92
遅し（形・ク）
　　遅く（连用形）31
　　遅う（连用形ウ音便）60
恐る（动・下二）
　　恐れ（连用形）137, 139
惶れ畏む（动・四）
　　惶れ畏ま（未然形）9
互ひに（副）82
落ち入る（动・四）
　　落ち入り（连用形）79, 83
落ち掛かる（动・四）
　　落ち掛かり（连用形）83
落ちゐる（动・上一）
　　落ちゐ（连用形）117
落つ（动・上二）138
　　落ち（连用形）83, 99, 115, 116
怖づ（动・上二）
　　怖ぢ（连用形）75
御使 33, 92, 122, 123, 127
音（名）30
おとがひ（名）106
おとしむ（动・下二）
　　おとしめ（连用形）66
おとす（落）（动・四）
　　おとし（连用形）39, 58
おどす（动・四）
　　おどし（连用形）76

音づる（动・下二）
　音づるる（连体形）126
おとなだつ（动・四）
　おとなだち（连用形）85
劣る（动・四）
　劣ら（未然形）68, 109
同じ（形・シク）98
　同じく（连用形）92, 93
　同じ（连体形）66, 107, 125
鬼（名）75
己が（连语）4, 9, 76, 137
各（名）126, 127
おのれ（己）（代）76, 86, 110
おのづから（副）79, 116, 126
各（副）3, 4, 9
おはします（动・四）86
おはします（尊敬补助）
　おはしまさ（未然形）110
　おはしまし（连用形）30, 45, 59, 76, 80, 113
　おはします（连体形）43, 85
おはす（动・サ变）122
　おはし（连用形）126, 127
おはす（尊敬补助）
　おはせ（未然形）61
　おはする（连体形）81
生ひ出づ（动・下二）
　生ひ出で（连用形）79
追ひ立つ（动・下二）
　追ひ立て（连用形）110
負ふ（动・四）
　負は（未然形）42
　負ふ（连体形）66
生ふ（动・上二）
　生ひ（连用形）84
御文（名）32, 33
大臣（名）32
大いに（副）148
大家（名）98
おぼえ（覚）（名）67, 68
大柑子（名）106

大方（副）69, 133
大神（名）7, 8
大きさ（名）42
大きなり（形动・ナリ）
　大きに（连用形）21, 108, 110
　大きく（连用形）20
　大きなる（连体形）7, 41, 83, 114
多く（名）5, 78, 79, 81, 133
多く（副）21, 106, 143
仰ぐ（动・四）148
　仰ぎ（连用形）125
皇后（名）18, 19
多し（形・ク）
　多く（连用形）84, 108
　多かり（连用形）77, 84
　多かれ（已然形）67, 98
思し召す（动・四）
　思し召さ（未然形）126
思す（动・四）
　思し（连用形）31
仰す（动・下二）
　仰せ（连用形）33, 92, 133
勒す（动・下二）
　勒せ（连用形）20
仰せ下さる（动・下二）
　仰せ下さるる（连体形）93
大足彦の天皇 19
おぼ鉤（名）8, 13
大殿ごもる（动・四）
　大殿ごもら（未然形）44
　大殿ごもり（连用形）59
大御酒（名）43
百姓（名）21
大伴（姓）30
公事（名）45
おぼゆ（覚）（动・下二）
　おぼえ（未然形）79, 123
　おぼえ（连用形）126
　おぼゆる（连体形）60
溺らす（动・四）

索引

溺らし（連用形）9, 10
溺る（动・下二）
　溺れ（連用形）10
おぼろけ（名）57
大井（地名）133
大井川（名）133
御時（名）65
御前（代）59
重し（形・ク）83
　重く（連用形）69, 82
おもしろし（形・ク）
　おもしろく（連用形）39
表八句 144
思ひ（名）69, 86, 123, 143
思ひあがる（动・四）
　思ひあがり（連用形）65
思ひ出づ（动・下二）
　思ひ出で（連用形）45
思ひ知る（动・四）
　思ひ知ら（未然形）129
思ひ続く（动・下二）
　思ひ続け（連用形）101
思ひなす（动・四）
　思ひなさ（未然形）124
　思ひなし（連用形）38, 127
思ひのほかなり（形动・ナリ）
　思ひのほかに（連用形）44
思ひやる（动・四）
　思ひやら（未然形）86
　思ひやる（連体形）125
　思ひやれ（已然形）41
思ひ忘れ（名）125
思ひわづらふ（动・四）
　思ひわづらひ（連用形）59
おもふ（思・謂・以為・為・欲）（动・四）4, 18, 60, 95
　おもは（未然形）135
　おもひ（連用形）6, 20, 45, 50, 74, 75, 76, 81, 113, 115, 125, 136
　おもふ（連体形）39, 40, 42, 43, 45, 60, 86, 113, 134
　おもへ（已然形）45, 85, 123, 124, 138

おもへ（命令形）135
思ほしかしづく（动・四）
　思ほしかしづき（連用形）69
思ほす（动・四）
　思ほし（連用形）7, 66
欲す（动・四）
　欲し（連用形）18
御もと 40
趣（名）93, 100
指（名）50
及ぶ（动・四）
　及ば（未然形）101, 127
　及び（連用形）84
　及ぶ（連体形）150
祖（名）19
親（名）16, 68
老ゆ（动・上二）
　老い（連用形）75
折（名）42
降り着く（动・四）
　降り着き（連用形）81
下り走る（动・四）
　下り走り（連用形）76
折り節（名）106
下りゐる（动・上一）
　下りゐ（連用形）38
おる（降・下）（动・上二）80
　おり（連用形）78, 79, 80, 127, 137
　おるる（連体形）137
　おりよ（命令形）137
おろかなり（形动・ナリ）
　おろかに（連用形）135
おろす（降・下）（动・四）
　おろし（連用形）44, 81, 82
　おろせ（命令形）81, 82
恩（名）94
御（おん・お・み）（接頭）4, 5, 6, 7, 9, 16, 32, 57, 59, 66, 67, 68, 69, 80, 84, 85, 86, 106, 109, 110, 111, 113, 124, 126
陰陽道（名）93

力行

か（系助）7, 9, 31, 32, 40, 41, 5, 57, 59, 83, 85, 95, 98, 99, 100, 101, 113, 116, 124, 125, 126, 127, 149
か（副助）143
か（彼）（代）52, 84, 128
が（格助）9, 16, 17, 18, 19, 20, 26, 30, 31, 39, 59, 60, 65, 74, 75, 86, 91, 94, 98, 99, 101, 108, 110, 115, 123, 124, 125, 126, 127, 128, 134, 144
が（連体助）58
が（接続助）123
海巌山（名）128
海浜（名）143
かう（副詞"かく"ウ音便）58
更衣（官名）65, 66
江上（名）143
号す（动・サ変）93
高名（名）136
かうむる（蒙・被）（动・四）92
 かうむり（連用形）149
かうやうなり（形动・ナリ）
 かうやうに（連用形）52
 かうやうなる（連体形）52
帰り来（动・カ変）
 帰り来（連用形）52
帰りまゐる（动・四）
 帰りまゐり（連用形）32
顧みる（动・上一）
 顧み（連用形）150
帰る（动・四）45
 帰ら（未然形）113, 128
 帰り（連用形）43, 84, 114
かかり（动・ラ変）
 かかる（連体形）40, 52
かかる（掛）（动・四）
 かかり（連用形）83, 110, 144
かかる（連体）67, 85, 110, 116, 124
書きおく（动・四）
 書きおき（連用形）31
書きつく（动・下二）50

掻きつく（动・四）
 掻きつき（連用形）75
かきつばた（名）39
限り（名）82, 84
限りなし（形・ク）69, 107
 限りなく（連用形）41
限る（动・四）
 限り（連用形）9
書く（动・四）
 書か（未然形）124
 書き（連用形）40, 60
かく（如此）（副）9, 10, 31, 44, 76, 77, 79, 85, 98, 108, 109, 110, 137
かく（掛）（动・下二）
 かけ（未然形）123
 かけ（連用形）78, 128, 133, 137
かくて（副）76
かぐや姫（人名）32
香具山（地名）25
学す（动・サ変）
 学する（連体形）136
光（名）6
掛け置く（动・四）144
掛け橋（名）79, 83
景盛（人名）94
翔り集ふ（动・四）
 翔り集ひ（連用形）20
かこつ（动・四）
 かこた（未然形）100
笠（名）144
葛西谷（地名）92
重ねあぐ（动・下二）
 重ねあげ（連用形）41
重ねて（副）20, 136
かしこ（代）52
賢し（形・ク）
 賢く（連用形）85
頭（かしら）（名）110
数（名）51
春日（地名）53

索引

数知らず（副）78
かすかなり（形动・ナリ）
　かすかに（連用形）113
霞（名）143
風（名）58, 143
数ふ（动・下二）
　数ふれ（已然形）51
かた（方）（名）20, 74, 80, 84, 144
方々（名）66, 68
難し（形・ク）
　難き（連体形）136, 138
かたじけなし（形・ク）
　かたじけなき（連体形）67
容貌（名）69
片手（名）83
刀（名）76
傍に 102, 115
かたはらいたし（形・ク）
　かたはらいたき（連体形）58
傾く（动・四）
　傾き（連用形）100
傍（かたへ）（名）5
形見（名）127
語り伝ふ（动・下二）
　語り伝へ（連用形）77, 86
語る（动・四）
　語り（連用形）8, 61, 77
　語る（連体形）7
かたみ（名）110
凱旋る（动・四）
　凱旋ら（未然形）18
かつ（副）98
都て（副）3
且つは（接助）94
香木（名）5, 6
鬘（名）76
勝間（名）5
糧（名）21
門（名）5, 6, 7
門出（名）50

かな（感）30, 41, 110, 111, 123
かなぐる（动・四）
　かなぐり（連用形）75
悲しび（名）52
悲しみ（名）128
かなふ（叶）（动・四）127
　かなは（未然形）126, 127
　かなひ（連用形）26, 127
かなふ（动・下二）
　かなへ（已然形）138
必ず（副）8, 138
かの（連体）33
鹿の子（名）41
かは（系助）33, 117
河（名）38, 41, 97
かばかり（副）58, 137, 139
河中（名）18
骸（名）77
変る（动・四）
　変ら（未然形）98
かひ（名）125
甲斐（地名）148
かひなし（形・ク）31, 80
易ふ（动・下二）
　易へ（連用形）5
河内国（地名）115
返し取らす（动・下二）
　返し取らせ（未然形）116
返す（动・四）
　返さ（未然形）4, 9
　返し（連用形）9, 116
かへで（名）39
かへらかす（动・四）
　かへらかし（連用形）107
還り来（动・カ変）
　還り来（未然形）9
覆（名）9
顔（名）82, 107, 110
鴎（名）25
紙（名）57, 110

上（名）39, 59, 108
神（名）5, 6, 52, 150
髪（名）75, 76
守（官名）78, 79, 80, 81, 82, 83, 84
頭（名）92
上中下 52
神代（名）52
神宮（名）17
亀山殿（地名）133
かも（終助）17, 53
かや（終助）125
かやう（名）58, 116
か様なり（形动・ナリ）
　　か様に（連用形）125
かゆ（名）109, 110
かゆがる（动・四）
　　かゆがる（連用形）107
通ふ（动・四）
　　通ひ（連用形）43
漢詩作り（名）52
から衣（枕詞）39
仮（名）99
狩り（名）43
雁（名）117, 126
許（名）93
枯る（动・下二）
　　枯れ（連用形）99
軽し（形・ク）
　　軽く（連用形）81
　　軽かり（連用形）82
　　軽き（連体形）82
故（接助）3, 4, 5, 6, 7, 8, 9, 10
乾飯（名）38, 39
かれこれ（代）50
軽んず（动・サ変）
　　軽んじ（連用形）94
皮（名）7
閑寂なり（形动・ナリ）
　　閑寂に（連用形）100
上達部（官名）32, 67

龕中（名）150
関東（地名）91, 93, 94
関東分宣旨（官名）92
き（過去）3, 4, 5, 6, 7, 8, 9, 10, 16, 17, 18, 19, 20, 21, 45
　　し（連体形）4, 6, 7, 8, 9, 10, 17, 18, 19, 20, 21, 26, 30, 31, 40, 43, 53, 61, 62, 98, 122, 123, 128, 136, 137
　　しか（已然形）5, 137
木（名）5, 79, 82, 83, 109, 136
騎（名）150
灸（名）144
鬼界（名）124
聞き継ぐ（动・四）
　　聞き継ぎ（連用形）77
聞く（动・四）126, 148
　　聞か（未然形）7, 33, 60
　　聞き（連用形）42, 82, 86, 109, 122, 148
　　聞く（連体形）30, 92
　　聞け（已然形）7, 82
　　聞け（命令形）81
聞こし召す（动・四）
　　聞こし召さ（未然形）32
聞こゆ（謙让补助）
　　聞こえ（未然形）57
　　聞こえ（連用形）45
　　聞こゆれ（已然形）58, 69
聞ゆ（动・下二）80
　　聞え（連用形）126
　　聞ゆれ（已然形）81
二月（名）58
儀式（名）68
気色（名）127
北（名）20
きたなげなし（形・ク）
　　きたなげなく（連用形）109
北の方 68
来る（动・四）
　　来り（連用形）99
衣（名）76
絹畳（名）7

索 引

きのふ（昨日）（名）51, 92
木登り（名）136
際（名）65
窮み・極み（名）17, 85
君（代）45, 69, 148
王（名）6
肝（名）86
狂ず（动・サ変）
　　狂ぜ（未然形）101
逆臣（名）94
給す（动・サ変）
　　給せ（未然形）148
弓箭（名）148
京（名）38, 40, 74, 113
京都（地名）92
消ゆ（动・下二）
　　消え（連用形）98, 99
清め洗ふ（动・四）
　　清め洗ひ（連用形）8
帰洛（名）123
清らなり（形动・ナリ）
　　清らなる（連体形）69
切る（动・四）
　　切ら（未然形）136
きる（着）（动・上一）
　　き（連用形）39, 76
公経（人名）92
公任（人名）59
く（接尾）4, 6, 8, 9, 10, 16, 17, 18, 19, 20, 26
来（动・カ変）
　　来（連用形）4, 39, 41, 45, 58, 75, 114, 116
　　来る（連体形）31
句（名）39
九国（地名）126, 127
種種（名）10
具す（动・サ変）
　　具し（連用形）33, 128
草（名）44
草の戸 144
薬（名）32, 33

下さる（动・下二）94
　　下さるる（連体形）92
件（名）93
口（名）6
口々（名）80
くどく（动・四）
　　くどか（未然形）127
国（名）7, 16, 19, 20, 25, 32, 33, 38, 39, 41, 52, 78, 85, 86, 95, 113, 148
国見（名）25
国原（名）25
国人（名）52
郡内（名）21
委し（形・シク）
　　委しから（未然形）94
頸（名）6, 9, 30, 31, 123
食ひ果つ（动・下二）
　　食ひ果つる（連体形）108
食ふ（动・四）42
　　食は（未然形）8, 32, 108
　　食ひ（連用形）38, 108
　　食ふ（連体形）108
熊野（地名）122
汲み入る（动・下二）
　　汲み入るる（連体形）134
酌む（动・四）
　　酌ま（未然形）6
　　酌み（連用形）6
雲（名）34
蜘蛛（名）143
蜘蛛手（名）38
鞍（名）138
倉（名）114, 115, 116
暗し（形・ク）
　　暗う（連用形ウ音便）40
海月（名）58
倉主（名）116
くらぶ（动・下二）
　　くらべ（連用形）50
繰り上ぐ（动・下二）83

繰り上げ（未然形）83
繰り上げ（連用形）83
繰り上ぐる（連体形）81
暮る（动・下二）
　暮れ（連用形）41, 74, 143
　暮るれ（已然形）128
晩る（动・下二）
　晩れ（連用形）20
くるし（苦）（形・シク）
　くるしく（連用形）51
　くるしき（連体形）59
困しむ（动・四）148
困しむ（动・下二）
　困しむる（連体形）148
苦しむ（动・下二）
　苦しめ（連用形）9, 10
狂ふ（动・四）
　狂は（未然形）143
くるめく（动・四）
　くるめき（連用形）137
くれくれ（副）81
くろし（形・ク）
　くろき（連体形）58
黒戸（名）58
過客（名）142
官位（名）94
官軍（名）91, 92
勲功（名）93
群参（名）94
軍士（名）150
群集す（动・サ変）94
毛（名）3
蹴当つ（动・下二）
　蹴当て（連用形）138
家司（名）92
形勢（名）92
交名註進状（名）93
汚す（动・四）
　汚せ（已然形）101
今旦（名）7

けしき（名）59
下種徳人（名）114
懈怠の心 135, 136
蹴出す（动・四）
　蹴出し（連用形）138
下著す（动・サ変）92
　下著し（連用形）91
日に（連语）17
げに（副）59, 60, 85
毛抜き（名）107
家人（名）94
けふ（今日）（名）16, 51, 59, 92, 116
煙（名）25, 34, 107
解由（名）50
下﨟（名）66, 138
けり（过去）32, 38, 39, 40, 43, 44, 45, 65, 75, 78, 80,
　81, 106, 108, 109, 112, 113, 114, 115, 122, 124,
　126, 133, 134, 138, 139
けら（未然形）16, 17
ける（連体形）33, 34, 38, 41, 44, 52, 53, 65, 74,
　75, 77, 78, 79, 82, 86, 105, 106, 108, 109, 110,
　111, 113, 122, 124, 126, 127, 128, 138
けん（"ける"与"も"連接，拨音便）128
けれ（已然形）31, 39, 42, 45, 67, 68, 69, 74, 75,
　76, 106, 108, 109, 110, 111, 113, 114, 115, 116,
　124, 126, 127, 128, 129, 133, 134
けむ（过去推量）52, 86
　けむ（連体形）66, 69, 86
謙信之（人名）148
建暦（年号）102
こ（此）（代）6, 7, 8, 16, 17, 18, 19, 20, 21, 32, 43,
　69, 76, 77, 82, 83, 91, 95, 101, 106, 108, 109, 114,
　115, 116, 117, 125, 126, 127, 135, 136
子（名）7, 9
故（接头）94, 125
後（名）31, 93
五（数）106
小家（名）98, 106
公（名）148
講演（名）106

索 引

黄門（名）92
漕ぎ出だす（动・四）128
こぎいづ（漕ぎ出づ）（动・下二）
　　こぎいで（未然形）26
　　こぎいで（連用形）31
漕ぎかくる（动・下二）
　　漕ぎかくれ（連用形）128
漕ぎ行く（动・四）
　　漕ぎ行く（連体形）128
五幾七道 92
古郷（名）126
ここ（是・此間）（代）8, 41, 113, 116, 117, 125
心地（名）59, 84, 108
ここに（斯・爰・是）（接助）16, 17, 18, 128, 149
ここに（爾・是）（副）3, 4, 5, 6, 7, 8, 9, 20
心（名）10, 39, 66, 75, 85, 86, 94, 99, 101, 110, 113, 122, 128, 135, 143, 144
心得（动・下二）
　　心得（未然形）82
志（名）94
心す（动・サ変）
　　心し（連用形）137
心なしの（連語）110
心ばへ（名）67
心ひとつに（連語）59
心細げなり（形动・ナリ）68
　　心細げに（連用形）66
試む（动・上二）
　　試み（未然形）76
心もとなし（形・ク）
　　心もとなけれ（已然形）51
心もとながる（心許ながる）（动・四）
　　心許ながら（未然形）69
　　心もとながり（連用形）30, 43
是を以ちて（連語）8, 18
腰（名）127
濃し（形・ク）
　　濃き（連体形）107
五十年（名）149
こしらふ（动・下二）

こしらへ（未然形）134
古人（名）143
買人（名）148
期す（动・サ変）136
こずゑ（梢）（名）79, 136
御前（名）113
こそ（系助）57, 58, 59, 67, 80, 82, 84, 86, 110, 117, 123, 124, 126, 127, 128, 129
去年（名）98, 143
こぞる（动・四）
　　こぞり（連用形）43
答ふ（动・下二）
　　答へ（連用形）4, 6, 16, 17, 30
　　答ふる（連体形）30, 83, 101
こと（事）（名）7, 8, 18, 30, 50, 58, 60, 67, 68, 77, 85, 86, 100, 111, 115, 116, 117, 124, 125, 126, 127, 128, 134, 136, 137
こと（事）（形式名）7, 17, 18, 19, 20, 30, 32, 33, 40, 44, 45, 69, 85, 86, 95, 100, 101, 107, 135, 136, 137, 138
言（名）5, 10, 58
ごと（接尾）31, 107, 108
如（"如し"词干）5, 9
ごとくなり（如）（比況）
　　ごとくなり（連用形）5
　　ごとくに（連用形）108
今年（名）98
如し（比況）98, 124, 149
　　如く（連用形）8, 10, 85, 86, 108
悉く（副）94
悉に（副）8, 9
言高し（形・ク）
　　言高く（連用形）58
ことづく（动・下二）
　　ことづけ（連用形）124
こととふ（言問）（动・四）
　　こととは（未然形）42
　　こととふ（連体形）125
ことなしび（名）59
異なり（形动・ナリ）

異なら（未然形）99
状（名）20
縁（名）21
詞（名）94
理（名）101
異人（名）108
水田（名）21
木の陰 38
以降（名）21, 94
頃者（名）8
言葉（名）137
乞ひ徴る（动・四）
　乞ひ徴り（连用形）4
恋ひ惜しむ（动・四）
　恋ひ惜しみ（连用形）86
乞ふ（动・四）
　乞は（未然形）6
　乞ひ（连用形）3, 4, 6
　乞ふ（连体形）5
請ふ（动・四）148
　請ひ（连用形）17
　請ふ（连体形）93
請欲ふ（动・四）
　請欲ひ（连用形）16
御辺（代）125
郡（名）18, 19
こまごまと（副）32
米（名）117
肥沃ゆ（动・下二）
　肥沃え（连用形）20
こゆ（越）（动・下二）
　こえ（未然形）143
　こゆる（连体形）30, 78, 138
古謡（名）149
今夜（名）7, 17
御覧ず（动・サ変）
　御覧ぜ（未然形）59
　御覧じ（连用形）32
　御覧ずる（连体形）69
これ（是れ・是・斯・之）（代）6, 8, 10, 21, 33, 42, 52, 58, 59, 60, 75, 82, 86, 92, 93, 94, 95, 98, 101, 102, 122, 123, 126, 128, 135, 138, 148
これ（感叹）128
惟喬親王（人名）43
ころ（ごろ）（名）58, 102
比（名）150
殺す（动・四）
　殺し（连用形）30
喜び（名）52
声・音（名）75, 80, 8, 182
こゑごゑに（副）122
今度（名）124

サ行

さ（副）117
最期（名）94
宰相（官名）59, 60
草庵（名）100
壮士（名）149
相州（地名）94
双なし（形・ク）
　双なき（连体形）138
桑門（名）102
早離（人名）128
さかさまなり（形动・ナリ）
　さかさまに（连用形）79
栄ゆ（动・下二）
　栄え（连用形）17, 20
下がる（动・四）
　下がり（连用形）106
先（名）108
前の世 69
咲く（动・四）
　咲き（连用形）39
探る（动・四）
　探れ（已然形）8
酒（名）149
飲む（动・四）
　飲み（连用形）18
さこそ 126

索 引

捧ぐ（动・下二）
 捧げ（連用形）18
さしあたりて（副）68
さし合ふ（动・四）
 さし合ひ（連用形）83
差しいづ（动・下二）
 差しいで（連用形）107
 差しいづる（連体形）107
差し入る（动・下二）107
 差し入れ（連用形）107, 108
さし縄（名）81
さす（动・四）
 さし（連用形）114, 116
さす（尊敬）
 させ（未然形）59, 86,
 させ（連用形）33, 57, 86, 127
さす（使役）108
 させ（未然形）59, 134
 させ（連用形）106, 108, 123, 138
 さする（連体形）108
さすらふ（动・下二）
 さすらへ（連用形）143
誘ふ（动・四）
 誘は（未然形）143
定む（动・下二）135
 定め（連用形）61, 108
さち（名）3, 4
さちさち（連語）4
授く（动・下二）
 授け（連用形）9
五月（名）40
さて（接助）106, 113, 115, 127, 134
さて（副）77
さて（感叹）82
さては（接助）58
さても（副）45
さと（副）84
里（名）106
里がちなり（形动・ナリ）
 里がちなる（連体形）66

里人（名）134
さながら（副）116
実氏（名）92
さは（接助）82
さばかり（連語）86
障り（名）92, 100
さはれ（感）60
佐比持神（名）10
左兵衛督（官名）61
障ふ（动・下二）
 障へ（連用形）83
雑色（名）123
さぶらふ（侍・候）（郑重补助）58, 83, 84, 85,
  127, 137, 138
 さぶらは（未然形）45, 85, 116, 126
 さぶらひ（連用形）45, 65, 113, 116, 126
 さぶらふ（連体形）83, 85, 116, 117, 126
 さぶらう（連用形ウ音便）127
 さぶらへ（已然形）85, 126
さへ（副助）60, 69
さま（状）（名）8, 57, 99
ざま（接尾）107, 108, 109, 115
さまざま（名）106
寒み（"寒し"的"み"用法）60
冷寒（名）17
狭物（名）3
さらに（更に）（副）10, 17, 57, 80, 101, 109, 115, 123
さらめかす（动・四）
 さらめかし（連用形）107
さらば（接续）117
さりとて（接助）116
さりとも（接助）128
さる（連体）30, 42, 112, 113, 126
去る（动・四）99
 去る（連体形）92
さる程に（接助）124, 127
されば（接助）79, 81, 82, 85, 86, 108, 125
沢（名）38, 39
騒がす（动・四）
 騒がさ（未然形）85

257

騒ぐ（动・四）115
 騒が（未然形）85
産（名）124
三（数）83
讒（名）94
山岳（名）94
三千（数）150
三代将軍 94
三途（名）100
三人（名）124, 125, 126
杉風（名）144
三里（名）144
山林（名）101
し（副助）39, 42, 68
師（名）135
使（名）84
士（名）94
四（数）107
死（名）149
じ（否定推量）16, 17, 18, 31, 38, 44, 60, 109, 113, 116, 128
 じ（連体形）75
しか（然）（副）8, 85
然して（接助）8
しかも（接助）97
然らば（接助）9
然る間（接助）124
而るに（接助）94
しかるを（接助）101
然れども（接助）3, 4
鴫（名）42
闕（名）138
重襲る（动・四）
 重襲り（連用形）17
敷く（动・四）
 敷き（連用形）7
祠官（官名）150
しげし（形・ク）67
 しげく（連用形）74, 83, 106
茂る（动・四）

茂り（連用形）40
使者（名）93
死人（名）75, 76, 77
死す（动・サ変）
 死せ（未然形）143
下（名）79, 83, 107, 108
従ふ（动・四）
 従ひ（連用形）82
したふ（慕）（动・四）
 したひ（連用形）128
 したふ（連体形）128
したため果つ（动・下二）
 したため果て（連用形）114
寺中（名）106
しづかなり（形动・ナリ）
 しづかなる（連体形）101
静まる（动・四）
 静まる（連体形）74
溺む（动・四）
 溺み（連用形）94
して（格助）38, 41, 108
して（接助）85, 86, 97, 138, 149
信濃（地名）78
信濃国（地名）112
死ぬ（动・ナ変）85
 死な（未然形）33
 死に（連用形）21, 75, 77, 99
 死ぬる（連体形）99
忍びがたし（形・ク）125
忍ぶ（动・四）30
 忍び（連用形）30, 86
しばし（暫）（副）117
十二月（名）50
強ひて（副）4, 44
分（名）107
執心（名）100
塩（名）148
潮（名）26
塩尻（名）41
塩椎神（名）4, 5

索 引

塩乾珠（名）9, 10
塩盈珠（名）9, 10
しぼみあがる（动・四）
　　しぼみあがり（連用形）108
しぼむ（动・四）
　　しぼみ（連用形）99
嶋（名）124, 126
しまし（暫・片時）（副词）5, 19
片時が間（連语）20
しむ（使）（使役）148, 150
　　しめ（連用形）7, 19
　　しむる（連体形）20, 99
染む（动・四）
　　染め（已然形）101
示し含む（动・下二）
　　示し含め（連用形）94
しも（副助）42, 79
霜（名）17
下田（名）8
下つ総の国（地名）41
赦（名）124
じやう（名）116
生（名）149
生涯（しやうがい）（名）142
相国（名）123, 127
上手（名）109
上層（名）75
聖人（しやうにん）（名）101
城陸奥守（官名）138
将兵（名）150
浄名居士（名）101
赦免（名）124, 125, 127
十（数）117
十九日 91
十五日 91, 92
十余人 150
十四日 92
修す（动・サ変）
　　修せ（未然形）136
執筆（名）125

周梨槃特（人名）101
受領（名）84
俊寛（人名）122, 123, 124, 125, 127
逡巡す（动・サ変）150
所（名）125
書（名）148
賞（名）93
称す（动・サ変）92
征罰す（动・サ変）
　　征罰し（連用形）94
所持（名）92
所従（名）92
諸城（名）150
初心（名）135
白髪（名）75
白河の関 143
新羅（地名）18
しら浪（名）128
しり（尻）名）81, 115
後足（名）79
後手（名）8
知る（动・四）136
　　知ら（未然形）31, 41, 50, 79, 99, 135, 136, 138
　　知り（連用形）81
　　知る（連体形）50
　　知れ（已然形）38, 134
瑞（名）20
瑞物（名）20
記す（动・四）102
掌る（动・四）
　　掌れ（已然形）8
痴れ者（名）110
白し（形・ク）
　　白う（連用形ウ音便）40
　　白き（連体形）20, 21, 42, 75, 107
しわざ（名）115
し終ふ（动・下二）
　　し終へ（連用形）50
しをる（动・下二）
　　しをれ（連用形）128

信玄（人名）148
真言（名）105
人世（名）149
す（為）（动・サ変）33, 50, 80, 100, 115, 143, 148
　せ（未然形）16, 26, 30, 31, 33, 44, 58, 76, 77, 80, 106, 110, 113, 117, 135
　し（連用形）7, 8, 9, 10, 16, 18, 19, 41, 43, 44, 50, 52, 58, 75, 76, 84, 94, 107, 108, 113, 122, 125, 127, 128, 148, 150
　する（連体形）10, 38, 39, 42, 50, 57, 80, 84, 100, 108, 136
　すれ（已然形）17, 25, 59, 84, 124
す（使役）
　せ（連用形）9, 31, 57, 60, 66, 69, 106, 128, 133, 136, 138, 143
　する（連体形）30
　すれ（已然形）109, 117
す（尊敬）
　せ（連用形）32, 33
　すれ（已然形）107
す（上代尊敬）
　し（連用形）7
　す（連体形）3, 6, 7
　せ（已然形）9
ず（否定）4, 6, 8, 18, 19, 20, 21, 30, 32, 42, 51, 66, 79, 85, 93, 94, 97, 99, 101, 108, 124, 125, 126, 127, 128, 135, 137, 148
　ざら（未然形）138
　ざり（連用形）3, 43, 58, 69, 74, 108, 114, 124, 128, 133, 139
　ず（連用形）3, 17, 21, 32, 66, 68, 85, 86, 97, 98, 99, 106, 109, 114, 115, 125, 127, 128, 143, 144
　ぬ（連体形）17, 33, 40, 41, 42, 50, 57, 65, 79, 98, 106, 107, 110, 123, 128
　ざる（連体形）18, 77
　ね（已然形）75, 81, 116
すう（据）（动・下二）
　すゑ（連用形）39, 83, 113
　すうる（連体形）144
受戒（名）112, 113

すがる（动・四）
　すがり（連用形）125
姿（名）101
杉（名）79
修行者（名）40
過ぐ（动・上二）
　過ぎ（未然形）128
過ぐす（动・四）
　過ぐさ（未然形）100
　過ぐす（連体形）113
救ふ（动・四）
　救ひ（連用形）10
すぐれて（副）65
少し（副）5, 58, 59
少しも（副）106
朱雀（名）74
数日（名）133
すす鉤（名）8
進む（动・四）150
すする（动・四）
　すすら（未然形）109
　すする（連体形）109
すずろなり（形动・ナリ）
　すずろに（連用形）113, 114
　すずろなる（連体形）40
捨てはつ（动・下二）
　捨てはて（連用形）127
ずて（連语）4, 5, 6
已に（既に）（副）21, 94, 127
既にして（接助）19, 20
即ち（即・則）（副）5, 7, 8, 9, 16, 92, 101, 132, 149
乃ち（乃）（接助）5, 6, 148, 150
すべて（副）57
ずは（連语）17
住ひ（名）98
隅（名）114
栖（名）98, 99, 101, 143
住み替はる（动・四）
　住み替はる（連体形）144
すみだ河（名）41

索 引

住みにぎはふ（动・四）
 住みにぎはひ（连用形）106
住む（动・四）38
 住ま（未然形）113
 住み（连用形）7, 105, 113
 住む（连体形）50, 98
 住め（已然形）144
居む（动・四）
 居め（已然形）17
摺る（动・四）
 摺り（连用形）76
駿河（地名）16, 32, 33, 39, 40, 93
胤（名）17
末（名）86
寸（名）106
せ（名）127
瀬（名）128
聖人（せいじん）（名）138
少将（官名）124, 125, 126, 127, 128
せ給ふ（复合）117, 127
 せ給は（未然形）66
 せ給ひ（连用形）69, 85
 せ給ふ（连体形）57, 85
 せ給へ（已然形）86
 せ給へ（命令形）117
舌根（名）101
摂津国（地名）74
攻む（动・下二）
 攻め（未然形）10
迫め来（动・カ变）10
攻め戦ふ（动・四）
 攻め戦は（未然形）9
せめて（副）126, 127
千石 116
せんかたなさ（名）128
宣旨（名）92
前司（名）93
戦勝（名）150
善珍（人名）105
千人（名）150

前民部少輔（官名）91
そ（其・彼）（代）3, 4, 5, 6, 7, 8, 9, 10, 17, 18, 19, 20, 21, 30, 31, 33, 34, 38, 39, 40, 41, 50, 52, 75, 76, 77, 81, 83, 84, 93, 94, 99, 101, 106, 107, 109, 115, 124, 126, 127, 128, 134, 137, 148, 150
そ（ぞ）（终助）5, 7, 9, 17, 25, 58, 81, 84, 115, 117, 137
ぞ（系助）34, 39, 45, 52, 53, 61, 76, 77, 84, 86, 99, 106, 111, 113, 122, 124, 125, 127, 128, 144
層（名）77
僧（名）105, 106
奏す（动・四）32, 33
 奏し（连用形）61
僧膳（名）106
草創す（动・サ变）
 草創し（连用形）94
僧都（名）125, 127, 128
僧坊（名）106
僧房（名）106
ぞかし（连语）110
属す（动・サ变）93
 属する（连体形）150
速離（人名）128
そこ（代）38, 113, 114, 128
底（名）79, 80, 81, 82, 83
そこなふ（动・四）
 そこなは（未然形）51
そしり（名）66
そしる（动・四）
 そしら（未然形）60
そぞろ神（名）143
そなふ（添・具）（动・下二）
 そなへ（连用形）7, 32
そねむ（动・四）
 そねみ（连用形）66
その（连语）119
当年（名）21
そば（名）107, 109
そばむ（动・下二）
 そばめ（连用形）67

副状（名）93
そもそも（抑）（接助）83, 100, 125
空（名）58, 60, 115, 126, 143
虚空津日高（名）4, 7, 9
それ（其れ・爾）（代）5, 8, 9, 10, 39, 41, 50, 57, 66, 75, 76, 79, 83, 107, 115, 117
時（名）21, 68, 100, 108
それそれ（代）59
それに（接助）108, 110
揃ふ（动・下二）
　揃へ（连用形）138
損（名）84

タ行

た（誰）（代）31, 99
代（名）144
大官令禅門（人名）94
大監物（官名）93
大切（名）127
大納言（官名）30, 68, 125
大夫尉（官名）91
太平（名）93
堂（名）106, 113
道祖神（名）143
多寡（名）148
隆家（人名）57, 58
高田（名）8
高し（形・ク）44
　高から（未然形）109
　高く（连用形）94
　高き（连体形）98, 128, 136
巍し（形・ク）
　巍き（连体形）17
財宝（宝）（名）18, 84
たぐひなし（形・ク）
　たぐひなき（连体形）68
比ふ（动・四）
　比ふ（连体形）21
たけ（尋長・丈・長）（名）9, 76, 127
酣なり（形动・ナリ）

酣に（连用形）149
たし（希望）
たう（连用形ウ音便）126
たしかなり（形动・ナリ）
　たしかに（连用形）117
助く（动・下二）
　助け（连用形）76
　助くる（连体形）150
戦ひとむ（动・下二）
　戦ひとめ（未然形）32
ただ（只・唯）（副）30, 51, 94, 99, 102, 108, 116, 117, 135, 148
ただ今（只今）（名）80, 94, 136
但し（接助）94
直ちに（副）136
ただなり（形动・ナリ）
　ただなる（连体形）85
ただ上りに（副）115
畳（名）7
たち（達）（接尾）16, 66
館（名）50
立ち上る（动・四）34
立ち隠る（动・下二）
　立ち隠れ（连用形）74
立ち立つ 25
たちまちに（忽）（副）20, 100, 116
龍（名）30, 31
立つ（动・四）
　立ち（连用形）110, 115
　立つ（连体形）110
　立て（已然形）74, 133, 143
　立て（命令形）110
立つ（动・下二）
　立て（连用形）108
建つ（动・下二）
　建て（连用形）113
発つ（动・四）
　発ち（连用形）21
たつ（动・四）
　たつ（连体形）127

索 引

起つ（动・四）
 起っ（連用形促音便）149
尋ぬ（动・下二）
 尋ね（未然形）80
 尋ね（連用形）122
 尋ぬれ（已然形）98
たてまつる（進・奉・献）（动・四）
 たてまつら（未然形）57, 117, 127
 たてまつり（連用形）6, 8
 たてまつる（連体形）33
 たてまつれ（已然形）6
たてまつる（貢進・奉）（謙让补助）123
 たてまつら（未然形）80
 たてまつり（連用形）6, 76, 113, 126
 たてまつる（連体形）86, 126
たとふ（动・下二）
 たとへ（未然形）41
縦ひ（副）127
だに（副助）44, 101, 107, 128
胤義（人名）93, 94
田野郡（地名）20, 21
楽しみ（名）100
遊楽（名）18
頼み（名）68
憑（名）128
頼む（动・四）
 頼ま（未然形）44
 頼み（連用形）135
田面（名）126
たばさむ（动・四）
 たばさみ（連用形）135
俵（名）117
赤海鯽魚（名）8
たび（名）82, 108
旅（名）39, 143
旅人（名）142
平なり（形动・ナリ）
 平に（連用形）148
 平なる（連体形）108
たぶ（給）（尊敬补助）

たび（連用形）52
たべ（命令形）126
たふとし（貴・尊）（形・ク）6
 たふとかり（連用形）106
 たふとけれ（已然形）117
誣す（动・四）
 誣さ（未然形）123
たふる（倒）（动・下二）
 たふれ（連用形）128
 たふるる（連体形）84, 123
堪へしのぶ（动・四）
 堪へしのぶ（連体形）127
絶へず（副）10
璵（名）6
玉（名）69
珠（名）30, 31
玉敷（名）98
玉嶋（地名）18
賜はす（动・下二）33
給はる（动・四）
 給はり（連用形）116
賜ふ（动・四）
 賜は（未然形）43
 賜ひ（連用形）20, 43
 賜へ（命令形）8
給ふ（动・四）
 給は（未然形）8
 給ひ（連用形）133
たまふ（給）（尊敬补助）9, 33, 57, 58, 66, 68, 69, 125
 たまは（未然形）4, 8, 85, 127
 たまひ（連用形）3, 4, 5, 6, 7, 8, 9, 10, 16, 17, 18, 19, 20, 30, 31, 32, 33, 43, 52, 57, 61, 65, 68, 69, 82, 85, 86, 122, 126, 127
 たまう（連用形ウ音便）43, 44
 たまふ（連体形）4, 8, 9, 10, 19, 30, 31, 32, 57, 65, 69, 100, 123, 127
 たまへ（已然形）3, 4, 7, 57, 65, 76, 83, 123, 127, 128
 たまへ（命令形）8, 9, 76, 127
たまへる（动・ラ変）

たまへら（未然形）82
玉器（瑰器）（名）6
人民（名）17
ため（為）（形式名）5, 31, 74, 99
ためし（例）（名）67, 98
保つ（动・四）
　保つ（連体形）101
袂（名）125
絶ゆ（动・下二）
　絶え（未然形）18, 21, 97, 106
　絶ゆる（連体形）17
たより（便）（名）21, 85
たり（完了）20, 39, 40, 60, 75, 82, 83, 106, 109, 113, 115, 124, 126, 150
　たら（未然形）41, 60, 84
　たり（連用形）19, 20, 21, 75, 78, 83, 84, 123, 128
　たる（連体形）34, 44, 58, 59, 75, 76, 77, 78, 79, 81, 82, 83, 85, 86, 98, 106, 107, 108, 110, 117, 123, 124
　たれ（已然形）82, 107
たりき（複合）21
たりけり（複合）
　たりける（連体形）99, 79, 114, 133, 134
たれ（誰）（代）9, 85
たれたれ（代）59
単騎（名）149
丹左衛門尉（官名）122
丹波少将（官名）122
一千（数）4
路（名）5
鉤（名）18, 19
地（名）125, 126, 127
千秋万歳 18
中宮（名）124
小さし（形・ク）
　小さく（連用形）107
　小さき（連体形）113
近し（形・ク）100
　近く（連用形）32, 33
　近き（連体形）32

力（名）31
主税（名）92
父（ち・ちち）（名）7, 68, 125
親広（人名）91
親職（人名）93
契り（名）69
期る（动・四）
　期り（連用形）9
兒（名）69
血の涙（名）31
小さやかなり（形动・ナリ）
　小さやかなる（連体形）113
着す（动・下二）
　着する（連体形）100
中（名）65
忠（名）93
中将（官名）32, 61
忠臣（名）95
誅す（动・サ変）93
　誅せ（未然形）92
中大童（名）109
中納言（官名）57
勅使（官名）33
勅す（动・四）
　勅し（連用形）92
重科（名）123
勅喚（名）92
勅勘（名）92
勅定（名）93
散る（动・四）
　散り（連用形）26
　散る（連体形）60
つ（完了）4, 5, 7, 58, 81, 82, 110, 127
　つる（連体形）50, 76, 83, 84, 116, 125, 127
　つれ（已然形）83, 84, 126
追討（名）92
つかうまつる（动・四）
　つかうまつれ（已然形）43
つかうまつる（謙譲補助）
　つかうまつり（連用形）44

索 引

使ふ（动・四）
　　使は（未然形）117
　　使ひ（連用形）108
つかはす（遣）（动・四）
　　つかはさ（未然形）43
　　つかはし（連用形）30, 92, 117
つかへまつる（仕へ奉・奉・承）（动・四）
　　つかへまつら（未然形）10, 17
　　つかへまつり（連用形）17
　　つかへまつる（連体形）10
仕る（动・四）
　　仕る（連体形）138
つかむ（动・四）
　　つかめ（命令形）84
月（名）26, 51, 52, 53, 144
月影（名）100
尽きす（动・サ変）
　　尽きせ（未然形）98
つきの岩笠（人名）33
月日（名）142
つく（动・四）
　　つか（未然形）144
　　つき（連用形）113, 143
つく（付く）（动・下二）40, 59
　　つけ（連用形）33, 81, 126
著く（动・四）
　　著き（連用形）6
　　著け（已然形）6
著く（动・下二）
　　著け（連用形）9
窮く（动・上二）
　　窮き（未然形）18
筑紫（地名）1
償ふ（动・四）
　　償ひ（連用形）4
　　償へ（已然形）5
筑波の神 17
筑波の岳 17, 18
つくる（作・造・営）（动・四）
　　つくら（未然形）8, 21, 133

つくり（連用形）4, 5, 8
つくれ（已然形）5, 98
机代（名）7
告げ（名）92
付けかふ（动・下二）
　　付けかへ（連用形）144
つごもり（晦日）（名）40, 44, 58, 102
厨子仏（名）113
つた（名）40
伝へ聞く（动・四）
　　伝へ聞き（連用形）126
つち（地・土地・土）（名）20, 84, 115
つつ（接助）39, 42, 44, 50, 67, 108, 110, 114, 116, 128
続く（动・四）
　　続き（連用形）78, 117
祗む（动・四）
　　祗み（連用形）17
つづる（动・四）
　　つづり（連用形）144
集ふ（动・四）
　　集ひ（連用形）17
綱（名）127
恒（名）7
常に（副）18, 19, 114, 116
唾き入る（动・下二）
　　唾き入れ（連用形）6
燕（名）126
つはもの（名）33
終（遂）に（副）3, 4, 16, 21, 127, 128, 133
備に（副）5, 8, 10
粒だつ（动・四）
　　粒だち（連用形）106, 107
つべし（复合）
　　つべう（連用形ウ音便）67
　　つべけれ（已然形）58
つま（褄）（名）39
罪（名）125
積む（动・四）
　　積み（連用形）116

積り（名）66
壺（名）32, 33
露（名）99, 128
つらむ（连语）8, 84
鉤緡（名）19
鉤（名）3, 4, 5, 8, 10
緡（名）18
釣る（动・四）19
　釣ら（未然形）3
　釣り（连用形）4
つれづれと（副）44
て（接助）3, 4, 5, 6, 7, 8, 9, 10, 16, 17, 18, 19, 20, 21, 30, 31, 32, 33, 38, 39, 40, 41, 42, 43, 44, 45, 50, 52, 57, 58, 59, 60, 61, 66, 67, 68, 69, 74, 75, 76, 77, 78, 79, 80, 81, 82, 83, 84, 86, 91, 92, 93, 94, 98, 99, 100, 101, 102, 105, 106, 107, 108, 109, 110, 111, 113, 114, 115, 116, 117, 122, 123, 124, 125, 126, 127, 128, 133, 134, 135, 136, 137, 138, 143, 144, 148, 149, 150
手（名）76, 84, 109, 128, 144
で（接助）31, 32, 44, 45, 58, 82, 85, 113, 114, 116, 133
廷尉（名）92, 93
朝敵（名）94
てけり（复合）44
弟子（名）108, 109, 111
てしがな（愿望终助）45
ては（复助）45, 117, 137, 138
てへれば 94
手まどひ（名）76
てむ（てん）（复合）31, 58, 109
寺（名）106
天（名）125
天皇（名）20
天魔波旬（名）123
と（与）（格助）3, 4, 5, 6, 7, 8, 9, 10, 16, 17, 18, 19, 20, 21, 26, 30, 31, 32, 33, 34, 38, 39, 40, 41, 42, 43, 44, 45, 50, 51, 52, 53, 57, 58, 59, 60, 61, 65, 67, 68, 69, 74, 75, 76, 78, 79, 80, 81, 82, 83, 84, 85, 86, 92, 93, 94, 98, 99, 100, 101, 105, 108, 109, 110, 111, 113, 114, 115, 116, 117, 122, 123, 124, 125, 127, 128, 135, 136, 137, 138, 143, 148, 149, 150

外（名）6
戸（名）76, 114
ど（接助）25, 31, 45, 58, 59, 67, 68, 69, 98, 116
とあり（连语）
　とある（连体形）81
灯（名）106
どうと（副）115
東海（地名）148
東士（名）93
同時（名）93
同心す（动・サ変）
　同心せ（未然形）93
東大寺（名）113
到着す（动・サ変）92, 93
到来（名）93
咎（名）100
とかく（副）113, 133
とかくす（动・サ変）
　とかくし（连用形）50
時（名）4, 6, 8, 9, 10, 16, 17, 41, 44, 52, 68, 83, 84, 85, 93, 100, 101, 108, 115, 116, 125, 137
時に（副）19, 21, 103
時めく（动・四）
　時めき（连用形）65
とく（副）43, 83
徳（名）106
解く（动・四）
　解き（连用形）6, 9
　解い（て）（连用形イ音便）127
得失なく（连语）135
とくとく（副）60
土（名）21
ところ（所・処）（名）38, 50, 52, 80, 92, 98, 106, 113, 115, 125, 128, 137, 138, 148
ところ（所）（形式名）84, 101
年（名）30, 50, 75, 105, 142, 143
俊賢（人名）60
年ごろ（名）50

索引

年月（名）114
とし（為）て（連語）3, 30
どち（名）86
閉づ（动・上二）148
十拳剣（名）4
とて（連語）32, 38, 40, 41, 43, 44, 45, 50, 52, 58, 59,
　　60, 76, 109, 110, 114, 115, 117, 123, 124, 126, 128,
　　133, 138, 139
とどまる（动・四）
　　とどまり（連用形）81, 83, 98
とどむ（宿）（动・下二）
　　とどめ（未然形）125
　　とどめ（連用形）21, 117, 127
舎人（官名）30
殿（接尾）30, 59, 80, 82, 92, 122, 125
主殿司（官名）58, 60
とは（連語）95, 124
とばかり（副）114, 124
とばしる（动・四）
　　とばしり（連用形）110
飛び行く（动・四）
　　飛び行き（連用形）114, 115
　　飛び行く（連体形）115
飛び来（动・カ変）
　　飛び来（連用形）20
飛び降る（动・上二）137
飛び続く（动・四）
　　飛び続き（連用形）117
問ふ（动・四）
　　問は（未然形）30, 32
　　問ひ（連用形）4, 6, 7, 8, 9, 30, 42, 57, 76, 101
　　問へ（已然形）59, 83
飛ぶ（动・四）
　　飛ば（未然形）117
　　飛び（連用形）21, 114, 115, 116,
遠し（形・ク）
　　遠から（未然形）128
　　遠く（連用形）81
遠さ（名）79
とみに（副）114

土民（名）133
富む（动・四）
　　富み（連用形）21
友（名）38
供（名）43
とも（接助）85, 123, 126, 127, 137
ども（共）（接尾）8, 33, 45, 50, 75, 78, 79, 81, 82,
　　83, 84, 106, 111, 114, 117, 124, 125
ども（接助）3, 4, 5, 7, 17, 76, 80, 85, 99, 101, 113,
　　124, 125, 126, 127, 128, 133, 138, 148
ともす（动・四）
　　ともし（連用形）75
纜（名）127
共同に（与に）（連語）17, 149
とや（連語）77, 86
外山（地名）102
豊草（名）20
豊国（地名）19, 20
豊国直（地名）19, 20
豊前の国（地名）19
豊後の国（地名）19, 20
豐玉毘売（名）6, 7
豐玉毘売命（名）6, 7
取らす（动・下二）
　　取らせ（未然形）117
　　取らせ（連用形）85
捕へ降る（动・上二）
　　捕へ降り（連用形）83
とらふ（捕）（动・下二）
　　とらへ（連用形）83, 143
鳥（名）20, 21, 42
取り集む（动・下二）
　　取り集め（連用形）81
取り出だす（动・四）107
　　取り出ださ（未然形）114, 116
　　取り出だい（て）（連用形イ音便）123
　　取り出だす（連体形）114
取り出づ（动・下二）
　　取り出で（未然形）115
　　取り出で（連用形）8

取りすがる（动・四）
　取りすがり（连用形）82
とり立てて（副）68
取りつく（執りつく）（动・四）
　取りつき（连用形）83, 127, 128
とりどころ（名）60
とりよろふ（动・四）25
取る（动・四）
　取ら（未然形）4, 59, 85
　取り（连用形）3, 8, 31, 50, 84, 85, 86, 93, 109, 114, 150
　取っ（连用形促音便）124
　取る（连体形）144
　取れ（已然形）8, 30
　取れ（命令形）116, 148
獲る（动・四）
　獲る（连体形）19
遠し（形・ク）
　遠く（连用形）31, 41

ナ行

な（副）9, 17, 58, 84, 117
な（终助）26, 81, 137
名（名）20, 42, 94
姓（名）20
魚（名）3, 4
内供（官名）105, 106, 109, 110
内侍（官名）61
等閑（名）135
中（名）9, 34, 41, 52, 59, 78, 98, 99, 109, 113, 115, 116
長し（形・ク）
　長く（连用形）81
　長かり（连用形）106
　長けれ（已然形）76
流す（动・四）
　流さ（未然形）122, 123
　流し（连用形）31
仲津（地名）19
中臣の村（地名）19

中々（副）126
長衡（人名）92
ながら（接助）79
ながら（副助）126
流れ（名）97
泣き患ふ（动・下二）
　泣き患へ（连用形）4
　泣き患ふる（连体形）5
泣きかなしむ（动・下二）
　泣きかなしめ（已然形）125
渚（名）128
泣く（动・四）
　泣き（连用形）43
　泣く（连体形）26
投ぐ（动・下二）
　投げ（未然形）128
　投げ（连用形）19
なぐさめおく（动・四）
　なぐさめおき（连用形）127
泣く泣く（副）45
なくなる（连语）
　なくなり（连用形）68
なくに（连语）26, 27, 43
投げ置く（动・四）
　投げ置き（连用形）114
一歎（名）7
歎（名）7
歎く（动・四）
　歎か（未然形）7
情（名）127
情ふかし（形・ク）
　情ふかき（连体形）128
なし（無し）（形・ク）21, 30, 31, 79, 98, 100, 102, 106, 124, 125
　なく（连用形）17, 38, 52, 81, 84, 106, 123, 137
　なう（连用形ウ音便）127
　なかり（连用形）7, 32, 108, 122
　なき（连体形）42, 69, 116, 125, 126
　なけれ（已然形）60, 68, 76, 80, 115, 126, 127
　なかれ（命令形）100, 135

索引

なす（成・作・為）（动・四）124
　なさ（未然形）5, 61
　なし（连用形）18, 21
　なせ（已然形）20
何ぞ（副）17
夏（名）17
名づく（动・下二）
　名づけ（连用形）34
など（等）（副助）32, 45, 50, 52, 60, 67, 77, 80, 82, 84, 86, 93, 94, 105, 106, 108, 115, 117, 126, 127, 128
などか（副）127
ななり（"なるなり"）58
なに（何）（疑问代）7, 31, 33, 99, 100, 117, 149
何事（名）31, 68, 81
何ぞの（连语）76, 83
難波（地名）30
何ならず（连语）127
名のる（动・四）
　名のり（连用形）123
縄（名）81, 83
なほ（猶）（副）4, 5, 41, 60, 68, 99
直す（动・四）
　直し（连用形）133
浪（名）128
なみだ（涙）（名）26, 33, 39, 94, 128
なむ（なん）（系助）32, 33, 38, 41, 42, 45, 50, 52, 57, 61, 68, 86, 116
なむ（连语）8, 113, 137, 138
汝（代）84
なめり（"なるめり"）81
悩ます（动・四）101
　悩まし（连用形）99
悩ます（动・四）
　悩まし（连用形）9, 10
ならひ（名）128
並びに（接助）92
習ふ（动・四）
　習ひ（连用形）105
　習ふ（连体形）135

並ぶ（动・下二）
　並べ（连用形）33, 98
並ぶ（动・四）
　並び（连用形）69
習ひ（名）99
なり（也）（断定）10, 18, 20, 21, 50, 57, 67, 69, 76, 82, 84, 85, 86, 93, 94, 99, 100, 101, 107, 117, 122, 125, 128, 134, 138, 142, 148, 150
　なら（未然形）110, 116
　なり（连用形）32, 40, 44, 67, 75, 81, 106, 107, 124, 125, 127, 138
　に（连用形）6, 41, 42, 58, 65, 66, 75, 82, 97, 137, 138
　なる（连体形）40, 42, 43, 53, 107, 108
　なれ（已然形）38, 42, 44, 79, 98, 116, 127, 128, 138
なり（传闻推定）
　なる（连体形）32, 50, 81
なり（名）41
なる（成・化為・化）（动・四）98, 100, 125
　なり（连用形）8, 10, 18, 20, 21, 66, 67, 108, 112, 115, 127, 137, 138
　なれ（已然形）108
化生る（动・四）
　化生り（连用形）20
なる（萎）（动・下二）
　なれ（连用形）39
成経（人名）122, 124, 127, 128
鳴る（动・四）
　鳴ら（未然形）150
汝（代）9
なんず（连语）126
何ぞ（连语）136
汝（なんぢ）（代）101
に（接助）3, 4, 5, 7, 19, 20, 30, 31, 32, 40, 41, 42, 43, 44, 57, 58, 59, 60, 61, 67, 69, 74, 75, 80, 81, 82, 83, 86, 107, 108, 109, 113, 116, 117, 123, 126, 133
に（格助）3, 4, 5, 6, 7, 8, 9, 16, 17, 18, 19, 20, 21, 25, 26, 30, 31, 32, 33, 38, 39, 40, 41, 42, 43, 45, 50, 51, 52, 53, 58, 59, 60, 61, 65, 66, 67, 68, 69, 74, 75, 77, 78, 79, 80, 81, 82, 83, 84, 85, 86, 91, 92, 93, 94, 95,

97, 98, 99, 100, 101, 105, 106, 107, 108, 109, 110,
111, 112, 113, 114, 115, 116, 117, 122, 123, 124,
125, 126, 127, 128, 133, 135, 136, 137, 138, 142,
143, 144, 148, 150
荷（名）78
にあり（同"なり"）
　にあら（未然形）85
　にある（連体形）82
二位法印尊長 92
にか（省略"ありけむ"）65
にき（复合）
　にし（連体形）8, 39
日記（名）50
熟田津（地名）26
にぎはふ（动・四）
　にぎはひ（連用形）106
逃ぐ（动・下二）
　逃げ（連用形）76
憎し（形・ク）85
憎み笑ふ（动・四）
　憎み笑ひ（連用形）86
逃げのく（动・四）
　逃げのき（連用形）111
にけり（复合）39, 43, 51, 117, 125
　にける（連体形）41, 45, 84
　にけれ（已然形）78, 112, 116
柔物（名）3
濁り（名）101
二三十人 99
二三百 117
にして（复助）102, 138, 142, 143
二十（数）117
にたり（复合）114
　にたる（連体形）81
につけても（連语）66
にて（格助）33, 52, 68, 68, 69, 76, 86, 101, 106, 107,
　109, 110, 112, 113, 126, 128, 135
二人（ににん）（名）122, 124, 125
初嘗（名）16
新粟嘗（名）17

鈍し（形・ク）
　鈍く（連用形）138
入道（名）91, 122, 123, 127
二品（名）94
二品亭（名）93
匂（名）69
にや（連语）115
女御（官名）65, 69
に依つて（連语）92, 94, 124
　に依る（連体形）93
によりて（連语）38, 99
似る（动・上一）
　似（連用形）99
任（名）78
任国（地名）78
ぬ（完了）6, 26, 31, 38, 39, 41, 51, 59, 69, 79, 99,
　102, 108, 110, 115
　な（未然形）5
　ぬる（連体形）32, 39, 51, 114, 115
　ぬれ（已然形）79, 138
抜き取る（动・四）
　抜き取り（連用形）76
　抜き取る（連体形）75
抽んづ（动・下二）93
抜く（动・四）
　抜き（連用形）76
　抜く（連体形）76
　抜け（已然形）107
ぬし（名）52
主（名）114, 115, 116, 117
盗人（名）75, 76, 77
盗みす（动・サ变）
　盗みせ（未然形）74
ぬべし（复合）26, 51
　ぬべき（連体形）67, 113
嶺（名）41
糞はくは（副）16
ねんごろなり（形动・ナリ）
　ねんごろに（連用形）136
の（格助）3, 4, 5, 6, 7, 8, 9, 10, 16, 17, 18, 19, 20, 21,

索 引

25, 26, 30, 31, 32, 33, 34, 38, 39, 40, 41, 42, 43, 44,
45, 50, 51, 52, 57, 58, 59, 60, 61, 65, 66, 67, 68, 69,
74, 75, 76, 77, 78, 79, 80, 81, 82, 83, 84, 85, 86, 91,
92, 93, 94, 95, 97, 98, 99, 100, 101, 102, 105, 106,
107, 108, 109, 110, 111, 113, 114, 115, 116, 117,
122, 123, 124, 125, 126, 127, 128, 133, 134, 135,
136, 137, 138, 142, 143, 144, 148, 149

野（名）20, 21
の間（連語）92
遁る（动・下二）
 遁れ（連用形）101
鯉（名）8
軒長（名）138
のごふ（动・四）
 のごひ（連用形）110
残り（名）84, 117
残る（动・四）99, 125
 残れ（已然形）99
のす（乗・載）（动・下二）93
 のせ（連用形）5, 9, 126, 127, 128
のぞく（动・四）
 のぞき（連用形）75
のたまふ（动・四）81
 のたまひ（連用形）31
 のたまへ（已然形）58, 111, 116
後（以後）（名）10, 20, 126, 135, 138
のどやかなり（形动・ナリ）
 のどやかに（連用形）113
ののしる（动・四）
 ののしり（連用形）115
 ののしる（連体形）50
伸ぶ（动・下二）
 伸べ（連用形）138
述ぶ（动・下二）
 述べ（連用形）100
宣賢（人名）93
信長（人名）149, 150
登す（动・下二）
 登せ（連用形）136
上す（动・下二）

上せ（連用形）84
登る（动・四）
 登ら（未然形）17
 登り（連用形）6, 17, 18, 33, 75
上る（动・四）115
 上ら（未然形）86
 上り（連用形）74, 78, 113, 126, 127
登臨る（动・四）
 登臨る（連体形）18
飲ます（动・四）
 飲まさ（未然形）6
のみ（副助）66, 148
稽首（名）10
喉（名）8
飲む（动・四）149
登り立つ（动・四）
 登り立ち（連用形）25
呑む（动・四）
 呑め（命令形）19
上る（のる）（动・四）
 上り（連用形）149
乗る（动・四）50, 52
 乗ら（未然形）139
 乗り（連用形）5, 30, 31, 41, 78, 79, 82, 83, 115, 127
 乗っ（連用形促音便）127
 乗れ（命令形）41
のる（曰・言・告・勅）（动・四）
 のり（連用形）4, 5, 8, 9, 17, 18, 19, 20
詈告る（动・四）
 詈告り（連用形）16

ハ行

は（ば）（系助）3, 4, 7, 8, 9, 10, 16, 17, 18, 19, 20,
25, 26, 30, 31, 33, 34, 38, 40, 41, 42, 44, 45, 51, 52,
57, 58, 59, 60, 65, 66, 68, 69, 75, 76, 77, 79, 80, 81,
82, 83, 84, 85, 86, 92, 94, 97, 98, 100, 101, 106,
107, 108, 109, 110, 111, 114, 115, 116, 117, 122,
123, 124, 125, 126, 127, 128, 134, 136, 137, 138,
142, 143, 144, 148
は（終助）81

葉（名）20
端（名）52, 100
ば（接助）4, 5, 6, 7, 8, 9, 10, 25, 26, 31, 39, 40, 41,
　　42, 43, 44, 45, 51, 53, 57, 58, 59, 60, 68, 69, 74, 75,
　　76, 78, 79, 80, 81, 82, 83, 84, 85, 86, 98, 99, 106,
　　107, 108, 109, 110, 111, 112, 114, 115, 116, 117,
　　123, 124, 126, 127, 128; 133, 134, 137, 138, 149
配所（名）125
房（名）109, 111
坊（名）115
佩し（名）4
佩く（动・四）
　　佩か（未然形）9
はかなし（形・ク）
　　はかなけれ（已然形）128
はかばかし（形・シク）
　　はかばかしき（连体形）68
議（名）5
ばかり（副助）41, 61, 83, 106, 107, 108, 115, 117,
　　128, 137
謀る（动・四）
　　謀り（连用形）148
幕下（官名）92
百代（名）142
運び取り返す（动・四）
　　運び取り返さ（未然形）116
運ぶ（动・四）
　　運び（连用形）117
はし（名）124
愛し（形・シク）
　　愛しき（连体形）17
嘴（名）42
橋（名）38
柱（名）144
はじめ（始・初）（名）7, 65, 93, 135
はしたなし（形・ク）
　　はしたなき（连体形）67
走り上がる（动・四）
　　走り上がり（连用形）128
走り寄る（动・四）

走り寄り（连用形）76
走る（动・四）
　　走り（连用形）76, 115
　　走る（连体形）123
鰭（名）3
端（はた）（名）79, 80
二十（はた）（名）79
将（副）149
膚（名）106
旅籠（名）81, 82, 83, 84
果して（副词）19
二十（名）41
海之大小魚（名）8
はたまた（接助）101
罰る（动・四）
　　罰り（连用形）8
鉢（名）114, 115, 116, 117
果つ（动・下二）
　　果て（连用形）50, 78
二十日（名）50, 51, 52
はづかし（形・シク）
　　はづかしき（连体形）59
はづる（动・下二）
　　はづれ（连用形）109
花（名）20, 26, 60, 99
鼻（名）106, 107, 108, 109, 110
はなつ（離・放）（动・四）
　　はなた（未然形）6, 128
甚だ（副）136
花やかなり（形动・ナリ）
　　花やかなる（连体形）68
母（名）68, 128
憚る（动・四）
　　憚ら（未然形）66
法師（名）108, 109, 112, 124
侍り（动・ラ変）57
　　侍る（连体形）138
侍り（郑重补助）57
　　侍り（连用形）137
　　侍る（连体形）33, 57

索　引

侍れ（已然形）57, 137
はや（副）41
ばや（愿望终助）60
早し（形・ク）
　　早く（连用形）94, 123
腹（名）69, 108, 110
ばら（接尾）31
払ふ（动・四）
　　払ひ（连用形）143
鉤（名）4
針（名）18, 19
張る（动・四）57
　　張ら（未然形）57
春（名）59, 126, 143
はる（晴）（动・下二）
　　はれ（连用形）108
はるか（名）80
はるかなり（形动・ナリ）
　　はるかに（连用形）81
　　はるかなる（连体形）79
晴吉（人名）93
はるばる（副）39
破屋（名）143
叛逆（名）93
万事（名）136
万歳千秋 86
火（名）33, 75, 107, 150
日（名）9, 20, 41, 50, 51, 74, 106, 128
披閲す（动・サ変）93
比叡の山（名）41, 44
東（名）150
日数（名）108
非義（名）94
引き上ぐ（动・下二）
　　引き上げ（连用形）82, 83, 107
　　引き上げ（命令形）81
引き出づ（动・下二）
　　引き出で（连用形）67
ひきし（形・ク）
　　ひきから（未然形）109

引き具す（动・サ変）
　　引き具し（连用形）32
引き出す（动・四）
　　引き出さ（未然形）138
引きのく（动・下二）
　　引きのけ（连用形）128
ひき結ぶ（动・四）
　　ひき結ぶ（连体形）44
飛脚（地名）91, 92, 93
引く（动・四）
　　引か（未然形）81, 127
　　引く（连体形）82
　　引け（命令形）81, 82
日暮（名）16
日ごろ（日来）（名）43, 127
提（名）107
久し（动・シク）
　　久しく（连用形）45, 98, 105
日しきりに（副）50
毘沙門（名）113
非常（名）124
聖（名）114, 115, 116, 117
陰かに（副）148, 150
日月（名）17
西南（未申）（名）20, 113
未の刻 92
秀康（人名）92, 94
人（名）6, 7, 30, 32, 33, 38, 39, 40, 42, 50, 52, 66, 67,
　　68, 74, 76, 77, 78, 81, 83, 85, 86, 98, 107, 108, 110,
　　127, 128, 135, 136, 139, 144
人民（名）17
一（数）82
並斉し（形・シク）
　　並斉しく（连用形）17
ひとつ（一）（名）3, 4, 19, 58, 94, 125, 135
一日（名）9, 50, 80
人々（名）32, 50, 51, 57, 106, 115, 122, 124, 127
一尋（名）9, 10
ひともの（副）110
一矢（名）135

ひとり（一人）（名）38, 99, 108
ひなごと（名）84
日に（連語）17
檜（名）79
雛（名）144
日々（名）143
感（名）20
ひまなし（形・ク）
　ひまなく（連用形）106
紐小刀（名）9
開く（动・四）
　開き（連用形）21, 76
披く（动・四）
　披き（連用形）123
平茸（名）82, 83, 84, 86
ひる（动・上一）
　ひ（連用形）109
　ひる（連体形）109
昼夜（名）10
ひれ（名）128
尋（名）79
広さ（名）108
広し（形・ク）
　広く（連用形）20
広ぐ（动・下二）
　広げ（連用形）32
広物（名）3
便宜（名）86
浜す（动・サ変）
　浜せ（未然形）148
貧賎（名）101
経（ふ）（动・下二）
　経（連用形）43, 51, 98
　経る（連体形）114
干（动・上二）
　干（未然形）26
不意に（副）83
深さ（名）79
深し（形・ク）94

深かり（連用形）69
不義（名）148
吹く（动・四）
　吹き（連用形）58
更く（动・下二）
　更け（連用形）51
福慈の神 16
福慈の岳 16, 18
ふくつけし（形・ク）
　ふくつけき（連体形）114
ふくる（动・下二）
　ふくれ（連用形）106
不死の薬 33
ふさ（名）83
富士（名）41
ふじ（富士）の山（地名）34, 40
臥所（名）128
藤原陳忠（人名）78
不請（名）101
武州（地名）94
臥す（动・四）
　臥し（連用形）75, 107
伏す（动・四）
　伏し（連用形）125, 128
衾（名）127
二つ（両つ）（名）20, 135
両箇（名）9
二年（ふたとせ）（名）102
ふたり（二人）（名）30, 38, 99, 109, 124
仏（名）100, 113
二（ふつか）（名）108
仏供（名）106
ふと（副）31
懐紙（名）59
船乗り（名）26
船（舟）（名）5, 30, 31, 41, 43, 50, 51, 52, 122, 126, 127, 128, 142
船人（名）30
布袋（名）123

索 引

含む（动・四）
　含み（连用形）6
父母（名）86
踏まふ（动・下二）
　踏まへ（连用形）83
文（名）31, 32, 40, 124, 125
踏み分く（动・下二）
　踏み分け（连用形）45
踏み折る（动・四）
　踏み折り（连用形）79
踏む（动・四）
　踏ま（未然形）107
　踏め（已然形）107
ふめく（动・四）
　ふめき（连用形）83
ふもと（麓）（名）44, 114
冬（名）17, 20
不勇（名）148
ふりさけみる（动・上一）
　ふりさけみれ（已然形）53
ふる（动・四）
　ふり（连用形）128
ふる（降）（动・四）41
　ふり（连用形）17, 18
　ふれ（已然形）40
触る（动・下二）
　触れ（连用形）100
古老（名）16
古巣（名）143
震ふ（动・四）
　震ひ（连用形）109
へ（格助）33, 34, 50, 80, 91, 99, 108, 109, 113, 124, 125, 128
米塩（名）148
上（名）5, 6
兵（名）150
平家（名）125
平判官（官名）122
漂泊（名）143
べし（推量）20, 93, 94, 100, 124, 135, 136, 138

べから（未然形）59, 125
べく（连用形）69, 79
べき（连体形）33, 38, 50, 52, 79, 80, 85, 86, 92, 93, 113, 115, 117, 125, 126, 127
べけれ（已然形）82
別墅（名）144
辺（名）30, 74, 92
片雲（名）143
返報（名）93, 94
方（名）31, 38, 80, 113, 128
望見す（动・サ変）
　望見し（连用形）150
報謝（名）94
報ず（动・サ変）
　報ぜ（未然形）94
北条氏康（人名）148
俸禄（名）94
賀ぐ（动・四）
　賀ぎ（连用形）17
卜筮（名）93
法花経（名）127
細し（形・ク）
　細き（连体形）40
火照命（名）3, 4
欲す（动・サ変）
　欲する（连体形）94
ほど（間・程）（名）16, 41, 58, 66, 126, 127, 137
ほどに（连语）21, 78, 80, 81, 82, 83, 108, 109, 113, 114, 115, 116
ほとぶ（动・四）
　ほとび（连用形）39
ほとり（辺）（名）38, 41, 74
側（名）18
骨（名）57
ほのかなり（形动・ナリ）
　ほのかに（连用形）75, 80
炎（名）107
葬（名）77
欲りす（动・サ変）
　欲りせ（未然形）17

滅ぶ（动・四）
　滅び（连用形）98
火遠理命（名）3, 4, 6, 7, 8

マ行

毎度（名）135
儲君（名）69
申し切る（动・四）94
妄心（名）101
申す（动・四）109, 127
　申さ（未然形）137
　申し（连用形）57, 91, 92, 102, 137
　申す（连体形）57, 92, 94, 116, 128
申し合わす（动・下二）
　申し合わせ（连用形）127
まうづ（詣）（动・下二）
　まうで（连用形）44
詣（名）122
まうで来（动・カ变）
　まうで来（连用形）116
　まうで来れ（已然形）116
前（名）94, 113, 123, 135
まかす（动・下二）
　まかせ（连用形）133
従婢（名）6
婢（名）6
まがふ（动・下二）
　まがへ（连用形）60
まがまがし（形・シク）
　まがまがしかり（连用形）110
罷り（接头）127
纏向の日代 19
まぎらはし（形・シク）
　まぎらはしく（连用形）116
まく（连语）17, 18
設く（动・下二）
　設け（连用形）17
求ぐ（动・四）
　求が（未然形）18
勾ぐ（动・下二）

勾げ（连用形）18
目合す（动・サ变）
　目合し（连用形）7
まくほし（连语）6
枕（名）44
枕上（名）75
まこと（名）98
まこと（感叹）115
まことに（実・寔・誠）（副）20, 57, 95, 115, 116, 126
まさる（动・四）
　まさり（连用形）109
まじ（否定推量）128
　まじき（连体形）117, 127
　まじけれ（已然形）57
まして（副）66, 86
交はる（动・四）
　交はる（连体形）101
交らふ（动・四）
　交らひ（连用形）68
ます（有す）（补助）6
　まさ（未然形）5
　まし（连用形）4, 5, 16, 17, 20
　ませ（命令形）5
益す（动・四）
　益し（连用形）6
益（副）150
また（亦・更・又）（副）3, 4, 7, 8, 17, 20, 33, 82, 93, 98, 99, 106, 107, 108, 123, 124, 138, 142
まだ（副）57, 112
股木（名）83
全し（形・ク）
　全く（连用形）79
まだら（名）41
待ち立つ（动・下二）
　待ち立て（已然形）74
待ち呼ばひす（动・サ变）
　待ち呼ばひする（连体形）80
貧鉤（名）8
待ち居る（动・上一）

索引

待ち居（連用形）114
待つ（动・四）
 待た（未然形）31
 待ち（連用形）30, 127
 待つ（連体形）100
 待て（已然形）26
まづ（副）84, 86, 144
先づ（副）127
貧窮し（貧し）（形・シク）
 貧窮しく（連用形）8, 10
松島（地名）144
全うす（动・サ变）94
松浦（地名）19
松浦郡（地名）18
松浦小夜姫（名）128
政（名）85
奠る（动・四）
 奠り（連用形）17
まつる（奉）（补助）
 まつり（連用形）7, 9
 まつれ（命令形）9
まで（副助）7, 10, 18, 30, 52, 74, 108, 117, 126, 127
的（名）135
迷はす（动・四）
 迷はさ（未然形）86
まどふ（惑）（动・下二）
 まどへ（已然形）31, 76
まどひいく（动・四）
 まどひいき（連用形）38
無間（名）5
随（任）に（副）5, 6, 9
招き（名）143
招く（动・四）
 招き（連用形）93, 94, 128
まばゆし（形・ク）
 まばゆき（連体形）67
廻る（动・四）
 廻ら（未然形）133
舞（名）149
舞ふ（动・四）

舞ひ（連用形）18, 149
まぼる（动・四）
 まぼり（連体形）82
幻（名）149
ままに（连语）110
守護人（名）10
鞠（名）138
稀なり（形动・ナリ）98
参上る（动・四）
 参上り（連用形）20
まゐらす（参）（动・下二）32
 まゐらせ（未然形）57
 まゐらせ（連用形）109, 134
 まゐらする（連体形）116
まゐる（参）（动・四）
 まゐら（未然形）69, 94, 111
 まゐり（連用形）57
 まゐれ（已然形）110
まをす（奏・奏聞・白・曰）（动・四）
 まをさ（未然形）6, 8, 9, 10
 まをし（連用形）6, 7, 8, 9, 10, 16, 17, 20
 まをす（連体形）9
身（名）9, 38, 79, 106, 128
御饗（名）7
御池（名）133
見置く（动・四）
 見置き（連用形）126
御送り（名）43
神祖（名）16, 17
見降ろす（动・四）
 見降ろせ（已然形）80
三日（名）107
三笠の山（名）53
御方 93
三河（地名）38
朝庭（名）20
御髪 44, 76
飲食（名）17
親王（名）44
尊（名）16, 17

尊旨（名）17
詔（名）19
御坂（名）78
見騒ぐ（动・四）
　　見騒ぐ（連体形）115
見しる（动・四）
　　見しら（未然形）42
水（名）6, 8, 38, 42, 97, 99, 133, 134
水車（名）133
見捨てがたし（形・ク）
　　見捨てがたく（連用形）84
三十日（名）51
三度（名）3
乱る（动・下二）
　　乱れ（連用形）67
みち（名）7
道（名）5, 38, 39, 40, 101, 134, 136, 138
みづから（自）（副）7, 101, 135, 149, 150
光季（人名）91, 92
壬寅（名）91
光行（人名）93
御堂御所　93
三年（名）7, 8
みな（皆）（副）50, 51, 59, 79, 85, 94, 115, 117, 125
水無瀬（地名）43
皆人（名）39, 42
南（名）21
嶺（名）33
見まはす（动・四）
　　見まはし（連用形）113
みめ（名）109
至徳（名）20
御室（名）44
見感づ（动・下二）
　　見感で（連用形）7
宮室（名）5
宮（名）5, 19, 43
都（名）32, 98, 122, 123, 124, 125, 126, 127
都鳥（名）42
宮仕（名）66

見やる（动・四）
　　見やら（未然形）79
見ゆ（动・下二）107, 113
　　見え（未然形）42, 58, 75, 124, 127, 128
　　見え（連用形）106, 137
見る（看）（动・上一）95
　　見（未然形）57, 115
　　見（連用形）5, 6, 7, 20, 26, 39, 40, 45, 50, 52, 80, 98, 115, 123, 138
　　見る（連体形）75, 117, 124
　　見れ（已然形）40, 59, 75, 82, 83, 115
進食（名）18
む（ん）（推量意志）3, 4, 5, 9, 10, 18, 26, 31, 39, 42, 43, 44, 45, 50, 57, 59, 61, 75, 76, 78, 94, 100, 101, 108, 109, 113, 115, 116, 117, 123, 127, 133, 135, 143, 149
む（ん）（連体形）8, 18, 31, 33, 41, 58, 60, 74, 76, 84, 85, 86, 94, 115, 116, 136, 139
め（已然形）80, 111
むかし（昔・曽・昔者）（名）16, 18, 19, 20, 21, 38, 43, 52, 98, 105, 128
向ふ（动・四）135
　　向は（未然形）100
　　向ひ（連用形）108, 109
迎ふ（动・下二）
　　迎へ（連用形）127
　　迎ふる（連体形）143
向く（动・四）
　　向き（連用形）109
報（名）101
むくつけし（形・ク）
　　むくつけけれ（已然形）86
聟夫（名）7
武蔵（地名）41
虫（名）107
無常（名）99
むず（推量）
　　んずる（連体形）110
結ぶ（动・四）
　　結び（連用形）98

索 引

女（名）5, 6, 7
群山（名）25
鞭（名）149
鞭うつ（动・四）
　鞭うち（连用形）150
正月（名）44
むとす（连语）
　むとし（连用形）9
　むとする（连体形）6
むなし（空）（形・シク）
　むなしく（连用形）84
無二（名）93
棟（名）98
無仏世界 113
謀反（名）125
馬のはなむけ（名）52
村（名）20
紫色（名）107
群雀（名）117
群れゐる（动・上一）
　群れゐ（连用形）41
目（名）67, 99, 137
命（名）148
命ず（动・サ変）
　命じ（连用形）148, 149
溟渤（名）94
めぐる（廻・巡）（动・四）
　めぐら（未然形）133
　めぐり（连用形）16, 80, 134
目ざまし（形・シク）
　目ざましき（连体形）66
召し上ぐ（动・下二）
　召し上げ（连用形）109
召し聚む（动・下二）
　召し聚め（未然形）91
召し帰す（动・四）
　召し帰さ（未然形）125
召し返す（动・四）
　召し返さ（未然形）126
召し籠む（动・下二）

召し籠め（连用形）92
召し出す（动・四）92
召継（名）30
召し集ふ（动・下二）
　召し集へ（连用形）8, 9
召す（动・四）
　召し（连用形）32, 33, 134
希見（名）19
珍らかなり（形动・ナリ）
　珍らかなる（连体形）69
希見し（形・シク）
　希見しき（连体形）19
めでたし（形・ク）
　めでたかり（连用形）134
乳母（名）128
めり（推量）81
　めれ（已然形）82
めを見る 40
免ず（动・サ変）123
も（系助）3, 4, 7, 17, 19, 20, 26, 30, 31, 32, 33, 38, 40, 41, 44, 50, 51, 52, 66, 67, 68, 69, 75, 79, 80, 81, 82, 85, 86, 94, 98, 100, 106, 108, 109, 110, 111, 113, 114, 115, 116, 117, 123, 124, 125, 126, 127, 128, 137, 138, 142, 143, 144
裳（名）18
目代（官名）85
もし（若）（副）6, 7, 8, 9, 75, 76, 101
文字（名）124
もぞ（连语）76
悶絶えこがる（动・下二）
　悶絶えこがれ（连用形）126
持たぐ（动・下二）
　持たげ（连用形）109
持たげ（名）109, 111
将ち来（动・カ変）
　将ち来（连用形）6
以ちて（连语）3, 8, 10, 19, 20
餅（名）20, 21
用ゐ使ふ（动・四）
　用ゐ使は（未然形）85

用ゐる（动・上一）
　　用ゐ（未然形）3
持つ（动・四）
　　持ち（連用形）6, 83, 93, 110
　　持つ（連体形）135
作つ（动・四）
　　作ち（連用形）21
以（も）つ（动・四）
　　以（もっ）（連用形促音便）148
もつて（以て）（連語）79, 93, 94
持て上ぐ（动・下二）
　　持て上げ（連用形）108, 109
　　持て上ぐる（連体形）108
持て上げ（名）109
もてかしづく（动・四）
　　もてかしづき（連用形）69
持てつく（动・下二）33
もてなし（名）67
もてなす（动・四）
　　もてなし（連用形）68
もて悩みぐさ（名）67
もと（名）97, 113, 116, 124, 125
正本（名）4
本（名）5, 19, 59
処（名）16
許株（助数）20
下（名）74
もとむ（求）（动・下二）
　　もとめ（連用形）38, 57
基康（人名）122
もとより（副）38, 85
もの（物）（名）7, 8, 19, 32, 38, 50, 79, 81, 85, 86,
　　107, 108, 111, 114, 116, 123, 134, 143
もの（形式名）21, 98, 144
者（名）66, 82, 94, 110, 122, 125, 128, 134, 143, 150
物（接头）66
諱忌（名）16
ものかな（連語）84
もの悲し（形・シク）
　　もの悲しく（連用形）44

喫ふ（动・四）
　　喫ふ（連体形）18
もの心ぼそし（形・ク）
　　もの心ぼそく（連用形）40
物請ひ（名）114
ものわびし（形・シク）
　　ものわびしく（連用形）42
百取（名）7
股引（名）144
燃やす（动・四）33
もり出づ（动・下二）
　　もり出で（連用形）115
漏る（动・下二）
　　漏れ（連用形）127
諸神（名）16
もろこし（唐土）（名）52, 67
もろこし舟（名）128
諸（名）8
諸矢（名）135
門（名）74, 75, 77

ヤ行

や（系助）6, 8, 30, 45, 52, 66, 69, 75, 84, 94, 122,
　　125, 128, 135, 136, 139
矢（名）135
やう（様）（名）33, 41, 80, 83, 115, 116, 117, 127
楊貴妃（人名）67
やうなり（形动・ナリ）
　　やうに（連用形）86, 106, 107, 108, 117, 126, 127,
　　128, 134
　　やうなる（連体形）107, 110, 113
　　やうなれ（已然形）51
やうやう（副）67, 115
様様なり（形动・ナリ）
　　やうやうに（連用形）127
やがて（即て）（副）20, 32
族（名）94
焼く（动・下二）
　　焼け（連用形）98
やごとなし（形・ク）

索　引

やごとなき（連体形）110
やすし（安・易）（形・ク）
　　やすから（未然形）66
　　やすく（連用形）138
　　やすき（連体形）117, 137
泰貞（人名）93
康頼（人名）122, 124, 127
泰盛（人名）138
やすらかなり（形動・ナリ）
　　やすらかに（連用形）134
奴（名）31
八つ（名）38
僕者（名）20
八橋（地名）38
やつる（動・下二）
　　やつれ（連用形）30
宿す（動・四）
　　宿さ（未然形）17
やとふ（動・四）
　　やとひ（連用形）102
宿り（名）99
寓宿（名）16
客止り（名）17
僑宿る（動・四）
　　僑宿り（連用形）20
家内（名）16
やは（系助）110
やはら（副）75, 76
破る（動・四）
　　破り（連用形）4
破れ（名）144
八重（名）7
山（名）17, 32, 33, 34, 41, 52, 84, 100, 113, 114, 115
山さち（名）4
山さちびこ（山幸彦）（名）3
山里殿（人名）92
山城（地名）74
山路（名）150
山辺（名）40
大和（名）25

闇（名）100
病み伏す（動・下二）
　　病み伏せ（已然形）32
やむ（止）（動・四）
　　やま（未然形）143
　　やみ（連用形）102
やや（差）（副）5, 45, 143
三月（弥生）（名）44, 102
やらむ（ん）123, 138
やんごとなし（形・ク）
　　やんごとなき（連体形）65, 69, 134
湯（名）106, 107
遺跡（名）94
ゆかり（名）125
夕暮れ（名）45
雪（名）17, 18, 40, 41, 44, 45, 58, 60
往き到る（動・四）
　　往き到り（動・四）19
行き交ふ（動・四）
　　行き交ふ（連体形）142
往集ふ（動・四）
　　往集ひ（連用形）18
行き行く（動・四）
　　行き行き（連用形）39, 41
行き向かふ（動・四）
　　行き向かひ（連用形）93
　　行き向かっ（連用形促音便）123
ゆく（行）（動・四）
　　ゆき（連用形）66
　　ゆく（連体形）97
ゆく（補助）
　　ゆき（連用形）66, 83, 115
　　ゆく（連体形）67
　　ゆけ（命令形）128
行（副）150
ゆさゆさ（副）114
豊かなり（形動・ナリ）
　　豊かに（連用形）106
富豊けし（形・ク）
　　富豊けく（連用形）17

ゆづ（动・下二）
　ゆで（连用形）107
　ゆづれ（已然形）107
ゆつ香木（名）5
譲る（动・四）
　譲り（连用形）144
結ひ継ぐ（动・四）
　結ひ継ぎ（连用形）81
結ふ（动・四）
　結ひ（连用形）81, 134
夕（名）99, 136
弓（名）31, 135
弓場（人名）92
夢（名）40, 45, 123, 124, 149
湯屋（名）106
ゆゆしき（形・シク）
　ゆゆしく（连用形）114
ゆらりと（副）138
揺るぎ上がる（动・四）
　揺るぎ上がる（连体形）115
ゆるぐ（揺）（动・四）114
　ゆるぎ（连用形）109, 115, 116
ゆるされ（赦され）（名）125, 126, 127
赦文（名）123
ゆるす（許・赦）（动・四）
　ゆるさ（未然形）3
　ゆるし（连用形）16
所由（由・所以・故）（名）4, 7, 8, 19, 125
故に（连语）5, 6, 8
よ（终助）81, 84, 114, 123
予（代）143
よ（世・代）（名）67, 68, 69, 98, 101, 106, 110
夜（名）44, 51, 52, 127, 128
用（名）31
よう（副词"よく"ウ音便）59
よきほどに（连语）109
よく（副）50, 86, 105, 108
能く（副）150
よくよく（能く能く）（副）107, 127
訛る（动・四）

　訛り（连用形）19
余算（名）100
よし（善）（形・ク）116
　よき（连体形）5, 128
よし（由）33, 50, 92, 93, 127
よしあり（连语）
　よしある（连体形）68
よしなし（形・ク）113
　よしなき（连体形）125
義村（人名）93
寄す（动・下二）
　寄せ（连用形）148
よせ（名）69
よそ（名）125
仍つて（因って）（接助）91, 92, 149
四年（名）50
よどみ（名）97
世になし（形・ク）
　世になく（连用形）69
世のためし（名）66
呼ばふ（叫ばふ）（动・四）
　呼ばひ（连用形）80
　呼ばふ（连体形）80, 82
夜昼（名）29
読み聞く（动・四）
　読み聞か（未然形）31
よむ（読）（动・四）52
　よみ（连用形）124
　よん（连用形拨音便）52
　よめ（已然形）39, 43, 52
　よめ（命令形）39
詠む（动・四）
　詠み（连用形）44
よも（副）109
よよ（世々・代代）（名）17, 98
より（格助）10, 20, 21, 33, 50, 52, 65, 66, 74, 75, 78, 79, 80, 92, 94, 99, 106, 107, 115, 122, 123, 124, 126, 143, 144, 148
因りて（接助）19
よりどころなし（形・ク）

索 引

よりどころなく（連用形）68
寄る（动・四）
　寄り（連用形）58, 116
夜昼（名）30
喜び（名）52
喜び合ふ（动・四）
　喜び合ひ（連用形）83
よろこぶ（喜・歓然・歓喜）（动・四）
　よろこば（未然形）99
　よろこび（連用形）17, 20
宜し（形・シク）
　宜しから（未然形）21
万（名）113
よろづ（名）85
万に（副）134
甲（名）149, 150

ラ行

ら（等）（接尾）19, 84, 86, 125, 126
礼紙（名）124
郎等（名）79, 83, 84
羅城門（名）74
らむ（らん）（現在推量）41
　らむ（連体形）60, 124
　らめ（已然形）126
らる（被動）92
　られ（連用形）83
らる（尊敬）91
　られ（連用形）133, 134
り（完了）8, 16, 20, 32, 40, 43, 83, 98, 99, 101, 138
　ら（未然形）16
　り（連用形）53, 83,
　る（連体形）5, 6, 8, 9, 17, 30, 38, 39, 41, 66, 76, 98, 101, 111, 127, 134, 138, 143, 144
りけり（複合）133
　りける（連体形）74
　りけれ（已然形）39, 43
両三遍 102
両城（名）150
綸旨（名）94

　る（被動）124
　　れ（未然形）60
　　れ（連用形）51, 122, 123, 124, 125, 127, 128, 143
　　るる（連体形）126
　る（可能）
　　れ（未然形）44
　　るれ（已然形）79
　る（自発）72
　　れ（連用形）79, 129
　　るれ（已然形）86
　る（尊敬）98
　　れ（連用形）126, 127
流人（名）124
例の（連体）43, 50, 109, 114, 122
蓮胤（人名）102
簾下（名）94
連子（名）75
禄（名）43
六（数）106

ワ行

わ（我）（代）26, 39
わが（我が・吾が）（連語）6, 7, 31, 42, 52, 123, 125, 148
わかす（动・四）
　わかさ（未然形）106
　わかす（連体形）107
わが身（代）33
若し（形・ク）
　若き（連体形）75
別れ惜しむ（动・四）
　別れ惜しみ（連用形）52
別れ難し（形・ク）
　別れ難く（連用形）50
脇（名）127
分つ（动・四）
　分ち（連用形）20
業（名）30, 100
態（名）10
忘る（动・下二）

忘れ（連用形）45, 114, 115, 116
新粟（名）16
私物（名）69
私書状 93
渡守（名）41, 42
わたす（动・四）
　　わたせ（已然形）38
綿津見大神（名）8
綿津見神（名）5
海中（名）9
海の神 5, 7, 8, 10
わたり（名）115
わたる（渡）（动・四）50, 136
　　わたら（未然形）42
　　わたり（連用形）52
　　わたる（連体形）9
わづかなり（僅）（形动・ナリ）
　　わづかに（連用形）99, 101, 135
纔に（副）3
わななく（动・四）60
和邇魚（和邇）（名）9, 10
わびあふ（动・下二）
　　わびあへ（已然形）41
わびし（形・シク）51, 60
童（名）108, 109, 110
笑ふ（动・四）30
　　笑ひ（連用形）30, 58, 84, 86, 111
われ（我）（代）65, 83, 108, 110, 117, 125, 126, 148, 150
井（名）5, 6
率入る（动・四）
　　率入り（連用形）7
田舎（名）112
居並む（动・四）
　　居並み（連用形）80
敬ぶ（动・上二）
　　敬び（連用形）17
ゐる（居）（动・上一）
　　ゐ（連用形）4, 75, 113
ゐる（補助）

ゐ（連用形）76, 108, 109
主（名）76
院中（名）91, 94
餌（名）18
ゑり通す（动・四）
　　ゑり通し（連用形）107
を（格助）3, 4, 5, 6, 7, 8, 9, 10, 16, 17, 18, 19, 20, 21, 25, 31, 32, 33, 34, 38, 39, 41, 42, 45, 50, 51, 52, 57, 59, 60, 66, 67, 68, 75, 76, 78, 79, 80, 81, 82, 83, 84, 85, 86, 91, 92, 93, 94, 95, 98, 99, 100, 101, 102, 106, 107, 108, 109, 110, 113, 114, 115, 116, 117, 123, 124, 125, 126, 127, 128, 133, 134, 135, 136, 137, 138, 139, 142, 143, 144, 148, 149, 150
を（接助）44, 59, 60, 76, 137
尾（名）105
緒（名）143
小河（名）18
をこ（名）111
をさなし（形・ク）
　　をさなき（連体形）128
修む（动・下二）
　　修め（連用形）101
治む（动・下二）
　　治め（未然形）19
　　治め（連用形）78
　　治むる（連体形）20
納む（动・下二）
　　納め（連用形）86
収む（动・下二）150
惜し（形・ク）
　　惜しから（未然形）31
折敷（名）107
教ふ（动・下二）
　　教へ（未然形）33
　　教へ（連用形）5, 10, 100
誨ふ（动・下二）
　　誨へ（連用形）8
教（名）5
惜む（动・四）
　　惜む（連体形）94

索引

御食（名）17
飲食（名）17
をぢなし（形・ク）
　をぢなき（連体形）30
男夫（名）19
男（名）38, 50, 69, 74, 136
壯夫（名）6
男御子（名）69
小野（地名）44
をば（連語）69, 77, 85, 127, 128
畢る（动・四）
　畢り（連用形）149

小船（名）5
婦女（名）19
女（名）31, 50, 75
をめきさけぶ（动・四）
　をめきさけべ（已然形）128
をり（名）108
居る（动・ラ変）
　居り（連用形）21
拝む（动・四）
　拝み（連用形）17
遠流（名）123

后 记

《日本文言助动词用法例释》（潘金生编著，北京大学出版社，2014年）一书出版后，受到关注文言教学研究的部分同仁的肯定。编著者受此鼓舞和启发，遂打算在过去潘金生所发表的7部（含17篇）文言作品选注的基础上，增加若干篇目，并为初学者考虑计，编写若干有助于文言语法学习的扩展阅读性文章。"系助词'や''か'的沉浮消长与演变"一文系潘钧在参考潘金生2003年发表的"浅析日本文言系助词"や"与"か"在意义用法上的主要差异——以二词在句中所表疑问之意为中心"（载孙宗光先生喜寿纪念文集《日本语言与文化》，刘金才等编，北京大学出版社，2003年）的基础上所撰写的，其余全由潘钧独力编撰。

潘金生译注的有：《古事记》《风土记》《源氏物语》《今昔物语集》《宇治拾遗物语（长鼻僧的故事）》《平家物语》《徒然草》。潘钧译注的有：《万叶集》《竹取物语》《伊势物语》《土佐日记》《枕草子》《吾妻镜》《方丈记》《宇治拾遗物语（信浓国某高僧的故事）》《奥州小路》《日本外史》。

全书共收入16部文言作品中的35个篇目，以脍炙人口的古典文学作品为主，包括和歌、日记、物语、纪行文（游记）、随笔等体裁。除此之外，还收入了《吾妻镜》《日本外史》这两部历史作品。因为前者是中世变体汉文（记录体）的代表，后者则是江户时代广为流行的汉文体作品。因此，文体上囊括了和文体、和汉混淆文、汉文体、变体汉文。汉文、变体汉文是日本文章文体发展的另一条主线，适当接触与学习，有助于我们进一步深入了解现代日语文体的由来及特点的形成，这也是迄今同类作品选读书中所不曾涉及的。

在此，要特别感谢2016—2017年度北京大学外国语学院卡西欧奖教奖的出版资助和北京大学日语系的大力支持，还要感谢北京大学出版社兰婷女士的认真负责的编辑工作。此外，北京大学2017级博士生赵耀独自一人做了作品全语词索引，付出了大量劳动，在此特表谢意。在编制"主要文言作品年表"时，北京大学2016级博士生王丽帮助核对了作品成立的年代，2015级博士生王利霞帮助录入了"文言用言的活用表"，河南师范大学的王磊老师和王利霞、2017级博士后徐克伟还通读了全部书稿，北京师范大学的刘玲老师通读了部分稿子，提出了不少宝贵的意见，在此也一并致谢。

由于水平有限，时间仓促，错谬之处肯定不少，敬请方家批评指正。

编著者

2017年12月